有職食文化図鑑

儀礼・食材・料理・器

八條忠基

「衣食住」の中でも生存に不可欠なのが「食」。食べねばたちまち生命が危機を迎えます。しかし四季折々の山海の美物珍味に恵まれた日本では、単に生存のために食べるのではなく、自然からの賜物である豊富な食材を美味しく頂戴することこそが、神への感謝につながると考え、古代から美食への探求を続けてきました。本書では平安時代以来の朝廷・貴族社会を中心に、古来の文献を丹念にたどって「日本人が何を食べてきたのか」について、皆さまと一緒に見ていきたいと思います。

平凡社

目次

第一章 〈総論〉食の背景……5

第二章 食材……43

凡例

○『延喜式』などには材料名はあっても調理法などの詳細が記されていない場合がほとんどですので、後世の同名の食品などを参考に調製したものが多くあります。

○度量衡については時代により対象により、さまざまな異同や変化がありますが、本書では原則として次のように規定しました。

・重量の大両と小両については『延喜式』(雑)により薬以外は大両を用いる
・一斤は一六両で今の六〇〇グラムとする。一両は二四銖で今の四二グラムとする
・一石＝十斗＝百升＝千合＝一万勺＝十万撮とする
・延久宣旨枡により、平安時代の一升は現在の六合とする
・荷車の一駄は『延喜式』(主水)により一石二斗とする
・一俵には米五斗を入れるとする
・「圍」については『養老令』(厩牧令)により周三尺とする
・稲一圍＝一束＝十把と推測する
・一籠の大きさは『延喜式』(内膳)により長一尺二寸、広八寸、深四寸とする

○単語のふりがなについては、各種の読み方があるため、代表的な読みのかなを振りました。

○古語の読みは諸説ありますが、代表的なものを採用しました。

○漢字は原則として新字体を用いました。ただし常用漢字・人名用漢字で旧字を用いている場合は旧字を用いました。

○史料、典拠文献については、適宜かなを漢字に変換しました。

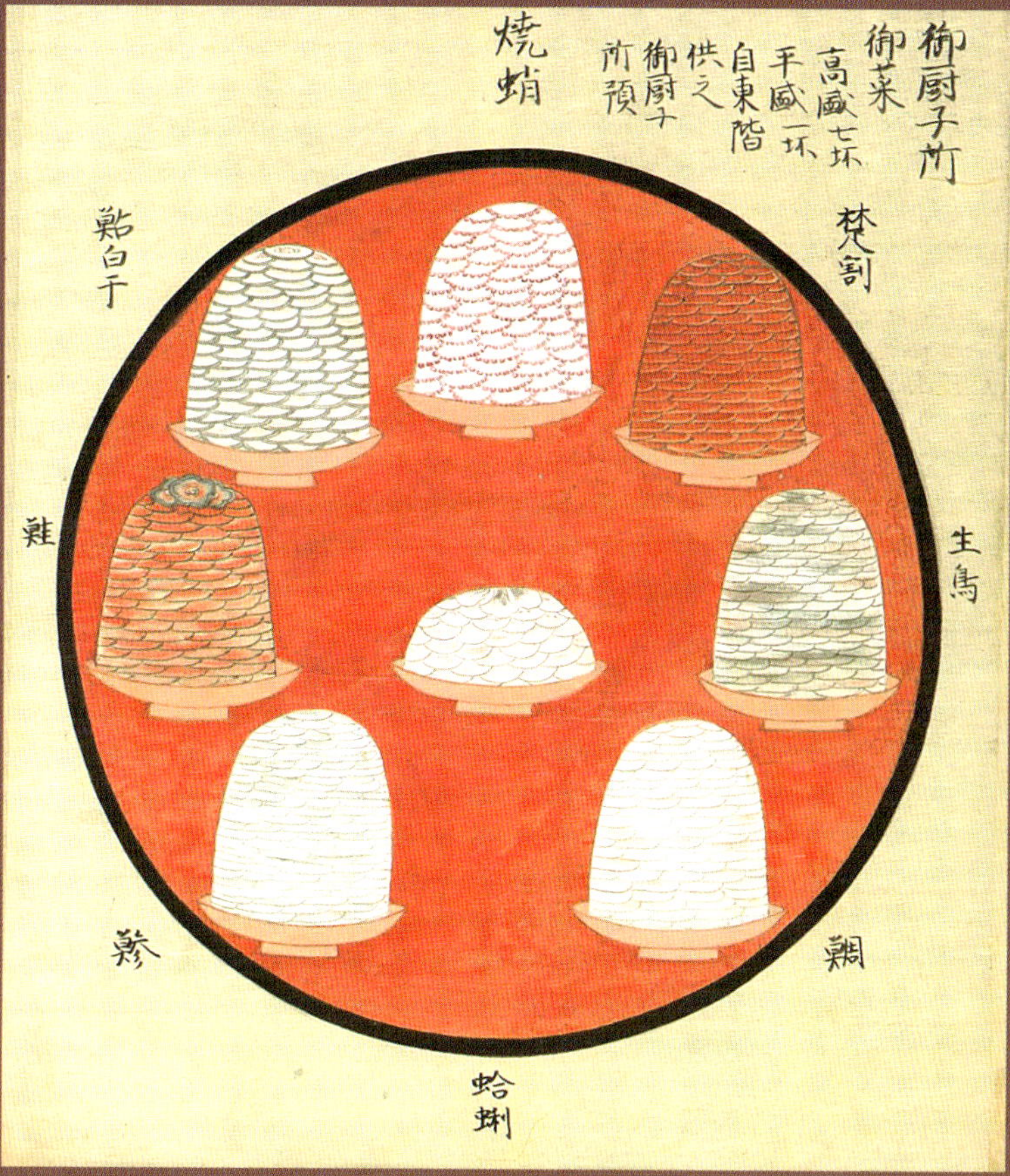

第一章

〈総論〉食の背景

食に関する定めやしきたりなどの多くは、奈良時代の『養老令』や平安時代の『延喜式』などの法令を基準に、貴族たちが状況に応じて変化させながら完成しました。また食を支える什器備品や食器類、調理人にかかわる約束ごとも、この頃に定まっています。

本章では、有職の食を支えた規則や制度、マナー、エチケットや食器などについて総論的に見てみましょう。

『延喜式』に見られる食材と料理

王朝時代の法令は、基本法「律令《りつりょう》」を改正することなく使い続け、「格《きゃく》」と呼ばれる解釈の変更で現実に対応しました。また実際に朝廷を運営するための施行細則、マニュアルも編纂されました。それが「式《しき》」です。

『延喜式』

弘仁年間（八一〇～八二四）、貞観年間（八五九～八七七）、延喜年間（九〇一～九二三）の三代に編纂された「格」と「式」はよく整備され「三代格式」と呼ばれます。康保四年（九六七）に施行された『延喜式』はほぼ完全な形で残っているため、平安時代中期の朝廷運営の実相を知るには欠かせない文献です。

『延喜式』の食材

年中行事にともなう饗宴の食、通過儀礼での儀礼食など、「食」は国家運営の一要素という側面があったため、『延喜式』でも各所に食材と料理の規定が見られます。

第一巻「神祇《じんぎ》式」冒頭の祈年祭で「鰒・堅魚各五両、腊二升、海藻・滑海藻・雑海菜各六両」と神饌《しんせん》が規定されるなど、『延喜式』では各官司の祭事での食の定めがまず記されます。

食材を税として徴発する主計寮《かずえりょう》の「主計式」は当然ながら各国の食材が列記されますし、朝廷で調理を担当する大膳職《だいぜんしき》や内膳司《ないぜんし》・造酒司《ぞうしゅし》（18ページ）などには、わずかながらも製造法・調理法も記されます。

このように王朝時代の食を考えるには、『延喜式』が根本資料となるのです。

『延喜式』（九条家旧蔵）　ColBase (https://colbase.nich.go.jp/)

『和名類聚抄《わみょうるいじゅしょう》』

『延喜式』などに記される食材は漢字で表記されますが、その読みがわかりません。

そのとき参考になるのが承平年間（九三一～九三八）に源順《みなもとのしたごう》が編纂した『和名類聚抄』です。

約三千の漢語の出典と簡単な解説、そして和名の読みを万葉仮名で示した内容で、これにより平安時代の食材が現在の何に当たるのかが推測できるのです。たとえば「大角豆」は和名「散《さ》々《さ》介《げ》」で、一つの殻に数十粒を含み、離ればなれに房を結ぶ、と解説されることで、これがササゲ（学名：*Vigna unguiculata*）であるとわかります。

また「海藻」は和名が「邇木米（にぎめ）」であるが俗に「和布（わかめ）」とも呼ばれると記されることから、一般名詞のような「海藻」がワカメ（学名：*Undaria pinnatifida*）という単一種を指しているということも判明するのです。

延喜式

内膳　諸国貢進御贄・年料

山城国　氷魚
山城国　鱸魚
摂津国　擁釼
摂津国　皮蘭
和泉国　鯛
和泉国　鯵
伊賀国　鮨年魚　二担四壺。
伊賀国　塩塗年魚　二担。入折櫃。
伊勢国　鯛春酢　二担廿籠二度。
伊勢国　鮨年魚　二担四壺二度。
伊勢国　蛎
伊勢国　礒蛎
志摩国　深海松
尾張国　為伊　二担廿壺。
尾張国　白貝　二担四壺。
尾張国　蟹蜷　二担四壺。
尾張国　雉脯　納十八籠。籠別六翼。
参河国　稺海藻　一担四籠。籠様長一尺二寸。広八寸。深四寸。他皆同此。
遠江国　稚海藻
下総国　稚海藻　六籠。
常陸国　雑海藻　二担廿籠。
近江国　煮塩年魚　二石。
近江国　鮒
近江国　鱒
近江国　阿米魚
近江国　氷魚　隔月三缶。
美濃国　鮨鮒
美濃国　火干年魚　一担八籠。
美濃国　鮨年魚　四担八壺。
信濃国　梨子
信濃国　干棗
信濃国　姫胡桃子
信濃国　楚割鮭　其荷数者。
信濃国　梨子　一荷。納八籠。籠別七十顆。
信濃国　大棗　一荷。納八籠。籠別一斗。
信濃国　胡桃子　一荷。納八籠。籠別一斗。
信濃国　楚割鮭　一荷。納九籠。籠別六隻。例貢十月進之。
信濃国　梨子　三荷。納八籠。籠別七十顆。
信濃国　大棗　一荷。納八籠。籠別一斗。例貢十一月進之。
陸奥国　索昆布　四十二斤。
陸奥国　細昆布　一百廿斤。
陸奥国　広昆布　卅斤。
若狭国　生鮭　三担十二隻三度。
若狭国　山薑　一斗五升三度。
若狭国　稺海藻　二籠十二斤。
若狭国　毛都久
若狭国　於己
越前国　稺海藻　二担十籠。籠別一斗。又二捧別一斗。
越前国　生鮭　三担十二隻三度。
越前国　山薑　一斗五升三度。
越前国　鮭児
越前国　氷頭
越前国　背腸
能登国　稺海藻　一輿六籠。
越中国　稺海藻　一輿五籠。
越中国　雉腊　一輿五籠。
越後国　楚割鮭　八籠八十隻。
越後国　鮭児
越後国　氷頭
越後国　背腸　各四麻笥。別一斗。
佐渡国　稺海藻　一担十二籠。
丹波国　生鮭　三棒六隻三度。
丹波国　鮨年魚　二担四壺。
丹波国　塩塗年魚　二担。入折櫃。
丹後国　生鮭　三棒十二隻三隻。
丹後国　氷頭　一壺。
丹後国　背腸　一壺。
丹後国　山薑　一斗五升三度。
丹後国　小鯛腊　一石二斗。
但馬国　稺海藻　四担十六籠。
但馬国　生鮭　三担十二隻三度。
但馬国　鮨年魚　二缶。
但馬国　山薑　一斗五升三度。
因幡国　稺海藻　十二籠。
因幡国　生鮭　三棒十二隻三度。
因幡国　山薑　一斗五升三度。
伯耆国　稺海藻　一担十籠。
伯耆国　海藻根　一担十籠。
播磨国　鮨年魚　二担四壺。
美作国　鮨鮎
備前国　氷頭　十缶二度。
備中国　煮塩年魚　八缶。
長門国　稺海藻　一百四籠。
紀伊国　鮨年魚　二担四壺。
讃岐国　鯛塩作　廿隻。
讃岐国　白干　十二籠。
土佐国　押年魚　一千隻。
土佐国　煮塩年魚　五缶。
大宰府　御取鰒　四百五十九斤五裹。
大宰府　短鰒　五百十八斤十二裹。
大宰府　薄鰒　八百五十五斤十五裹。
大宰府　陰鰒　八十六斤三裹。
大宰府　羽割鰒　卅九斤一裹。
大宰府　火焼鰒　三百卅五斤四裹。
已上調物
大宰府　鮒鮨　一百七十八斤五缶。
大宰府　鮨鰒　一百八斤三缶。
大宰府　腸漬鰒　二百九十六斤九缶。
大宰府　甘腐鰒　九十八斤二缶。已上中男作物。
大宰府　鮨年魚　二百廿三斤六缶。
大宰府　煮塩年魚　八百卅九斤廿缶。
大宰府　内子鮨年魚脯　六斤一缶。已上梁作。
大宰府　鯛醤　四斗八升二缶。
大宰府　完宍　二斗三升一缶。
大宰府　蒜房漬　一石五斗七升六缶。以上厨作。
大宰府　雉腊　二輿六十籠。別三翼。
大宰府　腹赤魚　筑後肥後両国所進出。其数随得。已上別貢。

馬で運ぶ米俵　『春日権現験記』　国立国会図書館デジタルコレクション

租庸調《そようちょう》

律令に定められた古代の税制が租・庸・調。公地公民制に基づき、朝廷が農民たちに口分田《くぶんでん》を分け与え、収穫を税として徴収する「班田収授法《はんでんしゅうじゅのほう》」によるものです。

天平十五年（七四三）の「墾田永年私《こんでんえいねんし》財法《ざいほう》」の制定によって土地の私有化が進み、平安時代には寺社や貴族の荘園が形成され、農民は荘園領主に年貢を納めるようになります。

しかし朝廷運営の経済的基盤は令制の租庸調を原則としました。

租

六歳以上の男子一人に二段《たん》（約二十三アール、女子は三分の二）配分される「口分田」。そこから収穫される稲を公に納める税が「租」です。『養老令』（田令《でんりょう》）によれば、口分田一段につき稲二束二把とされ、九月中旬から十一月末日までに各国国府へ納入することとされました。

田の収穫力によって異同はありますが、収穫高の三〜十パーセントの税率になったようです。この田租の稲穀は「正税《しょうぜい》」と呼ばれました。ここから備蓄用の「不動穀」と都の朝廷に送る「年料《ねんりょう》春米《しょうまい》」を引いた残りが各国国衙の運営費用となります。

庸

都に上って労役をする義務のことです。畿内の外に在住の正丁（二十一歳から六十歳の男子）十日間、次丁（六十一歳から六十五歳の男子）五日間が賦課対象。やがて都での仕事が減ると労役の代わりに米（庸米）や布（庸布）を納めることになります。

庸布は正丁の場合、一丈四尺（幅二尺四寸）を納め、これを銭五文に代えることもありました。

調

絹や布（主に麻布）もしくは「雑物《ぞうもつ》」として諸国の産物を納める税です。各種食材の貢納は調布に代わる「雑物」で指定されました。

『養老令』（賦役令）によれば、塩三斗、鰒十八斤、堅魚三十五斤をはじめ、烏賊・螺・熬海鼠・雑魚楚割・紫菜・雑海菜・海藻・滑海藻・海松・凝海菜・海藻根・未滑海藻・沢蒜・島蒜・鰒鮓・貽貝鮓三斗。白貝・辛螺頭打・貽貝後折・海細螺一石。棘甲蠃・甲蠃子・雑鮨・近江鮒・煮塩年魚・煮堅魚・堅魚煎汁といった食材が、布の代わりに調として納められました。

年料春米《ねんりょうしょうまい》 白米《しらよね》と黒米《くろよね》

年料春米

口分田から「正税」（のち出挙《すいこ》の利息米）として各国の国衙に納められた稲のうち、都の朝廷に納める稲は脱穀して俵に詰めます。一俵には米五斗が詰められました。

米を舂《うすつ》く

臼と杵で脱穀することを「米を舂く」と呼びましたので、脱穀された米は「舂米《しょうまい》」とされ、各国から毎年一定量納められる舂米を「年料舂米」と称しました。『延喜式』（民部）によれば、伊勢国・尾張国や土佐国など畿内国・沿海国二十二か国から合計して、白米一万七千三百三十石、糯米《もちごめ》二百六十石、黒米七百石が貢納され、白米と糯米は大《おお》炊寮《いりょう》に、黒米二百石は内蔵寮《くらりょう》に、黒米五百石は民部省の蔵に納められました。

都への運搬

年料舂米は農民たちの中から選ばれた者が「運脚《うんきゃく》」として都に輸送しました。運脚以外の農民は「脚直《きゃくちょく》」と呼ばれる輸送費を支払いました。このように令制での輸送は農民の自弁でしたが、平安時代の『延喜式』（民部）では「運賃は正税を用いる」と規定されるように、官費支給による輸送となって馬や舟も用いられ、都の「廩院《りんいん》」に納められました。

白米と黒米

脱穀した「舂米」には、白米（粳米《うるちまい》と糯米）と黒米（粳米）があります。

白米

白米は現在一般に食べられる精白米と同様の米。籾殻を脱穀し、さらに糠と胚芽を取り除いて胚乳部分のみにした米です。この精米工程を加えることで飯がすぐに炊け、皮をむいた果物のように美味しくなるのです。朝廷で炊飯を担当する大炊寮（18ページ）に納められる年料舂米はすべて白米でした。大炊寮は毎日大量の白米を炊飯して朝廷各所に配食したのです。

黒米

これは現在の「玄米」のことです。白米と違って胚芽が残っているので、蒔けば芽が出る「生きている米」であり、白米が糠でコーティングされた状態であるため、白米よりも長持ちするといわれます。黒米は職人への給料支給などにも用いられ、これは各自で精米して食べたと考えられます。

なお臼と杵で脱穀した時代には現代のような玄米にならず、籾殻と一緒に多少の糠が除去されて、今でいう「一分づき～二分づき」の米であったとされます。

脱穀に用いた臼と杵　『春日権現験記』
国立国会図書館デジタルコレクション

『枕草子』にも登場する赤穂の稲

「黒米」と呼ばれた玄米

白米

中男作物《ちゅうなんさくもつ》・交易雑物《こうえきぞうもつ》

時代の流れとともに、都での旺盛な食料需要に応えられなくなったため、令制の租庸調だけではまかないきれず、他の調達手段が設けられました。

中男作物

「中男」とは、「正丁」未満の十七歳から二十歳の男子のこと。養老元年（七一七）に「調」副物が廃止され、その代わりに畿内や島国を除く全国各国が中男を使って、朝廷が必要とする物品を貢納することになりました。これが「中男作物」で、『延喜式』（主計）に規定される品目を見ますと、「調」の雑物や副物と同じような、油や紙、繊維製品、染料などのほか、多種の食材が挙げられています。

中男作物の名産品

『延喜式』で規定される中男作物の食材の例としては、伊勢国や志摩国は「雑魚腊《ほじし》・煮塩年魚・雑魚鮨・滑海藻」、駿河国は「火乾年魚・煮塩年魚・堅魚煎汁・堅魚」と、地場の海産物が見られます。多くは海藻や魚の干物でした。

越中国は「鮭楚割・鮭鮨・鮭氷頭・鮭背腸・鮭子・雑腊」と、名産のサケにかかわる加工食品も多く、信濃国は内陸国ですが、千曲川・犀川などを遡上するサケの漁労が盛んだったため、「猪膏・雑腊」と並んで「鮭楚割・氷頭・背腸・鮭子」が規定されていました。同じく内陸国の美濃国は「煮塩年魚・鮨年魚・鯉・鮒鮨」と川魚です。

交易雑物

「交易」とは対価を払う商取引のこと。「雑物」は米穀以外の食料品です。律令制が衰え、各地で荘園が増加してくるにつれて、税として納められる「調」の産品は、数だけ合わせた品質の低いものが増えてしまいました。そうしたことから朝廷は、質の高い産品を得るために、各国の国衙が対価（正税＝稲）を支払って買い上げて都に納める方式が盛んになったのです。

交易される品々

『延喜式』（民部）には「交易雑物」の条があり、各国の納めるべき産品が列記されます。たとえば食材では山城国は「大麦三石・小麦三十石・大角豆六石・胡麻子四石・荏子四石」、近江国は「大豆六十石・胡麻子五石・醤大豆二十石・油二石・樽二合・隔三年進醤大豆十石」などです。

交易の財源

各国の国衙が物資を交易（購入）するに際しては、米で支払いました。各国では正税として集めた倉庫の米を半ば強制的に農民に貸し付け、五割という高利の利息「利稲《りとう》」を得ました。交易雑物の購入費用は、その利稲から支払ったのです。

平安時代中期まで流通した皇朝銭

日を決めて開かれる地方の市　『一遍聖絵』
国立国会図書館デジタルコレクション

市場・運輸

都には全国各地からのさまざまな物資が集積され、身分を問わず多くの人々に利用されました。

市場

交易のために人が往来する場所には自然発生的に「市《いち》」が生まれました。観音信仰で多くの人々が参詣した大和国・長谷寺に近い「海石榴市《つばいち》」（椿市）は古くから「八十《やそ》の衢《ちまた》」と繁栄が歌われ、『枕草子』にも「市は、たつの市・さとの市・つば市」とあります。

公設の市

都には朝廷が開設した市が東西二か所あり、「市司《いちのつかさ》」の官人が支配しました。『延喜式』（市）によれば、毎月十五日以前は東市《ひがしのいち》、十六日以後は西市《にしのいち》が開かれました。食料品店では東市には米店・麦店・塩店・醤店・索餅店・心太店・海藻店・菓子店・蒜店・干魚店・生魚店・海菜店が、西市には米店・塩店・未醤店・索餅店・糖店・心太店・海藻店・菓子店・干魚店・生魚店がありました。しかし西市は早くに衰退し、東市だけが繁栄するようになったことが、『続日本後紀』承和九年（八四二）の記録に残ります。

公定価格

律令では市司には「価長」が置かれました。『延喜式』（市）によれば「沽価《こか》」と呼ばれる公定価格が毎月定められ、沽価を上回る値付けは禁じられました。しかし、これも次第になし崩しになってしまいます。

運輸

交通機関がなかった時代、人力搬送、馬に載せる荷駄や舟により物資が都に運ばれました。舟運は坂道の苦労もなく直線的に大量輸送できる大きなメリットがありました。

都への標準日数

『延喜式』（主計）で、各国から都へ来る日数、帰国する日数の標準「行程」が定められていました。大和国や河内国など都に近い国は上下一日ですが、伊勢国は上り四日・下り二日、尾張国は上り七日・下り四日、と時間がかかります。東国の武蔵国は上り二十九日・下り十五日、上総国は上り三十日・下り十五日、さらに当時のさいはて陸奥国となると、上り五十日・下り二十五日と大変な長旅。下りが短いのは空荷だからです。

海路

舟が使える西国は海路も規定されます。備前国は上り八日・下り四日、海路なら九日。土佐国は上り三十五日・下り十八日、海路二十五日。風待ちのある海路はその余裕も見込んでいるようです。瀬戸内海経由の海路のほか、日本海側の国は琵琶湖を舟で渡るルートもありました。越前国は上り七日・下り四日、海路なら六日。越後国は上り三十四日、下り十七日、海路三十六日となります。九州各国は京ではなく、「遠《とお》の朝廷《みかど》」と呼ばれた大宰府までの運搬となります。

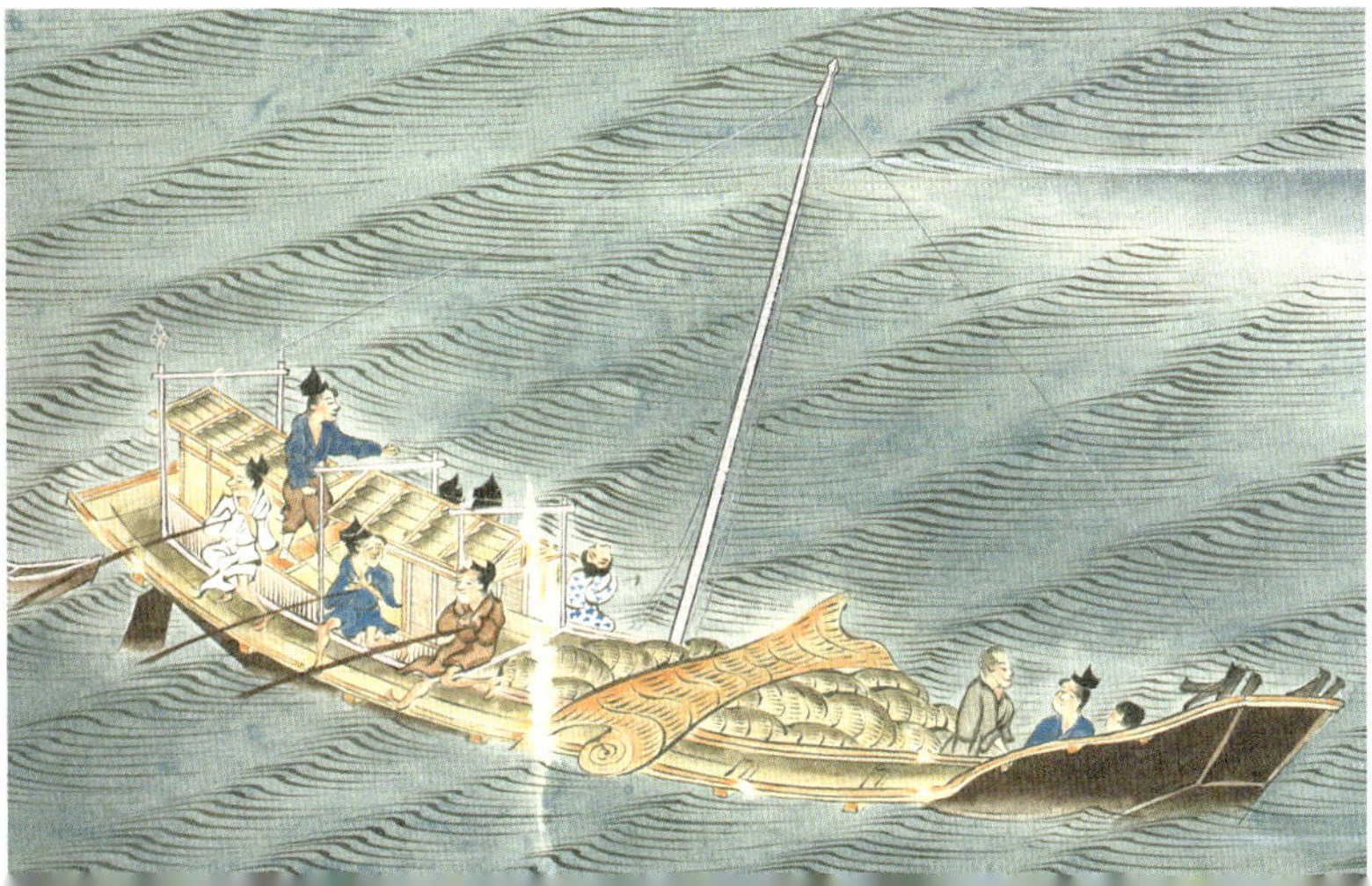
瀬戸内海での海路の米輸送　『一遍聖絵』
国立国会図書館デジタルコレクション

饗宴

大臣大饗《だいじんだいきょう》

古名　おとどのおおみあえ、だいじんのだいきょう

平安時代の日本では、大臣は親王よりも格が高いとされる特別な顕職でした。その大臣が親王たちや太政官の部下を招いて開く饗宴を大臣大饗と呼びます。高位高官に昇進した際に「焼尾荒鎮《しょうびこうちん》」と称して知人を招く宴会は唐の風習によるものでしたが、次第に客側の傍若無人さが問題になり、何度も禁令が出ました。『類聚三代格《るいじゅうさんだいきゃく》』には昌泰三年（九〇〇）に「饗宴群飲禁止」の太政官符が記録されます。その代替として大臣大饗が始まったのではないかともいわれます。

母屋大饗《もやのだいきょう》

正月初旬（平安時代前期は左大臣が四日、右大臣が五日）に開催されたのが毎年恒例の大臣大饗で、寝殿の中央部「母《も》屋《や》」で開催されるために「母屋大饗」とも呼ばれました。国家重臣の権勢と威厳を示すために、その饗膳には全国から集めた山海の美味・珍味が並びます。藤原氏長者は「朱器台盤《しゅきだいばん》」と呼ばれるテーブルセットを用いました。

庭には調理用のテント「幄舎《あくしゃ》」が設営され、東の幄舎「立作所《たちつくりどころ》」には大きな俎《まないた》を置いて雉や鯉といった生の食材を調理。西の幄舎「酒部所《さかべどころ》」には大鍋を据えて酒を燗しました。

鷹飼参入

庭の幄舎での調理は寝殿の中から見ることができました。魚鳥をさばく「庖丁《ほうちょう》」の華麗な技は鑑賞の価値があるとされたのです。食材としての鳥類として尊ばれたのは雉で、宴たけなわになると、腕に鷹を留まらせた鷹飼が獲物の雉を木の枝にぶら下げて参入し、立作所に雉を届けます。これも大饗を盛り上げる余興でした。

蘇甘栗《そあまぐり》の使《つかい》

天皇が大饗に際して、美味とされた甘栗と「蘇」（131ページ）を差し入れる「蘇甘栗の使」。宴席での勅使到来ということで座は盛り上がり、『枕草子』では「大饗の折の甘栗の使などに参りたる。もてなし、やむごとながり給へるさまは、いづこなりし天降り人ならむとこそ見ゆれ」と記されるほどに歓待されました。

庇《ひさし》（廂）大饗《だいきょう》

新しく大臣に任命された際に開催される臨時の大饗です。母屋の周囲の間「庇《ひさし》」（廂）で開催されるために「庇大饗」とも呼ばれました。

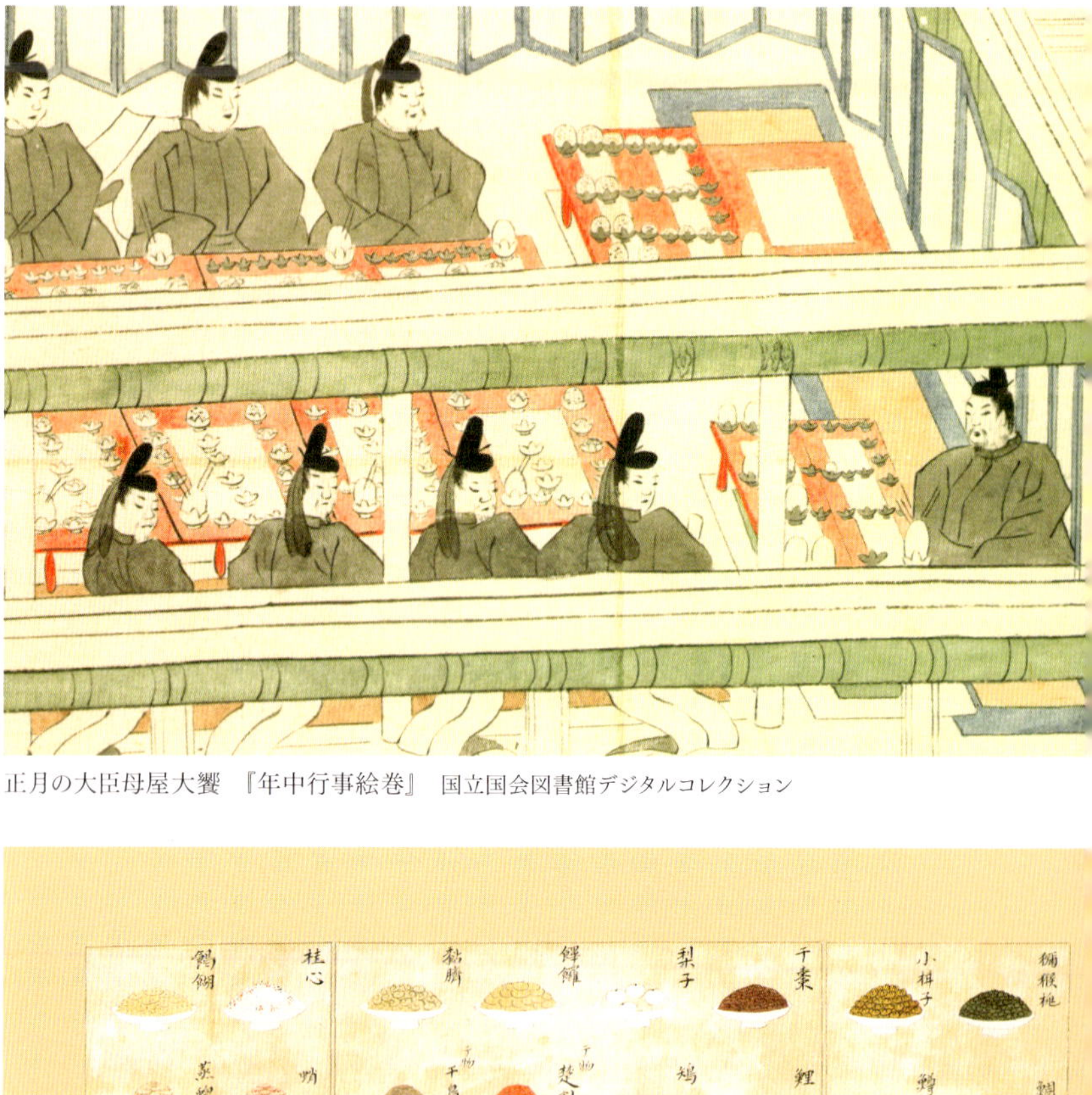

正月の大臣母屋大饗　『年中行事絵巻』　国立国会図書館デジタルコレクション

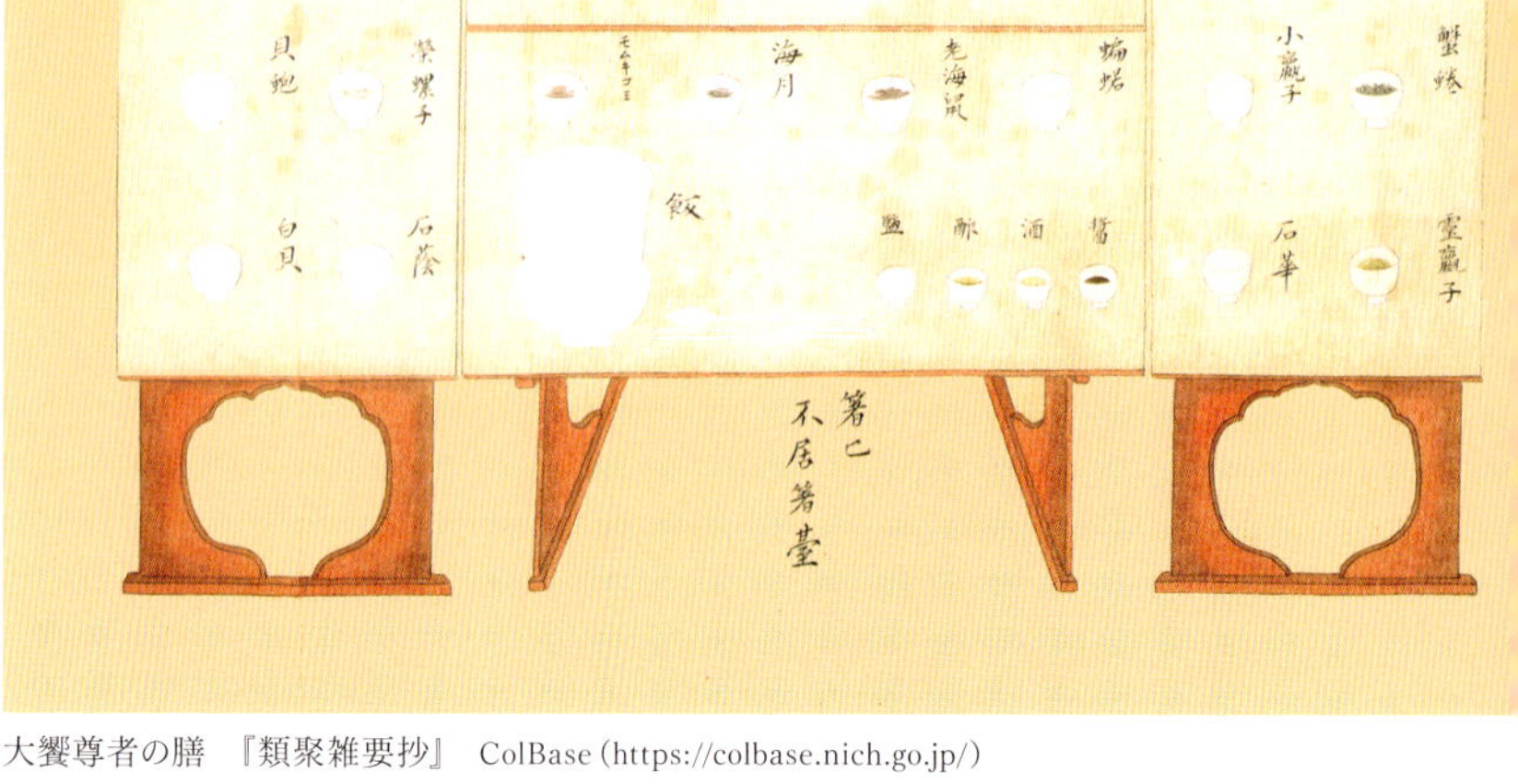

大饗尊者の膳　『類聚雑要抄』　ColBase（https://colbase.nich.go.jp/）

饗宴

饗膳の図

永久四年（一一一六）正月二十三日、内大臣・藤原忠通《ふじわらのただみち》が開催した母屋大饗の詳細が『類聚雑要抄』に図示されています。主賓の「尊者」、もてなす「家主」、陪席の公卿や弁少納言たちの饗膳には豪華な食品が並びました。

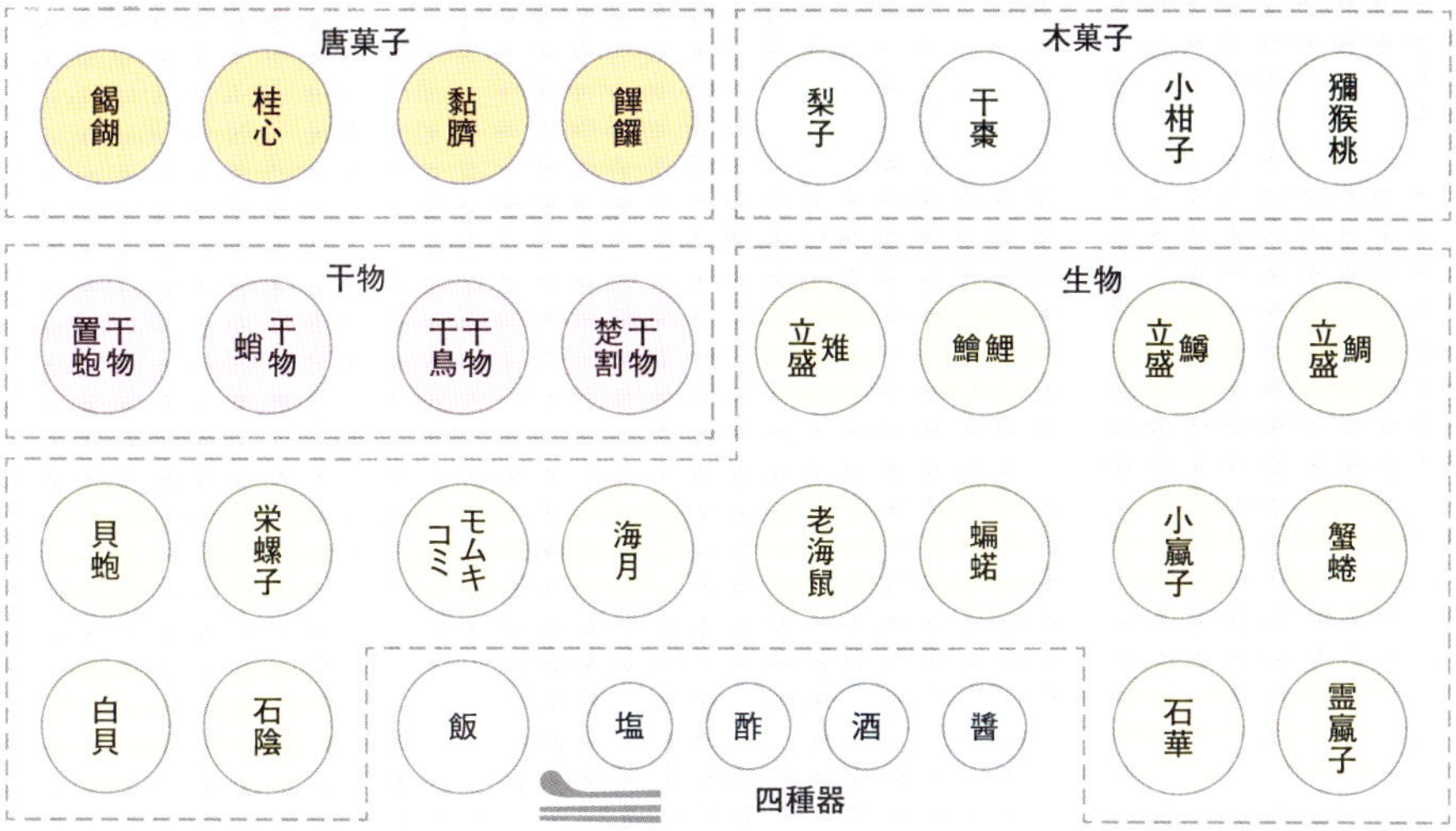

〈尊者·20品〉

〈陪席の公卿·20品〉

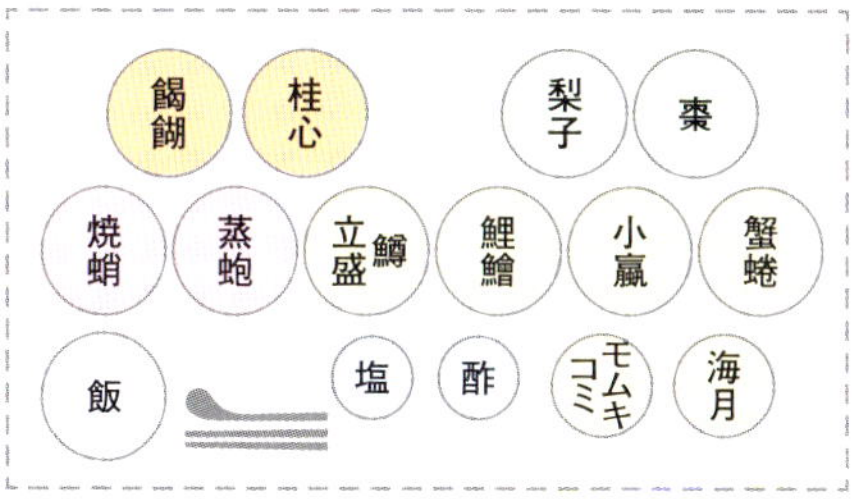

〈弁少納言·12品〉

〈家主·8品〉

大臣母屋大饗の席次　『年中行事絵巻』 国立国会図書館デジタルコレクション

饗宴

二宮大饗《にぐうのだいきょう》

二宮とは中宮（ここでは皇后・皇太后・太皇太后）と東宮（皇太子）のこと。大臣大饗と同じように正月初旬（原則として二日）に開催される饗宴で、二宮に拝礼した廷臣たちが内裏北面の正門・玄輝門の北側、回廊に座して宴を賜るのです。

オープンデッキの会場

大臣大饗と同じように臨時の幄舎が建てられ、酒を燗する「酒部所《さかべどころ》」もありましたが、大臣大饗と異なるのは会場が建物の中ではなく、回廊というオープンデッキエリアであること。壁面には「軟障《ぜじょう》」と呼ばれる唐絵が描かれた幕を張りましたが、冬場なので寒かったことでしょう。五位の殿上人は幄舎に机を置いた簡易な饗膳につきます。

座具としては公卿用の「兀子《ごっし》」（一人用の腰掛け）、四位殿上人用の「長床子《ながしょうじ》」（ベンチ）が用いられ、台盤《だいばん》（テーブル）も設置されました。

「臨時客《りんじのかく》」の後に

『御堂関白記《みどうかんぱくき》』長和二年（一〇一三）や『小右記《しょうゆうき》』治安元年（一〇二一）の記事を見ますと、昼間に大臣邸で「臨時客」（招待がなくても参会できる饗宴）が行われた後、夜に二宮大饗が開催されました。大臣大饗は二宮大饗の後に開催されるものでしたが、摂関政治の隆盛とともに私的な臨時客が華やかとなり、こうした形になったようです。

中宮饗と東宮饗のはしご酒

臨時客の後ですので、二宮大饗は酒宴がメインであったようです。『西宮記《さいきゅうき》』によれば中宮饗は中宮大夫の献盃から始まり、二献では「餛飩《こんとん》」、三献では「飯汁」、次に楽舞とともに茎立《くくたち》・蘇甘栗が供されました。大臣大饗と比較すると非常に簡素な饗膳です。酒が七～八巡した後に「禄《ろく》」を賜って下がり、次に東宮饗に向かう、とあります。

しかし『御堂関白記』の長和二年（一〇一三）の記事では、中宮饗で三献の後に賜禄、東宮饗に移って再び三献後に禄を賜って退出とあります。酒の巡る回数が少なくなり、簡略化されたのでしょう。

平安時代後期の『江家次第《ごうけしだい》』には「近代は三献を過ぎず」とあり、膳には「茎立包焼」「蘇甘栗」などが並び、「餛飩」や「飯汁」がなくなり、より形式化が進んだことが見てとれます。

中宮大饗　『年中行事絵巻』　国立国会図書館デジタルコレクション

中宮大饗の酒部所　『年中行事絵巻』　国立国会図書館デジタルコレクション

饗宴
殿上淵酔《てんじょうのえんずい》

「淵酔」とは「深酔いすること」を意味します。『小右記』長徳五年（九九九）正月三日の記事に「中納言惟仲、淵酔落車」とあるのは、深酔いして牛車から落ちた醜態を示したものです。

殿上淵酔

「殿上」は清涼殿の「殿上の間」のこと。九世紀後半、宇多天皇の時代頃に「昇殿制」が整います。天皇との親密関係を根拠として勅許を受け、殿上の間に上ることのできる廷臣が「殿上人」と定められ、律令の位階よりも重要な身分区分になりました。

正月の二日か三日、また十一月の新嘗祭《にいなめさい》の前日(寅日)に、殿上人たちが「殿上の間」に集まって行われた酒宴が「殿上淵酔」です。天皇の秘書部門である「蔵人所《くろうどどころ》」主催の無礼講のような形式により殿上人を招き、天皇も親しく出席しました。

いつ始まったのかは明確ではありませんが、『小右記』永延二年（九八八）十月の記事には、一晩中寝ないで過ごすとされた「庚申」の夜に淵酔して歌舞を楽しみ、その後に皇太后宮の御所に行って舞い歌ったと、「殿上淵酔」と似た形式の酒宴があったことが記されます。

新嘗会《しんじょうえ》寅日の殿上淵酔は『中右記《ちゅうゆうき》』に詳しく載り、寛治元年（一〇八七）の殿上淵酔は、高階重仲《たかしなのしげなか》が「一﨟《いちろう》」（六位蔵人の首席）となった御礼に豪華な饗応をしたとあります。殿上淵酔が、蔵人による蔵人主体の酒宴であることがわかります。

胸襟を開く

殿上淵酔の膳には酒肴や菓子が並び、三献の酒を酌み交わします。このとき次の人に机の下で盃を渡して回し飲みをする「盃流《はいりゅう》」と呼ばれる飲み方がなされました。

一献と二献の後、「嘉辰令月《かしんれいげつ》」などを朗詠し、三献の後に袍《ほう》の襟紐を解いて襟を拡げ、右袖を脱いだくつろいだ姿「袒裼《たんせき》」となって「今様」(当時の流行歌)を歌います。また「万歳楽」で「乱舞」を楽しみました。六位蔵人はなんと台盤の上に乗って舞うような、まさに無礼講。そして、さらに数盃傾けて淵酔状態となります。

上戸・下戸

酒飲みを「上戸《じょうご》」と呼ぶことの語源説は数多くありますが、「殿上の間」東側の戸を「上戸《かみのと》」、西側の戸を「下戸《しものと》」と呼び、酒量の多い者が上戸側に座ったのが理由だという説もあります。

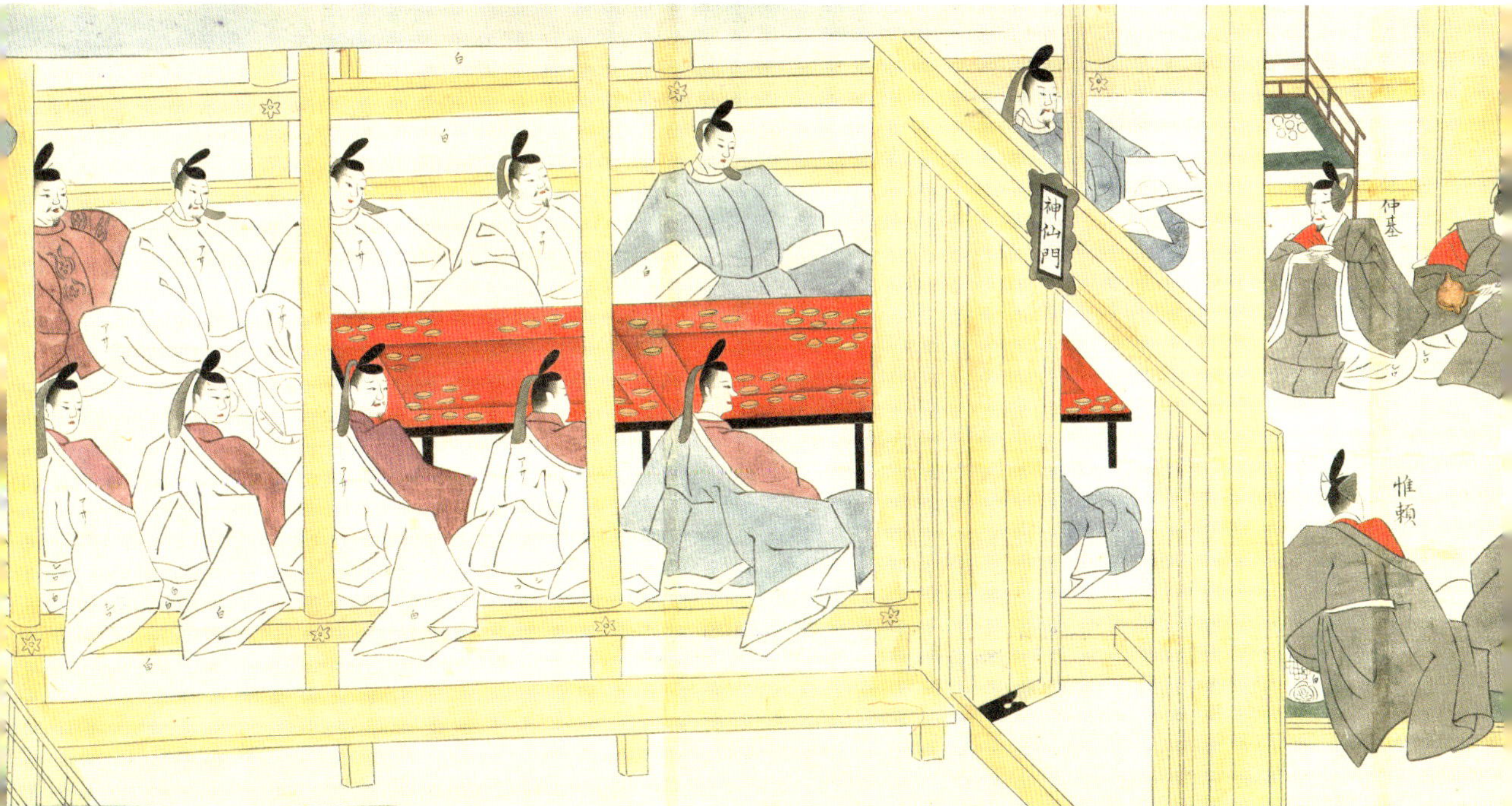

右袖を脱ぎくつろぐ殿上人たち 『承安五節絵』 国立国会図書館デジタルコレクション

饗宴

饗宴の作法

年中行事の饗宴は単なる飲食の場ではなく、一つの儀式という性格がありました。そこで多くの約束ごと、マナーが大切にされたのです。

宴座《えんのざ》・穏座《おんのざ》

節会《せちえ》・大饗・釈奠《せきてん》などで、きわめて形式的な儀式として行われる宴会が「宴座」です。その後、場所を移して行われる二次会が「穏座」。こちらは管絃の演奏や披講・朗詠なども楽しまれる、比較的気楽な酒宴でした。

『平記』に載る康平三年（一〇六〇）七月の任大臣大饗では、「宴座」は計六献、まず菓子二種（梨・棗）、干物二種（干鳥・蒸鮑）、生物二種（鯉・雉代鱸）、窪坏物二種（海月《みる》・保夜代鮎児鱠）が並び、一献・二献に続き三献で飯と汁、汁鱠、小鳥焼物、虮《たこ》、鮎焼物が供されます。四献では鶬《まなづる》、羹、茎立代の鶏頭草、裏焼代の鮎焼物。五献は蘇甘栗の代わりの瓜・菱・若栗・淡柿。次に湯漬代の水飯となります。大変豪華です。

しかしその後の「穏座」では、薯蕷粥の代わりの「削氷」が出るだけです。酒は多く飲み管絃の楽しみなどはありましたが、食事は簡単な「〆《しめ》」のものだったようです。

立箸《たてばし》・抜箸

飯に箸を立てる「立箸」は、現代では葬式の作法として嫌われますが、平安時代は饗宴の作法でした。三献の後に飯と汁が供されると、主客が箸（場合により匙も）を高盛飯に突き刺し、一座の者もそれに従います。

『九暦』の天暦十年（九五六）二月には「三献了立箸」とありますし、『西宮記』には「三献。次上卿立箸匕、即抜」とあります。立ててすぐに抜くというのは、非常に儀礼的な行為であることを示します。元日節会の宴では、天皇が扇で馬頭盤の上の箸を鳴らすと臣下がそれに応え、天皇が箸を立てると臣下も倣うと『三節会次第』にあります。

ただし節会の飯は箸を立てるだけで鎌倉時代には食べられなくなったと『禁秘抄』は記します。

平安の食事マナー

平安時代後期の『富家語《ふけご》』には、当時の食事マナーが列挙されます。たとえば「果物や菓子を食べるとき、多くは手で食べるが手で食べたものは、手で触った部分は必ず食べ残すこと」「箸で皿を引き寄せてはいけない。箸を口で拭ってはいけない。貴人の前では、果物の種は懐紙に入れる。吐き散らかしてはいけない」など常識的な内容が並びます。

しかし『宇槐雑抄』には飯・汁の後に白湯が出るので、そこに箸を入れてかき回して飲む、とあります。現代では不作法とされる行為が平安時代の饗宴ではよく見かけられたようで、食事作法が現代に近づくのは室町時代以降になります。

大臣大饗での「立箸」『年中行事絵巻』 国立国会図書館デジタルコレクション

御前物高坏六本 『高橋大隅両家祕傳供御式目』（部分） 京都府立京都学・歴彩館 デジタルアーカイブ

正月「内宴」の饗膳　『年中行事絵巻』
国立国会図書館デジタルコレクション

饗宴

酒宴の作法

平安時代は「造酒司《ぞうしゅし》」が大量の酒（48ページ）を醸造し、人々は多くの酒を飲みました。楽しく酒を嗜むために、酒宴にはさまざまなルールがあります。

巡流《じゅんりゅう》

多人数が参加する酒宴で、主賓から末座まで順番に盃を回し飲みするのが「巡流」です。酒肴を出して酒を楽しむことを「一献」と呼びました。

盃を渡されたら三度飲むのが原則でしたので、「三献」（三巡）ならば合計九度飲むことになります。

日本が参考とした『大唐開元禮《だいとうかいげんれい》』にある「觴行三周」に倣って宴席では三献が多く、三献が終わるまでは起座しないのが礼儀とされました。

盃を次に回すときは台盤の下で行うと『殿上淵酔部類』に記されます。三度目の盃は酒を残し、自分の口を付けたところを酒で流し清め、これを「魚道《ぎょどう》」と呼ぶと『徒然草』にあります。

勧盃《けんぱい》・行酒《ぎょうしゅ》・唱平《しょうへい》

主賓に盃を渡す役を「勧盃」と呼びます。その盃に徳利のような「瓶子《へいじ》」（42ページ）から酒を注ぐ役は「行酒」とされることが多く記録にあります。『延喜式』（中務）には「酒番侍従」の規定があって、十二人の侍従が宮中の「旬」の儀式で公卿に行酒を行うとされました。

「一度の勧盃」は瓶子ではなく長柄銚子（41ページ）で、各自の盃に酒を注ぐ形式です。儀式的で回し飲みの巡流よりも早く酒を飲ませることができます。

酒を勧めるときに長寿を祝う詞を発する「唱平」を行いました。『北山抄《ほくざんしょう》』の二宮大饗の項には「二人相対酌酒唱平擬。把人揖之。突左膝飲了、起又酌酒唱平。次々唱平行之。如旬儀也」と、独特の作法を記します。

藍尾《らんび》

三献以上の巡流の最後、末座の者に三杯連続して飲ませることは「藍尾」と称されました。ただし『小右記』寛仁三年（一〇一九）八月の記事を見ますと、末座であっても北を向いて座る「北面人」がいないと藍尾はしないとあります。南面に座った左大弁・源道方《みなもとのみちかた》は南面に座ったのに藍尾をしてしまったのは前代未聞と藤原実資《さねすけ》は憤っています。

罰酒《はっしゅ》・駆けつけ三杯

勝負事に負けたときに酒を飲ませる「罰酒」がよく行われました。天暦七年（九五三）十月の残菊合わせでは、一番負けるたびに勝方が負方に罰酒を行うと『九暦』にあります。

また『西宮記』によれば、宴席に遅刻した場合、五巡後の到着者は三杯、七巡後は五杯、十巡以降に来た者には七杯飲ませるとあります。今に伝わる「駆けつけ三杯」はその名残です。

「賭弓」酒宴での七位や無位の武官たち　『年中行事絵巻』
国立国会図書館デジタルコレクション

勧盃と行酒　『年中行事絵巻』
国立国会図書館デジタルコレクション

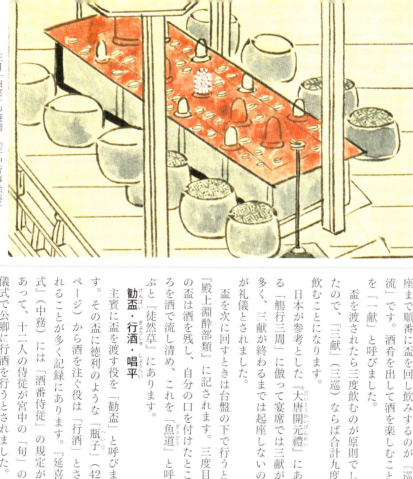

大膳職《だいぜんしき》・内膳司《ないぜんし》・大炊寮《おおいりょう》・主水司《しゅすいし》・造酒司《ぞうしゅし》

数多くの儀式・年中行事が行われた平安時代の朝廷では、食事関係を取り扱う専門の役所が宮内省に置かれました。天皇をはじめとした皇室の食事を調製する重要な役割もあります。

大膳職

宮中で行われる年中行事・儀式式典における饗膳調製を担当する役所です。『養老令』（職員令）では長官「大夫」の職掌は諸国の調雑物《ちょうぞうもつ》を管理し庶膳を調え、醢《ひしお》や醤《ひしお》、末醤《みしょう》や菓子・餅などを管理。部下の「膳部《かしわで》」を率いて調理を担当するとあります。『延喜式』では各行事に供される食材と料理、食器類が列挙されています。

所管する役所に醤（54ページ）の製造管理をする「醤院《しょういん》」や、果物の貯蔵や餅を作る「菓餅所《かへいしょ》」がありました。

内膳司

天皇・中宮の食事を調製する役所。『養老令』（職員令）では、高橋氏出身の長官「奉膳《ぶぜん》」が御膳全般の管理と「先嘗《せんじょう》」（毒見）をし、次官「典膳《てんぜん》」が膳部四十人を指揮して供御膳《くごぜん》の調理を行うとされます。のちに長官は「奉膳」と「正《かみ》」の二人となりました。

所管に「御厨子所《みずしどころ》」（清涼殿隣接の後涼殿にあり、天皇の朝夕の食事（供御《くご》）の調製を行う。鵜飼や網代漁の管理も行う）、「進物所《しんもつどころ》」（同じく調理を行う。やがて蔵人所の管理下になる）、「贄殿《にえどの》」（諸国の貢産物を保管管理する）などがありました。

大炊寮

儀式式典における炊飯（蒸す強飯）配給と、諸国から貢納される米穀に関する業務を担当します。『養老令』（職員令）では長官「頭《かみ》」の職掌は諸国の舂米・雑穀の管理、諸司の食料とします。「廩院《りんいん》」に米を貯え、「炊屋《かしきや》」の八基の竈で「大炊部」六十人が炊飯を行いました。

主水司

宮中の飲料水・手水用の清水用意、「饘《かたかゆ》」「粥《しるかゆ》」（68ページ）の調整と、氷室の管理を行います。大内裏・豊楽院の西に「御井《みい》」があり、「守御井」二人が管理しました。

造酒司

宮中での行事式典や天皇供御、官司などへの配給用の酒、醴《こさけ》そして酢の醸造を行いました。造酒司の官人は酒宴で酒を注ぐ行酒役を務めることもありました。

太政官厨《だいじょうかんちゅう》・侍従厨

宮内省管轄外の役所。太政官の行事の際に供される食事の調製を行うのが太政官厨。侍従厨は行幸や節会などに際して侍従の饗膳を調製したとされ、『西宮記』の相撲節会の項では「内膳供御膳、右近弁備王卿膳、侍従厨給侍従」とあります。

ただし正暦四年（九九三）三月の「季御読経結願《きのみどきょうけちがん》」に際して侍従厨が饗膳を用意し、長和三年（一〇一四）四月の行幸の饗饌を大膳・内蔵寮・穀倉院・官厨・侍従厨などに作らせると『小右記』にありますので、数に合わせて柔軟な対応がなされたのでしょう。

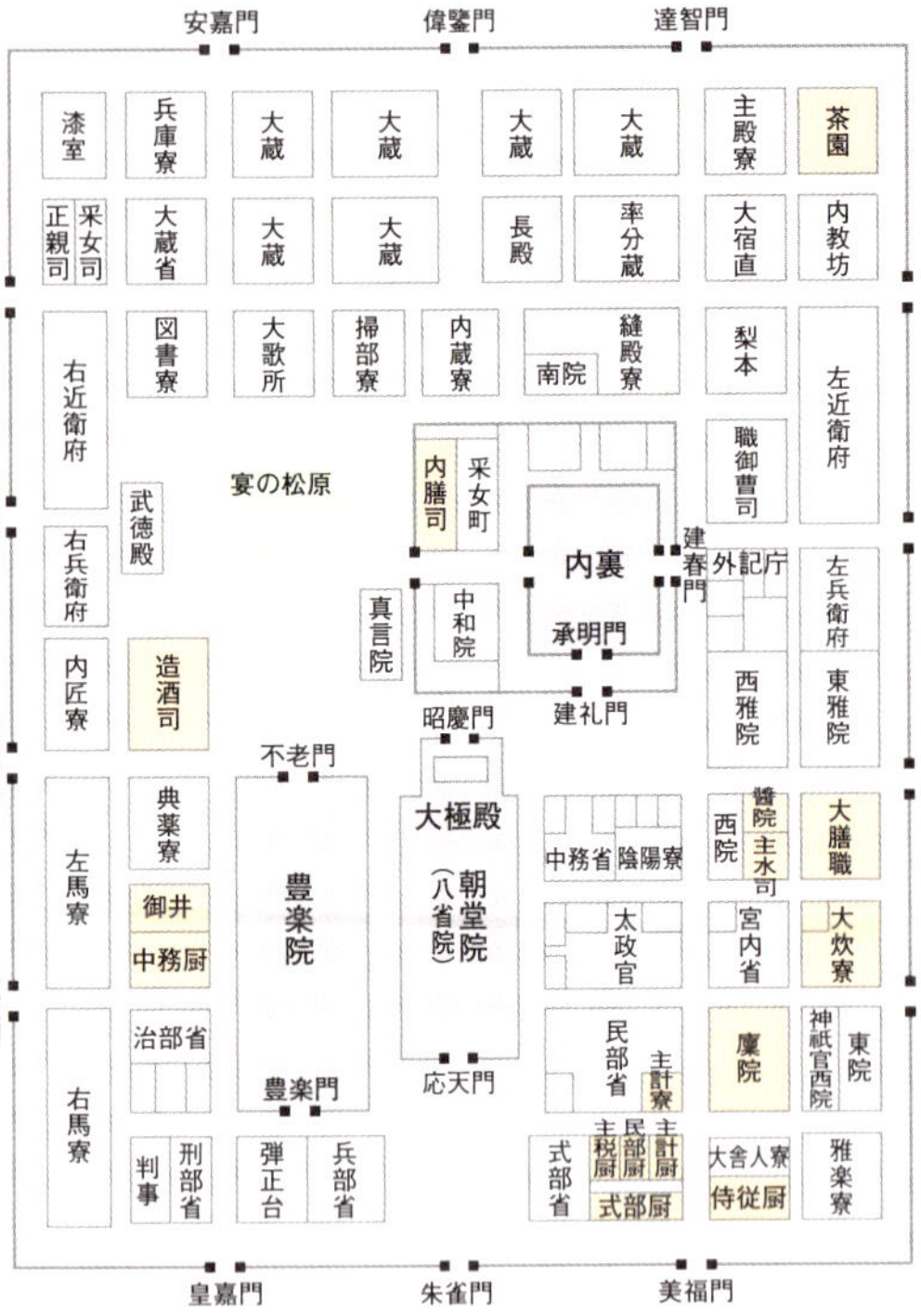

大内裏平面図　食事に関わる官司は色付きとした

平安宮造酒司倉庫跡石碑
（京都市中京区丸太町通七本松西入ル聚楽廻松下町）

平安宮主水司跡石碑
（京都市上京区丸太町通日暮西入ル西院町）

平盛《ひらもり》と高盛《たかもり》

今に残る絵巻物に描かれた食膳や、神社に供えられる神饌を見ますと、皿に平らに盛られた食物と、高い山を築くように盛り上げられた食べ物があります。

平盛と高盛

平盛

器の縁の高さまで盛るのが平盛です。平安時代末期の食饌故実を記した『厨事類記《ちょうじるいき》』には「供御次第六御盤」として、銀器の平盛に「鳥脯、押年魚《おしあゆ》、東鰒《あずまあわび》・堅魚《かたうお》・海鼠・蛸・烏賊・鮭・久恵・脯鯖」を盛っています。古記録では珍味類を盛った例が多く、物理的に高盛にできないものを平盛にしたのでしょう。

しかし、永久四年（一一一六）の母屋大饗では「殿上人や諸大夫、尊者《そんじゃ》の前駈《ぜんく》（従者）の食は、皆平盛也」とあり、高盛と比較して平盛は格が低いとされたことがわかります。

高盛

高盛は「豊饒」の象徴として、儀礼的な宴座で供されるもので、実際に食べる料理というよりも、飾りとしての意味合いが強いものでした。江戸時代の正月の「喰積《くいつみ》」のようなものです。

天皇の供御膳は可能な限り高盛にするのが原則でした。『厨事類記』には、平盛にされた供御膳を見た蔵人が「急ぎ高盛にせよ」と命じる話が載っています。特に菓子（果物類）は高盛にするのが常識だったようです。

窪手《くぼて》と平手《ひらて》

少し窪んだ皿を窪手、平らな皿を平手と呼びますが、これは神饌を供する際に用いられる葉椀《くぼて》と葉手《ひらて》からきたものです。現在の大嘗祭でも神饌御親供において、窪手に盛られた食物を葉手に盛り付けます。葉椀と葉手もカシワの葉を並べ重ねて、竹ひごで編んで作られます。上古はカシワの葉を食器として、その上に食べ物を載せていたようで、葉椀はそれを象ったもの。「大膳職」を和訓で「おおかしわでのつかさ」と呼び、料理人「膳部」を「かしわで」と称するのはそのためです。

窪坏《くぼつき》

窪手は「窪坏」と称されることが多く見られます。椀より浅く皿より深いものを「坏」と称し、汁が出るような食べ物が入れられました。『類聚雑要抄』では「聟娶御前物」として「海月・生鮑・鮑味噌」を、「内大臣庇大饗」では「老海鼠《ほや》・海月・蟹蜷《やどかり》・細螺《きしゃご》」といった魚介系の珍味類を窪坏に入れています。

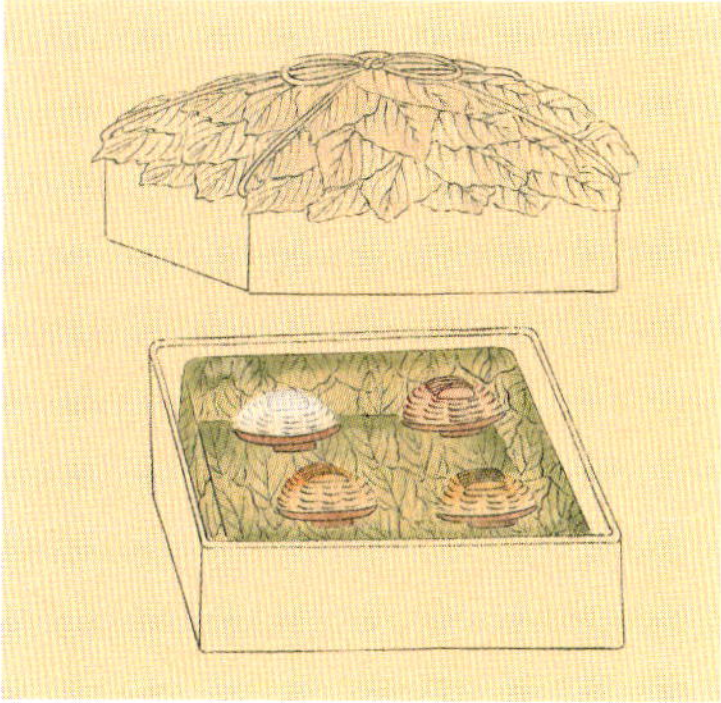
柏葉の窪手　『大嘗会悠紀主基神饌調進物図』
国立国会図書館デジタルコレクション

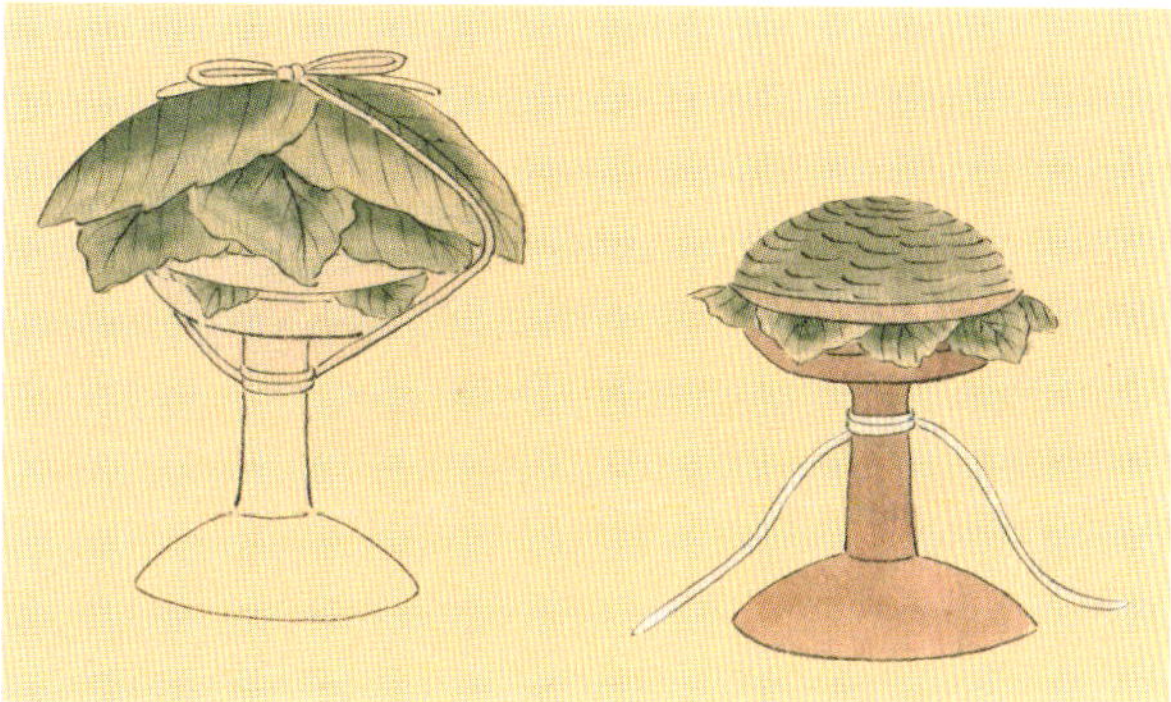
大嘗祭神饌の柏葉の高坏　『大嘗会悠紀主基神饌調進物図』
国立国会図書館デジタルコレクション

古代に食器として用いられた柏葉　『大嘗会悠紀主基神饌調進物図』
国立国会図書館デジタルコレクション

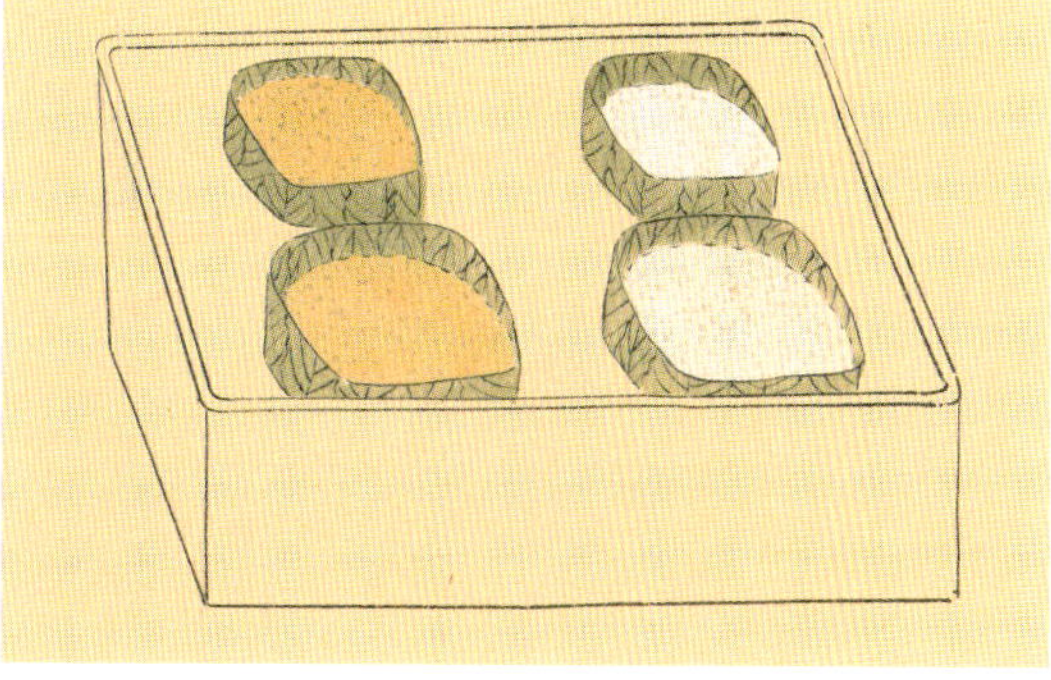
窪手に盛った米と粟　『大嘗会悠紀主基神饌調進物図』
国立国会図書館デジタルコレクション

高橋《たかはし》大隅《おおすみ》兩家《りょうけ》秘傳《ひでん》供御《くご》式目《しきもく》

内膳司御厨子所《ないぜんしみずしどころ》の「預《あずかり》」を世襲した高橋氏と、その下役「小預《こあずかり》」を世襲した大隅氏は地下官人として、互いに支え合って宮中の食膳を調えました。その研究資料として享保六年（一七二一）に大隅信時が、平安時代後期の『類聚雑要抄』や鎌倉時代初期の『山槐記』など古記録に登場する、食膳の調え方を図示して残しています。

京都府立京都学・歴彩館デジタルアーカイブ

類聚雑要抄三本立の一

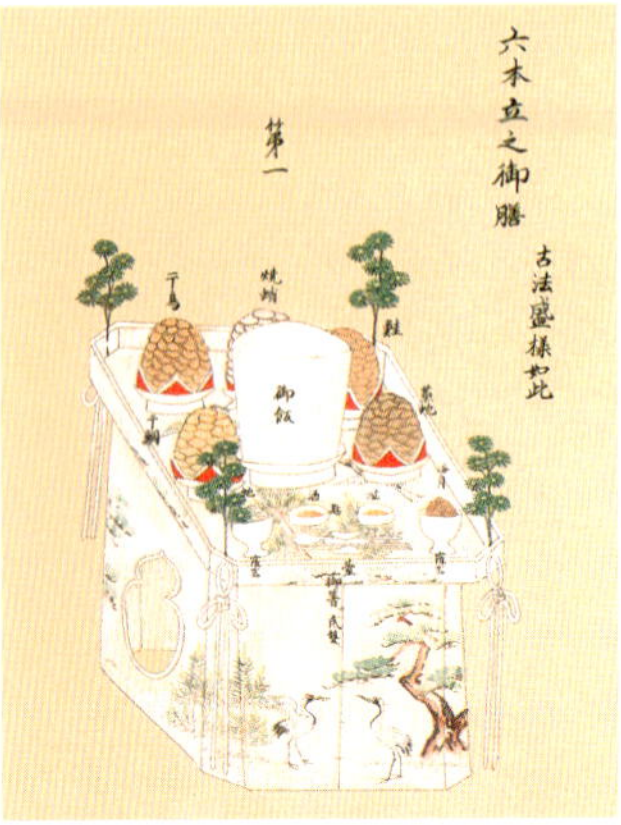

類聚雑要抄六本立の一

類聚雑要抄六本立の四

類聚雑要抄三本立の二

類聚雑要抄六本立の二

類聚雑要抄六本立の五

類聚雑要抄三本立の三

類聚雑要抄六本立の三

類聚雑要抄六本立の六

日貢

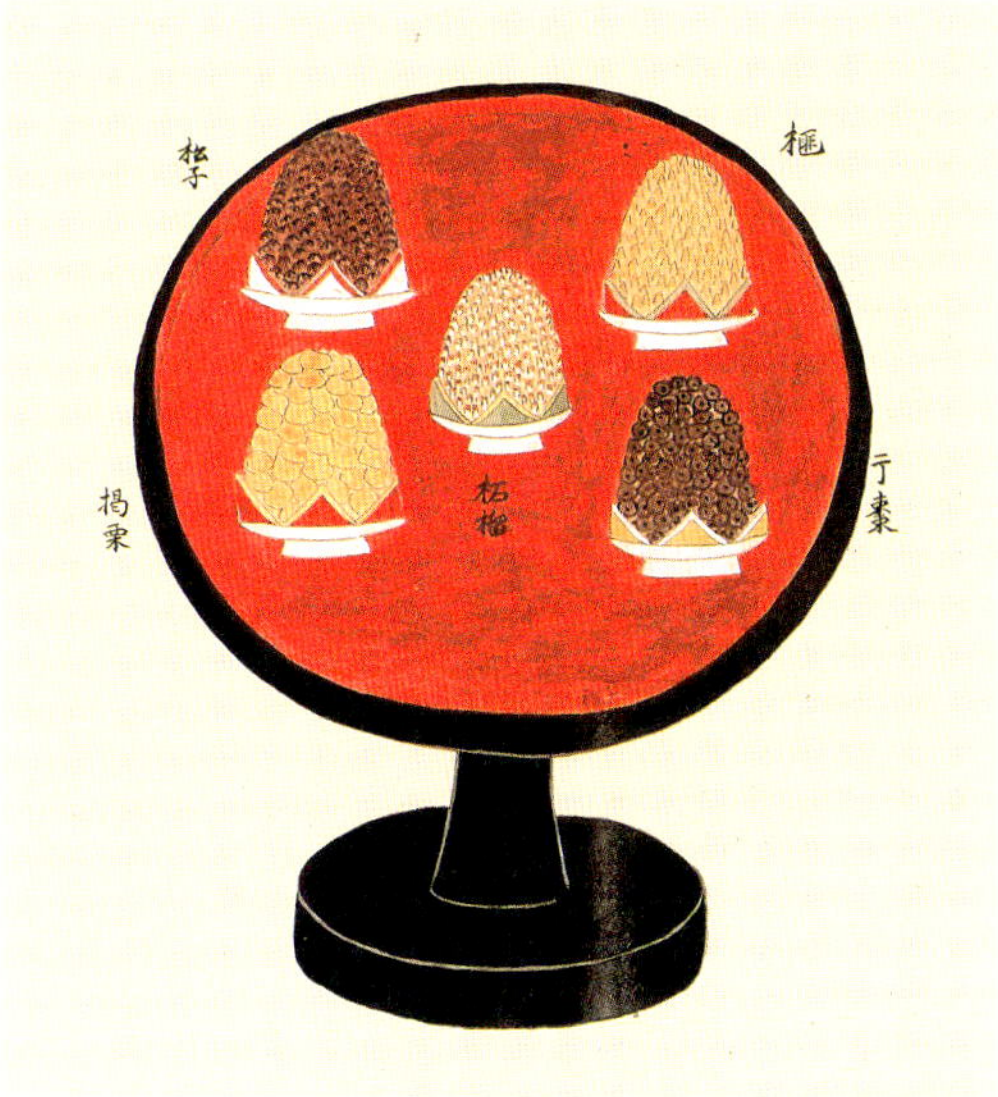

貞享四年東宮御元服・脇御膳三

貞享四年東宮御元服・脇御膳一

貞享四年東宮御元服・御汁物

貞享四年東宮御元服・脇御膳二

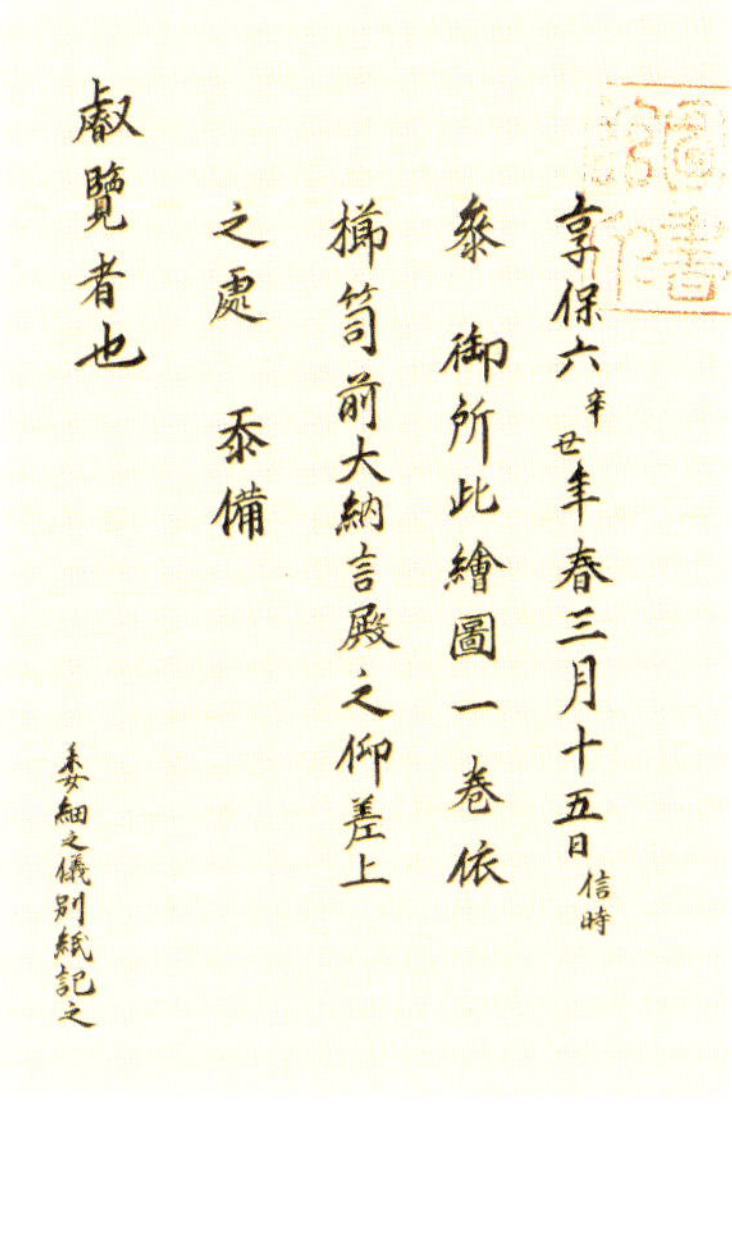
享保六辛丑年春三月十五日 信時
参 御所此繪圖一巻依
攝筍前大納言殿之御差上
之處 叅備
叡覽者也
委細之儀別紙記之

『高橋大隅両家秘傳供御式目』（部分）
京都府立京都学・歴彩館 デジタルアーカイブ

塩漬けと干物保存

平鯛の干物

現代のような優れた保存技術がなかった時代、腐敗を防ぐために塩漬けや干物にするのが食品の基本でした。

塩漬け

食材の保存方法として塩漬けは一般的でした。『延喜式』（内膳）には「煮塩年《にしおあ》魚《ゆ》」「塩塗年魚《しおぬりあゆ》」「鯛塩作」などが見られるほか、「漬年料雑菜」として、春菜・秋菜の漬物が約五十種類も列挙されています。ただし『延喜式』の規定を再現しますと塩分濃度は低く、長期保存は難しかったと推測されます。「隻洗雑漬菜料」として「大槽」が規定されていますので、塩抜きしても食べられていたようです。

春秋の漬物

春菜としては、蕨・芹・蕗・虎杖《いたどり》・大《にん》蒜《にく》などの塩漬けが挙げられ、たとえば蕨二石に塩一斗で漬けるなどと規定されていました。秋菜はより数が多く、瓜・冬瓜・蕪などの根菜や茄子・大豆・茗荷・山椒、さらに桃・柿・梨といった果実まで塩漬けで保存されています。二石の桃は一斗二升の塩で漬けるとあります。

須須保利《すすほり》と葅《にらぎ》

「須須保利」は塩以外に米や粟などを一緒に漬けたもので、現代のぬか漬けのようなものと推測されます。また「葅」は楡の樹皮の粉末を加えた塩漬けで、現在には継承されていません。

干物

食材の水分を乾燥させて保存効果を得る加工です。

全国からの貢納物

腐敗しやすい魚介類のほとんどは干物にして運搬されました。『延喜式』には「火干年魚《ひぼしあゆ》」「干鯛」「干鰺」などの魚介類や、「干棗子《ほしなつめ》」「干柿子」「干栗子」といったドライフルーツが全国から貢納されていたことがわかります。

また中国由来の、鹿や猪など獣肉の干物は「腊《きたい》」「脯《ほじし》」などと呼ばれましたが、やがて日本では主に干鳥《ほしどり》（雉肉の干物）を指す言葉になります。

食膳の干物

平安時代前期の『新儀式』には、宮中のさまざまな行事において「菓子・干物」を酒肴として供するとあり、『厨事類記《ちゅうじるいき》』には、干物は「削物《けずりもの》」として食膳に上り、「干鳥」は雉を干して削る、「楚割《すはやり》」は鮭を干して削る、「蒸鮑」は鮑を蒸して干して削る、「焼蛸」は蛸を焼いて干して削る、「干鯛」は平切にして供するとあります。

自然な出汁の可能性

硬い干物は湯戻しをすることもあったでしょう。そうなればその湯には自然に出汁《だし》の旨味が出ます。記録には残っていませんが、これを羹《あつもの》（汁物）などの基本出汁に用いた可能性もあるはずです。

干物《からもの》、生物《なまもの》、窪坏物《くぼつきもの》・四種物《ししゅのもの》

平安時代の調理の実相は明確ではありませんが、食材を切って煮炊きするだけのもので、せいぜいが塩茹で。味らしいものがついていなかったとされます。食べる人が自由に味付けしたのです。

干物・生物・窪坏物

饗膳に上る食べ物は飯・汁以外の「おかず」として、菓子・干物・生物・窪坏物の四分類があります。『類聚雑要抄』の「花山院庇大饗」の尊者（主賓）の膳には

菓子　梨子・棗・栗・菱
干物　干鳥・楚割・蒸鮑・焼蛸
生物　鯉・雉・鯛・鱸《スズキ》
窪坏物　海月・鯛醤・鮎児・鱒

と記されます。

干物

干物は乾燥した状態の堅いままで膳に上るのが原則で、削って食べるので「削《けずり》物《もの》」とも呼ばれました。『厨事類記』では「干鳥」は雉を塩を付けずに干して削って供す、「蒸鮑」は鮑を蒸して干して削って供す、などと説明されています。

生物

生物は食材が生の状態で調理された料理のことです。特に刺身として食べる場合は「鱠《なます》」（156ページ）と表現されました。『厨事類記』では生物〈鱠〉として、鮭は皮をむいて造り重ねて盛る、鯛も同様。鱸は皮をむかず造り重ねて盛る、などと説明されます。

窪坏物

窪坏は少し深くなった皿で、ここには酒肴となる珍味類が盛られます。『類聚雑要抄』の永久三年（一一一五）七月、右大臣の東三条移徙《わたまし》（転居）の饗膳で、海月・鮑味噌・老海鼠・鯛醤が窪坏物として供されます。どれも酒の進みそうな肴です。

四種物

食膳には「四種物」と呼ばれる調味料が置かれ、食品は各自の好みで味付けをしたとされます。四種とは『類聚雑要抄』によれば醤・酒・酢・塩のことで、酒は甘味料として用いられたと考えられます。鎌倉時代中期の『門室有職抄《もんしつゆうそくしょう》』には、四種は味噌・塩・酢・酒で、近年は酒に代わり蓼《たで》を用い、蓼がないときは山葵や生姜を用いるとします。

身分の低い者は塩と酢だけの「二種物」でした。母屋大饗でも「家主」は遠慮して二種物です。

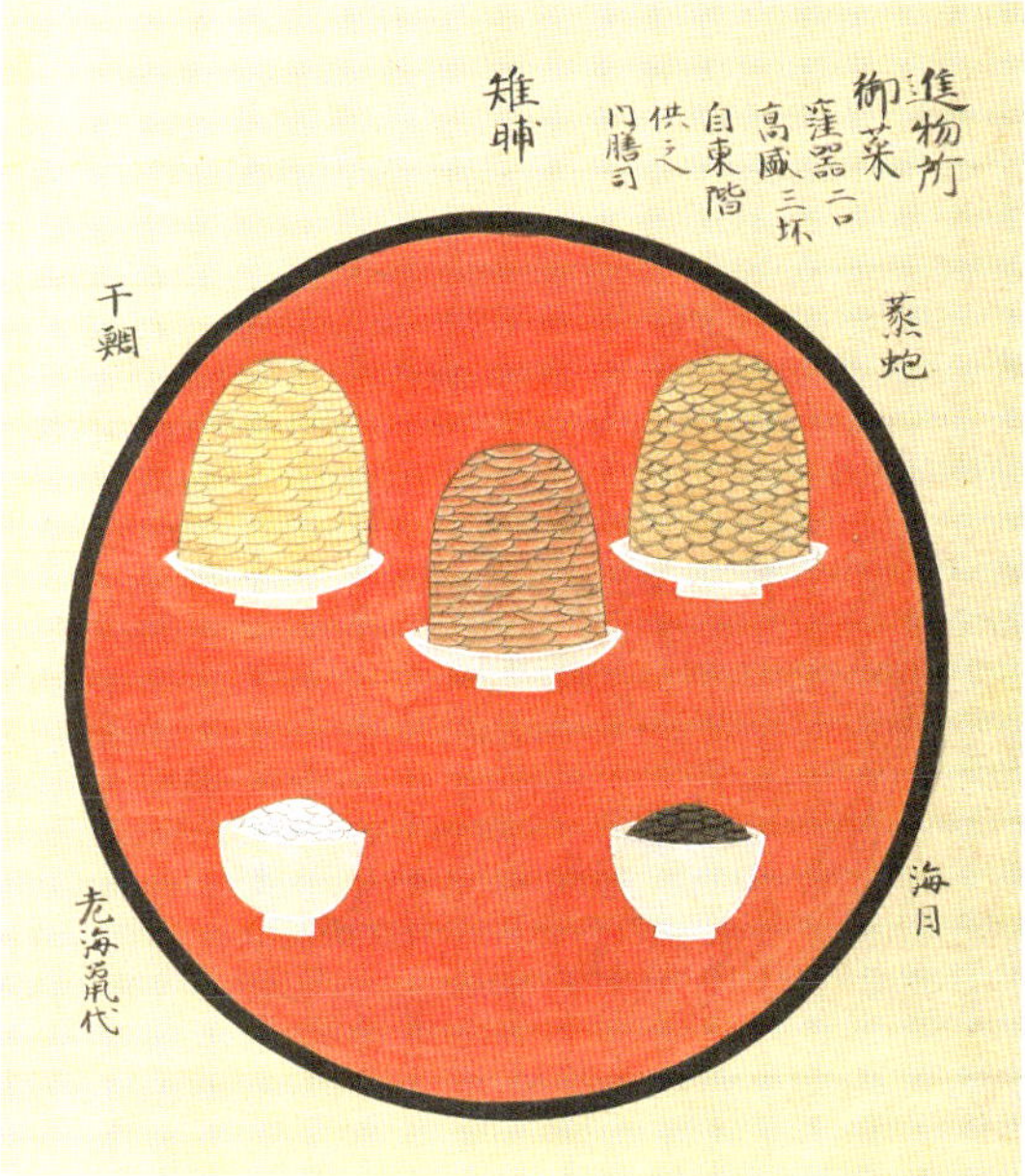

窪坏物の海月と老海鼠代　酒肴の珍味類
『正月三節會御膳供進之次第』　国立国会図書館デジタルコレクション

四種物　右奥：醤、左奥：酢、右手前：酒、左手前：塩

折櫃《おりびつ》

檜の薄板を折り曲げて作った箱です。米穀や食物、菓子などを盛るのに広範囲に使用されました。『延喜式』（大膳）には多種の折櫃が数多く掲載されます。檜の白木のままが原則ですが、『小右記』万寿四年（一〇二七）八月には「銀雉付銀枝、銀鯉納銀折櫃」などとあります。『山槐記』治承三年（一一七九）正月の東宮五十日の「殿上垸飯」では、胡粉地《ごふんじ》に泥絵で彩色したり、四隅に心葉《こころば》（装飾品）を立てて美しく飾ったことが記され、『高橋大隅両家祕傳供御式目』に図示されています。

菊彩絵折櫃　ColBase

『山槐記折の図』饅頭・羊羹

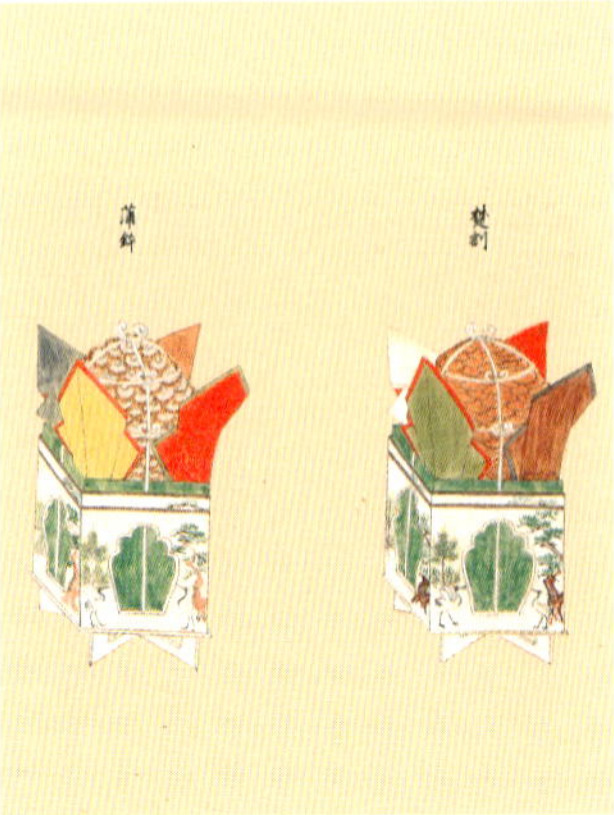

『山槐記折櫃物』楚割・蒲鉾

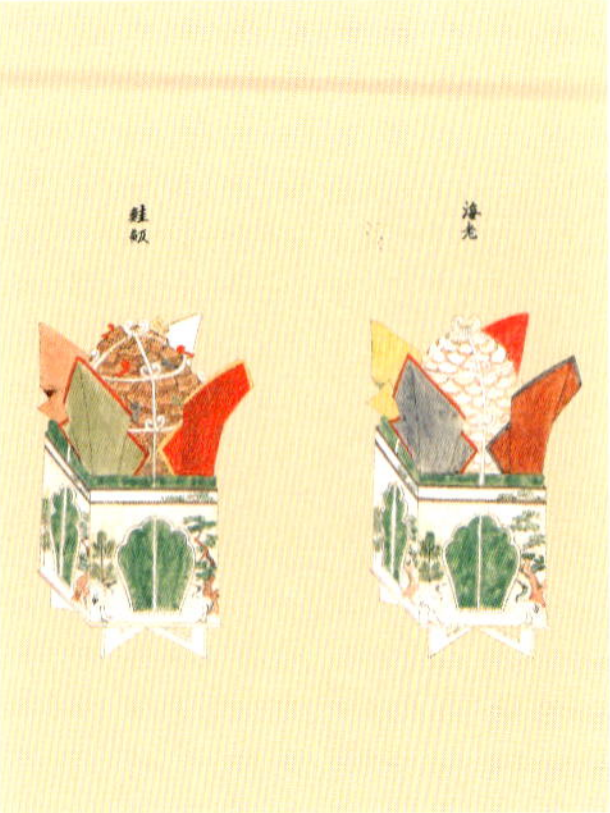

『山槐記折櫃物』海老・鮭魥《おさし》（干物）

『山槐記折の図』蜜柑・藕（蓮根）・豆腐

『山槐記折櫃物』鮑・魁蛤（アカガイ）

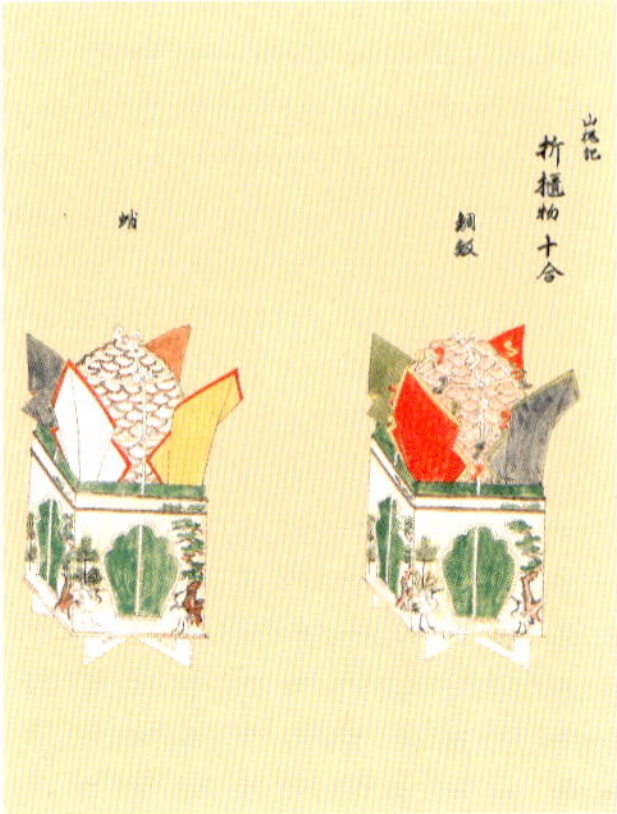

『山槐記折櫃物』鯛魥（干物）・蛸

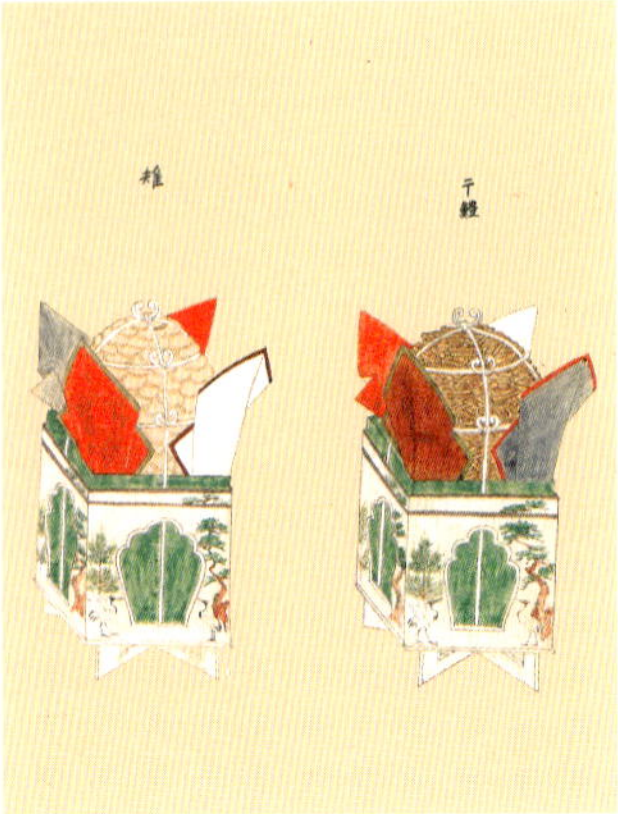

『山槐記折櫃物』干鱧・雉

『高橋大隅両家祕傳供御式目』（部分）
京都府立京都学・歴彩館 デジタルアーカイブ

一種物《いっすもの》・美物珍味《びぶつちんみ》

正式な饗宴でなくとも、親しい人々と酒宴を開催するのは今も昔も変わりません。特に美味しい物を入手したときなどは、皆と分かち合って楽しみました。

一種物

参会者それぞれが、酒肴を一種ずつ持ち寄って開く宴会です。村上天皇の時代から盛んに行われるようになりました。『日本紀略』康保元年（九六四）十月二十五日の記事には、左近陣座で一種物があり、各自が「魚鳥珍味毎物」を一種ずつ持ち寄ったとあります。

道長も楽しむ

『小右記』永観三年（九八五）三月四日には、円融院の御所で右大臣・藤原兼家ら公卿が一種物を開き、何杯も酒を飲んだと記されます。藤原道長も寛弘二年（一〇〇五）五月の庚申に一種物を開き、寛弘六年（一〇〇九）十月には公卿・殿上人が舟に乗り一種物を楽しんだが雷鳴が聞こえたために解散したなど、『御堂関白記』には一種物の記録が数多く見られます。

平安時代後期の『殿暦』長治二年（一一〇五）三月には、公卿・殿上人が一種物を開き、「件一種物、皆美食物等也」と賞賛しています。平安貴族たちにとって一種物は気軽に美味を味わう酒宴として楽しまれたのです。

美物《びぶつ》・珍味

美味しい食べ物、特に魚や鳥を「美物」と呼びました。『日本書紀』大化二年（六四六）にも登場する古い言葉です。鎌倉時代中期の『塵袋《ちりぶくろ》』には「美物ト云フハ、ヨキクヒモノ歟、イヲトリ（魚鳥）ノ名歟。両様ニ通ズル也」とあります。

室町時代後期の『尺素往来《せきそおうらい》』には美物が列挙されますが、四足獣の「猪、鹿、羚《かもしか》、熊」から「雉、鶉、鴫《しぎ》」といった鳥類、「鯉、鱸、王余魚《カレイ》、赤鯛、腹赤、名吉、雨魚、剣魚、鰺、鱒、鮒、鮎、鯰、石臥」などの魚類、「鮑、牡蠣、蛤、海老、海鼠、海月、蛸」などの貝類が列挙され、鱠（刺身）で楽しんだり蒸したり炙《あぶ》ったり、「なれ鮨」にしたり干物にするなどの調理法も記され、その食材と料理の豊かさに驚かされます。

珍味

これも『古事記』に登場する古い言葉で、美物同様「美味しい御馳走」という意味で使われました。『小右記』長和三年（一〇一四）十月の一種物の記事にも「皆可提一種珍味」とあります。

美物の到来　『石山寺縁起絵巻』　ColBase (https://colbase.nich.go.jp/)

藤花採画折櫃　ColBase (https://colbase.nich.go.jp/)

菓子（くだもの・かし）

平安時代、人工的な菓子としては中国由来の「唐菓子《からがし》」（136ページ）、「椿餅」（138ページ）などもありましたが、一般的に「菓子」といえば原則としてフルーツを意味しました。

はじめはタチバナ

『日本書紀』垂仁天皇九十年の「田道間守《たじまもり》」説話で登場する「非時香菓《ときじくのかぐのこのみ》」が「今で言う橘はこれなり」とされます。和銅元年（七〇八）十一月に元明天皇が忠勤の女官・県犬養三千代《あがたのいぬかいのみちよ》に「橘宿禰《たちばなのすくね》」の姓を与えたとき、「橘は菓子の長上」と言葉をかけたと『続日本紀』にあります。橘はフルーツの王様という位置付けだったのです。

平安時代には「橘」のほか、「大柑子」「小柑子」などの柑橘類が都に送られていますが、その区別は明らかではありません。

さまざまな木菓子《きがし》

平安前期の『新儀式』では、皇太子元服に際して「唐菓子、木菓子」が供されています。この「木菓子」が果実のこと。平安後期の『執政所抄』には木菓子に「松・栢・柘榴・棗・栗・橘・柑子・梨子」とあり、いわゆるナッツ類とフルーツが示されます。『厨事類記』では「木菓子は時の菓子を呼ぶ」とあって、季節ごとの生の果実類であることがわかります。そして「栗・橘・杏・李・柑子・桃・獼猴桃《サルナシ》・柿」を例示します。

干菓子

ドライフルーツは季節を問わないので、四季を通じて食べられました。『厨事類記』では、炒った松子（ゴヨウマツの実）、炒った栢実（カヤの実）、皮をむいた柘榴、熟した棗の皮をむいて干して甘葛煎を塗ったものを例示し、松の実がないときは白い大角豆《ささげ》で代用し、干棗がないときは串柿を用いるなどと解説しています。

菓子の産地

『延喜式』（内膳）には天皇用の御料果樹園の規定があり、梨百株、桃百株、柑四十株、小柑四十株、柿百株、橘二十株、大棗三十株、郁《むべ》三十株が植えられるとされます。また覆盆子《いちご》園もありました。

『延喜式』（大膳）の「諸国貢進菓子」には全国から貢納される菓子類が規定され、たとえば山城国からは郁子・蔔子《あけび》・覆盆子・楊梅子《やまもも》・平栗子が、伊勢国からは椎子が、甲斐国からは青梨子が、相摸国からは橘子・柑子が、丹波国からは甘葛煎・甘栗子・搗栗子・平栗子・椎子・菱子の貢納が定められていました。

饗膳の菓子（高盛）

氷室《ひむろ》

平安時代、夏に求められる氷をどこから調達したかといえば、「氷室」からです。冬の間に採取した天然氷を、室に蓄えて夏の利用に供しました。最古の氷室の記録は『日本書紀』仁徳天皇六十二年の記事。皇子が村人の氷室を偶然発見したというのです。

朝廷の氷室

『延喜式』（主水）には、二十一か所（山城十室大半・大和二室半・河内二室・近江二室小半・丹波三室半）と、多数の氷室があったことを記します。氷室の管理作業に当たる「氷夫」は一室あたり百四十人と大規模な管理体制です。そして宮中や貴族たちに配給されました。

氷の配給

天皇用は旧暦四月一日から九月末までが配給期間でした。盛夏の六～七月は一日三駄（三石六斗）と大量です。「御醴酒弁盛所冷料」と、甘酒を冷やすための氷も特別に配給されています。中宮も同じように支給されました。以下身分別に配給量が決まっていました。

これとはべつに太政官の官人には六月一日、関白（二石五斗）、大臣（二石）から史生（三斗）に至るまで、太政官厨家から氷が配給されると『朝野群載』永久四年（一一一六）の記事にあります。

夏の必需品

『御堂関白記』寛仁二年（一〇一八）四月の記事には後一条天皇が日頃に氷を食べ過ぎて風邪を引いたとあり、『小右記』治安二年（一〇二二）七月には、法成寺金堂供養に出席した皇太弟・敦良《あつなが》親王（のちの後朱雀天皇）が束帯姿で窓のない糸毛車に乗ったため熱中症になり、冠と襪《しとうず》を脱がせ、ひそかに口に氷を入れたとあります。夏の氷は必需品だったのです。藤原実資自身、その翌年の七月の「相撲召合」で、暑さに耐えきれず氷水を持ってこさせて飲んでいます。また七月の相撲につきものの甘瓜に氷がないと、たびたび嘆いています。「賢人右府《けんじんうふ》」と呼ばれた実資も、夏の暑さには閉口したのでしょう。

『養老令』（喪葬令）には親王や公卿が夏に亡くなると氷を支給するとあります。現代のドライアイスのような用途と思われます。

氷様奏《ひのためしのそう》

氷室内の氷の量は朝廷の重要な管理項目でした。元日節会の際には「氷様奏」と呼ばれる、氷の保管量報告の儀式がありました。

再現された「鴨の氷室」　下鴨神社

氷室の内部　下鴨神社

肉食

江戸時代が終わるまで日本では肉食が禁じられていたといわれますが、決してそんなことはなく、「美物」として賞味されていたのです。

天武天皇の禁令

『日本書紀』の天武天皇四年（六七五）四月の条には、「牛・馬・犬・猿・鶏の肉を食するなかれ」とあります。役に立つ牛馬犬、人に似た猿、時を告げる鶏の食用が禁じられたのです。しかし続いて「それ以外（の肉）の禁例はない」としていますので、鹿や猪は禁制の対象外です。

その後、皇后の病気などを理由に幾度か殺生禁断令が出ていますが、永続的なものではありませんでした。古くから鹿や猪の毛皮は多くの用途がありましたから、皮をはいだあとの肉は食べたと考えるのが普通です。猪膏《ちょこう》（脂）は外用薬としても用いられました。

歯固《はがため》の「宍《しし》」

獣肉は「宍」と表現されることが多くありました。『延喜式』（内膳）では正月料理「歯固」のための食材として「鹿宍《かのしし》・猪宍《いのしし》」を挙げます。「近江国、元日副進猪鹿」とありますから、都に近い近江国から新鮮な肉を調達したのでしょう。『西宮記』では「歯固の二枚の猪宍は生一枚と焼一枚」としています。

釈奠《せきてん》の中華料理

大学で孔子を祀る祭「釈奠」。孔子は中国の人ですから、その儀式では通常見かけない中華風の料理が並びました。その中でも宗廟に供えるいけにえ「三牲《さんせい》」が特徴的です。中国では牛・羊・豚でしたが、牛食が禁じられ羊がいなかった日本の『延喜式』（大学）では、大鹿・小鹿・豕（豚）として、それぞれ内臓を加えるとあり、これは「腊・脯」（干し肉）のようです。また兎の「醢《ひしお》」（塩辛）も添えられます。これらは衛府が準備して腐臭がしたら交換するとも規定されています。

ただし日程が春日祭などの神事と重なる場合は、三牲と兎を魚に代えると規定されていました。

好まれた肉食

『延喜式』（主計）では「中男作物」として、「鹿脯・猪脯・腸脯・鹿鮨・猪鮨」が挙げられ、甲斐・信濃・紀伊・阿波・豊前の各国に貢納を命じています。旺盛な食肉需要が見て取れます。

また肉食は体力改善の薬とされたことが『小右記』長元四年（一〇三一）七月の記事からもわかります。

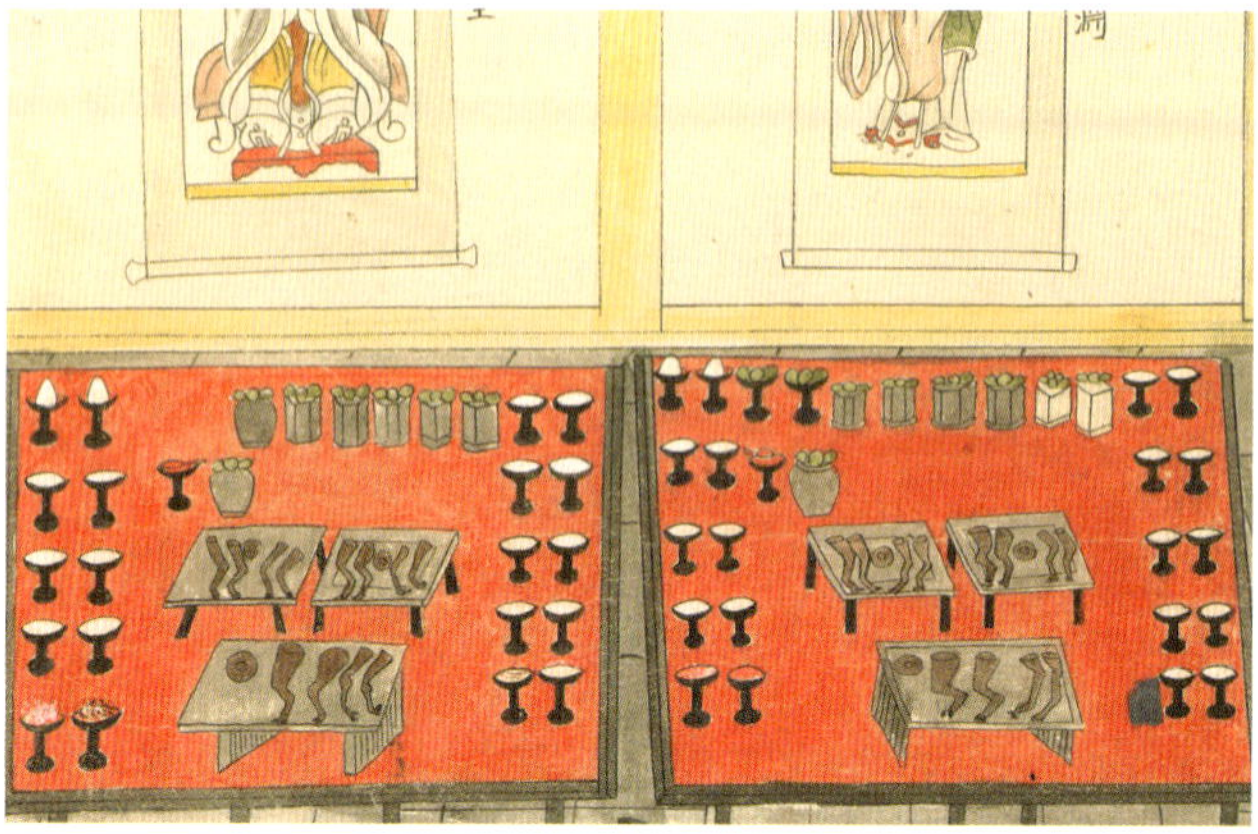

釈奠での「胙」（供物）の獣肉　『釈奠図』
国立国会図書館デジタルコレクション

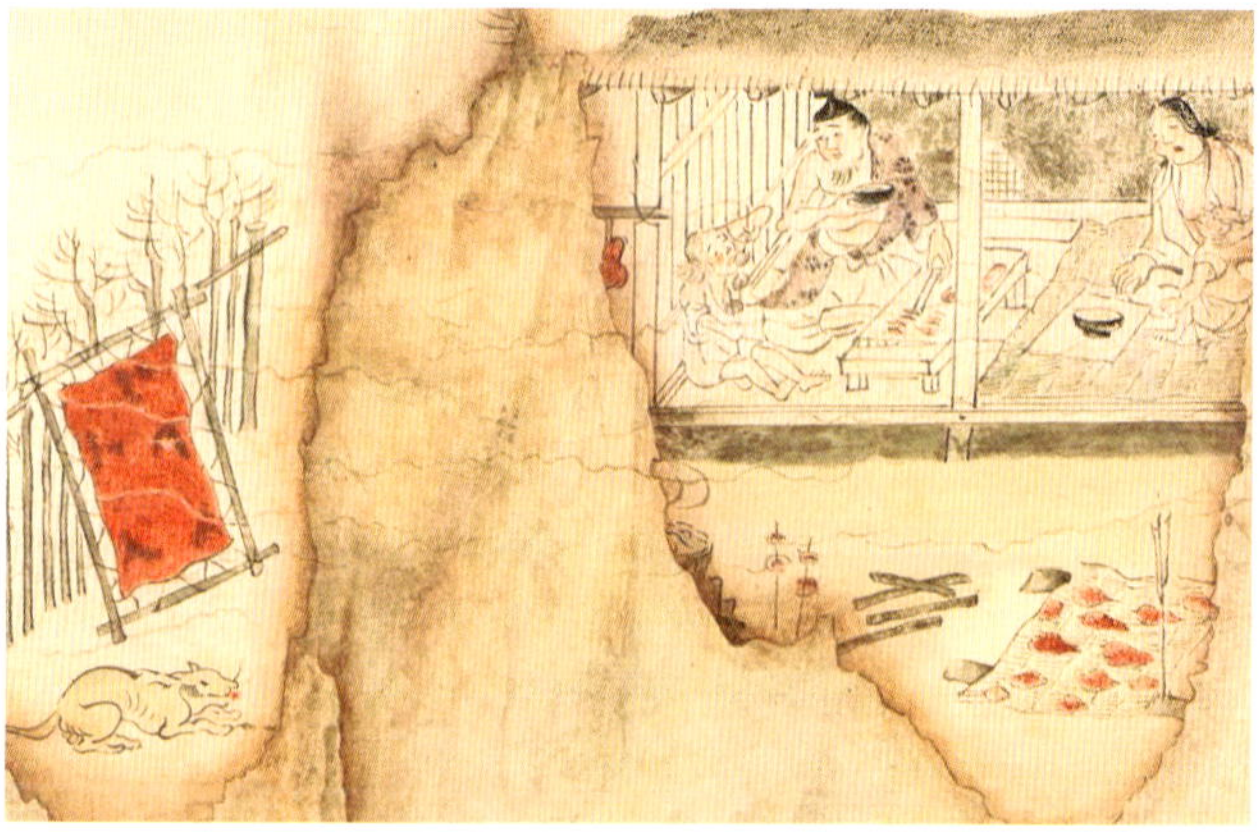

肉を解体し干している猟師の家　『粉河寺縁起絵巻（模本）』 ColBase (https://colbase.nich.go.jp/)

鹿脯（右奥）と猪脯（左手前）

鷹《たか》の鳥《とり》・卵

室町時代後期の『尺素往来』には、食肉として「猪・鹿・羚・熊・兎・狸・猯《まみ》・獺《かわうそ》」を挙げていて、バラエティーは豊かです。鳥類では「雉・鶉・鴫・鶏・鴛《おしどり》・鴨・鵠《こうのとり》・鶴・鷺・小鳥・卵子等」とあり、本来禁忌である鶏が食用とされているのに驚かされます。

鷹の鳥

肉類で比較的問題なく食べられたのが鳥類です。その中でも鷹狩りで捕獲した獲物「鷹の鳥」は珍重されました。鷹狩りは埴輪に鷹匠が見られるように古代から好まれました。鷹狩りには秋の「小鷹狩」と冬の「大鷹狩」があり、前者はハイタカを使って鶉・雀などの小鳥を獲るもの。後者はオオタカを用いて鶴・雁・鴨などの大鳥や兎を獲る狩猟です。

大臣母屋大饗の鷹飼　『年中行事絵巻』
国立国会図書館デジタルコレクション

天皇の鷹狩りは「野行幸」と呼ばれ、都近郊の嵯峨野・大原野が主な目的地。華やかなイベントという側面もあり、『源氏物語』（行幸）にその盛儀の様子が描かれています。

そこに「蔵人の左衛門尉を御使にて、雉一枝たてまつらせたまふ」という言葉が登場します。『長秋記』天永四年（一一一三）正月の大臣大饗では、鷹飼が一本の小枝に雌雄各一羽の雉をぶら下げて登場する場面が描かれますが、これは古くから大臣大饗につきものの演出でした。『小右記』永延元年（九八七）二月の一種物の記事にも「雉一枝」が見られます。『源氏物語』の描写はこれらを参考にしたものでしょう。

鳥の子《とりのこ》

『尺素往来』に「卵子」が登場します。古記録では卵はあまり登場しませんが、『小右記』寛和元年（九八五）正月の記事に「今年から卵を食べるのをやめる」とあります。それまで食用していたことになりますが、何の卵であるのかはわかりません。長和四年（一〇一五）四月には孔雀が卵を産んだが、雄がいないのに産卵するのは不思議だと藤原実資は首をかしげます。「無精卵」の存在を知らなかったようです。なお『古事談』には食べ物としての「鶏子」が見られます。

雉の卵

禁忌

『養老令』（神祇令）に「凡散斎之内。諸司理事如旧。不得弔喪・問病・食宍」とあるように、神事に参加する人は、一定期間「喫宍《きつじく》」（肉を食べる）が禁じられました。神社で獣肉を神饌とする場合があることとの整合性がとれませんが、「潔斎の期間は贅沢な物は食べない」という意味合いなのかもしれません。清涼殿に置かれた『年中行事障子』には「喫宍及弔喪問病、忌三日」と記されます。

平安時代中期、源信の『往生要集』などにより、来世での幸福を願う浄土思想が隆盛すると、貴族たちは地獄に堕ちることを恐れたのか肉食を忌むようになります。正月「歯固」の獣肉も雉に代えたと平安後期の『江家次第』にあります。

鳥獣を殺生した者が堕ちるとされた「鶏地獄」
『地獄草紙』　ColBase (https://colbase.nich.go.jp/)

料理《りょうり》と庖丁《ほうちょう》

「料理」という単語は本来、「物事を適切に処理する」ことを意味しますが、「食」を重視した平安時代の日本では、特に食品調理のことを「料理」とすることが多くなります。

真菜箸と庖丁刀での調理　『慕帰絵』　国立国会図書館デジタルコレクション

料理

奈良時代の『養老令』では「処理する」意味での「料理」も見られますが、平安時代になりますと、一部の例外を除き、ほとんどが食品調理を指すようになります。

『延喜式』（内膳）では、まな板とも調理台とも考えられる「切案」十六脚の用途として「二脚料理雑虀料、二脚料理肴料、二脚料理雑滑海藻料、二脚料理雑菜料、四脚料理鮮魚料、二脚料理雑菓子料、二脚儲（予備）料」と、「料理」専用を規定しています。

庖丁

本来は古代中国の『荘子』に載る「庖《くりや》の丁《よぼろ》」、つまり料理人のことですが、平安時代中期の『新猿楽記』に登場する趣味人・十一君は「包丁、料理」が得意とあり、両者が並立しています。『和名類聚抄』では「魚鳥の料理を俗に庖丁という」と解説されるように、日本ではその意味になりました。

魚鳥をさばくときは材料に手を触れず、「庖丁刀《ほうちょうがたな》」と「真菜箸《まなばし》」を用いました。この調理が「庖丁」とされ、『宇津保物語』（蔵開上）では、権中納言が「この鯉は生きたるやう」なので「庖丁望まむ」と語ります。『古事談』には一条天皇の御代、清涼殿における酒宴で讃岐守の源高雅が「庖丁に奉仕す」とあります。庖丁の技は貴人の観賞対象だったのです。これが今に伝わる「庖丁道」に発展することになりました。

大臣大饗の「立作所」『年中行事絵巻』
国立国会図書館デジタルコレクション

真菜《まな》・肴《さかな》・魚味《うおみ》

「菜」は「おかず」の意味です。魚鳥の料理は「本当の菜」ということで「真菜」と呼ばれ「真魚」とも書かれました。「まな板」は「真菜板」のことです。幼児が初めて魚を食べることを「真菜始」と呼びました。『御堂関白記』寛弘七年（一〇一〇）十月には若宮（敦成親王）の真菜始が記されています。

酒を飲むときのあての食べ物は、「肴」と書いて「佐加奈《さかな》」と読むと『和名類聚抄』にありますが、これは「酒菜」の意味にほかなりません。その代表が魚でしたので、魚を「さかな」とも呼ぶのです。

魚料理は「魚味」と表記されることが多くありました。「真菜始」を「魚味始」と書く例も見かけます。野菜料理を「精進」と呼んで、魚味と並列することも多くありました。

女性たちによる調理　『石山寺縁起絵巻』
ColBase (https://colbase.nich.go.jp/)

調理人・掻敷《かいしき》

調理人

孟子の「君子遠庖厨」の意味を曲解した「男子厨房に入らず」という価値観が語られることもありますが、少なくとも平安時代の公家社会では料理も教養の一つとして重んじられ、料理名人は尊重されていたようです。

『古事談』には一条天皇の時代に、清涼殿の酒宴で中宮亮・源高雅が「包丁に奉仕す」と記されますし、『古今著聞集』では保延六年（一一四〇）の行幸で参議・右兵衛督《うひょうえのかみ》の藤原家成が庖丁（料理人）をしています。また『満佐須計装束抄《まさすけしょうぞくしょう》』には大臣大饗で立作所で庖丁を勤めるのは「五位六位を嫌はず。家の者を召さる」とあり、高位の貴族・殿上人も庖丁を勤めたわけで、平安時代における料理の位置付けの高さがわかります。

もちろん日常の食膳調製は「膳部《かしわで》」（18ページ）など専門の調理人が行いましたが、技術がなければ御前庖丁が行えないわけで、料理が貴族の素養の一つとされていたことがわかる逸話です。

大臣大饗の「立作所」で庖丁奉仕する調理人　『年中行事絵巻』
国立国会図書館デジタルコレクション

鳥獣の調理を「庖丁」と呼ぶ　『僧家風俗図絵』
国立国会図書館デジタルコレクション

掻敷

現代も日本料理は「見せる」ことを大切にしますが、古くから食べ物の下に植物の葉を敷く演出がなされました。これが「掻敷」（懐敷・改敷・皆敷・飼鋪とも）です。かつて柏の葉を敷いて食器とした（19ページ）風習の名残とも考えられますが、やはり「見せる」工夫でもあったのでしょう。紙を敷くこともあり、これも現代に受け継がれています。

『小右記』永祚元年（九八九）十二月「荷《の》前《さき》」の項で、衛士らに「菓子・掻敷・近江餅三枚」を支給したとあり、また『兵範記』仁平二年（一一五二）正月には「折敷居鯉膾、有掻敷如腹赤」とありますが、その詳細はわかりません。平安時代末期を記した『類聚雑要抄』には、紙のほか、窪坏に浜木綿《はまゆう》の掻敷が示されます。

時代は下がりますが室町時代末期頃の『庖丁聞書』には、鮑には海草、鱸や海松には榎、生鰹には接骨木《にわとこ》、鮎には藤の葉、鴨には葦など、細かなルールが記されます。ただし「右のほか鳥魚によらず檜葉《ひば》を敷べし」と、檜葉の万能性をも載せます。

檜葉

接骨木の葉

藤の葉

榎の葉

箸《はし》と匙《さじ》・箸台《はしだい》

箸と匙

箸

粘りけのある米飯を食べるのに適した箸は、東アジア全般で使われ、日本でも古代から用いられました。朝廷・貴族社会でも基本的な食器で、銀・白銅・木・竹などで作られました。『延喜式』(内膳)では、供御月料《くごげつりょう》として「箸竹四百五十株」が規定されています。この量の多さは使い捨てを前提としていることが想像されます。

食器類で直接口を付ける盃と箸は呪術に使われることを恐れ、一回限りの使い捨てだったのです。ただし儀式に用いられる箸は銀製が普通で、さまざまな古記録に登場します。『厨事類記』には箸の長さは八寸四分、あるいは七寸五分などとあります。

匙

『和名類聚抄』では「賀比《かひ》」と読みます。古くは貝殻に棒を付けて匙としたことの名残でしょう。古記録では「匕」と略字で書かれる事例を多く見かけます。『厨事類記』によれば銀匙は汁をすくうため、木匙は飯を載せて汁に浸けて食べるのに用い、長さは八寸あるいは八寸四分としています。

平安時代は一般的でしたが、漆器の汁椀に直接口を付けるようになった鎌倉時代には、宮中から姿を消してしまいます。

箸台

直接口を付ける箸は汚れないように箸台に載せます。儀式の際や天皇用は銀製のものを用いましたが、一般的には酒盃と同じ「土器《かわらけ》」(35ページ)を用いました。『類聚雑要抄』保延二年(一一三六)十二月の「内大臣大饗」での箸台は口径五寸と大きく、二方の端を折り立てた深草土器を用いる、とあります。酒盃の両端を内側にたわめ、耳に似た形とするため「耳土器」と呼び、あるいは食品を載せることもあったので「耳皿《みみざら》」とも称しました。

後鳥羽上皇の『世俗浅深秘抄《せぞくせんしんひしょう》』には「粉熟《ふずく》(146ページ)を食べるときは箸台において箸を突き刺して食べる」とありますので、「耳皿」にはそうした使い方もあったことがわかります。

しかし後醍醐天皇の『建武年中行事』の正月御薬の項には、近頃は箸台を用いないと女官が言うが、過去の日記を参考に置いてみた、とありますから、鎌倉時代には箸台も廃れてしまったようです。

匙

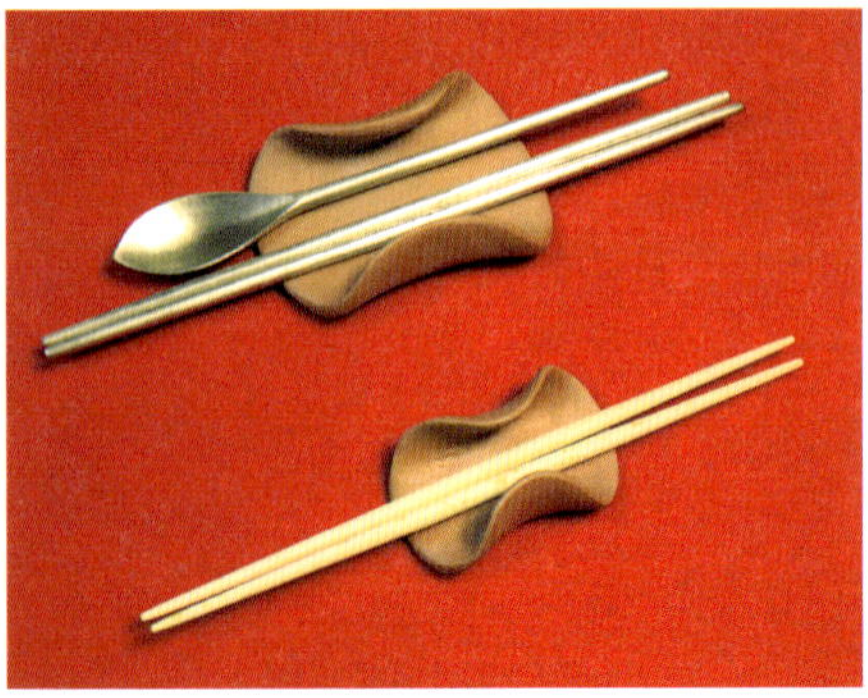

耳土器に載せた箸と匙

湾曲した古式の匙　『法然上人絵伝』　ColBase (https://colbase.nich.go.jp/)

箸台・馬頭盤《ばとうばん》

銀の箸台

通常は耳土器のような素朴な箸台が用いられました。儀式の際には特別な銀製品を用いたようですが、その形状などの詳細はわかりません。ただし複数の種類があったようです。

子どもが生まれて七日や五十日の祝いをする際の箸台は銀製の「洲浜形」が使用されました。『九暦』天暦四年(九五〇)閏五月の「姫宮第七夜」では、「四種の箸を洲浜に載せる」とありますし、『紫式部日記』には寛弘五年（一〇〇八）十一月の敦成親王五十日の祝宴で、「小さき御台、御皿ども、御箸の台、洲浜なども雛遊びの具と見ゆ」と記されます。

結婚成立の印とされた「三日夜餅《みかよのもちい》」(73ページ）の箸台も特別なものでした。『江家次第』では銀の箸台は鶴の形で銀箸一双、木箸一双。燕の螺鈿が施された紫檀《したん》の筥。燕の文様は「夫婦年久、子孫繁昌」を意味するとあります。

寛治五年（一〇九一）十月の篤子内親王の堀河天皇への入内について『為房卿記』は詳しく記しますが。民部卿《みんぶきょう》・源経信が調製献上したのは、小餅を盛る銀盤三枚、銀箸と「洲浜鶴」一双。納める紫檀地の箱は小硯箱に似て中に錦の織立があり、松喰鶴と燕の螺鈿細工があるとし、『江家次第』の記述と同様であったのがわかります。

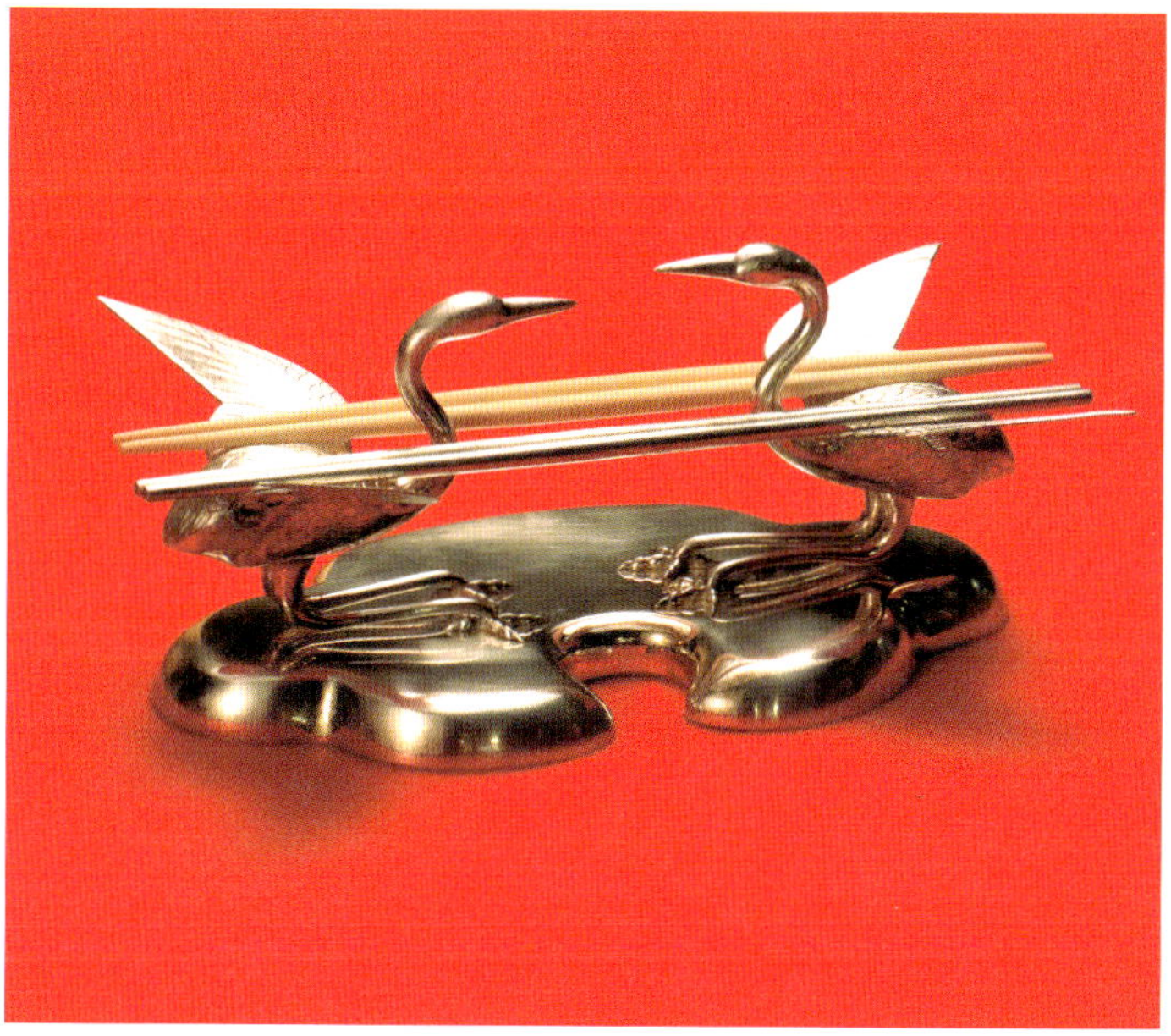

洲浜鶴の銀製箸台　西陣魚新蔵

馬頭盤　西陣魚新蔵

馬頭盤

天皇が食膳で用い、また皇子の「産養《うぶやしない》」など特別なときに用いる四足の付いた箸台で、多くは銀製、まれに朱漆製です。『厨事類記』の「内膳司昼御膳」の図にその姿が描かれ、長さ八寸八分、首と尾の広さは三寸八分、中央部は三寸五分、足の高さ一寸七分と記されます。盤面の形が馬の顔のように見えることからその名があります。

その上には銀箸と木箸、銀匙と木匙が置かれました。箸は木製のほうを実用し、使用後は折って捨てます。『厨事類記』には「銀箸は『三把《さば》』(食事に際して少量を神仏に供える）のためのもので、木箸で飯や御菜を食べる」と説明します。『西宮記』では内宴や神今食《じんこんじき》、『江家次第』では正月御薬や内宴の項に馬頭盤が登場しますが、産養関係での利用が多く記録に残ります。たとえば『醍醐天皇御記』延長元年（九二三）八月や『九暦』天暦四年（九五〇）閏五月、『小右記』長和二年（一〇一三）七月などです。

銀器

さまざまな食器

銀器《ぎんき》・朱器《しゅき》

銀器

天皇の食器は銀器が普通でした。『厨事類記』の「供御次第」には、一御盤から五御盤までの四種物器、箸、匙、御飯盛器、平盛菜料五坏盤、窪坏、酒盞が「銀器」。六御盤の高盛菜七坏と七御盤の御汁物二坏が「朱瓷」と記されます。『厨事類記』は続けて銀器を列挙し、「御飯器」は口径五寸、高二寸四分。「御汁器」は口径四寸六分、尻高四分。「御湯器」は口径四寸五分、尻高四分。「御酒盞」は口径四寸三分、尻高四分。「四種器」は口径二寸九分、尻高三分などとしています。

公卿たちも儀式や特別な客を招いたときなどは銀器を用いました。『九暦』天暦四年（九五〇）八月には、憲平親王百日の儀で菓子類を銀の平盤に盛ったとあり、藤原道長も寛弘元年（一〇〇四）五月に花山法皇の御幸を迎えたとき競馬を開催し、「御膳御台一双、有銀器」を用いたと『御堂関白記』に記します。また『小右記』には寛仁二年（一〇一八）十一月、藤原道長の五男・教通の娘の「着袴《ちゃっこ》」の際、道長の妻・源倫子《りんし》が銀器を用いたと記されます。

さらに藤原実資は治安三年（一〇二三）四月、左兵衛府に属する銀鍛冶を召して愛娘「千古《ちふる》」の「裳着《もぎ》」（成人式）のために銀器を打たせ、万寿元年（一〇二四）十二月には銀鍛冶二名に禄（ほうび）を渡したと『小右記』に記されます。

朱器

朱漆を塗った器で、銀器に次ぐ格を持つ食器でした。『延喜式』（大膳）には新嘗会宴会における親王・公卿の食器は朱漆器、四位五位は黒漆器とあります。『延喜式』（内匠）には材料の詳細が記されますが、朱器は漆に「朱沙」（硫化水銀）を混ぜて塗ったもの。口径五寸（約十五センチ）の盞（盃）を塗るのに漆一合七勺に朱沙一分（『延喜式』では原則として大両なので約十グラム）を必要とします。朱沙は当然ながら貴重品です。

朱器台盤

藤原氏の「氏長者《うじのちょうじゃ》」が代々受け継いだ象徴的宝物の一つに「朱器台盤《しゅきだいばん》」があります。藤原冬嗣《ふゆつぐ》の時代から始まったという伝承があり、藤氏長者が受け継いでゆきました。『御堂関白記』長徳元年（九九五）六月十九日に「任大臣《にんだいじん》、又持参朱器台盤等」とあります。右大臣になった藤原道長が氏長者として朱器台盤を継承したという記事です。

正月に大臣が開催する「母屋大饗」（12ページ）は権勢を誇示する機会でしたが、氏長者だけが朱器を用い、他の大臣は様器（次ページ）を用いました。朱器は別格の食器だったのです。なお任大臣のときに臨時に開催される「庇大饗」では朱器は用いず様器を使うと『小右記』は先例を引いて記します。

朱器

朱沙の原料「辰砂」
（三重県・丹生鉱山産）

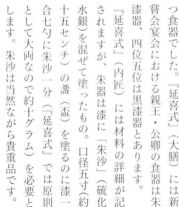

さまざまな食器

土器《かわらけ》・様器《ようき》

土器

上古の土師器《はじき》を思わせる赤みを帯びた素焼きの器のことで「かわらけ」と読みます。『西宮記』の「内宴《ないえん》」の項に「女蔵人等以若菜羹盛土器」とあるように、古式、神事などに関わる食品は平安時代中期でも土器に盛ったようで、『枕草子』に「清しと見ゆるもの、土器」とあるのは、その素朴な神聖さゆえのことなのでしょうか。

『古今著聞集』に「坊城三位入道のもとに、正月朔日、深草《ふかくさ》土器持ちて参りたりけるに、酒など飲ませて」とあるように、土器は「深草」とも通称されました。これは深草（京都市伏見区深草）の地が素焼き陶器の産地であったからで、『日本書紀』の雄略天皇十七年（四七三）の記事に、「朝夕御膳清器」を作るために土師を山背国俯見（伏見）村に派遣したとあります。

『延喜式』(大膳)に新嘗会宴会の雑器は、親王・公卿は朱漆、四位五位は黒漆としながら「ならびて土器」とあるのは、酒盃は原則として土器が用いられたからです。やがて『栄花物語』(おむがく)に「やゝ御土器過ぎて、暫しこそあれ、皆酔い乱れ給ひて」とあるように、「土器」が「酒」そのものを意味するようになるのです。

様器

土器が「深草」とも呼ばれたように、様器は「栗栖野《くるすの》」とも呼ばれました。古代の瓦窯のあった栗栖野は西賀茂にあり、葵を採る山として寛仁二年（一〇一八）に藤原道長が下鴨神社の社領と定めた地です。

『小右記』長和五年（一〇一六）三月の任大臣大饗に関する記事に「藤氏長者大臣の母屋大饗（恒例大饗）には朱器を使うが、庇大饗（新任大饗）には様器を使う」とあります。「様器」は各種の文献に数多く見る単語ですが古来謎で、楊《やなぎ》の白木で作られた器説、一定の様式で作られた器説、栗栖野に瓦窯があったことからの白色土器説など、その実相は諸説あり一定しません。『源氏物語』（宿木）に「銀の様器」とあることも混乱を深めます。栗栖野瓦窯で白色土器が発掘されたこと、「土器」が原則である酒盃を「様器」と記している文献も多く、現在では白色無釉陶器説が有力です。ともあれ「母屋大饗は朱器、庇大饗は様器」と定まっていたことなどから、銀器・朱器よりも下、通常の土器よりも格上の器であったことだけは確かです。

巡流の盃について、『西宮記』では「三献之後土器」としますが、『中右記』長治二年（一一〇五）二月では「四献の後は土器を出すべきだが、少納言・時俊は様器を出した。失敗である」と記します。これも土器と様器が似ていたからのことでしょう。

「深草」とも呼ばれた土器

酒盃には土器が多用された 『酒飯論』 国立国会図書館デジタルコレクション

様器と考えられる白色無釉陶器

さまざまな食器

青磁《せいじ》・ガラス

緑釉四足壺　ColBase

青磁蓮弁文碗　ColBase（https://colbase.nich.go.jp/）

青磁・青瓷《あおし》

青から緑の色を呈する焼物は、通常の土器・様器より格上のものとされました。

秘色《ひそく》

中国から輸入された、鉄を含んだ釉薬をかけ、還元炎で焼成して青緑色に発色させた磁器です。「唐物」（舶来品）ですから当然珍重され、特に唐の越州窯で焼かれた青磁器は「秘色」と呼ばれた重宝でした。秘色の語源は諸説あります。

醍醐天皇の第四皇子・重明親王の日記『吏部王記《りほうおうき》』に「天暦五年（九五一）六月九日。御膳は沈香の折敷四枚。瓶《かめ》は秘色を用いる」とあります。『源氏物語』の登場人物「末摘花」は重明親王の子・源邦正（青侍従）がモデルとも考えられますが、彼女も「秘色やうの唐土のもの」を使ったと描かれます。

青瓷

『名目鈔《みょうもくしょう》』には「青瓷（アヲシ）、多盛天子御食器也」とあります。平安時代の「青瓷」は銅を呈色剤とした緑色の釉薬を表面にかけた陶器で、都近郊の幡枝《はたえだ》や大原野、尾張国の猿投《さなげ》窯などで盛んに製作され、貴族たちに愛用されました。『九暦』天暦五年（九五一）十月の真菜始で「青瓷大垸」の飯碗が使われています。また『宇津保物語』（楼の上）に「あをじの濃き薄き」とあるのは、緑色の青瓦のことです。

ガラス

古墳からも勾玉が発掘されるように、日本でも古代からガラスが製造され、用いられました。贅沢品であったことは間違いなく、天暦元年（九四七）三月、中宮御八講始の捧げ物として「砂金百両入瑠璃壺」と『貞信公記』に記されるなど、法会供養で用いられることが多かったようです。ガラスの食器は、寛弘五年（一〇〇八）の若宮御百日での「瑠璃酒盃、同瓶子」など、権勢を誇った藤原道長の『御堂関白記』に多く見られます。

紺瑠璃《こんるり》

古記録に見られるガラスは、おおむね「瑠璃《るり》」と表現されます。現在「瑠璃色」というとコバルトブルーですが、平安時代に瑠璃色といえば白ガラスの色で、ブルーのガラスは「紺瑠璃」と区別していることが、『源氏物語』（梅枝）や『栄花物語』（おむがく）、『小右記』などの記述からわかります。『和名類聚抄』では「瑠璃」を「青く玉《ぎょく》のようなもの」としていますが、これは青ガラスではなく宝石のラピスラズリのことのようです。

大蔵省の「典鋳司《てんちゅうし》」という役所が金銀銅鉄の鋳造、瑠璃・玉の製造にあたると『養老令』（職員令）にありますが、宝亀五年（七七四）に内匠寮《たくみりょう》に併合されて典鋳司は消滅。『延喜式』（内匠）に瑠璃関係の規定はありません。どうやら十三世紀には日本における硝子製造はなぜか途絶してしまったようです。

白瑠璃と紺瑠璃の勾玉

白瑠璃高坏　正倉院宝物

緑瑠璃十二曲長坏　正倉院宝物

さまざまな食器

台盤《だいばん》・机《つくえ》

台盤

宮中での儀式などの際に用いられる食膳が台盤です。『延喜式』（内匠）には、天板だけの長さ八尺・広さ三尺三寸三分の大きな台盤、長さ四尺・広さ三尺二寸五分の小さな台盤と、四隅に足の付いた八尺台盤台・四尺台盤台があり、その高さは一尺五寸五分。台盤台の上に台盤を載せる形式であったようです。

正式な食卓として正月節会や豊明節会などで用いられるほか、天皇は日常の食事にも用いました。『延喜式』（内膳）では天皇用に朱漆台盤が四面あり、二面が日常用、二面が節会用とし、潔斎のときは黒漆台盤二面を用いるとされます。

朱器台盤（34ページ）のように大臣の家などでは儀式に台盤が用いられました。『源氏物語』（須磨）では、光源氏も台盤を使用していたことが描かれます。

台盤所《だいばんどころ》

清涼殿西庇の中ほどの一間は「台盤所」と呼ばれ、天皇の食事を調えるための台盤が置かれて女官の詰所となっていました。ここから食事を中心とした家政を掌る場所を「台所」と呼ぶようになり、やがて大臣の妻を「御台盤所《みだいばんどころ》」（のち御台所）と称するようになりました。

机

透かしの枠台の上に四角い盤を載せた食卓が「机」で、『年中行事絵巻』（内宴）に見られるのがその形式です。『九暦』の記す大慶八年（九四五）正月の大臣大饗では、尊者（主賓）の座は「赤木《あかぎの》机《つくえ》」、納言以下公卿の座は「黒柿《くろがきの》机《つくえ》」、弁少納言の座は「椽木机」、外記史の座は「榻足机《しじあしのつくえ》」となっています。『小右記』治安元年（一〇二一）七月の任大臣大饗では、尊者が赤木机、弁・少納言黒柿机であり「最近は古例と異なる」としています。文献により異同はありますが、長さ二尺六寸・広さ一尺四寸四分ほどだったようです。

変容する「机」

「机」は広範囲の家具を意味する言葉でしたので、さまざまな変容が見られます。枠台でなく四足の「榻足」が付く形式も生まれ、鎌倉時代の『三条中山口伝』では、「机は広さ一尺、長さ二尺。左右の端に文机のような縁があり、碁盤のような足がある」と変容を示しつつ、納言は赤木机、大弁などは黒柿と、治安元年（一〇二一）当時の故実に準拠しています。

机の下には「簀薦《すごも》」を敷くのが一般的で、これは御簾《みす》のような竹ひごの編み物の裏に白絹を張ったもの。さらに下には防水加工された「油単《ゆたん》」を敷きます。公卿・殿上人が用い、弁・少納言や外記史などの官人の机には敷かないと『大饗雑事』にあります。

豊明節会での「台盤」『承安五節絵』
国立国会図書館デジタルコレクション

元日節会での「台盤」『元日節会図』
ColBase (https://colbase.nich.go.jp/)

正月「内宴」での「机」『年中行事絵巻』
国立国会図書館デジタルコレクション

黒漆脇机　ColBase (https://colbase.nich.go.jp/)

さまざまな食器

懸盤《かけばん》・高坏《たかつき》

懸盤

『厨事類記』によれば、盤面は横一尺一寸八分・縦一尺五分のほぼ正方形。「机」を一人用にしたような食卓です。『御堂関白記』寛仁二年（一〇一八）九月の土御門行幸では、天皇・中宮には「懸盤」、公卿には「衝重」が供されたことが記され、高位者が用いるものであることがわかります。『枕草子』には、清少納言たちが高階明順《たかしなのあきのぶ》から接待を受けたとき、「唐絵にかきたる懸盤」に料理を並べられて戸惑う場面が描かれます。これを見て明順は「さらば、取りおろして。例の、はひぶし（腹ばい）にならはせ給へる御前たちなれば」と言います。平安時代中期、女房階級は床に置く「折敷」で食べるのが普通で、懸盤は公卿以上が用いるものであったことが推測されます。

懸盤はやがて湾曲した足が盤に固定されたものに変容します。『年中行事絵巻』の「真言院御修法《みしほ》」場面では、そうした形式の懸盤が描かれています。『三条中山口伝』では、胡粉を塗って松鶴の彩色する、紫檀地に螺鈿細工を施すなど、豪華美麗な懸盤が用いられている様子が記されています。

足が固定され湾曲した懸盤　『春日権現験記』
国立国会図書館デジタルコレクション

懸盤　ColBase（https://colbase.nich.go.jp/）

高坏

「高坏」は膳部分に一本の高い足を付け、丸い「土居《つちい》」で安定させた食膳です。『小右記』には高坏が多く登場します。仏事での利用が多いようですが、一般の饗宴でも用いられ、長和二年（一〇一三）正月、藤原実資の養子である資高の元服では、加冠役・藤原懐平と養父・実資は高坏、他の公卿は懸盤とあります。これは遠慮と見られ、懸盤よりは一段格の下がったものという認識があったことがわかります。ただし寛仁元年（一〇一七）十一月に藤原道長が二条第に転居したときの饗宴では、藤原実資は高坏、殿上人は懸盤とあり、格の上下はそのとき次第とも見られます。『満佐須計装束抄』では正月の大臣「母屋大饗」は「机」を用いるが、「臨時客」では高坏を用いるとあります。

膳面は角形が式正《しきしょう》の膳、円形が比較的略儀の膳とされました。一般的に膳面を朱漆、外側面・足を黒漆で塗りますが、特に盛儀の祝膳では白い胡粉塗で絵を描き、膳の四隅に心葉（造花）を立てることもありました。『厨事類記』には「土高坏」の使用例が多く見られます。これは「様器」（35ページ）とされ地味に思えますが、「胡粉を塗って雲母《きら》を散らし、松鶴を描く」とあり、実際には華やかなものだったようです。

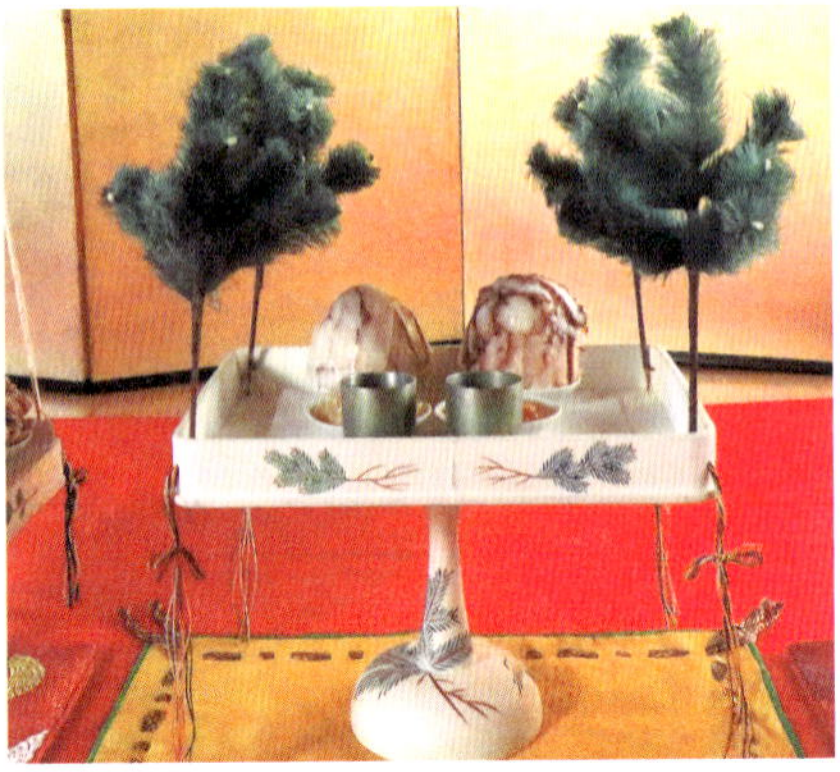

心葉を立てた胡粉彩絵高坏　西陣魚新蔵

高坏

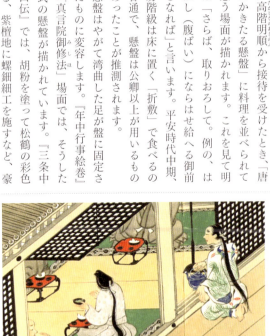

衝重

天皇が用いた四方　『弱竹物語』
国立国会図書館デジタルコレクション

臣下の用いた三方　『弱竹物語』
国立国会図書館デジタルコレクション

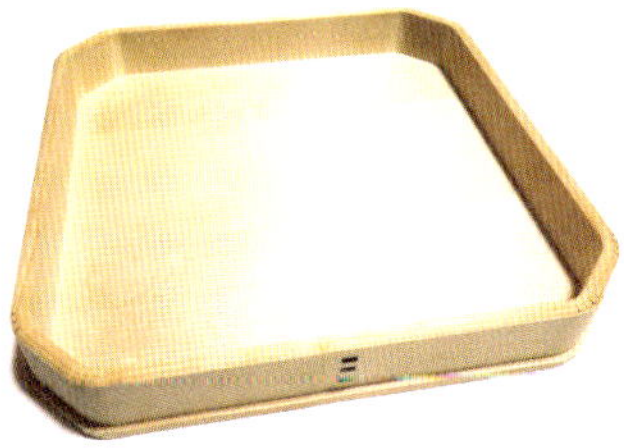

折敷

足の付いた折敷　『酒飯論』
国立国会図書館デジタルコレクション

さまざまな食器

衝重《ついがさね》・折敷《おしき》

衝重

『類聚雑要抄』の「五節所装束料雑事事」に「次饗膳事。次打出女房衝重用長櫃」とあるように、「折櫃」（24ページ）の蓋を逆さまにして身の上に載せたものから始まったと思われます。そうしたことから簡便な食膳という位置付けであったようで、『枕草子』では臨時祭の際に「所の衆」（蔵人所に属して掃除などの雑事を勤めた者）が衝重を用いている姿を記します。『年中行事絵巻』の「賭弓《のりゆみ》」では、七位や無位の衛府官たちが簡単な衝重で食事をする場面が描かれています。『村上天皇御記』天暦八年（九五四）正月、母の喪に服す天皇が「今日より黒衝重を供御膳とする」とあるのも、臨時的な用法でしょう。やがて吉事凶事を問わず、また臨時と恒例を問わず、日常に用いられるようになります。吉事用には胡粉絵を描くようにもなりました。

三方《さんぼう》

下に箱形の台（胴）を付けたもので、「机」のように足の側面には「眼象《げんしょう》」と呼ばれる透かしが開けられています。今これを「三方」と呼ぶのは、胴の三方向に穴があるからですが、室町時代末期の『三内口訣』では「大臣以上は四方《しほう》、大納言以下は三方」と区別され、高位者は四方を用いたようです。『弱竹物語絵巻』には天皇が四方、廷臣が三方を用いている場面が描かれています。

折敷

最も簡便な食膳で、檜のへぎで作られた角盆。多くが角切《すみきり》になっていて、最初は折櫃の蓋そのものを用いたのでしょう。『源氏物語』（若菜下）住吉参詣の場面では、光源氏たちが懸盤を用いているのに明石の尼君は「浅香の折敷」です。尼君は源氏の家族ですが無位の尼ですから折敷が分相応なのです。神事仏事の際に折敷の利用が古記録に多く見かけられることも、遠慮を示すときに利用したからといえるでしょう。

『小右記』永延元年（九八七）正月の「臨時客」では、主人と公卿の前に前面を朱塗した漆塗りの折敷が供されますし、寛弘五年（一〇〇八）十一月、敦成親王の生誕五十日の祝いでは、銀の飾りを載せた「沈折敷」（沈香木で作った折敷）など、次第に豪華な折敷も使われるようになります。藤原道長の栄耀栄華が影響していたのでしょう。

一般論としては、当時は膳の高さが身分に比例し、出世すると足のない「平折敷」から足のある「高折敷《たかおりしき》」（足打折敷）となり、やがて「衝重」と食膳の高さを増したようです。

さまざまな食器

檑子《らいし》・破子《わりご》

食器を載せた檑子　『慕帰絵』
国立国会図書館デジタルコレクション

檑子

檑子

『源氏物語』（横笛）で、まだ赤子の薫《かおる》が筍《たけのこ》を無心にいたずらする場面に「この筍の檑子」とあります。檑子は『和名類聚抄』に「酒器也」とありますが、『紫明抄』では「高坏の上に縁を高くしたる物」とされ、さまざまなものを載せる高坏の一種だったようです。『延喜式』（民部）には「交易雑物」（10ページ）として「檑子」が、駿河国以下二十六か国から年間百四合納められる定めがあるように、平安時代はポピュラーな食器だったようです。『小右記』万寿三年（一〇二六）四月の「孟夏旬」で檑子が登場します。『河海抄』には「高坏の姿で上は塗桶の蓋を仰向けたようにして縁の高い物。内側は朱漆、外側は黒漆で螺鈿細工で様々に飾る。菓子などを入れる」とあります。

青銅の罍

罍《らい》

「罍」は古代中国で使用された青銅製の大きな酒甕です。檑子はその罍の蓋を逆さまにした形ということのようです。折櫃の蓋が折敷として用いられるようになったのと同様です。木製になったので漢字が「罍」から「檑」になったのでしょう。

青銅の罍は、中国風を重んじる孔子を祀る祭儀「釈奠」で重要な役割を果たしました。祭典内で孔子に供えた「福酒」を分かち受けるとき、罍から「爵《しゃく》」で汲むのです。

破子

割籠などとも書かれます。『和名類聚抄』に「樏子」の項があり、「かれひけ」と読んで「わりご」のことだとします。かれいけは「餉笥《かれいけ》」、つまり食物を入れる容器。これが「行旅具」に分類されているように、旅に携帯する弁当箱のことだったようです。檜破子《ひわりご》や大破子などいくつかの種類がありました。

古記録では、随身など下級者への食事支給に用いたり、公卿・殿上人たちも臨時の際、旅行時の昼食に用いています。『小右記』では長和二年（一〇一三）八月に雲上人たちが嵯峨野に遊楽に出た際、さまざまな破子を持参して嵯峨野で昼食をとった、『御堂関白記』でも寛仁二年（一〇一八）九月、嵯峨野・大堰川に行った際に公卿は懸盤、殿上人は破子で食事したとあります。

基本的に使い捨ての簡易な折詰弁当のようなものだったようですが、長元八年（一〇三五）五月に藤原頼通が主催した賀陽院水閣歌合では、女房たちの檜破子が紫檀地に螺鈿細工のある足付きで、美しい山水絵図が描かれた素晴らしいものだったと記録されています。

曲げものの破子

破子　ColBase（https://colbase.nich.go.jp/）

さまざまな食器

銚子《ちょうし》・提子《ひさげ》

古名　銚子＝さしなべ
提子＝ひさげ

銚子

『延喜式』（造酒）の「金銀杓」が銚子であろうと推測されます。『和名類聚抄』の「銚子」は和名「佐之奈閉《さしなべ》」、上に鐶《かなわ》があり注口のある燗鍋とします。『枕草子』の「人の家につきづきしき（相応しい）もの」に「提子（ひさげ）、銚子」とありますが、この二つはワンセットで用いられ、「さしなべ」は「提子」に当たります。酒壺から提子に酒を移して火に掛け、酒に燗をつけてから盃を満たしたようです。『類聚雑要抄』の永久三年（一一一五）七月の記録では、提子は三升、銚子は一升入る大きさとし、巨大なものです。

宴会では盃を出す役をホストが務め、補助者が銚子役を務めました。『三条中山口伝』には「朝覲行幸《ちょうきんのぎょうこう》では天皇の御膳では銚子を用いる、元服・着袴の饗宴では片口銚子を用いる。賓客に膳を薦めるときは銀の提子を用い、関白家の臨時客でも提子である。銚子は晴のときは使用せず提子を用いる。片口銚子は家の主人に限り用いる」とあります。

やがて逆転して提子は燗鍋から分離し、柄の長い銚子に注ぐ儀礼用酒器になります。長柄銚子は左右両方に注口がありますが、『厨事類記』には「片口銚子」という単語が見られますので、逆にいえばその時代には両口も一般的になっていたのでしょう。なお後年の江戸時代後期の『貞丈雑記』には、両口は略儀で片口が正式であると記されています。

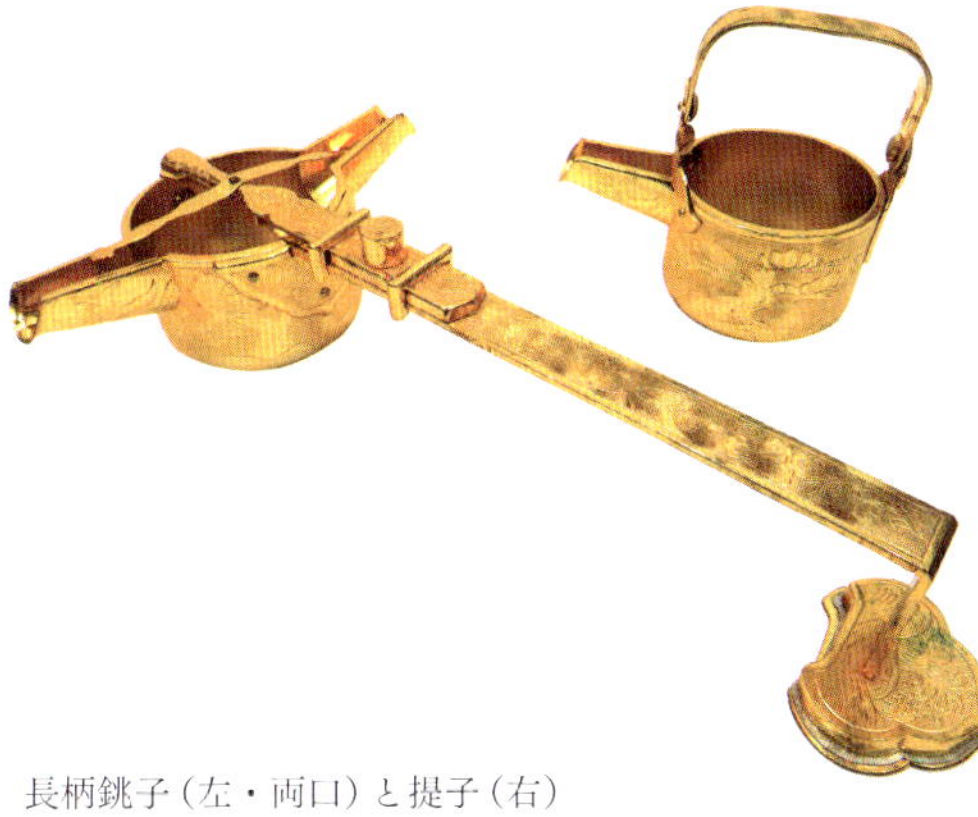

長柄銚子（左・両口）と提子（右）

提子

『延喜式』（造酒）の「白銅提壺」が提子であろうと推測されます。通常は「ひさげ」と読みます。平安時代中期にはあまり見られず、室町時代以降は「加えの銚子」とも呼ばれ、長柄銚子に酒がなくなった際に注ぎ足すような使い方をされることもありますが、本来の使い方は銚子と同じように、直接盃に注ぐ別の酒器で、銚子よりも正式だったようです。

近世以降は銚子には長い柄があり、提子には柄はなく蔓があってぶらさげるような形が一般的ですが、『枕草子』の「心にくきもの」には、「ひさげの柄の倒れ伏す」とあり、両者の区別が現代と同じではないようです。

燗酒

寒い時期に酒を提子、あるいは燗鍋に入れて炉に掛け、燗付けすることは古くから行われていました。『延喜式』（造酒）には「諸節雑給酒器」として「鉄火炉」があり、正月の節会や新嘗会で酒を温めるのに使い、他の節会では用いないとあります。大臣母屋大饗でも庭に「酒部所」が臨時に設けられ、地火炉で燗付けしました。また『世諺問答』では九月九日の重陽の節供から「酒をばわかすといへり」とします。

長柄の銚子（両口）『酒飯論』国立国会図書館デジタルコレクション

燗鍋の酒を提子に注ぐ『酒飯論』国立国会図書館デジタルコレクション

瓶子《へいじ》・胡《こ》瓶《へい》

さまざまな食器

漆胡瓶　正倉院宝物

瓶子

酒宴で酒を入れる酒器で最も一般的なのが瓶子でした。「へいじ」と読まれますが、『和名類聚抄』での和名は「加米《かめ》」。柄や蔓などの持ち手のない徳利型です。陶器製のほか、金銅・白銅・銀・錫製など各種あり、『御堂関白記』に載る寛弘五年（一〇〇八）十二月の「若宮御百日」では、瑠璃（ガラス）製の盃と瓶子が用いられました。

『延喜式』（造酒）には「諸節雑給酒器」として「白銅瓶子」六合が規定されています。五月に二合減らし、七月に二合増やすとありますから、旧暦五・六月の盛夏はあまり酒を飲まなかったことが推測されます。

酒宴において客に盃を渡して酒を勧める「勧盃」は上級者（たとえば蔵人頭）の仕事、瓶子を持って酒を注ぐ役は下級者（たとえば五位蔵人）の仕事と認識されていました。この序列は非常に厳しかったようで、藤原実資は『小右記』で何度も誤りを指摘しています。たとえば治安三年（一〇二三）七月の相撲節会の行酒では、公卿への瓶子は本来近衛次将が持つべきところ、造酒正・頼重が瓶子役を担当したのを指摘し、右少将・実康が瓶子を持つように変更させたとあります。

胡瓶

『延喜式』（造酒）を見ますと、節会における天皇用の酒器として「銀盞・金銅酒海・金銅杓・金銅胡瓶・白銅風炉・白銅鎗子・朱漆台盤・鳥形鎮子・朱漆大盤・朱漆中盤・朱漆韓櫃・炭取桶」が挙げられ、臣下の酒器としては「四尺台盤・朱漆酒海・朱漆椀・盞・八寸盤・金銀杓・白銅提壺・白銅瓶子・平文胡瓶・大酒罇・中酒罇・鎗子・鉄火炉」とあります。天皇用は鳥の頭が付き湾曲した取っ手のある金銅製の「胡瓶」、臣下用は白銅製の「瓶子」と「平文《ひょうもん》」（金属の薄片を用いた螺鈿風の装飾）の胡瓶です。一斗五合入る「酒海《しゅかい》」の酒を柄杓で瓶子や胡瓶に入れて宴に供したのです。

その名のとおり古代中国・胡国由来の瓶で、鳳凰の頭の形を口として付けた金銅製、漆器、陶製のものです。正倉院宝物にも「漆胡瓶《しっこへい》」があって、シルクロードの風を感じさせる品で往時を偲ばせます。

『年中行事絵巻』では母屋大饗の「立作所」に鳳凰の頭の付いた水瓶《すいびょう》のようなものが二本置かれています。平安時代後期の胡瓶は通常の瓶に木彫で作った鳥の頭を付けたものに変化していますが、この図がそれなのでしょうか。

瓶子

大臣大饗「立作所」の胡瓶　『年中行事絵巻』
国立国会図書館デジタルコレクション

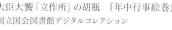

第二章 食材

海に面して南北に長く、明確な四季のある日本は、天の恵みの食べ物にあふれています。それは現代も千年前も同じこと。流通・運輸状況が今より遥かに良くなかった時代ですが、それでもさまざまに工夫し、美味なる食材が都に運ばれました。

現代と異なり、平安時代は味付けの調理はほとんどしなかったといわれます。それだけに素材の美味しさが最も重要でした。

調味料　甘味料

甘葛煎《あまづら》

古名　あまづら

ナツヅタ (*Parthenocissus tricuspidata*)

日本に砂糖が到来した最初の記録は、鑑真和上とともに来日した蔗糖《しょとう》（サトウキビ由来の糖）です。淡海三船《おうみのみふね》の『唐大和上東征伝《とうだいわじょうとうせいでん》』には「蔗糖等五百余斤。蜂蜜十斛、甘蔗八十束」とあります。

しかし遣唐使が廃止された頃から輸入が途絶したようです。平安時代中期の『本草和名《ほんぞうわみょう》』には「沙糖」の項目があり、甘蔗《かんしょ》（サトウキビ）汁で作るとしますが「唐」と記されていて、これは日本には存在しないことを意味します。

平安時代の代表的甘味料

『枕草子』で「あてなるもの」（上品なもの）として「削氷にあまづら入れて、新しき金鋺《かなまり》に入れたる」という一文があることもあり、平安時代の甘味料で最も有名なのが「甘葛煎」です。冬は薯蕷粥《いもがゆ》（139ページ）の甘味料にもなります。『小右記』では長和四年（一〇一五）六月に知人の子どもたちが遊びに来たので、糒《ほしいい》（71ページ）を甘葛煎であえて食べさせたとあります。子どもが喜ぶスイーツだったのでしょう。

宮中でも大きな需要があり、『延喜式』（大膳）では「諸国貢進菓子」として、伊賀や遠江など二十一か国から合計二石（約三六〇リットル）を超える量の甘葛煎が貢納されています。菓子類はふつう内膳司が検収しますが、甘葛煎に限っては直接、蔵人所に送られるとあり、特別な存在であったことがわかります。

千歳虆とは？

甘葛は『和名類聚抄』では「千歳虆」ですが、これが何を指すのかは古来諸説あり、「地錦」ことナツヅタ (*Parthenocissus tricuspidata*) だというのは江戸時代後期『古名録』の説で、現在のところ最も有力な説とされています。

ナツヅタの樹液は確かに甘いですが、アマヅル (*Vitis saccharifera*) を含むブドウ科植物の樹液はおおむね甘味を含みます。平安時代の「甘葛煎」の実相は、残念ながら不明なのです。

ブドウの樹液　photoAC

砂糖の代わりに

『類聚雑要抄』には「甘葛煎方」が記され、それによれば灰汁《あく》を取りながら七日の間ゆっくりと加熱するとあります。また「延喜年間以後、日本に砂糖は到来していないので、甘葛を煎じ詰めて固め、砂のようにしたものを砂糖と呼ぶ」とあります。

薬として

『延喜式』（典薬）には「中宮臘月御薬」として「甘葛煎小一斗一升一合」とあります。天皇の「臘月御薬」には入っていませんので女性向きということでしょうか。また「季御読経」の際の引茶《ひきちゃ》（175ページ）に入れることもありました。

ニホンミツバチの巣　photoAC

調味料　甘味料

蜜《みつ》

古名　みち

自然に豊かな甘味を生み出してくれる蜜蜂たち。人工的に蜂に蜜を生産させる養蜂は、古代エジプトでも確認できるそうですが、日本では失敗をしたようです。

皇極天皇二年（六四三）、百済太子・余豊《よほう》が三輪山で養蜂を試みたがうまくいかなかったと『日本書紀』に記されています。

『延喜式』（内蔵）によれば、「蜜蘇《みつそ》」は甲斐・相模・信濃・能登・越中・備中・備後各国からの貢納と定められていましたが、合計で年間一斗とごく少量。いかに貴重品だったかがわかります。

『続日本紀』天平宝字四年（七六〇）四月、光明皇太后の心神不安の平癒祈願のために、五大寺に「蜜缶一口」を納めたとあります。

天の恵み

人工的な養蜂が難しいとなれば、蜜は自然界で偶然に発見するしかありません。『小右記』寛仁元年（一〇一七）九月の記事に、「この夏以来、西の対の長押《なげし》の間で蜂が多くうるさく飛び回っている。よく見ると巣があったので、蜜を一壺分取らせてなめると極めて甘い。まだ残りの巣があったので蜜を取らせ、唐の白茶碗二合に入れて、蜂たちは放った。これは希有のことなので特に詳しく記す」とあります。棚から牡丹餅ならぬ長押から蜂蜜。まさに天の恵み、藤原実資の喜びが伝わってくるようです。

趣味の養蜂

『今鏡』には、平安時代後期の藤原宗輔が蜂を飼って名前を付けて愛玩し、名前を呼ぶと飛んできたとあります。さらに『古事談』には、鳥羽離宮で蜂の巣が落下して上皇の御前に蜂がたくさん飛んで来て大騒ぎになったとき、蜂の扱いに慣れている宗輔は慌てずに枇杷の皮をむいて蜂たちを止まらせ、御前から下げさせた、というのです。鳥羽上皇も「宗輔がいてよかった」とご満悦だったと記されます。

「露蜂《ろほう》」の効果

『宇多天皇御記』寛平元年（八八九）八月に興味深い記事があります。「阿衡《あこう》事件」など、権力者・藤原基経との軋轢などさまざまなことで心労が重なっていた若き宇多天皇は、男性機能不全に陥ってしまいます。

この悩みを聞いた左大臣・源融《みなもとのとおる》が、「露蜂」を勧め、さっそく宇多天皇が服用したところ「其験真可言也」、つまり効果抜群であったというのです。生薬の「露蜂房」はアシナガバチの巣のこととされますが、宇多天皇の「露蜂」はローヤルゼリーのようなものだったのでしょうか。

枇杷で蜂を集める藤原宗輔『前賢故実』より
国立国会図書館デジタルコレクション

糖《あめ》（飴）

古名　あめ

「甘葛煎」（44ページ）があまりにも有名なため、平安時代の甘味料はそれしかなかったように思われがちですが、より普及していた甘味料が「飴」です。当時は「糖」と表記されることが多かったので、これを飴と思わないことも多いようです。平安時代前期の『新撰字鏡』には「餳、〈飴也。阿女《あめ》〉」「糖　溏。並阿米《あめ》」とあり、また『本草和名』では「糖膠湿〈如厚蜜者〉、和名阿米《あめ》」としています。

米と麦芽で作る水飴

ポピュラーな甘味

『後二条師通記』寛治五年（一〇九一）十月の記事に、藤原頼通の次男・橘俊綱から「沙糖」を贈られ、使者が「唐菓物です」と言ったとあります。このように砂糖は唐物（舶来品）で、平安時代はごく少数用いられただけでした。その代わりに大量に使われた甘味料が糖（飴）でした。嘉祥三年（八五〇）七月に石見国が「甘露」を献上し、味は「飴糖」のようだと『文徳天皇実録』にあります。「甘露」の実態は不明ですが、「飴糖」が甘味の代表になっていたことがわかります。都の西市に「糖店」があるほど、一般にもポピュラーな甘味料だったのです。

宮中でも多用

『延喜式』（大膳）では糖が多く登場しています。一年間に天皇・皇后用に各一石六斗八升三合、東宮用に一石六斗七升八合八勺、雑給用に五石八斗四升九合八勺、合計十石八斗九升四合六勺という大量の糖が製造・支給されています。

さまざまな神事仏事の際にも糖の支給は多く、たとえば「園韓神祭《そのからかみのまつり》」は八升、「平野夏祭」は一斗四升（冬は三升を追加）など神事では特に大量です。仏事の「正月最勝王経斎会」では一合と少ないですが、「甜物料七勺、菜料三勺」と、そのままなめたり料理の材料にしたりと、糖は大活躍です。

また「唐菓子」としての「索餅《さくべい》」（145ページ）も糖を使うとされていました。

簡単な製法

なぜこのように大量の糖が製造できたかといえば、材料が糯米《もちごめ》と麦芽（発芽小麦）だけという身近なもので、蒸した糯米に砕いた麦芽を混ぜて五〇℃ほどを保って一晩おき、絞った汁を煮詰めれば完成するという製造の容易さからです。『延喜式』（大膳）には「造雑物法」が載り、糯米一石と「萌小麦」二斗で糖三斗七升が得られるとあります。

『延喜式』で「萌小麦」と記される麦のスプラウト
photoAC

調味料　甘味料

飴作りの現代的再現

材料
もち米…2合
モルトパウダー…20グラム
（麦芽よりも手軽な、製パン用のモルトパウダーを使います）

①もち米を炊飯器の「おかゆ」機能で炊きます。もち米は2合ですが水は1・5合分で硬めに炊きます

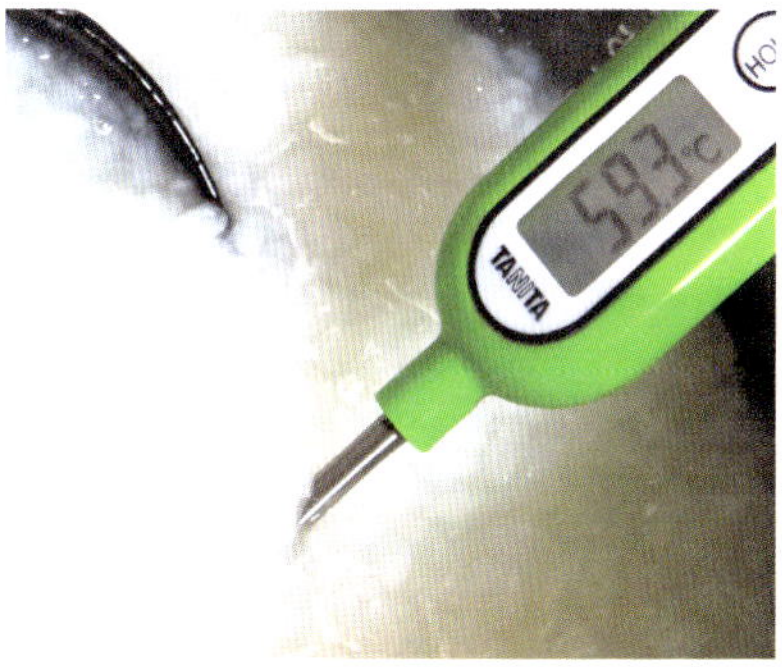

②おかゆが炊けましたら氷水を200cc入れて、50～60℃になるまで冷やします

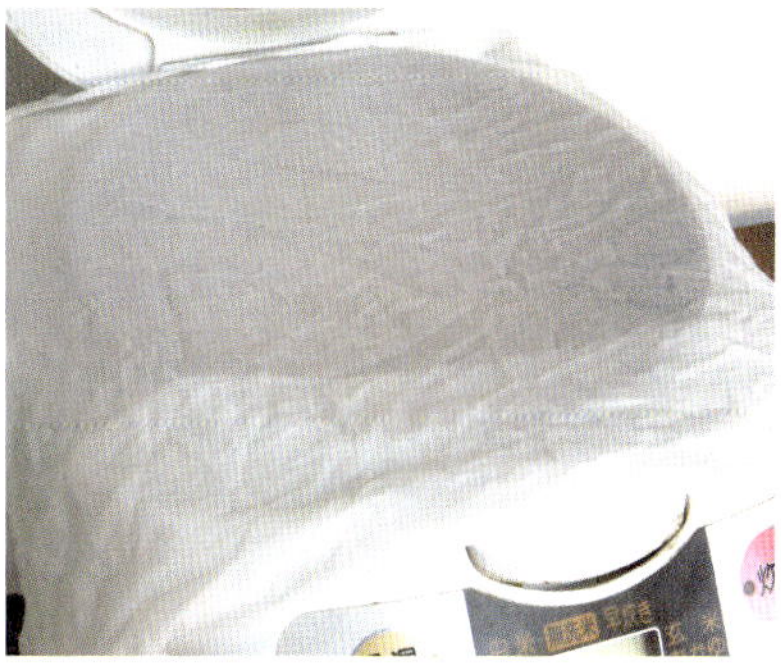

③モルトパウダーを入れて攪拌。全体がさらさらになった後、濡れ布巾をかけます

④炊飯器の蓋を開けたまま「保温」モードで6時間ほど放置。時々かき混ぜて、温度が50～60℃の範囲内にあることを確認します。6時間以上経過後、晒し布にあけます

⑤晒し布でよく絞り、絞り汁を使います

⑥テフロン加工された鍋で絞り汁を煮ます。ＩＨ調理器を使うと簡単。かき混ぜながらアクを取り除きます

⑦沸騰するまでは強火、その後は中火で。底が見えはじめたら弱火からとろ火に。煮詰まると次第に透明になってきます。ふつふつしだしたら完成です

⑧160ccほどの飴ができます。砂糖ほどではありませんが糖度は30度から50度（煮詰め具合によります）。米と麦は豊富にあった朝廷ならば、平安時代でも容易に甘味料が作れたことが実感できるでしょう。なお、絞り滓は米粉や小麦粉と混ぜてクッキーを焼くと無駄がありません

平安の酒

古名　さけ

『和名類聚抄』での「酒」は「五穀の華味の至り」としつつ、「人を益し、また人を損なう」と、その両面性が記されています。そのように平安時代、酒は盛んに造られ、飲まれ、楽しまれ、あるいは飲酒ゆえの失敗もありました。宴席は酒が不可欠であり、酒に関する古記録は枚挙にいとまがありません。

酒造り専門の役所「造酒司《ぞうしゅし》」が宮内省に置かれ、各種の酒が製造されました。『延喜式』(造酒)の「年料醸酒数」によれば、「御酒」が総計二百十二石九斗三升六合九勺九撮。これを畿内諸国で醸造しました。

最も多いのが摂津国の七十九石二斗二升二合五勺、次いで山城国の六十石八斗七升二合四勺七撮。これは兵庫県の灘や京都府の伏見など、現代の酒どころと一致します。

酒の種類

造酒司の造った各種の酒は次のとおりです。『延喜式』(造酒)の「造御酒糟法」から想定して、現代の醸造家の考えでは

御酒《ごしゅ》…四度熟成を繰り返す甘口で酸味の少ない澄んだ酒。
御井酒《ごいしゅ》…濃厚甘口の澄んだ酒。
醴酒《れいしゅ》…一晩で造る、酒を酒で仕込む甘い酒。現代の「貴醸酒」に似る。
三種糟《みくさのかす》…三種類の米を麦芽・米麹を併用して酒で仕込む味醂系の甘い濁り酒。
擣糟《つきかす》…醪《もろみ》を臼ですり潰して、水を加えて濾した甘い酒。
頓酒《とんしゅ》…早く造る濁り酒。
熟酒《じゅくしゅ》…長期間熟成させるアルコール度数の高い酒。

だったのではないかと推測されています。

圧倒的に生産量が多い「御酒」は米一石と糵(もやし=米麹)四斗、水九斗を混合し、糖化させてからアルコール発酵させて絞ることを繰り返しました。これは現代の「段仕込み」に類似していると考えられるため、アルコール度数は案外高かったと想像されます。

醸造のタイミング

酒造りは新米が収穫される旧暦十月から始まります。

御井酒は七月下旬から醸造を始め、八月一日には飲まれます。一晩で造る甘い醴酒は毎日六升造られ、六月一日から七月末日まで、天皇・皇后に供されました。正月三節(元日・白馬《あおうま》・踏歌節会《とうかのせちえ》)に用いられる、これも甘い三種御糟は各節会の直前に造ります。

色が濃い平安時代の「御酒」

酒は茶色く描かれる　『扇面法華経冊子』
ColBase (https://colbase.nich.go.jp/)

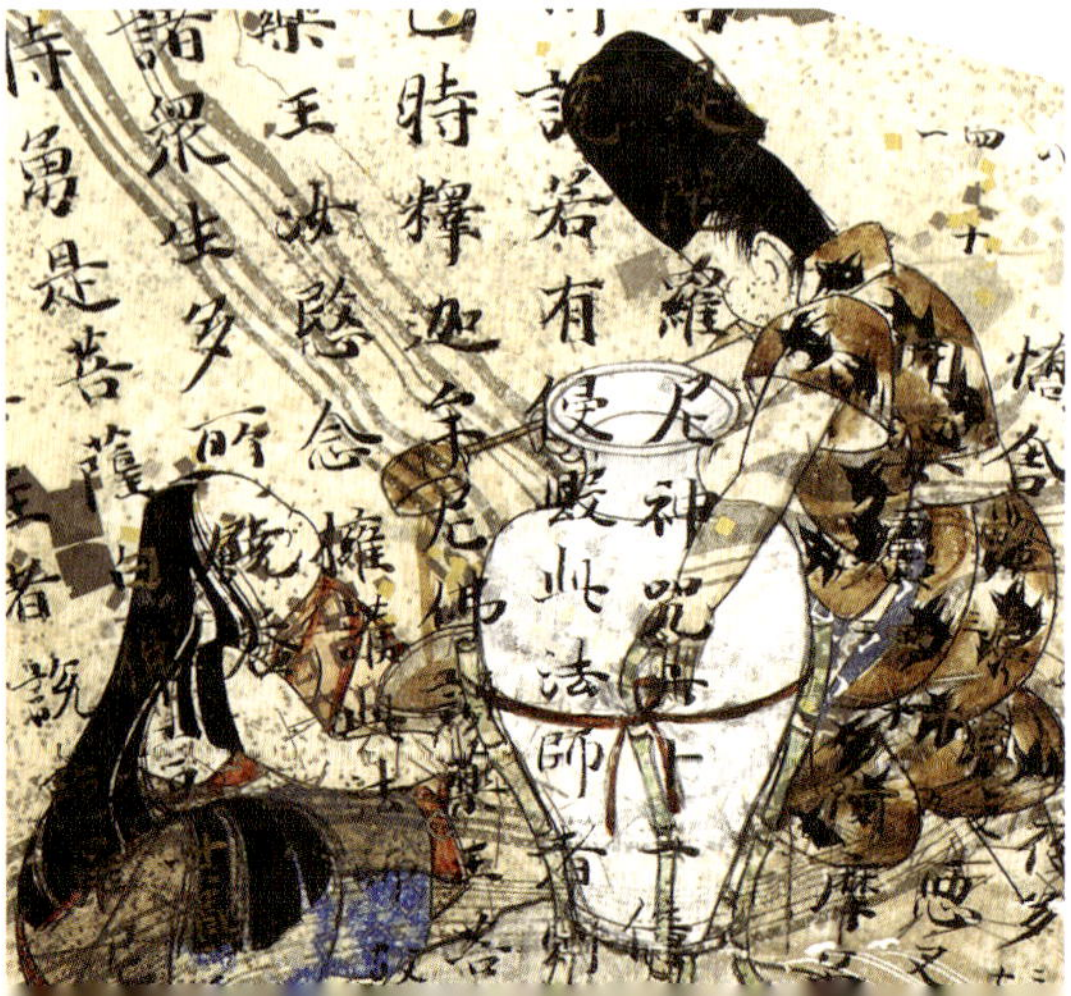

川につけて酒甕を冷やす　『扇面法華経冊子』
ColBase (https://colbase.nich.go.jp/)

調味料 酒《さけ》

琥珀色の澄み酒

平安時代の酒といえば、白く濁っているようなイメージがありますが、そうした酒は平安時代は「糟《そう》」と呼ばれる「三種糟」「汁糟」「擣糟」などであって、貴族が好んだ「御酒」「御井酒」「醴酒」は、透明の澄んだ酒であったと考えられます。

糟垂袋

『延喜式』（造酒）の「造酒雑器」には、酒造りに関わるさまざまな道具類が規定されていますが、そこに「槽《ふね》六隻」「篩《ふるい》料絹五尺」などがあり、また「糟垂袋三百二十条」が記されています。糟垂袋のうち二百四十条は「酒料」、八十条は「酢料」。商布（麻布）一反で八条を造り、一年に四度交換するとします。また「供奉料」には「絁《あしぎぬ》手篩一条」もあります。

澄み酒

これらは現代の酒造りの「上槽《じょうそう》」（醪を酒袋に詰めて絞り、酒と酒糟を分離させる作業）工程で用いる道具と同じもののようです。つまり平安時代の酒は、滓《かす》引き（滓の沈殿）工程を経て、糟垂袋で濁りを抜いた「澄み酒」であったと考えられるのです。現代のような活性炭濾過をしていないために色は濃かったと想像され、実際にさまざまな絵巻物に登場する酒は、茶色く描かれるのが一般的です。

澄み酒

「天野酒」西條合資会社
（大阪府河内長野市長野町）

天野酒「僧房酒」として市販されている古式の酒

天野酒《あまのさけ》

朝廷の造酒司が衰退した後、製造に高度な技術を要する高級酒の製造を担ったのは、畿内各地の有力寺院でした。その一つに天野山金剛寺（大阪府河内長野市天野町）があります。

同寺に伝わる天福二年（一二三四）の日付の文書に、通常の酒より価値のあるものとして「天野酒」が記され、また弘安三年（一二八〇）二月の『金剛峯寺文書』にも高級な酒として「天野酒」の文字が見えますので、遅くとも鎌倉時代には高い評価を受けた酒が同寺で造られていたことは間違いありません。室町時代末期頃、織田信長や豊臣秀吉の庇護を受けて酒造りは継承され、特に秀吉は天野酒を好んで金剛寺に朱印状を与えて同寺と天野酒を保護しました。

金剛寺と同じ河内長野市にある酒蔵・西條合資会社は同寺の協力の下、室町時代の『御酒之日記』（佐竹氏文書）に載る製法により、古式の天野酒を「僧房酒」として再現し製造販売しています。あまり精白しない五分づき程度の米を用い、仕込み水は少なく、製麴期間の長い「四日麴」を用いるといった古式の製法により、アルコール分一五度、日本酒度マイナス一一〇度という、非常に甘く濃厚芳醇な酒が生み出されるのです。

透明な琥珀色は平安時代の「御酒」を思わせ、その豊かな甘味は「四種物」（23ページ）の一つとして調味料でもあった平安時代の酒を彷彿とさせるものです。

大臣大饗「酒部所」での燗付け　『年中行事絵巻』　国立国会図書館デジタルコレクション

調味料　酒《さけ》

燗酒冷酒と酒糟《さけかす》

冷酒

燗酒と冷酒

九月九日から三月三日まで酒は燗付けし、温酒として供されました。『延喜式』（造酒）には、酒を燗するための炭を毎日一斗、内侍司が主殿寮から受領すると規定されています。

いっぽう夏場は冷酒が楽しまれました。『延喜式』（主水）には、盛夏の六月と七月、毎日一顆の氷が「醴酒冷料」に供されたことが記されています。『扇面古写経』には、酒甕を流水に浸けて冷やす光景（48ページ）が描かれます。

醴酒

養老元年（七一七）十二月、元正女帝が立春の日に美濃国・養老霊泉の水を汲ませて都に送り、醴酒を造らせたと『続日本紀』にあります。

今は冬も飲まれる「甘酒」は、本来は夏の栄養飲料でしたが、これは醴酒から来た習慣です。『九条年中行事』には「六月一日から七月末日まで造酒司が醴酒を献じる」と記されます。これを冷やして飲んだのです。

『和名類聚抄』によれば醴酒は「古佐《こさ》介《け》」と読みますが、一晩で造るので「一《ひと》夜酒《よざけ》」とも呼ばれました。現在の甘酒はノンアルコールですが、醴酒は水を使わず「酒で酒を造る」というアルコール度数の高い酒でした。

酒糟

『和名類聚抄』では「糟」の和名は「加須《かす》」、「酒滓なり」としますが、『延喜式』（造酒）に載る「擣糟《つきかす》」「汁糟」は、「絞り滓」ではなく、単独で造られる飲用酒。正月三節は「三種糟」をもって「擣糟」に代えるとあります。これらはいわゆる「どぶろく」「濁り酒」に類似した酒と考えられます。当時の酒糟は甘味も強く良い食材となり、「汁糟」は瓜や茄子の糟漬（164ページ）の材料にも用いられました。

酒肴にもなった甘糟

甘糟を肴に

十二月に宮中で行われる仏事「御仏《おぶつ》名《みょう》」が終わると打ち上げの酒宴が行われましたが、このとき「栢梨《かえなし》の勧盃《けんぱい》」がなされました。これは酒糟を肴にして酒を飲むものです。

左近衛府の所領に摂津国栢梨荘があります。ここは和気氏の中将から近衛府に寄進された土地で、そこからの年貢を近衛官人たちの酒代に充てていました。その栢梨荘から献上された甘糟で酒を飲むのです。『吏部王記』には「甘糟は大盤から箸で食べる」とありますから、甘糟は液体ではなく固体であったことがわかります。

調味料 酒《さけ》

御薬《みぐすり》の屠蘇《とそ》・黒酒白酒《くろきしろき》

酒は年中行事の饗宴につきものでしたが、酒そのものが主役のような立場となった儀式が正月の「御薬」と十一月の「新嘗会《しんじょうえ》」です。

屠蘇

御薬

現在も正月三が日に「お屠蘇」を飲む習慣がありますが、酒に入れる散薬「屠蘇」は、古代中国・三国時代の魏の名医・華陀《かだ》が創始したと伝えられます。日本へは平安時代前期、唐の博士・蘇明により伝来したとされ、唐びいきの嵯峨天皇が宮中に導入したのです。

現代の屠蘇散

当時は「御薬」と呼ばれ、屠蘇だけでなく続けて二献目は「白散《びゃくさん》」、三献目は「度嶂散《どしょうさん》」を飲みました。一般にも普及し、『土佐日記』には十二月二十九日に医師が屠蘇・白散酒を持ってきたと記されます。

屠蘇の内容は、『延喜式』（典薬）によれば、白朮《びゃくじゅつ》・桔梗・山椒・肉桂《にっけい》・大黄《だいおう》・烏頭《うず》・防風《ぼうふう》・菝葜《さるとりいばら》といった配剤です。烏頭の除毒のためか、屠蘇散は酒に漬ける前に井戸に吊るしました。そして燗を付けた温酒として飲んだのです。

御薬の作法

「御薬」は新年の「春の精気」を吸収しようとする儀式でしたので、若者の活力と風水の力を体に取り込もうとします。

天皇の前に御薬を飲む童女「薬子」は、「生気《しょうげ》の色」（その年の縁起の良い方角の色）の装束を着ました。薬子が先に飲むのは、天皇が若人の精気を取り入れようとした考えによります。現代でもお屠蘇は若者から先に飲むとされています。

黒酒・白酒

新嘗会は十一月の下旬、新穀を神に供える新嘗祭と、それに関係する諸宴会を総称したものです。新嘗会の最終日、「豊明節会《とよあかりのせちえ》」が開催され、前日の新嘗祭で天皇が神に供え、自らも飲んだ酒を廷臣たちに分かち与えました。その酒が黒酒・白酒です。『続日本紀』天平神護元年（七六五）十一月の詔に「黒紀白紀の御酒」が登場しています。

黒酒の意味

『延喜式』（造酒）に黒酒白酒の製造法が記され、白酒は通常の濁り酒の製法ですが、黒酒はそこに「久佐木」（クサギ）の灰を入れたものです。

この特徴的な「黒酒」は、古代中国で神前に捧げられた「鬱鬯《うっちょう》」（鬱金草を煮て黒キビと混ぜて醸造した香酒）を模倣したものかもしれません。クサギは『延喜式』（典薬）では「恒山《こうざん》」と呼ばれ、実在の中国の山岳・恒山（山西省渾源県）が「五岳」の一つとされて、北（配色は黒）を象徴する存在であったことも影響していたでしょうし、クサギの独特の香りが香酒である「鬱鬯」を想起させたとも考えられます。

黒酒・白酒

クサギ (*Clerodendrum trichotomum*)

酒が酢酸発酵して生まれる酢

調味料

酢《す》

古名　す、からさけ

酒を加熱処理せずにそのまま放置すると、酢酸菌の作用で酢になります。そのため酢の製造をしたのは酒と同じ造酒司でした。『和名類聚抄』でも「須《す》」と読んでいます。『延喜式』（造酒）の「造雑給酒及酢法」によれば、酢一石の醸造には、米六斗九升・糵《もやし》（米麹）四斗一升・水一石二斗を用いて六月に仕込み、「旬」（十日）ごとに醸して四度繰り返しました。毎月二斗の酢を御厨子所（20ページ）に送るとあります。

基本調味料

平安時代の饗宴では、各自の膳に「四種物」（23ページ）と呼ばれる酢・塩・醤・酒の小皿が置かれて、膳上の干物や生物などを好みで味付けして食べたといわれます。しかしこれは「尊者」（主賓）の膳だけで、陪席の公卿は酢・塩・醤の三種、それ以下の家の主人や弁・少納言などは酢・塩だけの二種でした。逆にいえばその二種は調味料として必要最小限、必須のものだったといえるでしょう。

宮中での使用

『延喜式』（内膳）では正月三節用に一斗五升、五月五日節に五升、七月七日に五升、九月九日節に五升、そして「供御月料」として三斗七升七合五勺の酢が天皇の食膳のために用いられました。

『延喜式』（大膳）では「雑給料」として参議以上に四勺、五位以上には一合の酢を支給していますし、さらに「宴会雑給」として親王以下三位以上と四位参議に四勺、四位・五位と命婦には四勺の酢が支給されています。「糖」（46ページ）などと比べると少量ですが、酢が食生活には不可欠であったことがわかります。

薬として

『延喜式』（典薬）では、さまざまな場面で酢が使われています。酢は薬剤の一つだったのです。興味深いのは附子《ぶし》（トリカブトの根）を酢漬けにして保存したことです。酢一合で附子一両を漬け、酢は年間合計八斗二升六合を使ったとあります。

染め物の必需品

『延喜式』（縫殿）には染織の詳しい材料名が示されますが、黄櫨《はぜ》・黄丹《おうに》・紫・蘇芳《すおう》・蒲萄《えび》・韓紅花《からくれない》・支子《くちなし》など赤みを含む染料については酢を入れることが規定されています（緋色を除く）。酢を入れることによって染液は酸性に傾きます。いっぽう媒染剤の椿灰はアルカリ性です。そのバランスによって酸性なら赤、アルカリ性なら青に色が振れます。

塩を土器に詰めて焼成した「堅塩」

調味料　塩《しお》

日本は海に囲まれていますが、海水の塩分濃度はわずか三パーセントにすぎませんし、日本は多雨多湿のために天日だけで海水を煮詰めることができず、大量の薪の火力で煮詰めて塩の結晶を取り出すしかなかったのです。そのため平安時代、塩は貴重品でした。

朝廷への貢納

『延喜式』（主計）では、東海道では伊勢・尾張・三河、北陸道では若狭、山陽道では播磨・備前・備中・備後・安芸・周防、南海道では紀伊・淡路・讃岐・伊予、西海道では筑前・肥前・薩摩の各国から「庸・調」として塩を都に送るように規定しています。

また『延喜式』（市）には、「塩店」が東市にも西市にもあることを記します。

採鹹《さいかん》と煎熬《せんごう》

製塩は海水を濃縮する「採鹹」と、煮詰めて塩を結晶化させる「煎熬」という二つの工程があります。『続日本紀』天平神護二年（七六六）五月に美作国勝田郡の塩田村という地名が記され、藻の利用ではなく、潮汲みして砂浜で天日乾燥する「揚浜式製塩」を行っていたことが想像されます。また『日本三代実録』では貞観十七年（八七五）十二月、伴善男の「塩浜塩釜」を没収する命令を記し、塩浜での採鹹が行われていたことを示します。

堅塩《かたしお》

「煎熬」したままの「荒塩」は苦汁《にがり》を含んで吸湿性が高く、やがて溶けてしまいます。そこで土器に荒塩を詰めて焼き固めることで保存性を高めました。これを「堅塩」（きたし・かたしお）と呼び、神事の供饌となるほか、十月一日の「孟冬旬」では酒肴の一種ともされました。

藻塩《もしお》焼きとは何か

『万葉集』で有名になり、歌語として普及した「藻塩」。古代は藻に塩を掛けて天日乾燥させて採鹹し、土器で煮て煎熬したといわれますが、その実態はよくわかっていません。

『栄花物語』（みはてぬゆめ）に、傷心の花山法皇が熊野に詣でて「旅の空よはの煙とのぼりなば　あまの藻塩火たくかとや見ん」と歌ったとあります。「煎熬」の煙だったのでしょうが、これを歌語の「藻塩」に結びつけたために平安時代中期も藻塩製塩が行われていたように想像しがちですが、当時は入浜式塩田での採鹹で、鉄の平釜で煎熬していました。

ホンダワラに付着した塩の結晶

藻塩

醤　ペースト説と液体説がある

調味料

醤《ひしお》・穀醤《こくびしお》

古名　ひしほ

日本料理の基本調味料になっている醤油は、室町時代後期に生まれたとされます。しかし、その一歩手前までは古代から使われていました。それが「醤」です。平安時代の調味料「四種物」（23ページ）の一つである基本調味料でした。

穀醤《こくびしお》

『和名類聚抄』では「醢《ひしお》」が「之々比之《ししびし》保《お》」で肉醤《にくしょう》のこととし、「醤」は「比之保《ひしお》」で豆醢《とうかい》のことだとしています。豆など穀物で作られた塩辛が「醤」の代表であり、古記録においてただ「醤」と表記されているのは穀醤のことだと言っても過言ではないでしょう。

『延喜式』（大膳）では年間百五十石の醤が製造され、供御料（天皇用）は七十五石、雑給料が七十五石と、朝廷での大量消費が見られます。醤漬けの各種食品も製造されています。『延喜式』（内膳）にも天皇の供御月料として「未醤一斗五升、醤八斗三升、滓醤七升五合」が列記されます。

また『延喜式』（市）には東市に「醤店」があることを記しますから、一般の人々も購入することができる調味料だったことがわかります。

醤院《しょういん》

『養老令』（職員令）には大膳職の配下に専門の「主醤」が置かれ、醤の製造管理を行っていました。『延喜式』（大膳）では「醤院」という別院が規定され、旺盛な朝廷の醤需要に応えました。

供御醤は液体か？

『延喜式』（大膳）によれば、毎月親王には一斗二升、女御には一斗二升、公卿には二合など、身分に応じて醤が配給され、また各官司や祭事にあたって配付する大量の醤が記されますが、「醤」のほか「滓醤《かすびしお》」があります。身分が低くなると「醤」ではなく「滓醤」だけが支給される規定で、滓醤がワンランク下の扱いであったことがわかります。

天皇用の「供御醤《くごびしお》」の材料は大豆三石、米一斗五升〈糵料〉、糯米四升三合三勺二撮、小麦・酒各一斗五升、塩一石五斗です。これで一石五斗の「醤」ができるとしていますが、材料に比べて完成品が少量すぎます。

醤油の誕生は室町時代後期といわれていますが、「滓醤」があることから、供御醤は醤を絞って液体状にした、後世の「醤油《しょうゆ》」の類似品であったとも考えられるのです。「薪」が材料にあるため完成品に火入れをしていた可能性もあります。

調味料

醬造りの現代的再現

『延喜式』（大膳）の「供御醤料。大豆三石、米一斗五升〈糵料〉、糯米四升三合三勺二撮、小麦・酒各一斗五升、塩一石五斗。得一石五斗。用薪三百斤。但雑給料除糯米。添醤料。醤滓一石、塩三斗五升。得六斗五升。用薪六十斤」を再現。

基本的に材料と水を甕に入れ、ときどきかき混ぜるだけです。半年から二年でできあがります。

①大豆・米・糯米・小麦・塩
大豆は蒸して、米と小麦は炒っておきます

②糵　コウジカビ（醤油麹）

③2か月後　水と材料を混ぜ合わせる

④5か月後　夏を越すと色が濃くなる

⑤8か月後　大豆の形が崩れ始める

⑥12か月後　醤の完成

⑦15か月後　やや水分が蒸発したところ

⑧醤油の絞り滓
『延喜式』（内膳）に書かれる滓醤はこのようなものだったのでしょうか

未醤（味醤）醤作りの途中経過

調味料

未醤《みそ》

古名　みそ

醤油とともに日本料理に欠かせないのが味噌です。「味噌」という単語は『宇津保物語』（藤原の君）や『新猿楽記』など平安時代中期の文献に登場します。『延喜式』（大膳）では「未醤」と並び「味醤」と記され、これは『和名類聚抄』での「未醤（和名は美蘇《みそ》）は俗に味醤の字を用いる」と符合します。

「未醤」は中国では見られないことから、日本で工夫して造られたものとも考えられます。『延喜式』（市）には「未醤店」が西市にあったと記されています。

未だ醤ならず

未醤は文字どおり、完成前の醤ということです。『延喜式』（大膳）の「造雑物法」には、未醤一石の材料に醤大豆《ひしおだいず》一石、米五升四合〈蘖料〉、小麦五升四合、酒八升、塩四斗としています。

材料としては醤とほぼ同じですが、醤の材料が「大豆」であるところ、未醤では「醤大豆」となっていることが相違点で、単なる「未完成の醤」ということではないことがわかります。

さまざまな利用

『延喜式』（内膳）には、天皇の供御月料として「未醤一斗五升、醤八斗三升、滓醤七升五合」とあり、醤と並び多く使用されていたことがわかります。『延喜式』（大膳）では親王・内親王には六升（一日二合）、女御にも六升の未醤が支給されるとあります。

「索餅」（144ページ）でも調味料として塩、醤、酢、そして「味醤」が用いられていますし、多いのが漬物での利用です。『延喜式』（大膳）には主に仏事に関しての利用として未醤茄子、未醤冬瓜などが醤漬以外にも列記されますので、これはいわゆる「味噌漬け」ということになるでしょう。

朝廷での製造

未醤の材料の一つ「醤大豆」は『延喜式』（民部）によれば交易雑物として、近江から二十石のほか、山陰・山陽・四国各国から合計三百石を超える大量の買い付けをしていました。これらを材料に大膳職別院・醤院で製造が行われていたのでしょう。

ただし醤大豆は未醤の材料となるだけではなく「醤鮒」といった、いわゆる「醤油漬け」のような食品の製造にも用いられたことが、『延喜式』（内膳）からもわかります。

調味料

鯛醤《たいびしお》・宍醢《ししびしお》

古名　たいびしお・ししびしお

タイ国の調味料・ナンプラーはイワシを塩に漬け込んで発酵熟成させたものの絞り汁で、秋田の「しょっつる」などと同じく「魚醤《ぎょしょう》」と呼ばれます。

醤とは

魚醤は魚肉（特に内臓）に含まれる酵素と、加える麹などの作用で発酵させ、大量の塩で保存性を高めた「塩辛」の汁です。発酵・熟成が進むと肉の形が崩れ、全体がどろどろと液状化し、それを漉したものが魚醤となります。平安時代の日本の「醤」は、熟成前段階で形がしっかり残っている、現代の塩辛と解釈できる品々が多く見られます。

『新儀式』では天皇加元服に際して「唐の礼式では脯《ほじし》・醢《ひしお》を供えるが、今回は代わりに干し鯛と鯛醤を用いる」とあります。「脯」（干し肉）と肉の「醢」（塩辛）の対比からして、この「鯛醤」は液体の魚醤ではなく鯛の塩辛でしょう。

『延喜式』（主計）には全国からの貢納品に「醤鮒」「醤小鰯」が見られますが、同じく発酵食品であった「鮨」と並んで表記されていることから見て、これもそれぞれの塩辛だったと考えられます。

醤と醢

どちらも塩漬け発酵食品で和名が同じ「ひしお」でありながら、穀物由来のものが「醤」、動物由来のものが「醢」と字を換えていますが、日本では非常に曖昧で混同が見られます。

『延喜式』（大学）には、孔子を祀る「釈奠」の供え物にするため、「大鹿脯」「小鹿脯」といった干し肉のほか、「鹿醢」五合、「兎醢」五合、「魚醢」五合を大膳職に造らせるとあります。

『日本三代実録』によれば仁和元年（八八五）十一月、六衛府に命令が出されました。釈奠の食肉関係は衛府が調達することになっていたのです。

命令は「醢を造るには、まず肉を乾燥させ、百日間熟成させて完成する。これを『干豆』と呼ぶ。しかし今の諸衛府は祭の前日に生の兎肉を大膳職に送り、夜中に醢を造っている。これは礼に反する。これからはきちんと清潔に乾燥させて祭の三か月前に大膳職に送るように」というのです。

醢は乾燥肉を材料にして三か月かけて熟成させていたことがわかります。

鯛醤　鯛の塩辛

宍醢　鹿肉の塩辛

調味料

堅魚煎汁《かつおいろり》

塩分を含んだ調味料は平安時代にもいろいろと存在しましたが、現代の「だし」に相当する旨味調味料がなかったかといえば、そんなことはありません。「だし」成分を含んだ旨味調味料の代表が「堅魚煎汁」です。

さまざまな鰹食材

『延喜式』（主計）には、駿河国の「調」や「中男作物」として「堅魚」「煮堅魚」そして「堅魚煎汁」が列挙されています。堅魚は魚種としての名称でもあり、干物の名称でもありました。『平記』長暦元年（一〇三七）六月に「干物」として干鯛・干鮭という干物と並び「堅魚」とあります。ここからも「堅魚」が食材としてのカツオの干物を意味していることがわかります。

煎汁《いろり》

『養老令』（賦役令）には「煮堅魚《にかつお》」と「堅魚煎汁」が並んで表記されています。古い文献には、その製造法が記されていないのですが、普通に考えてカツオを煮て煮堅魚を作り、その煮汁が堅魚煎汁であるのでしょう。煮汁をよく煮詰めて濃縮したものと想像されます。

『延喜式』（民部）によれば「交易雑物」として伊豆国から納められる「堅魚煎」は一石四斗六升という膨大な量。堅魚煎汁を納める二国から都への行程は、駿河国から十八日、伊豆国からは二十二日もかかります。出土した木簡を見ると堅魚煎汁は単位が、重量でなく容積を量る「升」で表記されているために液体、あるいは煮こごりのゼリー状であったらしいと考えられます。長期間の輸送での保存性が心配されますが、現代の科学的実験では、塩分含有量にもよりますが、十分に常温保存が可能という結果が出ています。ただし『延喜式』（主計）での堅魚煎汁の単位は重量を表す「斤・両・分」です。

醬の代わりに

『令集解』に「熟煮汁曰煎也（中略）案熟煮也。醬類也」とあり、醬の仲間としています。『和名類聚抄』でも「煎汁」（加《か》豆乎以呂利《つおいろり》）は「醬」と同じく「塩梅類」に分類されていますから、塩分が添加された調味料という位置付けでした。『厨事類記』では基本調味料「四種」は酢・酒・塩・醬であるが、あるいは醬をやめて「色利《いろり》」を用いるとあります。

『延喜式』（大膳）の「諸国交易所進」には、「駿河国の堅魚煎汁は味の良いものを選んで別の器に入れて進めよ。もし中男作物で数が不足すれば交易（購入）で補え」とあります。いかに堅魚煎汁が尊重されたかがわかります。

堅魚煎汁　煮こごりとなっている

調味料

煎汁と煮堅魚《にかつお》の現代的再現

材料
カツオ切身（皮付き）…６５０グラム
塩…５グラム（適量。ここでは完成品50ccで塩分濃度10％を想定）。
水…２リットル

堅魚煎汁

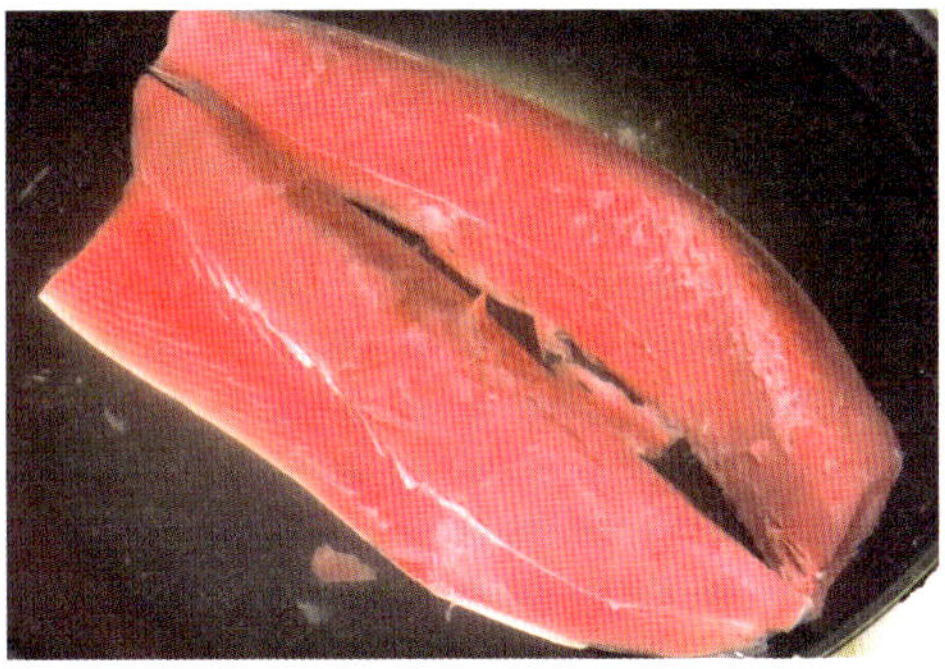

①皮を下にして強火で加熱します

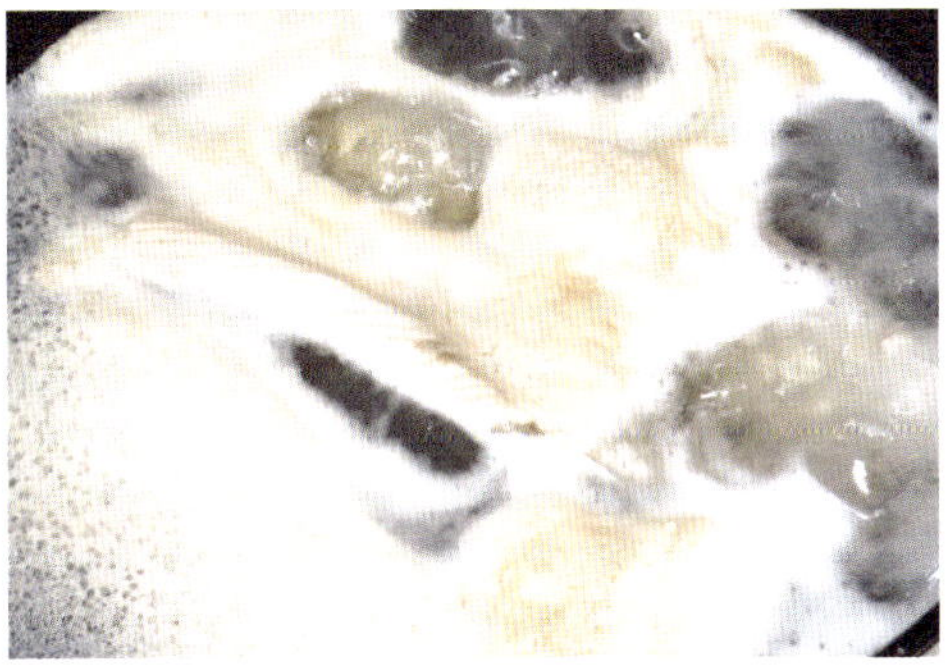

②蓋をして沸騰したら中火にして灰汁を丹念に取ります

③蓋をしてまま40分茹でます

④十分に出汁が出たところでカツオを取り出し、汁を50ccになるまで煮詰めます

⑤煮詰めた煎汁は茶色く、しばらくすると「煮こごり」になります

煮堅魚

⑥耐熱性の皿にキッチンペーパーを敷き、取り出したカツオを載せてオーブンレンジのオーブン機能を使い、予熱なしの150℃設定で（20分ごとに様子を見て、上下を入れ替えながら）80分加熱。さらに電子レンジ600Wで30分加熱すると、かなり乾燥した状態となります

⑦一日天日に晒せば都までの搬送に耐えるまでになります。６５０グラムあったカツオの切身が１６５グラムになっています

調味料

煮堅魚・堅魚と鰹節《かつおぶし》

古名　にかつお・かつお

煮堅魚

「煮堅魚」はカツオを煮てから干したもので、現在の鰹節の原形ともいえるものです。半生の「なまり節」状態だったのではないかという説もありますが、都への運搬を考えれば、完全に乾燥させた鰹節状態でないと難しいと思われ、煮堅魚は煮てから干す、堅魚は生で干すという違いだったと考えられます。

『延喜式』（主計）では、日本最大のカツオ水揚げ量を誇った駿河国だけが二千百三十斤十三両の煮堅魚を貢納しています。堅魚煎汁の「出し殻」の有効利用ということだったのかもしれません。

どのようなものだったか

形状が現代の鰹節のように半身、あるいは半身の半分であったのか、「楚割《すはやり》」（159ページ）のように細く身を裂いた状態であったのでしょうか。身を細く裂けば煮るのも乾燥させるのも比較的容易になりますが、身が崩れやすくなります。

皮付きのまま煮れば崩れにくいことから、楚割状であれば皮付きのものだった可能性が高くなります。歩留まりを思えば、半身のまま煮た後に火力と天日で完全に乾燥させたと考えられるでしょう。

ただし堅魚煎汁の出し殻と考えれば、もっと細かく切ったものであった可能性もあります。

堅魚と堅節

「堅魚」はほかの魚種と同様に、「開き」状態で干物にしたものだったのでしょうか。あるいは細く切ってから乾燥させたものだったのでしょうか。

平城宮跡で出土した木簡を見ますと、駿河・伊豆から貢納された「堅魚」は、「十一斤十両」と記されたものが多くあります。そして天平十八年（七四六）の伊豆国賀茂郡三嶋郷の木簡には、同時に「員十連三節」と記されています。「節」は本数、「連」は「節」を十本束ねたものですから、百三節ということになります。これが「十一斤十両」（約七〇二〇グラム）のこととしますと、堅魚一節は約六八グラムということになります。

現代の鰹節は一本約百五十～二百グラムですから約半分で、半身をある程度切って干したと考えられるでしょう。細い方が乾燥しやすいのは言うまでもありません。ただし魚は自然物で大小ありますから、重量は同じでも節数は木簡によりまちまちです。

花鰹と現在の鰹節

『宇津保物語』（蔵開上）には「鰹つきの削物」という言葉が登場します。『厨事類記』には、干物は「削物」であるとして「干して削って供する」とあります。堅魚も同じように削物として用いたとすれば、現在の「花鰹」のようにして食べられたのでしょうか。「花鰹」が文献に初登場するのは室町時代中期の『四条流庖丁書』で、海月《くらげ》の和え物は胡桃酢であえて花鰹をよく入れる、とあります。

現代の形式の鰹節が作られるようになったのは江戸時代中期で、煙で燻《いぶ》したり、カビ付けを行って完全に水分を抜く方法が考案されました。

煮堅魚　皮を残したためか煮崩れない

煮堅魚を干して削ったもの。香ばしく美味

調味料 薬味

生姜《しょうが》・山椒《さんしょう》

古名 生姜＝くれのはじかみ
山椒＝なるはじかみ、ふさはじかみ

生姜

熱帯アジア原産で、古代に中国から渡来したとされます。そのため呉（古代中国・三国時代の国。のちに中国全体のことも指す言葉となった）由来ということで、「くれのはじかみ」と呼ばれました。「はじかみ」の語源は諸説あり明らかではありませんが、刺激性のある辛み食品全般を呼んだ言葉です。

食品として

『延喜式』（内膳）によれば、大内裏の北にあった御料農園には生姜畑が一段あり、四石の種子で七十八人が栽培に従事しました。こうして栽培された「稚薑」（新生姜）三斗が糟漬けにされ、また「ひね生姜」の糟漬けは四石五斗も作られ、九月から翌年七月まで、天皇の御膳に供されました。

『延喜式』（大膳）では仏事に多く用いられ、「仁王経斎会」では干生姜、生生姜が登場し、そのまま薬味として茹で野菜に添えられたり和え物にしたり、汁物に、また「索餅」（144ページ）にと大活躍。「有茎生薑《しょうが》」（葉生姜）は生で食べられました。

薬品として

『延喜式』（典薬）を見ますと、正月の屠蘇に配合されるのをはじめ、「干薑」は非常に多くの薬に用いられ、その名も「干薑丸」は中宮・斎宮から衛府にいたるまで多くの官司に配給されています。また風邪症状などで民間薬として用いられたことが、『小右記』や『後二条師通記』に見ることができます。

生姜

葉生姜

山椒

文献では多く中国風に「蜀椒」と書かれますが日本に自生していた植物で、唐辛子は全く存在せず、胡椒《こしょう》もほとんど流通していなかった平安時代、代表的な「はじかみ」、辛い薬味でした。『延喜式』（主計）によれば、伊賀・若狭・丹波・播磨の各国から年間一斗ずつ、中男作物として都に貢納されています。

山椒は小粒でぴりりと辛い

『延喜式』（内膳）では天皇の日常の食膳に上る「供奉雑菜」として、蜀椒二合が規定されます。三〜四月は「稚葉」（若い葉）が、五〜六月は実が用いられているのは現代と同じです。また実「蜀椒子」は塩漬けとして一年中用いられました。天皇用としては蜀椒子一石が塩二斗四升で漬物にされています。そうした保存法も現代と同様です。

『延喜式』（大膳）でも、平野夏祭や釈奠で塩漬けが用いられていますが、仁王経斎会では蜀椒子六勺一撮が用意され、うち六勺は漬物に、一撮はそのまま食べられました。一撮は百分の一勺という量でひとつまみ。少しでも非常に辛い山椒ならではです。

サンショウ (*Zanthoxylum piperitum*)

山椒の実

調味料　薬味

蓼《たで》・山葵《わさび》

古名　蓼　＝たで
山葵＝わさび

蓼

植物種としてはヤナギタデ。葉にモノテルペンやセスキテルペンが含まれ、非常に刺激性のある辛みを感じます。江戸時代中期の『倭訓栞《わくんのしおり》』では「タデとは辛さで口や舌がただれる意味」としています。

薬味として

きわめて辛い蓼は、そのまま野菜としては食べられず、薬味としての利用になります。『延喜式』（内膳）には天皇用に

ヤナギタデ（*Persicaria hydropiper*）

鮎の塩焼きに添えられる蓼酢

十把が四～九月の夏季に供されました。また「漉蓼料」の篩《ふるい》が規定されていますので、葉を裏漉しにしてペースト状で用いられたことが想像されます。また「蓼《たで》葅《にらぎ》」も作られました。「葅《にらぎ》」は楡《にれ》（65ページ）を入れた漬物です。

正治元年（一一九九）六月の大臣大饗では「鶬羹」（マナヅルのあつもの）に擂《す》った蓼が調味料として出されたことが『猪隈関白記』に記され、『厨事類記』には汁物の薬味は山薑《わさび》、夏は蓼としています。

現代は鮎の塩焼きを蓼酢で食べますが、室町時代中期の『四条流庖丁書』には、だいたいにおいて蓼があればどんな魚でも「蓼酢」で食べるのがよいと記されています。

山葵

山葵は日本原産の固有種。山地の渓流に生え、栽培が難しかったために江戸時代になるまでは自生のものを採集するしかありませんでした。

「山薑《わさび》」

『和名類聚抄』では「山葵」と表記されますが、古記録・古文献で「山葵」はあまり見かけません。かわりに見られるのが「山薑」で、『和名類聚抄』には「和名は和佐比《わさび》。漢語抄では山葵に山薑の二字を用いる」とあります。

山薑は『養老令』（賦役令）で「調」として定められ、『延喜式』（主計）では越前国の中男作物として山薑二升が規定されています。また『延喜式』（内膳）では天皇用として、若狭・越前・丹後・但馬・因幡の各国からそれぞれ一升五斗、年間三回にわたって貢納されています。回数を分けるのは新鮮な生の山葵を求めたからでしょう。しかし具体的な調理例は記されていません。

『厨事類記』では「寒汁」（148ページ）の薬味として、橘の葉・炒め塩・とろろなどとともに山葵も記され、あえて食べるとあります。

四種物にも進出

鎌倉時代の『門室有職抄《もんしつゆうそくしょう》』では、「四種」は味噌・塩・酢・酒のことであるが、近代は酒を略して蓼を用いる。蓼がないときは山葵・生姜などを使う、として四種物（23ページ）の一つにまで昇格しています。

ワサビ（*Eutrema japonicum*）　photoAC

山葵

調味料　薬味

芥子《からし》・塩梅《あんばい》

古名　芥子＝からし
塩梅＝あんばい

芥子

現在、野菜として食べられるカラシナの種子が芥子で、カラシナの変種がタカナです。『和名類聚抄』では「辛菜」を芥子（賀良之《からし》）として「甚辛薫好通口鼻之気」（非常に辛く口や鼻にツンとくる）と表現しています。また「辛芥」を「多加奈《たかな》」と読んでいます。

薬味の芥子は古くから用いられ、『延喜式』（主計）では中男作物として、甲斐・上総・信濃・下野の各国から二升が貢納されると定められていました。『延喜式』（内膳）では天皇の「供御月料」として四升五合の芥子が定められ、芥子用の篩が規定されていることから、裏漉してペースト状で用いたのでしょう。

『延喜式』（大膳）には、園韓神祭・平野夏祭・春日祭・松尾神祭といった神事、正月最勝王経斎会・仁王経斎会といった仏事の際に芥子を用いるとあります。辛みが宗教的な意味で用いられたのでしょうか。

芥子（からし）

芥子焼

これは食品ではなく、密教で病魔降伏のために護摩を焚くときに芥子の種子を燃やすもので、「けしやき」と読みます。刺激性のある煙を魔除けとしたのでしょう。『小右記』では永延二年（九八八）七月と永祚元年（九八九）七月、病気の愛児のために芥子焼をしている記事が載ります。

カラシナ（*Brassica juncea*）　photoAC

塩梅

塩梅は「物事の具合、加減」を意味する単語で、その用法は『日本三代実録』にも見られますが、本来は文字どおり、梅の塩漬けの汁、いわゆる「梅酢」のことでした。梅は奈良時代に中国から導入された植物で、実を薬用や塩梅として利用するための輸入であったといわれます（101ページ）。『和名類聚抄』で梅は、杏《あんず》に似て酢っぱいものと表現されます。

その酸味を調味料として利用したわけで、『九暦』には天暦五年（九五一）十月、皇子の「魚味始《まなはじめ》」の際に塩梅が用意されたと記されています。

氷魚《ひお》のおとも

氷魚（179ページ）は琵琶湖の鮎の稚魚で、平安時代のご馳走。九月九日の「重陽節会」と十月一日の「孟冬旬《もうとうのしゅん》」にはこの氷魚が供されるのが習慣でした。このとき采女《うねめ》（配膳係の女官）一人が参列者に氷魚を配り、もう一人の采女が塩梅を注ぎかけたのです。参列者は片膝をついて待ち、自分の番になると匙で氷魚を一度だけすくい、塩梅をたっぷり掛けてもらって食べると『北山抄』にあります。

梅干しと塩梅

梅干しの天日干し　photoAC

調味料　薬味

大蒜《にんにく》・薤《らっきょう》

古名　蒜＝ひる・大蒜＝おおひる
薤＝おほみら

ニンニク　photoAC

古くから大蒜（ニンニク）や薤（ラッキョウ）、韮（ニラ）といった香辛野菜は大いに好まれました。『延喜式』（内膳）には天皇用の「供奉雑菜」として蒜百根が栽培され、正月～四月と十一月・十二月には生が、五～九月には乾燥したものが用いられました。

『万葉集』には「醬酢に蒜搗き合てて鯛願ふ　われにな見えそ水葱の羹」（醬と酢に蒜をつき合わせて鯛を食べたい。私に水葱の羹など見せるな）とあって、蒜が人気のある薬味であったことがわかります。

薬として

大蒜は現在でも疲労回復の効果があるとして盛んに食べられますが、『源氏物語』（帚木）には「風病重きに堪へかねて、極熱の草薬を服して、いと臭きによりなむ、え対面賜はらぬ」とあります。これは風邪にかかって体力回復のために蒜を食べたということを意味していると考えられています。また『今昔物語集』（神名睿実持経者語）にも「風の病が重いので蒜を食べて」とあります。

さらに平安時代後期の『殿暦』には、「蒜」や「薤」を薬として服用する記述が多く見られます。たとえば長治元年（一一〇四）五月に「今日は所労により蒜を服す」とあります。

『延喜式』（典薬）に載る栽培すべき薬草二十五種の中には「大蒜」があります。

神饌の大蒜　『葵御祭供進之神饌諸品色目書』
国立国会図書館デジタルコレクション

臭いの遠慮

『源氏物語』には臭気を気にして「え対面賜はらぬ」とあります。天仁元年（一一〇八）九月三日の儀式「御灯」に際し、藤原忠実は出仕しようとしましたが「蒜を服したことにより参仕は不可である」と白河上皇に言われてしまいます。九月八日には「今日は蒜の服用を終え薤を続けている」状態で参内しています。ニンニクよりはラッキョウのほうが臭気が少ないという判断と思われます。

これらのことは臭気により周囲を不快にすることを避けたからでしょう。神事に際して蒜を避けるという者もあったようですが、大蒜は神饌にも多く用いられましたし、『愚味記《ぐまいき》』には「薤蒜は神事で全く憚らず」とあり、『富家語《ふけご》』では皇后が蒜を薬として服用しているが、「御灯」のお祓いは憚らないとされています。

五辛《ごしん》

仏門に仕える者は「五辛」を避けることが求められました。それらは臭気があり、精気をもたらし色欲を刺激するということで、忌避されたのです。

「五辛」がどの食材に当たるのかは諸説ありますが、葱《ねぎ》・薤《らっきょう》・韮《にら》・蒜《にんにく》・薑《しょうが》がそれにあたるという説が主流です。

ラッキョウ

調味料 薬味

豉《くき》・納豆《なっとう》、楡《にれ》

古名 豉＝くき
楡＝やにれ

大徳寺納豆

豆豉

豉・納豆

『延喜式』（民部）には交易雑物として相模・武蔵両国から合計九石の豉を納めるとあり、『延喜式』（内膳）には天皇供御月料として豉を四升五合を進めるとあります。

謎の豉

『養老令』（職員令）には大膳職の主醤は醤・豉・未醤の製造をするとあります。また『和名類聚抄』では「豉」を調味料を意味する「塩梅」に分類して「五味調和の者なり」としています。ところがその製法が曖昧です。中華食材に「豆豉《とうち》」があり、これは蒸した黒豆に塩や麹、酵母を加えて発酵させた後に干したものですが、これと奈良・平安時代の「豉」とが同じかどうかは不明です。『延喜式』（大膳）の「造雑物法」には大豆一石六斗六升七合と海藻《わかめ》四斤八両で豉一石を得るとありますが、大豆と海藻でどのように作るのかわからないのです。

納豆

後世の『和漢三才図会』には塩を加えない「淡豉《たんし》」と、塩を加える「鹹豉《かんし》」があるとし、前者は黒大豆を用いて「席《むしろ》」でくるんで発酵させるとあって、これは糸引き納豆の製法です。後者は大豆を蒸して塩と生姜、さまざまな生薬類を入れて発酵させるとあり、これは中華の豆豉に近いものとなります。

「納豆」という単語は平安中期の『新猿楽記』に「塩辛納豆」とあるのが初出ですが、これは現代の大徳寺納豆（干し納豆）につながるという考えもあります。

楡

楡は山野に見られる落葉高木です。日本にはハルニレとアキニレがあり、前者は北海道・東北に多く、後者は東海地方以西の西日本に分布します。『延喜式』（民部）には楡皮は畿内諸国に供進させるとあり『延喜式』（典薬）では西日本の伊勢・美濃・出雲・紀伊から生薬として「楡皮」が貢納される規定ですから、延喜式での楡はアキニレと考えられます。

特別な漬物「葅」（にらぎ）

楡の皮の粉を混ぜた塩漬けを「葅」（164ページ）と呼び、『和名類聚抄』には「菜鮓」とあって発酵させた漬物のようです。『延喜式』（内膳）には、長さ一尺五寸・広さ四寸の楡皮一千枚で皮粉二石を作るとあります。これと塩を野菜にまぶして龍葵味葅、蔓菁葅、蓼葅などを作ったのです。一説には楡皮には辛みがあるともされますが、特に香りのない楡の皮粉をなぜ漬物に入れたかは不可解としかいえません。

アキニレの樹皮

アキニレ（*Ulmus parvifolia*）

アキニレの幹

調味料　油

胡麻《ごま》・荏胡麻《えごま》・椿《つばき》・槾椒《いぬざんしょう》

古名　胡麻＝うごま・荏胡麻＝え
椿＝つばき
槾椒＝いたちはじかみ

荏胡麻

胡麻

平安時代、油は食用よりも灯火に用いることが主用途でした。『延喜式』（市）では、「油店」が東西両市に設けられるとし、日常生活に不可欠の存在であったことがわかります。

『養老令』では「主油司《あぶらのつかさ》」という専門の役所がありましたが、寛平八年（八九六）に主殿寮《とのもりょう》に吸収され、以降は主殿寮が膏油《こうゆ》（膏は動物の脂、油は植物性の油）に関する事務を行いました。詳細は『延喜式』（主殿）に規定され、照明用のほかには工芸用・医療用そして食用の油が各官司に配給されました。

油脂の種類

『養老令』（賦役令）に規定される「調」には、胡麻油・麻子（あさ）油・荏（えごま）油・槾椒（いぬざんしょう）油、そして猪（いのしし）油が列挙されます。また『延喜式』（主計）の中男作物では、胡麻油・麻子油・荏油・槾椒油・海石榴（つばき）油・呉桃（くるみ）油・閇美（いぬがや）油そして猪膏とあり、全国各地から貢納されています。猪膏は外傷や鎮咳の薬として用いられました。

食用の油

『延喜式』（内膳）では、天皇用の「供御月料」として胡麻油一斗五升が規定され、また正月三節には一斗五升、五月五日節には五升、新嘗祭でも五升の油を用いるとあります。『延喜式』（大膳）では松尾祭で油一斗一升（八升が菓子料、三升が照明用とあるほか、神事仏事での使用が規定されました。これら食事関係の官司では、照明用は「灯油」や「炬油」と記され、食用油とは識別されています。

胡麻

胡麻はそのままでも食用として用いられました。『延喜式』（民部）によれば、「交易雑物」として山城国から四石をはじめ、全国から合計四十九石もの「胡麻子」が買い上げられていました。灯火用にも食用にも最も多く使われたのが胡麻油でした。

荏胡麻

荏胡麻はシソ科の植物で、紫蘇（165ページ）とは同種の変種です。平安時代に両者をどう区別していたのかは曖昧なところがあります。荏胡麻油は胡麻油と並び多用されました。

椿（海石榴）油

ツバキは日本固有種で、種子から良質の油が取れます。『延喜式』（民部）によれば「年料別貢雑物」として大宰府から海石榴油十石が貢納されました。

槾椒油

犬山椒（*Zanthoxylum schinifolium*）は山椒（*Zanthoxylum piperitum*）と比べて香りが少なく、特に黒い種子部分は刺激的な臭いがしないために油として使いやすかったとされます。

イヌザンショウ（*Zanthoxylum schinifolium*）
photoAC

椿（*Camellia japonica*）の種子　photoAC

調味料　油

油飯《あぶらいい》・麻油《あさあぶら》

古名　油飯＝あぶらいひ
麻＝お、あさ

麻の実

油飯・麻油

『和名類聚抄』に「油飯」の項があり、麻油で炊飯したもので、一名「玄熟」であるとします。具と糯米を油で炒めてから蒸して作られる、いわゆる「台湾風おこわ」も油飯と呼ばれます。

インド発祥で世界に広まり、トルコで「プラウ」、フランスでは「ピラフ」と呼ばれるようになった料理との共通点を感じます。

残念ながら油飯の例は他の文献では見かけません。ただ『延喜式』(大膳)では「正月最勝王経斎会供養料」として「胡麻子三合、胡麻油二合五勺、麻子三勺」とあります。「勺」という液体の単位であることから麻油のことと思われ、仏教行事であることなどから、ここで油飯が供された可能性は残ります。

麻

麻（*Cannabis sativa*）は非常な有用植物で、茎は繊維製品「布」として広く用いられ、また製紙原料にもなりました。さらに麻の実はたんぱく質が豊富、脂肪酸などの含有バランスも良い健康食品として知られます。そして重量比で三〇パーセントが油脂分で、油として抽出できます。

『延喜式』（民部）では「年料別貢雑物」として、相模国から六斗、下総国から七斗、常陸国から七斗、下野国から三斗の「麻子」（麻の実）が貢納されていますので、東国が産地であったことがわかります。『延喜式』（主計）では阿波国からも中男作物として麻子が納められています。

房総半島や阿波国は古代から麻の主産地として知られていたのです。

揚げ物から茹で物へ

水の衛生環境がよくなかった中国では、高温で殺菌できる油料理、揚げ物料理が尊重されました。そのため日本に入ってきた「唐菓子」（136ページ）はすべて油で揚げた食物と考えられています。

日本は綺麗な清水がふんだんに得られる世界でも希有な国。唐菓子は次第に油で揚げずに水（湯）で茹でる形式に変化したようです。

代表的なのが、唐菓子「団喜」が「だんご」に変化したらしいこと。室町時代は餅のように扱われる「粉熟《ふずく》」（146ページ）も『厨事類記』によれば、平安時代後期は胡麻油で揚げたものだったようです。

アサ（*Cannabis sativa*）　撮影地：東京都薬用植物園

主食 米

強飯《こわいい》と姫飯《ひめいい》、饘《かたかゆ》と粥《かゆ》

古名 強飯＝こはいひ 姫飯＝ひめいひ
饘＝かたかゆ 粥＝しるかゆ

米が日本人の第一の主食であることは間違いありません。

強飯と姫飯

弥生時代から米は「甑《こしき》」と呼ばれる道具を用いて、蒸す製法で食べられました。これは現代の「おこわ」に通じる堅さがありましたので「強飯」と呼ばれました。いっぽう平安時代では現代のように水で煮て「炊く」方法も用いられ。これを「姫飯」や「編糅《ひめ》」と呼びました。

原則は「飯＝強飯」

古式を重んじる朝廷・公家世界では、大炊寮の作る強飯を主食としたようですが、平安時代中期のさまざまな記録や物語では、多く「強飯・粥」と並べて記されています。たとえば『小右記』では寛弘五年（一〇〇八）九月十日、中宮彰子が敦成親王の出産を控えて待機していた公卿・殿上人たちに、藤原道長が「強飯・粥」を提供したとあります。また『源氏物語』（末摘花）にも「御粥・強飯召して」、『源氏物語』（東屋）でも「御粥・強飯など参り」とあって、両者ワンセットだったようです。

室町時代の『海人藻芥《あまのもくず》』には、「公家の御膳飯は強飯であり、姫飯はまったくもって略儀である。ただし人々の好みにもよる。強飯の時は湯飯とする」とあります。

饘と粥

『養老令』（職員令）では、宮中の給水を扱った主水司の職掌を「樽水・饘・粥及氷室事」と定め、「饘」と粥を作るのは大炊寮ではなく主水司の仕事でした。『和名類聚抄』では「饘」は「加太賀由《かたかゆ》」、粥は「之留加由《しるかゆ》」とし、前者が現代の「ご飯」、後者が「お粥」ということになります。

「粥」という言葉

その両者の記述は曖昧で、『小右記』寛弘五年（一〇〇八）九月十日の「強飯・粥」の粥は、「饘」であった可能性も高いでしょう。『西宮記』の六月の神事「神今食」に関する記述に「主水司供御粥」とあり、早朝に主水司が御粥埦に箸や匙を用意するとします。これについて平安時代後期の『江家次第』では「蔵人が御粥を供える。これは堅粥で高盛である」としています。さらに「粥の上に箸を立てる」ともあります。

汁粥であれば高盛にできるわけがありませんし、箸を立てることも不可能です。これによって「神今食」の「粥」が現代の「ご飯」であったことがわかりますし、ほかの記述における「粥」も「ご飯」であった可能性が高いのです。『九条殿遺誡』の記す毎日の日課に「まず昨日のことを日記に記し、次に粥を食べ、次に髪を梳く」など、朝に粥を食べる記述も多いですが、これも「朝粥」ではなく「ご飯」であったのかもしれません。

饗膳の高盛飯

庶民の高盛飯 『病草子』 国立国会図書館デジタルコレクション

屯食

柏の葉で包む裹飯

主食 米

屯食《とんじき》・裹飯《つつみいい》、椀飯《おうはん》・垸飯《おうはん》

古名　屯食＝とんじき
椀飯・垸飯＝おうはん

現代も手頃な軽食として好まれる「おむすび」。明治時代までの日本では、米飯を大量に食べることが基本で、明治の陸軍兵士の糧食は、一日あたり六合の米飯が『陸軍給与令』で定められていました（のちに脚気予防のため米四合二勺、麦一合八勺となる）。

屯食

『日本紀略』天徳元年（九五七）四月の記事に、天皇を迎えて右大臣・藤原師輔の五十歳の祝宴が開かれたとあります。その際に公卿・殿上人たちは豪華な「饗宴」を楽しみましたが、衛府の陣所には「屯食」を賜ったとあります。

このように儀式の折などに下級者用の弁当として棚にたくさん積み上げて、自由に食べさせたのが「屯食」なのです。「屯」は「あつめる」ことで、卵形に大きく握った飯が屯食でした。

裹飯

屯食には「裹飯」という別名もありました。柏の葉で包んでいたことからの名称のようです。『延喜式』（大膳）では松尾祭のための「裹飯」百二十個のために「覆盆柏」が四十五把、用意されています。

巨大な屯食

松尾祭の裹飯は、米一石四斗二升八合を「裹飯百廿口料」としています。一石四斗二升八合（千四百二十八合）が裹飯百二十個としますと、一個あたり一升一合。平安時代中期に制定された「延久宣旨枡」の一升は、現在の六合くらいとされますので、一個あたり現在の六・六合。

現在市販のおむすび一個はだいたい〇・四合ですから、この裹飯は現代のおむすび十五、十六個分サイズの巨大おむすびということです。

椀飯・垸飯

現在、豪華な料理をご馳走することを「大盤振る舞い」と言いますが、その「大盤」の元になったのが「椀飯・垸飯」です。当初は文字どおり、椀に盛った飯のことでしたが、やがて殿上に集まった際に関係者に用意される簡易な食膳のことをいうようになりました。『平記』長暦元年（一〇三七）十二月には、東宮・親仁親王（のちの後冷泉天皇）がはじめて章子内親王（のち中宮）のもとを訪れたとき、公卿・殿上人には饗膳が出され、「台盤所で垸飯を賜る」とあります。これは台盤所の女官に賜る「所々椀飯」です。

豪華になる椀飯

椀飯はあくまでも軽食にあたるものでした。しかし殿上人の食べる「殿上椀飯」は次第に豪華になります。『小右記』では寛仁二年（一〇一八）十一月二十日に、「殿上で椀飯が出た。蔵人頭が用意したが、極めて豪華なものであった」とし、翌日の記録で「昨日の殿上椀飯は『過差』（ぜいたく）であった。菓子（果物）の入った彩色された折櫃六十合があり、内裏の台盤所・大宮・中宮が用意したものであった」とします。椀飯は殿上人が分担して準備しましたが、互いに競うように豪華になっていったのです。

これがやがて「大盤振る舞い」となりました。

主食　米

水飯《すいはん》・湯漬《ゆづけ》

古名　水飯＝すいはん
湯漬＝ゆづけ

湯漬

水飯

飯または糒《ほしいい》（次ページ）を氷水に浸けて食べる、猛暑の夏向きの食事です。『源氏物語』（常夏）には、釣殿で涼みながら氷水の水飯を食べる光景が優雅に描かれます。『蜻蛉日記《かげろうにっき》』には、現代の流し素麺のように筧《かけい》の「遣水《やりみず》」の水を掛けて水飯を作る様子が記されています。

大臣の「新任饗」はいつ任命されるかわかりませんので、冬場であれば「湯漬」、夏場は「水飯」が供されました。『御堂関白記』長和四年（一〇一五）の夏、閏《うるう》六月の記事に、法事の後に湯漬を食べ、夜に入っても熱気が盛んなので、舟に乗って涼んだとあります。

このあたりは気温や本人の感じ方次第であったようで、『小右記』治安元年（一〇二一）七月の記事には、「大臣新任饗は、昔の例では寒さ暑さに応じて湯漬か水飯を用意する」とあり、『北山抄』にも同様のことが記されています。

ダイエット食

『古今著聞集』や『今昔物語集』には超肥満の三条中納言に対して、医師が「冬は湯漬、夏は水漬にして御飯を食すべき」と指示した話が載ります。

しかし中納言は口径一尺五寸（約四十五センチ）の大鉢に山盛りの水飯をさらさらと二口で食べて、医師を呆れさせたというのです。

湯漬

冬場は氷水ではなく、飯に熱い湯を掛けて食べました。『小右記』には、さまざまな場面で湯漬が提供された記録があります。

寛和元年（九八五）一月の記事には、太政官での会議の後に湯漬が出て、昨日も湯漬。「連夜湯漬は如何《いかが》なものか」と苦笑交じりの感想があって、やや下直なものという認識だったようです。また長和二年（一〇一三）九月の内御読経結願後の酒宴で「羞肴物有酒、酒後有湯漬、湯漬後亦有酒」と、飲酒の合間に湯漬を食べるような例も散見されます。

『枕草子』には、酔って泊まりにくるような男には「湯漬だって食べさせない」とありますので、最も簡易な食べ物であったことがわかります。

水駅

街道に設けられた「駅《うまや》」には、飲み水だけを出す「水駅《みずうまや》」と、きちんとした食膳を調える「飯駅《いいうまや》」がありました。ここから簡単な軽食だけの饗応を水駅と呼び、その代表が湯漬でした。

『吏部王記』には延長七年（九二九）・天慶五年（九四二）・天暦四年（九五〇）の「男踏歌《おとことうか》」（若い貴族たちが宮中や貴族の家を回り舞踏する行事）を迎える饗が「水駅」で、湯漬だけを「様器《ようき》」（35ページ）で進めると書かれています。

主食
糒《ほしいい》
古名　ほしいひ

米を炊いた飯を乾燥させたものです。『延喜式』(大膳)には糯米一石から糒八斗を得るとあり、「薪一百二十斤」も規定されていることから、天日乾燥ではなく火力での乾燥です。

糒はでんぷん質が「アルファ化」されているため、水を掛ければ簡単に飯に戻ります。『伊勢物語』では「かきつばたの歌」を聞いた人々が共感し、こぼした涙が糒の上にかかり、「ほとびにけり」(ふやけてしまった)とあります。いささかオーバーですが、容易に飯に戻る糒ならではの表現です。

また長期保存が利くのも糒の大きな特長で、『養老令』(倉庫令)では、穀類の保存期間を稲や粟を九年、糒を二十年と規定しているほどです。

兵糧《ひょうろう》として

『続日本紀』では、奈良時代後期に蝦夷の反乱に備えるため、東国諸国に糒の備蓄を命じています。たとえば宝亀十一年(七八〇)七月、下総国に六千斗、常陸国に一万斗の糒を用意して多賀城に送るように命じています。また延暦九年(七九〇)閏三月にも、東海道の相模以東、東山道の上野以東の諸国に合計十四万斗の糒を兵糧として集積するようにも命じています。『養老令』(軍防令)では、兵士一人あたり六斗の糒の配備が規定されていました。

さまざまな糒

糒というと、通常の粳米の飯を干したものという印象ですが、糯米や粟でも同じようにして作られました。『延喜式』(内膳)では天皇の「供御月料」として「糯糒《もちほしいい》」一斗二升七合五勺、「粟糒」三升七合五勺が規定されます。また『延喜式』(大膳)では「宴会雑給」として親王・公卿は一人あたり三合、四位・五位と命婦には一合の「糯糒」が支給される定めでした。さらに『延喜式』(神祇)では新嘗祭の供物として粟糒・菫子糒・黍子糒も登場します。

朝餉《あさげ》

「餉」という単語は「かれひ」と読み、「かれ飯」つまり「干飯」のことでした。天皇の食事を示す「朝餉」(朝食だけでなく朝夕二回)、また清涼殿の「朝餉の間」は「朝干飯」と記される例が多くあります。たとえば『御堂関白記』寛弘六年(一〇〇九)十月、敦成親王が内裏に入り、「朝干飯」を食べたとあります。このほかにも「朝干飯」表記の例は多く見られます。

これは天皇が「干飯」(糒)を常食していた、あるいは古くは食べていたことからきたという考えもありますが、詳しくはわかっていません。

透明感のある糒

糒を水で30分ほど戻した飯
普通の飯と同じ味と食感が得られる

主食

餅《もちい》

古名　もちひ

糯米《もちごめ》を蒸して、臼と杵で搗《つ》いて作る餅は、古くから神聖な食べ物とされました。現代では正月の食べ物という印象が強いですが、古くはさまざまな「祝儀の食べ物」とされました。

『延喜式』（市）には「餅店」の規定はありません。しかし『平記』では、康平五年（一〇六二）十一月の「若君御五十日」に際し、家司《けいし》を東市に派遣して「市餅」五十枚を買ったとあります。

誕生祝いの餅・戴餅《いただきもち》

最も多い祝儀の餅は、誕生から五十日・百日の祝いでした。戌の時、乳児に餅を形式的に含ませるこの儀式は、『小右記』寛弘五年（一〇〇八）十一月の「敦成親王五十日の儀」、『御堂関白記』寛弘七年（一〇一〇）正月「敦良親王五十日の儀」、長和二年（一〇一三）八月の「禎子内親王五十日の儀」など、必ず行われた儀式でした。長和二年の儀式では「餅十二種」とありますが、詳細不明です。

また元日、五歳ほどまでの子どもを対象に、学才が優れるように願う呪文を唱えながら、頭頂に三度、餅を戴かせる「戴餅」の儀式もありました。現代では一歳の誕生日に「一升餅」を背中にかつがせる風習が日本各地に残っています。成人すると戴餅をやめて、正月の「歯固」（169ページ）に参加しました。

「戴餅」の餅は、火打石ではなく火鑽杵《ひきりぎね》で熾《おこ》した火「鑽火《きりび》」を用いた近江国の餅が正式とされました。「鑽火」で作った料理は古来神聖な物とされたのです。

近江餅

『小右記』では永祚元年（九八九）十二月、藤原実資が「荷前使《のさきのつかい》」（新穀を天皇陵に供える勅使）に選ばれた際、衛士たちに「近江餅三枚」を配っています。また長和三年（一〇一四）二月には舞楽の陪従《べいじゅう》（楽人）たちに近江餅を贈ったところ大いに喜ばれた、とあります。

搔餅《かいもちい》

『宇治拾遺物語』や『徒然草』『古今著聞集』などに登場する「かいもち」の実態は古来謎で、「牡丹餅説」「そばがき説」「餅粉を練った餅説」などがあって定説がありません。

ただし平安時代後期の『富家語』には「食菓物時、多ハ手ニテ食也。其中餅〈カキタル〉・栗ナト、箸ニテ食スルハ見苦事也」とあります。箸を使わないフィンガーフードとしますと、現代の「かき餅」のようなものだったのかもしれません。

不透明で白い糯米

餅　photoAC

主食

三日夜餅《みかよのもちい》

古名　みかよのもちひ

平安時代中期頃、男が女のもとに三日通い、三日目に女の実家で作られた「三日夜餅」を食べれば結婚が成立するとされました。その後に舅が婿と対面し、婿を親族に紹介する酒宴「露顕《ところあらわし》」が行われて婿が一族入りしたのです。

神聖な火

毎年六月と十二月の十一日には、豊作を祈る神事「月次祭《つきなみのまつり》」が行われましたが、それに先だって一日から潔斎が始まります。こうして六月と十二月（のちに新嘗祭の十一月も加わる）の一日に天皇が食べた飯が「忌火御飯《いんびのおんいい》」でした。「忌」とは「神聖な」という意味です。一日の朝、内膳司の竈は前日までの火を捨て、新たに火鑚杵で熾した神聖な火で飯を炊き、それを忌火御飯としたのです。

『古事記』に載るイザナギ・イザナミの神話の時代から、相手の家の竈《かまど》の火で炊いた「同じ釜の飯」を食べれば、もう別れられないのが日本の風習でした。「神聖な火・鑽火」の「神聖な食べ物・餅」を「共食」する三日夜餅は、霊性を重んじた平安時代の人々にとっては、堅い契りを象徴するものだったことでしょう。

三日夜餅の実態

『源氏物語』（葵）に光源氏と紫の上の三日夜餅が登場します。その場面について南北朝時代の『河海抄』では「三日夜餅は白一色」とし、餅の数は「女の年の数を」としています。これは下一桁を取るようで、紫の上が十四歳なので餅は四つ（『源氏物語』では「三が一」）だというのです。

しかし『吏部王記』に載る天暦二年（九四八）十二月の徽子女王入内では「四種餅盛以銀土器代」とあり、貞元三年（九七八）四月、左大臣・藤原頼忠の娘である遵子が円融天皇に入内したときの三日夜餅も「餅四種盛銀盤」だと『小右記』に記されています。どのような「四種」であったのかは不明です。

特徴的な食器

三日夜餅を載せる台と箸台は特別なものでした。『江家次第』では銀の箸台は鶴の形で銀箸一双、木箸一双。燕の螺鈿が施された紫檀の筥。燕の文様は「夫婦年久、子孫繁昌」を意味するとあります。婿は餅三枚を食い切らずに食べるとしています。ほぼ同じ内容が『中右記』寛治五年（一〇九一）十一月、女御・篤子内親王入内でも記されます。そこでは餅を源経信が用意していますが、これは最高齢者の役割だとしています。

近現代の皇室でもこの伝統は残っていて、燕の螺鈿のある紫檀の箱、州浜に銀の箸台など平安時代そのままです。ただし「三日夜」ではなく、結婚当夜から三日間にわたって御殿に祝い餅を供える「三箇夜餅の儀」となっています。

三日夜餅の調度　西陣魚新蔵

裕仁親王（昭和天皇）婚儀の際の三箇夜餅の儀（大正時代の絵はがきより）

粟飯

主食
粟《あわ》
古名　あわ

日本人の主食といえば米であることは間違いありませんが、同時に粟も主食の一翼を担っていました。『古事記』のスサノオ神話では、オオゲツヒメという女神の目から稲が、耳から粟が生まれたと記されます。稲と粟は同じように大切なものとされたのです。

新嘗祭の一方の主役

新嘗祭はその年の新穀を神に供え、天皇が神と共食するという神事です。その新穀は米だけでなく粟も対象でした。新嘗祭で供えられる繊維製品が絹と麻で成り立っていたように、新穀も米と粟が並立していたのです。『延喜式』(神祇)では六月・十二月の「神今食」料として御飯・粥料米各二斗、粟二斗としていますし、「新嘗」料も同じ定めで、御飯(強飯)と粥(姫飯)と粟がそれぞれ等量の扱いであったことがわかります。『延喜式』(大炊)では神今食と新嘗で稲八束・粟四束、官田の稲粟を用いるとあります。

天皇・皇太子の主食

神事ではない日常の食事においても、粟は米と並ぶ主食の一を占めました。『延喜式』(内膳)では天皇の「供御月料」として、米三斗六升四合、糯米二斗四升七合五勺そして粟三斗四升五合と定められています。米と粟はほぼ同じ量です。皇太子の食事を規定した『延喜式』(主膳)では「日料。米七升九合八勺四撮。粟子二升五合」と、これは米が粟の三倍の量です。

平安時代末期から鎌倉時代初期の『後鳥羽院宸記』には、「御飯は四杯。米二杯・粟二杯である。これは秘密で、女官や采女だけが知っていて他の者は知らない。天皇の飯も同じく米・粟の二杯である」とあり、後世になっても米と粟が天皇の主食として並立していたことがわかります。さらに鎌倉時代後期の『後伏見天皇御記』にも「御粥は米・粟各二杯であると采女が申した。米二杯・粟二杯、合計四杯」とあり、伝統が継承されていることが見てとれます。

アワ (*Setaria italica*)

稲と粟

『延喜式』(主計)の定める交換比率では、粟と小豆は各二斗を稲三束に充てるとしています。『延喜式』(神祇)と(大炊)の神今食の規定で換算すると、稲も粟も四束で二斗とされていますから、粟は稲と比較して、より低い市場交換価値であったことがわかります。

稲と粟

キビ (*Panicum miliaceum*)

主食

黍《きび》・稗《ひえ》

古名　黍＝きみ
稗・薭＝ひえ

米・粟と比べると、いかにも雑穀、救荒植物といえるのが黍や稗です。『類聚三代格』に載る承和七年（八四〇）五月の格に、凶作に供えて黍・稷・薭・麦・大小豆・胡麻など雑穀の栽培をせよとあります。

黍

イネ科の一年草で、一般に「五穀」（米・麦・粟・豆・黍）の一つに位置付けられています。救荒植物として植えるようにと朝廷の指示があり、栽培に難しいところもありませんから全国で栽培されていたと考えられますが、『延喜式』（民部）の「交易雑物」では三河国から二十石納められるだけです。朝廷での需要が少なかったのでしょう。ただし『延喜式』（内膳）では天皇の「供御月料」として「黍子三斗」が規定されています。

黍

釈奠で活躍

孔子を祀る釈奠では何事によらず中国風が重んじられましたので、中国では主食の一つとされた黍も活躍。『延喜式』（大学）では「稷飯用米六合。黍稲梁飯各用米七合」とありますし、黒黍を混ぜた黒餅も供えられました。七月七日の織女祭にも登場します。

稷《しょく》とは

黍は「稷」と並記されることがよくありますが、この稷が現在の何であるかは古来諸説あって定まっていません。『礼記』の注釈書によれば、唐代までは粟のこととされてきました。その後、「黍」はもちきび、「稷」はうるちきびだとする説が生まれ、さらには高粱《コーリャン》説も登場。『和名類聚抄』では秫を稷米として「黏粟《もちあわ》」としています。五穀の一つとされるにもかかわらず、実相は不明です。

稗・薭

イネ科の一年草。『和名類聚抄』では「穀物に似た草」と低い評価です。黍と同じく朝廷での需要は少なかったようで、『延喜式』（民部）の「交易雑物」では、尾張国から五石だけが納められています。稗は「脱桴《だっぷ》」と呼ばれる籾すり作業が難しく、穀物としての歩留まりも悪いためにあまり栽培されなかったのでしょう。

天皇が稗を食するのは「践祚大嘗会解斎」や正月十五日に「七種粥」（172ページ）の場合だけといってよいでしょう。

雑穀の効用

米を十分に食べることのできる立場であった天皇が、米と同量の粟を常食し、たまには黍も食べ、儀式によっては稗も食用としたのは非常に興味深い事実です。天皇という立場上、あらゆる穀物を尊重し、その豊穣を祈る意味合いもあったでしょうし、また雑穀が健康に良いことが経験的に知られていたのかもしれません。

ヒエ (*Echinochloa esculenta*)　photoAC

稗

主食

大麦《おおむぎ》

古名　**ふとむぎ、かちかた**

穀粒としての大麦は小麦（次ページ）より特に大きいわけではありません。苗の大小、穂から出ているひげのような「禾《のぎ》」の長短のことであるなど古来諸説あります。『和名類聚抄』での和名は「布土無岐《ふとむぎ》」です。

粒のまま米のように炊ける大麦（精白大麦）

粒食可能

『平記』天延元年（九七三）五月の「孔雀経御修法」の供物に「大麦三斗・小麦三斗以上大炊寮」とあり、『執政所抄』の「五穀四斗五升〈各五斗〉」には「稲・大豆・小豆・大麦・小麦」とありますが、文献上「大麦」と限定する記述は案外と少ないものです。

ただ「麦」とだけあるのは大麦を指すことが多いと考えられています。小麦は外皮が非常に硬く、粒の形のまま取り除くことが困難であるため、製粉してからでないと食べにくいのです。しかし大麦は比較的脱穀しやすく、米と同じように粒のまま炊いて食べることができます。『宇津保物語』（としかげ）に「白き米三斗五升、大麦（かちかた）七斗呉れて侍りしこそ」とあります。

『小右記』寛仁元年（一〇一七）七月の盂蘭盆会《うらぼんえ》の記述で、手違いで供養の米が準備できなかったので「以麦代米」（麦をもって米に代える）とありますが、これは米に似た大麦ならではでしょう。

朝廷での食用

米と粟を常食していた天皇も、麦食をすることがあったようです。『延喜式』（内膳）によれば天皇用の「耕種園圃」には「営大麦一段」があり、種子一斗五升を蒔いて栽培していました。用途としては正月の「最勝王経斎会」や「修太元帥法」など仏事が中心で、精進の折の素食という意味合いがあったのかもしれません。ただし「営大麦一段」の条文には「小麦また同じ」とあります。

『延喜式』（民部）の「交易雑物」には、山城・大和・河内・摂津の四か国から三石ずつ、合計十二石が規定され、朝廷に納めるとあります。『延喜式』（市）によれば、都の東市に「麦店」が設けられていました。

オオムギ（*Hordeum vulgare*）　photoAC

主食

小麦《こむぎ》

古名 こむぎ、まむぎ

外皮を取り除くことが非常に困難で、製粉してからでないと食用に向かない小麦は、製粉技術が未発達であった日本では使いにくいものでした。

にもかかわらず『延喜式』（民部）の「交易雑物」では、山城・大和・河内・和泉・摂津・阿波の六か国から小麦を合計二百一石七升三合を得ています。大麦の十二石と比較して圧倒的に多い量です。大麦が少ないのは、朝廷貴族社会では粒食としての「麦飯」を食べる機会が少なかったからでしょう。

膨大な需要

『延喜式』（内膳）では、天皇の「供御月料」として一石四斗一升という大量の小麦が規定されます。米が三斗六升四合、粟が三斗四升五合ですから、それらの四倍という圧倒的な量です。

これをどう考えるかについては諸説あり、米が脱穀後の春米であるのに対して、脱穀の難しい小麦は籾殻《もみがら》込みの量であった可能性も語られます。それにしても莫大な量です。

それ以外にも新嘗祭。正月三節・五月五日節・七月七日・九月九日節といった年中行事でも小麦は大量に消費されました。『延喜式』（大膳）でも「宴会雑給」として親王・公卿に四合、四位五位・命婦に二合の小麦が配給されています。

小麦は米と異なりグルテンを多く含むために、粉にして加工食品を作るのに用いられました。平安時代中期は中国由来の「索餅」（144ページ）や「餛飩」、また「餲餬《かっこ》・桂心《けいしん》・黏臍《てんせい》・饆饠《ひちら》・団喜《だんき》」といった「唐菓子」（136ページ）も多く食べられましたが、これらは「麺（むぎこ）」（小麦粉）を練って作った食品です。

また小麦は「醬」（54ページ）や「未醬」（56ページ）、「糖」（46ページ）などの原材料にもなりました。膨大な需要はそれらをまとめたものです。

でんぷん糊

小麦が大量に都に送られた理由の一つは、食用以外の工芸用に使われたからです。それは「でんぷん糊《のり》」として紙を張ったり反物に張りをもたらすような用途で多用されました。

『延喜式』（内匠）にはさまざまな小麦の利用が規定され、たとえば「朱漆器台盤一面」では一升の小麦が記されますが、これは接着に使う「麦漆」のためでしょう。また「五尺屏風四帖」には小麦一斗二升とあり、「張紙料」と註が付けられています。

脱穀も精白も難しい小麦（玄小麦）。茶色い外皮が「ふすま」

コムギ（*Triticum aestivum*）

小麦粉（右）と米粉（左）を練った状態

主食

麺《めん》・餅、小麦粉から米粉へ

時代の流れに従って、小麦粉よりも米粉が使われるようになりました。グルテンを含まない米粉で作った食品は、だいぶ食感が変わったことでしょう。

麺・餅

現代「麺」といえば小麦粉を中心とした各種の穀物粉を練り、細くしたものを意味します。また「餅」といえば、糯米を蒸して搗いたものを考えます。しかし中国では両者ともに一部の例外を除いて小麦粉製品でした。

『和名類聚抄』では「麺」を「無岐古《むぎこ》」と読み、「麦粖なり」とします。そして「粖」は「米麦細屑なり」と説明しています。つまり「麺」は麦粉のことということになります。

また「餅」は「糯と麺を合わせる」と説明し、「今案ずるに麺は麦粉である。俗に言う餅粉は『阿礼《あれ》』である」とします。つまり「餅」は、もち米粉と小麦粉を混ぜて練ったものだったのです。古文献を読むときには、麺や餅の当時の意味を勘案しなければなりません。

永観二年（九八四）に撰進された、日本現存最古の医書『医心方』に記される脚気の原因の一つに「多飲酒食麺」とあります。この麺は小麦粉製品のことでしょう。

小麦粉から米粉に

日頃はあまり見かけない索餅や唐菓子といった、中国由来の小麦粉製品は、早い段階から混乱したようです。

『吏部王記』に興味深い話が載ります。延長六年（九二八）十一月の豊明節会で「粉熟《ふずく》」（146ページ）が出てきたとき、重明親王は左衛門督《さえもんのかみ》に「さまざまな節会で出るこれは『餛飩《こんとん》』か『粉熟』か」と尋ねます。すると左衛門督は「『索餅《さくべい》』と伝えられております」と答えました。

唐風料理に詳しい人以外には、その三者の区別がついていなかったということです。

さらに平安貴族の時代が終わると、唐菓子は急速に衰えます。後醍醐天皇の『建武年中行事』には「名前は聞くが何がやらわからない。黏臍・饆饠・餲餬・桂心などは（専門の料理部門である）内膳司でもわからない」とあります。

それとともに製粉が非常に難しかった小麦粉ではなく、入手しやすく製粉が容易な米粉でそうしたものを作ろうとするようになったのでしょう。

主食

大豆《だいず》・生大豆《なまだいず》

世界の大豆生産量は年間三億トンを超えるといわれます。人類とともに発展した大豆の利用は、もちろん平安時代の日本でも同じでした。

大豆

大豆

『延喜式』（民部）によれば「交易雑物」として近江・丹波・播磨など十か国から二百七十一石四升が納められました。その利用範囲は広く、『延喜式』（内膳）では「正月三節」「五月五日節」「九月九日節」で大豆が天皇に供されています。また『延喜式』（大膳）では「雑給料」として公卿に一合八勺七撮、五位以上には七勺の大豆が配給。「宴会雑給」としては親王・公卿が二合、四位五位と命婦は一合が配給されています。このほか平野祭や盂蘭盆会などの神事・仏事の供饌でも用いられました。

さらに「醬」（54ページ）など加工食品の原材料にもなりました。その原料の一つ「醬大豆」は近江・丹波など十二か国から三百三十二石が納められます。「大豆」よりも「醬大豆」のほうが多いことになります。ほかにも熟成された「隔三年進醬大豆」もあったようです。

現在の「きなこ」に相当すると考えられる「熬大豆粉」も作られたと『延喜式』（大膳）の「造雑物法」にあります。

藤原道長の療養食

『神農本草経』に「毒鬼を殺す」と記される大豆は薬にもなりました。長和五年（一〇一六）五月、「飲水病」（糖尿病）に苦しんだ藤原道長が豆汁と『医心方』に載る薬「大豆煎」を療養のために飲む光景が『小右記』に記されます。

生大豆

枝についた大豆の未熟果を茹でて食べる「枝豆」。『延喜式』（内膳）では六月から九月に天皇の「供奉雑菜」として「生大豆・小豆各六把」が規定されています。単位の「把」からみて枝豆であろうと考えられます。新鮮な枝豆のために御料農園には「営大豆一段」がありました。『延喜式』（大膳）では夏の「盂蘭盆供養」のために「大豆五升」のほかに「青大豆三十把」が規定されます。また平安時代末期の『平良知信朝臣記』では、七月七日の「乞巧奠《きこうでん》」で「枝大豆」を供えるとあり、まさに「枝豆」として食べたようです。

ダイズ（*Glycine max*）

生大豆・青大豆と呼ばれた枝豆

アズキ（*Vigna angularis*）

小豆は赤い色が魔除けになると考えられた

主食

小豆《あずき》・大角豆《ささげ》

古名　小豆＝あづき　大角豆＝ささげ

古代、赤い色は魔除けになると考えられていましたので、赤い小豆や大角豆は呪術的な意味でも尊重されました。

小豆

『延喜式』（民部）では「交易雑物」として播磨・美作・備前・備中・備後・紀伊・阿波の各国から合計九十四石の小豆が都に納められるとあります。それらの小豆は『延喜式』（内膳）では天皇の「供御月料」で二斗二升五合のほか、ほぼ大豆と同じような神事・仏事・節会で供されました。大豆の使われない七月七日も小豆は供されます。『延喜式』（大膳）でもほぼ大豆と同じような使われ方です。ただし大豆の粉は「熬《いり》」大豆粉でしたが、小豆は「炊《たき》」小豆粉です。小豆の場合は水を入れて餡のように練ったものだったのでしょうか。

さまざまな利用

正月十五日の「小豆粥」（172ページ）は有名ですが、『執政所抄』には正月の「北政所御料」に「粉熟」（146ページ）が出て、そこに「小豆汁を加える」とあります。『厨事類記』にはさらに小麦粉製品の「餺飥・結果・餛飩・粉熟は小豆を摺った汁で食べる」としています。特に「餺飥」（147ページ）は小豆汁で食べるのが定式だったようです。

食品ではありませんが、小豆サポニンの発泡性を使って石鹸のように用いる「澡豆《そうず》」も行われました。

小豆（右）と大角豆（左）

茹でて食べられる大角豆のさや

大角豆

豆は小豆を少し小さくしたような形ですが、さやは細長い「いんげん豆」のような姿で、長さは三十センチ以上もあります。『延喜式』（民部）の「交易雑物」では山城・大和両国から合計十石が納められています。『延喜式』（内膳）では天皇の「供御月料」として「大角豆一斗三升五合」があり、その他に「粽《ちまき》」（176ページ）の材料として糯米二石に大角豆六斗を混ぜています。同じような使い方なのか、「粉熟」も白米四石と大角豆一石八斗で作られています。

また『執政所抄』には「十月亥子御餅」での「御強飯」は五種あり、胡麻・大豆・小豆・栗そして大角豆が入った強飯が供えられたとあります。小豆や大角豆は赤飯にするためのものでしょう。

枝小豆・枝大角豆

大豆が枝豆で食べられたように、小豆や大角豆も枝豆で食べられました。『延喜式』（内膳）には天皇の「供奉雑菜」として「小豆六把〈並六七八九月〉、生大角豆六把〈六七月〉」とあります。

ササゲ（*Vigna unguiculata*）

芹

野菜・蔬菜《そさい》

セリ・ミズアオイ

古名 芹＝せり
水葱＝なき

水辺に生える植物を『和名類聚抄』では「菜蔬部水菜類」に分類しています。日本ではその多くを食用としました。

芹

『日本書紀』（天武天皇）の歌や『万葉集』葛城王《かずらきのみこ》（橘諸兄《たちばなのもろえ》）の歌に詠まれているように、芹は古代から愛された水菜でした。『枕草子』や『讃岐典侍日記《さぬきのすけにっき》』に「芹摘みし」という（望みが叶わないあきらめの歌にからむ）言葉が登場し、『源氏物語』（椎本）にも「聖の坊」から沢の芹が贈られたとあるように、貴族階級にも身近なものでした。

『延喜式』（内膳）では天皇の「供奉雑菜」として、一月から六月まで「芹四把」が規定されています。また「漬年料雑菜」としても芹十石があります。そのために山城国乙訓郡《おとくにぐん》には芹・水葱を栽培する田が六反二百三十四歩もありました。

セリ（*Oenanthe javanica*）

『続日本後紀』では承和五年（八三八）七月、京の中に水田を作ることを今後禁止するが、元々の湿地は水葱・芹・蓮などを栽培するのを許すという勅令が出ています。

献芹

長保六年（一〇〇四）七月、謀略を図った大宰帥《だざいのそち》・平惟仲《たいらのこれなか》が実力者・藤原道長・顕光《あきみつ》に「献芹《けんきん》」します。これは実際に芹を贈ったのではなく「粗品を贈った」という意味です。中国戦国時代の『列子』（楊朱）に、「芹萍子」を美味な食べ物として富豪に贈って恥をかく話があり、そこから贈り物を謙遜して「献芹」と言うようになったのです。

水葱《なき》

「葱」とありますがミズアオイ科ミズアオイ属の植物で、ヒガンバナ科ネギ属の葱とはまったく無関係です。水葱は葉や茎を食べますが、そのピリピリする辛みを葱にたとえたのでしょうか。

『延喜式』（内膳）によれば京の西、乙訓郡の御料田で収穫された水葱は五月から八月の間、「供奉雑菜」として四把が天皇の食膳に上りました。水葱の塩漬け、小水葱の糟漬けも作られています。『延喜式』（大膳）では「七寺盂蘭盆供養料」や「仁王経斎会供養料」で水葱が供されます。

錦小路改名の逸話

『宇治拾遺物語』の「清徳聖《せいとくひじり》、奇特《きどく》の事」には、三年間厳しい修行をした清徳聖が空腹のあまり、水葱が多く植えられた水田を見つけ、三十本ほど折って食べてしまったという話が載ります。「この水葱は三町ばかりぞ植ゑたりけるに」とあり、その場所の「西ノ京」は乙訓郡であることから、御料田の名残のようなところだったのでしょうか。

なおこの後、聖が大量の排泄をしたことから話が二転三転し、京の道の名が「糞小路」から「錦小路」になったという逸話につながっています。

ミズアオイ（*Monochoria korsakowii*） photoAC

野菜・蔬菜《そさい》

ハハコグサ・ヨメナ

古名　母子草＝ははこ
薺蒿＝うはぎ、おはぎ

母子草

「春の七草」に登場する「御形《ごぎょう》」が母子草です。現代「草餅」というと蓬《よもぎ》を搗《つ》き込みますが、古くは三月三日に食べる草餅（174ページ）には母子草を入れました。

延暦二十三年（八〇四）の『皇太神宮儀式帳』には「三月三日に草餅を作る」と記されます。また『日本文徳天皇実録』の嘉祥三年（八五〇）五月五日の記事に「田野に草あり。俗に母子草と呼ばれる。二月に生え茎葉は白く脆い。毎年三月三日に婦女がこれを採り、蒸して搗いて餅にする」とあります。さらに『和泉式部集』には、草餅を入れた手箱に添えた「花の里こころも知らず春の野に　いろいろつめる母子餅ぞ」という歌が載ります。

六世紀中国の『荊楚《けいそ》歳時記』に、三月三日には「黍麹菜《しょきくさい》」の汁と蜜、粉で「龍舌料《りゅうぜつはん》」を作って邪気を払うとあります。この「黍麹菜」が母子草だとされたのです。

茎や葉の白く軟らかい毛が「ほほけ立つ」ことから「ほほけ草」と呼ばれ、それが転じて平安時代に「母子草」になったというのが定説。『好忠集』では「母子摘む弥生の月になりぬれば　開けぬらしなわが宿の桃」と詠まれています。

『延喜式』（内膳）の「供奉雑菜」には「波々古五升」を二月三月に供するとあります。『和名類聚抄』では「菴蘆子」が「波々《はは》古《こ》」で、これが母子草とすれば、普通の野菜としても食べられていたことになります。

草餅の草が、いつどのような経緯で蓬に代わったのか、明確に記された文献は見当たりません。天文十三年（一五四四）の『世諺問答《せいげんもんどう》』には「三月三日えもぎの餅の事」とありますから、室町時代後期までには蓬の草餅に変容したようです。

ヨメナ

いわゆる「野菊」と呼ばれる植物は数多くありますが、一般に目に付きやすいのはヨメナです。『和名類聚抄』では「薺蒿」（和名：於八木《おはぎ》）とされ、「羹《あつもの》を作って食べる」と解説されます。

『万葉集』には柿本人麻呂の「妻もあらば摘みて食げまし沙弥の山　野の上のうはぎ過ぎにけらずや」「春日野に煙立つ見ゆ娘子らし　春野のうはぎ摘みて煮らしも」という歌が載り、春に若い芽を摘んで煮て食べる「若菜摘み」の対象でした。平安時代の『古今和歌六帖』ではこれが変形して「春日野に煙立つ見ゆ娘子らし　春野のおはぎ摘みて来るらし」となっています。

平安時代の宮中でも食用になり、『延喜式』（内膳）では、「薺蒿」は蕨《わらび》や薊《あざみ》と並んで「漬年料雑菜」（漬春菜）として塩漬けになっています。

ハハコグサ（*Gnaphalium affine*）

ヨメナ（*Aster yomena*）

野菜・蔬菜《そさい》

ダイコン・ナズナ

古名　大根＝おおね
薺＝なずな

大根

『和名類聚抄』では「葍」の読みを「於《お》保《ほ》禰《ね》」とし、俗に「大根」の字を用いるとあります。当時の大根は現在と比べると遥かに細かったようですが、それでも他の植物よりは根が太いという印象だったのでしょう。

ポピュラーな食材

『延喜式』（内膳）によれば、天皇用の御料菜園に「蘿菔《おおね》一段」があり、「供奉雑菜」として、正月と二月、十月から十二月に「蘿菔根四把」が御膳に供されています。また『蜻蛉日記』には、旅先で食べた「柚子の汁を付けて食べた切り大根」の味が忘れられないと記されます。さらに『徒然草』には、筑紫の押領使《おうりょうし》が大根を万能薬と信じて、毎朝二つ焼いて食べていた話が載っています。大根はでんぷんを分解する消化酵素を含みますので、実際に薬効もあったと思われます。

大根

歯固

ダイコンは「歯固」（169ページ）と呼ばれる正月料理にも欠かせないものでした。ありふれた食材が正月の晴の料理として扱われることについて、清少納言は『枕草子』で「えせものの所得る折。正月のおほね」と表現しています。

ダイコン（*Raphanus sativus var. hortensis*）

薺《なずな》

どこでも見かける野草で、「ペンペン草」の名でもよく知られています。『和名類聚抄』には「蒸煮噉之」、つまり加熱して食べるとあります。『執政所抄』には、正月二日の「臨時客」に「六献。薺汁」とあり、汁物にして食べたようです。また『延喜式』（内膳）では天皇の「供奉雑菜」として正月・二月と十一月・十二月に毎日「薺四升」が膳に上るとします。『執政所抄』では「上午日宮咩奠《みやのめのまつり》」の「菜六坏」の中に薺が登場します。

一般人にとっても容易に入手できる食材として重宝されました。『好忠集』には「庭の薺の茎はトウが立ってしまったので、今朝は何を食べよう」という意味の歌が載り、平安時代の風俗歌『催馬楽《さいばら》』に「庭に生ふる 加良名川《からなづな》名は良き菜なり」とあるほど好まれたポピュラーな野菜でした。

「七草」の主役

「春の七草」は鎌倉時代頃に現在のような七種が確立されました。しかし七種すべてを揃えるのは大変だったため、薺が主役になったようです。江戸時代、水無瀬家から宮中に献上される「若菜の御羹」は「蕪の青菜（84ページ）と薺のみ」とされていました。

ナズナ（*Capsella bursa-pastoris*）

薺

野菜・蔬菜《そさい》

カブ・茎立《くくたち》

古名　蕪＝かぶら・あおな
茎立＝くくたち

「蕪」という字の本来の意味は「雑草がおい茂って荒れる」ことです。カブは古くは「菁」や「蕪菁」と記されました。「菘」と書き「すずな」と呼ばれることもありました。

あおなと呼ばれた蕪の葉

蕪

蕪

根は丸く大きく、人の頭のように見えることから「かぶら」と呼ばれました。『延喜式』(内膳)によれば御料農園に「営蔓菁一段」があり、漬物の材料となりました。

「漬秋菜料」として「菁根搗五斗〈料塩三升〉。菁根須須保利一石〈料塩六升、米五升〉。醤菁根三斗〈料塩五升四合、滓醤二斗五升〉。糟菁根五斗〈料塩九升、汁糟一斗五升〉」とさまざまな種類の漬物になっています。

正月に大臣が私邸で開催した「臨時客」で「円蕪」が出されたことが『執政所抄』に記されています。

あおな

蕪の葉を『和名類聚抄』では「蔓菁」と書いて「阿乎奈《あおな》」と読むとします。つまり青い葉物野菜の総称「青菜」の代表格という扱いです。

『延喜式』(内膳)では天皇「供奉雑菜」として「蔓菁四把」が一年中供給されましたし、漬物では春は「蔓菁黄菜五斗〈料塩三升、粟三升〉」、秋は「蔓菁葅十石〈料塩八升、楡五升〉」が作られています。

『吏部王記』では延長六年(九二八)十月の「孟冬旬」の儀式で「蔓菁茹物」が食べられたとあり、『西宮記』ではそのとき廷臣が各自で取り分けて飯の上に載せるとします。

茎立

『和名類聚抄』では「蕈」と書いて「久々太知《くくたち》」と読み、「蔓菁の苗」、つまり蕪の若い茎であるとします。ただし御料農園では同じアブラナ科の「蕓薹」(アブラナ)も栽培していましたから、その茎も利用した可能性はあります。これが平安時代には大いに好まれ、『延喜式』(内膳)に天皇の「供奉雑菜」として「茎立四把」が二月と三月に膳に上るとしています。

『吏部王記』では天慶八年(九四五)正月の右大臣大饗において、汁物のあとに「茎立」(158ページ)が登場します。これは「腹赤・雉」「蘇甘栗」といった正月の高級料理と並んでいますから、茎立は高級食材の位置付けだったことになります。『西宮記』では大臣大饗で茎立が出るほか、正月二日の「二宮大饗」でも供されるとあります。

カブ(*Brassica rapa*)

蕪を運ぶ母子　『春日権現験記』
国立国会図書館デジタルコレクション

「茎立」と呼ばれた若い茎

ワラビ（*Pteridium aquilinum*）

蕨の水煮

野菜・蔬菜《そさい》

ワラビ・ドクダミ

古名 蕨＝わらび 蕺＝しぶき

蕨

春の山菜として食べられる蕨。『和名類聚抄』では蕨を「薇蕨」と記すように、古くは薇（ゼンマイ）と区別がされていなかった可能性がありますが、薇が水辺を好むのに対して蕨は明るく開けた草原を好みます。蕨の生育を良くするための野焼きもよく行われ、その光景を詠んだ歌が多く残ります。

食用になるのは新芽から葉が展開するまでのわずかな期間。『和名類聚抄』でも「初生の葉がないときに食べる」とされます。『延喜式』（内膳）では「漬年料雑菜」として「蕨二石〈料塩一斗〉」を漬春菜料としました。これを天皇も食べていたわけですが、どちらかというと蕨は僧尼の精進料理、田舎料理というイメージだったようです。

『枕草子』には田舎暮らしの高階明順《たかしなのあきのぶ》が自ら採取した「下わらび」を清少納言たちにふるまう話が載りますし、『源氏物語』（椎本）では、阿闍梨からの贈り物に「芹・蕨」が登場します。『古今著聞集』に「花山院の粟田口殿の山の蕨を、あまりに人の盗みければ」という説話が載ります。蕨は皆が狙う春の美味しい食材だったのでしょう。

虌《わらび》

『延喜式』（内膳）に「大和国〈乾鼈四担。已上年料所進〉」とあります。「鼈」はスッポンですが、これは「虌」の誤記ではないかと註は語ります。中国の『斉民要術《せいみんようじゅつ》』では「蕨菜は虌なり」としますし、『爾雅翼《じがよく》』では「蕨の初生が鼈の脚に似るから」と説明されます。

ドクダミ

『和名類聚抄』では「蕺」と書いて「之《し》布岐《ぶき》」と読み「菜名なり」とします。分類は「菜蔬部水菜類」ですから、湿地の野菜であるという位置付けです。ドクダミは強烈な匂いですので、干して薬にするかお茶にするかが活用法とされますが、加熱すると臭気が薄らぐために「羹」（汁物）などにして食べられました。

『蜻蛉日記』で、藤原道綱母が石山寺に詣でた場面には「心労で食欲もない。池に『しぶき』が生えているというので採ってこさせ、入れ物に入れて柚子を添えたのが大変素晴らしく思った」とあります。「しぶき」とありますので「蕺」つまりドクダミと考えられます。『和名類聚抄』で「羊蹄菜」（ギシギシ・86ページ）を「之布久佐《しぶくさ》」としていることから、『蜻蛉日記』の「しぶき」はギシギシのことだとする説もありますが、補完する文献はありませんし、開けた野原に生えるギシギシは「水菜」とはいえません。

古代中国の文献では食用の記録が多く見られ、日本でも平安時代に食べられていたはずなのですが、他で「蕺」や「しぶき」を見かけないのは不思議です。

ゼンマイ（*Osmunda japonica*）

ドクダミ（*Houttuynia cordata*）

野菜・蔬菜《そさい》

ギシギシ・フユアオイ

古名　羊蹄菜＝しぶくさ
葵＝あふひ

ギシギシ

日当たりの良い空き地や野原で普通に見かける植物です。ギシギシという変わった名前の由来は諸説あって明らかではありません。『和名類聚抄』では「羊蹄菜」と書いて「之布久佐《しぶくさ》」と読むとし、「菜蔬部野菜類」に分類していますので食用の扱いです。薄皮がついた、まだ葉が展開していない若芽はクセも少なく、茹でれば食べられます。ややぬめりがあって俗に「おかじゅんさい」とも呼ばれます。「渋草」と呼ばれるほど苦みはありませんが、シュウ酸を多く含むので大量に食べるのは体に良くありません。

『延喜式』（内膳）では「供奉雑菜」として四月・五月と八〜十月の間、「羊蹄四把」が天皇に供されました。

新嘗祭の「由加物《ゆかもの》」

『延喜式』（内膳）では「新嘗祭供御料《にいなめさいぐぶりょう》」の「由加物」として「干羊蹄一籠」が登場し、阿波国麻植郡《おえぐん》の忌部《いんべ》たちが準備すると定められていました。『延喜式』（神祇）では践祚大嘗祭《せんそだいじょうさい》の「由加物」に「乾羊蹄・蹲鵄《そんし》（里芋の親芋）・橘子各十五籠」を忌部が調えるとあります。「由加物」（斎甕物）は神に供える供物の容器のことでしたが、供物そのものを指す言葉になりました。

ギシギシ（*Rumex japonicus*）

ギシギシの新芽

フユアオイ

賀茂祭で冠などに飾るフタバアオイ（*Asarum caulescens*）はウマノスズクサ科の植物。梅雨時に咲くタチアオイ（*Althaea rosea*）や本種フユアオイはアオイ科の植物で、まったく異なるものです。『和名類聚抄』での「葵」は「菜蔬部園菜類」という栽培野菜に分類されますから、後者のことです。フユアオイの変種は現代も美味しい野菜として栽培され、あぶると海苔の香りと食感がすることから「おかのり」とも呼ばれます。

『延喜式』（内膳）では天皇「供奉雑菜」として「葵四把」が五月と八〜十月、食膳に上るとされ、そのために御料農園には「営葵一段」がありました。『延喜式』（大膳）では「園韓神祭雑給料」で二斗、「春日祭雑給料」で三斗の葵が用いられ、「仁王経斎会供養料」では生の葵が半把、「釈奠祭料」では漬物の「葵菹」が九升、供膳に上っています。

『延喜式』（典薬）では摂津・近江・美濃・阿波の各国から「葵子」（葵の種子）を薬として貢納するように規定されています。これは『神農本草経』の「冬葵子」のことのようで、主に利尿薬として用いられました。

フユアオイの花

フユアオイ（*Malva verticillata*）

蓮根

野菜・蔬菜《そさい》

ハス（蓮根《れんこん》・蓮の実）

古名　はちす

熱帯アジア原産の蓮は中国を経て古代の日本に入りました。仏教の根本聖典の一つとされる『仏説阿弥陀経』では、極楽浄土の池には蓮が咲いていると説かれます。泥の中から伸びて清浄な花を咲かせる蓮は、煩悩の中から悟りを開くことの譬えとされて、仏教を象徴する植物になりました。

蓮根

『和名類聚抄』では「藕」と書いて「波《は》知須乃禰《ちすのね》」と呼び、蓮の根を意味します。蓮根は土臭くもなく、でんぷん質がねっとりとして美味です。『延喜式』（大膳）を見ますと、朝廷に納められる蓮根は河内国だけが担当し、年間五百六十節にも及んでいます。河内国には、「勿入淵《ないりそのふち》」と呼ばれる沼地があり、そこから採集したものでしょう。

蓮根は仏事に関わる供膳によく用いられました。『執政所抄』では正月の十五日に諸寺に祈りを捧げる儀式で「瓜、昆布、蓮根、蕪」を、「故摂政入道殿御忌日事」で「昆布、蓮根、蕪、蕗」といった精進料理を食べるとします。また『類聚雑要抄』元永元年（一一一八）九月の「宇治平等院御幸御膳」では「干物五杯」として「海松、青苔、牛房、川骨、蓮根」といった精進物が並びます。

蓮の実

宮中でよく用いられたのが「蓮子」（蓮の実）です。『延喜式』（内膳）には天皇「供御月料」として「蓮子一斗五升七合五勺」がありますし、新嘗祭の「解斎料《げさいりょう》」として「蓮子二升」があります。また『延喜式』（大膳）では七月の相撲節会で「蓮子」が公卿には五房、五位以上に二房、配給されました。「房」という単位からして、蜂の巣状の果托《かたく》のままで支給されたのでしょう。青い果托は柔らかく、簡単に実が取り出せますし生でも食べられます。『源氏物語』（手習）にも夏に水飯とともに蓮の実を食べる場面があります。

塩茹でにした蓮の実。ほくほくして美味

河内国から

『延喜式』（内膳）には、「荷葉」（蓮の葉）の条文があり、「稚葉七十五枚」を五月中旬から六月中旬に、「壮葉七十五枚」と「蓮子二十房」、そして「稚藕（蓮根）十五条」を六月下旬から七月下旬に、「黄葉七十五枚」と「蓮子二十房」「稚藕十五条」を八月上旬から九月下旬に、河内国から貢進されるとあります。「荷葉」は蓮葉飯（177ページ）などで使われたのでしょう。

蜂の巣のような果托の中の実を取り出す

野菜・蔬菜《そさい》

オニバス・フキ

古名　芡＝みずふぶき
蕗＝ふぶき

オニバスの種子「芡仁」

オニバス（*Euryale ferox*）

オニバス

古名「水ふぶき」は「水蕗」のことで、『枕草子』では「恐ろしげなるもの」とされています。そのとおり直径一メートル超にもなる大きな葉には多くのトゲが逆立ち、花は自らの葉を突き破って咲くなど、「鬼」の名にふさわしい植物です。

特徴的な花は鶏の頭に見立てられ「鶏《けい》頭草《とうそう》」の別名があります。オニバスの花は水中で開花せず自家受粉する閉鎖花と、水上で開花する花の二種類があり、水中花から多数の種子が吐き出されます。この種子は「鶏頭実」「鶏頭米」と呼んで食用にされました。『延喜式』（大膳）では「釈奠」の供膳に「芡人」（人は仁のことで実の意味）が登場します。種子にはでんぷんが多く含まれ美味です。『延喜式』（内膳）に「漬年料雑菜（中略）芡一石五斗〈料塩一斗五升、米七升五合〉」とあります。

鶏頭草

『北山抄』の「大臣新任饗」の供膳に「鶏頭草」が載ります。また『平記』の長暦元年（一〇三七）六月の「精進物」に鶏頭草が、康平三年（一〇六〇）七月の任大臣大饗で「鴿羹」（マナヅルの汁物）の添え物に「鶏頭草」と「藜《あかざ》」（次ページ）が登場しますが、この鶏頭草は赤い花が美しく、葉が食用となるヒユ科のケイトウである可能性が高いと思われます。同じヒユ科の「莧《ひゆ》」は『延喜式』（内膳）の「供奉雑菜」に載ります。

フキ

『和名類聚抄』では「蕗」と書いて読みは「布々木《ふぶき》」。葉は葵に似て丸く広い。その茎を煮て食べるとしています。早春の二月・三月、つぼみは「ふきのとう」として食べられます。『延喜式』（内膳）の規定では御料農園に「営蕗一段」がありますが、フキノトウを収穫しているようには見えません。天皇の「供奉雑菜」として「蕗二把」が五月から八月に膳に上っています。また「漬年料雑菜」の「漬春菜料」として「蕗二石五斗〈料塩一斗、米六升〉」もあり、一年中蕗が食べられました。

款冬《かんとう》

中国ではフキタンポポ（*Tussilago farfara*）のことを「款冬」としましたが、同種が存在しなかった日本ではこれをツワブキ（*Farfugium japonicum*）のことと誤解したようです。そしてツワブキと同じキク科の本種・蕗のことも「款冬」とする誤解が拡がりました。なおツワブキはアクが非常に強いものの、蕗と同じように食用となります。

右上／ケイトウ（*Celosia argentea*）
右中／フキ（*Petasites japonicus*）
右下／蕗
上／蕗の水煮

野菜・蔬菜《そさい》

アカザ・アザミ

古名　藜＝あかざ
薊＝あざみ

アカザ

若芽が赤いためにその名がありますす。若芽が白いシロザもあり、柔らかい若芽は同じアカザ科のホウレンソウのような味がします。

古代中国の『荀子』に「孔子が諸国を巡っていたとき、穀物を入れないアカザ汁だけを七日間食べていた」とあるように、藜は貧しい食べ物の象徴でした。日本でも『日本三代実録』貞観十三年（八七一）四月に載る太政大臣・藤原良房の「抗表」に「今陛下藜羹自存」とあるのは、質素な食生活の意味です。

アカザ（*Chenopodium album var. centrorubrum*）

大臣大饗にも

『和名類聚抄』で「藜」は「菜蔬部野菜類」に分類され、食用という認識でした。貧しさの象徴という中国的解釈にもかかわらず、貴族階級の人々も食べるものになっていました。

『平記』康平三年（一〇六〇）七月の記事には、藤原師実の任大臣大饗で、「鶉羹」（マナヅルの汁物）に鶏頭草と「藜」を添えたとあります。大臣大饗の饗膳ですから貧しい食物ということではなく、普通に野菜として扱われていたことがわかりますが、他の文献ではあまり見かけません。

シロザ

アザミ

「莇」とも書かれますが『和名類聚抄』では「薊」とし、「菜蔬部園菜類」に分類され、畑で栽培する植物とされます。今野原で普通に見られる薊はノアザミで、クセの少ない新芽は茹でてそのまま、成長したものは茎を茹でて、アク抜きしてから食べます。

根は漬け物として食べられ、現代は「ヤマゴボウ」の名で市販されています。江戸時代前期の『料理物語』には「藜（あかざ）。あへ物。すさい」に続けて「莇（あざみ）右同。ねもよし。牛房のごとく」とあります。

御料農園で栽培

『延喜式』（内膳）の御料農園「耕種園圃」には「営薊一段」があり、「供奉雑菜」として「薊六把」が二月から九月までの間、天皇の食膳に上りました。

また「漬年料雑菜」では「薊二石四斗〈料塩七升二合〉」が「漬春菜料」となって一年中用いられました。これは茎の利用と考えられます。

やがて野趣のある食材という位置付けになっていったようで、南北朝時代の『庭訓往来《ていきんおうらい》』には「黒煮の蕗・莇」が登場します。

ノアザミ（*Cirsium japonicum*）

薊の水煮

野菜・蔬菜《そさい》

チシャ・イタドリ

古名　萵苣＝ちさ
　　　虎杖＝いたどり

チシャ（*Lactuca sativa*）　photoAC

萵苣　photoAC

チシャ

萵苣《ちしゃ》はキク科アキノノゲシ属の植物で、現代はサラダなどに用いられる、いわゆる「レタス」の総称です。現在よく見かける玉レタスは、明治時代以降に西洋野菜として日本に導入された新顔。奈良時代に導入されたとされる萵苣は「掻き萵苣」（葉レタス）と呼ばれるタイプのもので、韓国料理で用いられる「サンチュ」がそれに当たります。

『和名類聚抄』では「菜蔬部園菜類」に分類され、食用栽培植物の位置付けでした。『延喜式』（内膳）によれば、御料農園に「営萵苣一段」があり、「供奉雑菜」として三月から五月、「萵苣四把」が天皇の御膳に上りました。『延喜式』（大膳）では「園韓神祭雑給料」として五斗、「春日祭雑給料」として七斗の萵苣が規定されています。「仁王経斎会供養料」では「萵苣半把六葉」が定められ、内訳として「好物料六葉、生菜料半把」となっています。

当時は生野菜を食べる習慣は一般的ではありませんが、ここでは「生菜」とあります。

若菜の一つ

鎌倉時代の『年中行事秘抄』によれば、正月の上子日（最初の子の日）に内蔵司が若菜《わかな》を供出し、内膳司がこれを「十二種若菜」として羹にしましたが、その十二種とは「若菜、薊、苣、芹、蕨、薺、葵、芝、蓬、水蓼、水雲、菘」であるとします。

イタドリ

『和名類聚抄』では「草木部草類」に分類され、食用の「菜」には位置付けられていません。「虎杖」という漢字表記は紀元前二〇〇年頃に成立した中国の字書『爾雅《じが》』にも登場する古いもので、これは茎の斑点模様からきたと考えられますが、『枕草子』では「見ると大したことはないのに文字に書くと仰々しいもの」という扱いで、「虎は杖など不要という顔つきをしている」と清少納言は綴っています。

民間薬として多く用いられ、若葉を揉んで傷口に当てると止血・痛み止めの効果があるとされ、「いたどり」語源説の一つ「痛み取り」はここからとされます。

酢菜

『本草和名』の「虎杖」には唐の俗語として「酢菜」とあります。また南北朝時代の『庭訓往来』には「御斎之汁」の具として「苣《ちしゃ》」と並んで「酢菜」が挙げられています。実際にイタドリを食べますと非常に酸っぱく、俗に「酢い葉《すいば》」「酢かんぽ」などと呼ばれるのもうなずけます。『延喜式』（内膳）の「漬年料雑菜」には「虎杖三斗〈料塩一升二合〉」とあります。酸味のある漬物として天皇も賞味したのでしょう。現代でも高知県では身近な食材として親しまれています。

イタドリ（*Reynoutria japonica*）

イタドリの茎

酸味のある虎杖の水煮

野菜・蔬菜《そさい》

ヒシ・トコロ

古名 菱＝ひし
野老＝ところ

茹でた菱の実

菱の実

ヒシ

清少納言が『枕草子』で「恐ろしげなるもの」と表現した果実は、確かに鬼のように角を出した姿ですが、中身はでんぷん豊富で、ほくほくとしたクリのような食感の美味な食材です。

平城京の長屋王邸跡から出土した木簡に、霊亀三年（七一七）に武蔵国から「菱子」（ヒシの実）が納められたことが記されていました。奈良時代から食べられていたヒシの実は『延喜式』でも随所に記述が見られます。

親しまれた食材

『延喜式』（内膳）では天皇の「供御月料」に二斗二升五合の「菱子」があるほか、「神今食料」や「新嘗祭供御料」といった神事や「正月三節」にも用いられています。『延喜式』（大膳）では九月九日の重陽で公卿は八合、五位以上は六合の「菱子」が配給され、これらは同式の「諸国貢進菓子」によれば、丹波国から納められていました。

『類聚雑要抄』では花山院の任大臣大饗の「菓子」として、梨子・棗・栗・菱が挙げられますし、『宇津保物語』（祭の使）では庭の池から「菱子、大きなる芡《みずふぶき》」を採取させる光景が描かれ、親しまれた食材であったことがわかります。

ヒシ（*Trapa jeholensis*）

トコロ

ヤマノイモ（92ページ）の仲間で、地上部だけ見るとよく似ていますが、トコロは「零余子《ぬかご》」ができません。正式な和名はオニドコロで、現代では有毒植物の扱いです。

生のまま食べるとジオスチンという溶血成分の影響で口内に激痛が走り、嘔吐、腹痛を招くとされます。また単にアクが強いだけでなく、有害なアルカロイドを含んでいるとされます。まったくもって食用には向きません。

食用の記録

ところが平安時代はなんとかアク抜きをして食べたようです。『宇津保物語』（としかげ）では人里離れた山奥で暮らすために仕方なく食べる描写ですが、『源氏物語』（横笛）では朱雀院が娘の女三の宮へ「そのわたりの山に掘れる野老」を贈っています。これは自然薯《じねんじょ》のことという説もありますが原文で「ところ」とあります。さらに『類聚雑要抄』では「五節殿上饗」の「菓子」として、小餅、唐菓子、枝柿、小柑子、掻栗、椿餅、甘栗と並んで「野老」が明記されます。南北朝時代の『庭訓往来』にも「時以後菓子」として「野老、零余子」があります。どのようにしてアクや有毒成分を抜いて「菓子」にしたのでしょうか。

オニドコロ（*Dioscorea tokoro*）の実

ひげ根が老人にたとえられた野老

野菜・蔬菜《そさい》

ヤマノイモ

古名　薯蕷＝やまついも
零余子＝ぬかご

現在でも好んで食され、煮ても焼いても、そして生でも食用になる貴重な芋がヤマノイモです。例外はありますが、ふつう「薯」や「薯蕷」（あるいは暑預）と書けばヤマノイモ、「芋」と書けば里芋のことでした。

薯蕷

長い自然薯

『延喜式』（大膳）では「仁王経斎会供養料」として、長さ一尺・径一寸の「薯蕷」三根半が用意され、「菓餅料」として二根、「好物料」として一根、そして「生菜料」として半根が使われています。「生菜」とあるように加熱しないでも食べられたようで、『厨事類記』には「都呂々〈薯蕷〉」とあり、現代と同じように「とろろ」で食べたことがわかります。また『古事談』には「薯蕷の焼きたる」を食べる話が登場しますし、『宇津保物語』（としかげ）にも「例の薯蕷、野老、焼き調じて」とあり、生でも焼いても食べたのです。

さまざまな素材に

平安時代の豪華な饗膳におけるデザート「薯蕷粥」（139ページ）や「餺飥《はくたく》」（147ページ）は、薯蕷を材料にしていました。それらの記述は古文書に多く見られますが、「薯蕷巻」という食べ物もまた好まれたようです。『小右記』治安三年（一〇二三）正月の「金堂修正」で、公卿や僧たちに「菓子・薯蕷粥・薯蕷巻」をすすめるとあり、また『平記』長元九年（一〇三六）十二月の「御仏名」最終日には、「薯蕷巻」を上卿の前に据えると記されます。『権記』長保元年（九九九）十二月の記事には「芋巻」とあり、この「芋巻」は『とはずがたり』にも登場します。

ヤマノイモ（*Dioscorea japonica*）の実

これは後世に「芋籠《いもごみ》」と呼ばれる、米粉と薯蕷をすり混ぜて昆布で巻き、味噌で煮て小口切りにしたものと同様と考えられています。

薯預子

『和名類聚抄』に「零余子」と書いて「沼加古《ぬかご》」と読み、「薯蕷の子」だとしています。現在「むかご」と呼ばれる球形の芽は、種子と同じように土に埋めると新たな芽や根が出ます。その意味でまさに「薯預の子」です。

『延喜式』（大膳）の「諸国貢進菓子」には越前国から「暑預二担」と「暑預子二捧」が貢進されるとありますが、この「暑預子」が零余子のことと思われます。しかし平安時代後期に魚肉の串焼きを「零余子焼」（152ページ）と呼ぶこともあり、文字上ではどちらか判断が難しいところがあります。

零余子（むかご）

芋籠（芋巻）

野菜・蔬菜《そさい》
サトイモ

古名　芋＝いえついも
芋茎＝いもがら、いもじ

里芋

『和名類聚抄』では「芋」と書いて「以閉都以毛《いへついも》」と読み、「葉は蓮に似てその根が食べられる」とあります。現在は「里の芋」ですが平安時代は「家の芋」だったのです。ジャガイモもサツマイモも日本に渡来していなかった平安時代、イモといえば「薯蕷」（ヤマノイモ）か、この「芋」（サトイモ）のことでした。

好まれた伝統食材

日本に稲作が定着するまで里芋は主食の一つでもあったようで、非常に重要な植物であり好まれました。『万葉集』には長忌寸意吉麿《ながのいみきおきまろ》の「蓮葉はかくこそあるもの意吉麿が　家なるものは　芋の葉にあらし」と、相手の家の蓮の花のような美女と比べて、自分の妻は里芋のようだという戯れ歌が載ります。これは自虐であると同時に、里芋が地味でも身近な愛すべき存在、という意味に取ることもできるでしょう。また『徒然草』には、盛親僧都が「芋頭」（里芋の親芋）を大いに好み、三百貫という大金すべてを芋頭の購入に使ってしまったという面白い話が載っています。

御料農園でも栽培

「山ついも」（薯蕷）と異なり、「家ついも」である里芋は、天皇用の御料農園でも栽培されました。『延喜式』（内膳）によれば「耕種園圃」に「営芋一段」とあり、そこで栽培された里芋は、「供奉雑菜」として九月から翌年一月まで「芋子四升」が天皇・中宮の食膳に上り、東宮には「芋子二升」が供されました。『延喜式』（大膳）では「賀茂神祭斎院陪従等人給食料」として「芋子八升四合」が配給されています。

サトイモ（*Colocasia esculenta*）の茎

芋茎

現代では「ずいき」とも呼ばれる芋茎は、サトイモの葉柄です。皮を剥いて乾燥させたものは「芋がら」とも呼ばれます。『和名類聚抄』では「菆」と書いて「以毛加良《いもがら》」、俗用では「以毛之《いもじ》」とも読むとあり、「芋茎なり」とします。『土佐日記』には「元日、なほ同じとまりなり（中略）芋茎（いもじ）・荒布も歯固めもなし」とあり、「いもじ」が一般的な呼称だったのでしょう。『延喜式』（内膳）では「供奉雑菜」に「芋茎二把」があり、六月から九月まで天皇・中宮の食膳に供されるとあります。

なお、芋茎にはシュウ酸カルシウム結晶が多いので、よくアク抜きしなくてはなりません。

サトイモの茎を干した「芋がら」

野菜・蔬菜《そさい》

タケノコ・コウホネ

古名　笋＝たかむな　河骨＝かわほね

マダケ（*Phyllostachys bambusoides*）

ハチクの笋

ハチク（*Phyllostachys nigra var. henonis*）

タケノコ

現代、タケノコの主流はモウソウチク（*Phyllostachys edulis*）ですが、これは中国原産で、諸説あるものの江戸時代に日本に導入されたものとされ、それ以前のタケノコはマダケやハチクが主流でした。

清涼殿の竹

内裏・清涼殿の東庭には「河竹」と「呉竹」と呼ばれる竹を植えた台が置かれ、『徒然草』によれば、南側にあるのが河竹（メダケ）、北側にあるのが呉竹（ハチク）です。『醍醐天皇御記』の延喜十七年（九一七）三月の記事に、「御前の地火炉で筍《たけのこ》を焼いて食べた」とあります。これを真似たのか『古事談』に「清涼殿で酒宴があった日、藤原道長が竹台の笋を抜いて、『石灰壇《いしばいのだん》』で焼いて食べた」という話が載っています。

好まれた初夏の味

『延喜式』（内膳）によれば、天皇・中宮の「供奉雑菜」として五月・六月に「笋四把」、東宮には「笋二把」が供されました。また『延喜式』（大膳）では、五月五日の「端午節会」に「笋子五圍」が用意されていますし、「釈奠」では筍の「葅《にらぎ》」（楡を入れた漬物）が作られました。『執政所抄』では「臨時客」で、『類聚雑要抄』では「花山院廂大饗」で「根笋」が賞味されています。

コウホネ

湖沼に生えて大きな楕円形の葉を出す河骨《こうほね》。『和名類聚抄』では「根が腐った骨のようなので河骨」と説明します。『年中行事秘抄』の「十二種若菜」に「松」があります。『公事根源』では「白河院がこの松を中原師遠《なかはらのもろとお》に尋ねると河骨と読むと答えた」とあり、やはり「骨」の字を嫌ったのでしょう。蓮根（87ページ）に似た食感ですがより土臭く、アクの苦みが強いので、調理前に一晩以上水に浸けてアク抜きをする必要があります。

精進料理に

『梁塵秘抄《りょうじんひしょう》』には「聖《ひじり》の好むもの」として河骨が挙げられます。山野で得られる野趣のある食材で、精進料理に好適だったのでしょう。

『執政所抄』には、正月十五日の「粥御節供」で「海松・青苔・牛房・河骨」が登場しますが、この組み合わせは精進料理の定番でもあったようで、「三月十三日故摂政入道殿御忌日」や「四月三日京極殿北政所御忌日」にも、まったく同じ食材が並びます。河骨が精進料理の定番だったことがわかります。

河骨

コウホネ（*Nuphar japonica*）

シロウリ（*Cucumis melo var. utilissimus 'Albus'*） photoAC

白瓜

野菜・蔬菜《そさい》
ウリ・ナス

古名 瓜＝うり
茄＝なすび

ウリ

内裏・清涼殿の「殿上の間」の横に、年中行事が記された「年中行事障子」が置かれ、その五月五日の項に「内膳司献早瓜事」と記されますが、その瓜《うり》は「熟瓜」「甘瓜」（104ページ）などと呼ばれるフルーツとしての瓜のことで、野菜の瓜ではありません。

『和名類聚抄』には「菓蓏部蓏類」の分類項目があってさまざまな種類が列記されますが、「瓜」と名が付く種類だけでも青瓜・斑瓜・白瓜・黄瓜・熟瓜・寒瓜・冬瓜・胡瓜と八種類もあります。今もポピュラーな冬瓜は「かもうり」、胡瓜は「そばうり」俗に「きうり」と呼ばれると記されています。

多用された食材

『延喜式』（内膳）の「耕種園圃」には「営早瓜一段」と「営晩瓜一段」が設けられ、五月から八月まで「供奉雑菜」として「生瓜三十顆」が天皇の膳に上りました。また正月の「歯固」（169ページ）にも瓜は欠かせないものとされ、『類聚雑要抄』では奈良御園と長江御園で収穫するとあります。『延喜式』（大膳）では「正月最勝王経斎会供養料」として「醤漬瓜・糟漬瓜・荏裹各一顆、味醤漬・糟漬冬瓜各以一顆」が供され、瓜の漬物はほかのさまざまな場面でも盛んに用いられました。

ナス

茄子《なす》は夏野菜で、季節を感じさせる食材でした。『執政所抄』には七月七日の「乞巧奠」で丸のままの茄子を供えるとあります。

『延喜式』（内膳）によれば御料農園に「営茄一段」があって栽培され、「供奉雑菜」として六月から九月の間、「茄子四十顆」が天皇の食膳に上りました。また「漬年料雑菜」を見ますと、茄子五石・醤茄子六斗・糟茄子六斗と、各種の茄子の漬物が作られていたことがわかります。

神事・仏事に大活躍

『延喜式』（大膳）では、「正月最勝王経斎会供養料」として「未醤漬・糟漬・醤漬茄子各三顆」が、「安祥寺試年分度者証師六人菜料」として、「熟瓜卅六顆、青瓜一百十顆」と並んで「茄子二斗」が挙げられています。また「仁王経斎会供養料」では「茄子六顆半」が規定され、その内訳は「醤漬料二顆、糟漬料二顆、熬菁料一顆、荏裹料一顆、中子料半顆」と各種の料理に用いられたことがわかります。また「干茄子五勺」も規定されていました。

『平記』長暦元年（一〇三七）六月の宮中賢所への供え物に「苽《うり》・茄《なす》・和布《わかめ》・鶏頭草《けいとう》」とあり、『愚昧記』嘉応二年（一一七〇）七月の盂蘭盆供物には「菰・茄子二十六籠」とあって、さまざまな夏の儀式には不可欠の食材とされました。

賀茂茄子

描かれた丸い賀茂茄子 『僧家風俗図絵』
国立国会図書館デジタルコレクション

賀茂茄子の栽培

ネギ（*Allium fistulosum*）

野菜・蔬菜《そさい》

ネギ・ノビル

古名　葱＝き
蘭蒿＝あららぎ

ネギ

「葱」の和名は本来は「き」で、そこから宮中女房詞《ことば》では「一文字《ひともじ》」とも称されました。その「き」の根の部分が「根き」、つまり「ねぎ」と呼ばれるようになったのです。『和名類聚抄』では「菜蔬部葷菜類」に分類され、薬味の位置付けでした。

葱の花

天皇の略儀の行幸、皇后・東宮の行啓に用いられた「輿《こし》」は頂上に葱の花の飾りがあり「葱花輦《そうかれん》」と呼ばれました。これは仏教の「如意宝珠《にょいほうじゅ》」から来たものと推測されますが、それを葱の花と見立てて好まれたのは、人々が葱に愛着を持っていた証拠といえるでしょう。

宮中でも栽培

『延喜式』（内膳）には御料農園に「営葱一段」があったと記します。そこで収穫された葱は「供奉雑菜」とされ「葱二把」が四月・五月と、九月から翌年一月まで天皇に供されました。また『延喜式』（大膳）では「園韓神祭雑給料」「春日祭雑給料」で葱が用いられていました。仏教行事で用いられなかったのは、僧尼が避けるべきとされる「五辛」の一つとされたからでしょう。

ノビル

ノビルはネギ属の植物で小さなニンニクのような球根、日当たりの良い道端などに生えるので「野蒜《のびる》」と名付けられました。『和名類聚抄』では「飲食部葷菜類」に属する薬味に位置付けられています。『延喜式』（内膳）では「蘭」と表記され、「供奉雑菜」として「蘭二把」が一年中供され、また『延喜式』（大膳）では「園韓神祭雑給料」「春日祭雑給料」といった神事のほか、「七寺盂蘭盆供養料」「仁王経斎会供養料」といった仏事でも薬味として用いられています。

蘭

野蒜は『和名類聚抄』では「蘭蒿」として「阿良々木《あららぎ》」と読むとします。そして別項目にある「蘭」は「布知波賀万《ふぢばかま》」です。「蘭」という字は「香りの高い植物」を意味し、時代とともに変化したのです。なお『延喜式』で「山蘭」とあるのはヤマアララギ、つまり「辛夷《こぶし》」（*Magnolia Kobus*）のこととされます。

「五辛」の一つとも

「五辛」には諸説ありますが（64ページ）、『法曹至要抄』では『令義解』を引いて、大蒜（ニンニク）・韮葱（ニラ）・角葱（アサツキ）・蘭葱（ノビル）・興蕖（ウイキョウ）とします。

ノビル（*Allium macrostemon*）　photoAC

野菜・蔬菜《そさい》

マコモ・キノコ

古名 菰、蔣＝こも、こもつの
茸、菌＝たけ

マコモ（*Zizania latifolia*）

マコモ

水辺に生えるイネ科の多年草で、茎や葉は「むしろ」のように編んで「薦《こも》」として寝具などによく使われ、現代においても酒樽を包む「薦かぶり」で知られます。真菰《まこも》は「茭」「蔣」とも書きます。「苽」も「菰」の略字として本種マコモを指すこともありましたが、単に「瓜」のことを示す意味で使われる場合もあり、注意が必要です。

菰角（まこもだけ）

食用の菰

そうした実用植物でしたが、中国では食品として大いに用いられました。南宋の『爾雅翼《じがよく》』に「根久しくして盤厚すれば、即ち夏月に菌を生ず。菌は即ちこれを菰菜といい。鯉とあえて羹にする」とあるように、食用として注目されるのは根に近い茎の部分です。ここに黒穂病菌が感染すると茎が肥大化して筍に似た「菰角《こもづの》」になり食べられます。『古今著聞集』には、左京大夫顕輔《さきょうのだいぶあきすけ》が「菰のこ」を食べて和歌を詠む話が載ります。

また『延喜式』（内膳）では、葉が「粽」（176ページ）を包む材料に用いられたほか、「供奉雑菜」に「瓜菰八顆〈六七八月〉」とあります。これが「生瓜」とは別に、「芋子」「栗子」の間に記載されていることから、「菰角」のことであった可能性は否定できないでしょう。

キノコ

『和名類聚抄』で「菌茸」は「飲食部菜羹類」に分類され、食べ物の扱いです。『今昔物語集』（本朝世俗部）の「信濃守藤原陳忠御坂より落ち入る語」には、山から転落した国司が「受領は倒るる所に土を掴め」とばかりに平茸を収穫する話が載ります。当時から茸は美味なるものとして好まれたのです。『小右記』の長和三年（一〇一四）十月の記事に、禅林寺詣でをしたとき「松茸二折櫃、平茸一折櫃、奈女次々支、苦茸一折櫃」を酒肴として用意したとあります。

キノコの危険性

『今昔物語集』には「左大臣御読経所僧茸に酔ひて死ぬる語」や「比叡山の横川の僧茸に酔ひて誦経する語」「尼共、山に入り茸を食ひて舞ふ語」なども載りますから、毒茸の恐ろしさもまた、当時の共通認識だったのでしょう。『小右記』にも寛弘二年（一〇〇五）四月に興福寺の僧と弟子が茸を食べて死んだ話が記され、長元二年（一〇二九）九月には、「近ごろは茸を食べて死ぬ者が多いので、当家の人間は上下を問わず平茸を食べることを永く禁ずる」と藤原実資は一族に命じています。そうしたこともあってか、『延喜式』（内膳）には、茸を食材として載せていません。

キクラゲ（*Auricularia heimuer*）
『和名類聚抄』では「蕈」とされる

マツタケ（*Tricholoma matsutake*）

堅果《けんか》

クリ・クルミ

古名　栗＝くり
胡桃＝くるみ

クリ（*Castanea crenata*）　photoAC

栗

クリ

秋の味覚として好まれた栗は、朝廷内外で大量に消費されました。『延喜式』(宮内)の「諸国例貢御贄」では山城・丹波・但馬・播磨・美作の各国から栗が納められ、「供御月料」として「搗栗《かちぐり》二斗九升三合五勺、干栗子七斗五升、生栗子二石二斗五升」が天皇の食膳に上りました。

また『延喜式』(大膳)の「諸国貢進菓子」では、山城・丹波・但馬・因幡・播磨・美作の各国から栗が貢納されるとされ、「雑給料」として公卿には「生栗子一升四合、搗栗子六合」、五位以上には「生栗子五合、搗栗子二合五勺」、六位以下には「生栗子三合」が支給されました。そのほかにも各種宴会で栗が支給されています。

乾燥させ臼で搗いて殻と渋皮を取り去った「搗栗」

生栗《なまぐり》・干栗《ほしぐり》・搗栗《かちぐり》・平栗《ひらぐり》・搔栗《かいぐり》

『延喜式』には「生栗」のほか、各種の栗加工食品が載りますが実相は不明で、後世の学者が考えたのは、「搗栗」は「かち栗」(蒸した栗を乾燥させ臼で搗いて殻と渋皮を除去したもの)、「搔栗」もそれと同じだとします。

平栗は『延喜式』(大膳)に「生栗一石で平栗一斗二升五合を得る」とあり、体積を十分の一にするためには生栗、あるいは茹で栗を平らにつぶすかスライスして、乾燥させたものと考えられます。正月の「蘇甘栗《そあまぐり》」(168ページ)の甘栗は平栗であると『西宮記』にあります。

クルミ

栗と同じく秋の味覚です。可食部の七割が脂質という濃厚さから栗のような食べ方ではなく、薬味的に用いられました。『和名類聚抄』では栗が「菓蓏部菓類」であるのに対して、胡桃は「飲食部薑蒜類」に分類されています。

なお漢字で「胡桃」や「呉桃」と書かれるため、中国から来たと思われますが、縄文遺跡からも殻が見つかります。

『延喜式』(民部)の「年料別貢雑物」では甲斐国から、『延喜式』(主計)の「中男作物」では越前・加賀両国から、『延喜式』(宮内)の「諸国例貢御贄」では信濃国から胡桃が貢納されています。『延喜式』(内膳)「年料」では信濃国から胡桃子一荷(一斗入り八籠)が納められ、「供御月料」として「呉桃子一斗五升」が天皇に供されています。

胡桃

オニグルミ（*Juglans mandshurica var. sachalinensis*）

仏教行事に多用

現代も精進料理では、肉類を用いない代わりに植物油を多用して「こく」を出していますが、平安時代も胡桃を同じように使ったのでしょうか。

『延喜式』(内膳)や(大膳)において、神事や年中行事などでの胡桃の利用が見られないのに対して、「最勝王経斎会」「正月修真言法」「修太元帥法」「七寺盂蘭盆」など、仏事では多用されています。

カヤ（*Torreya nucifera*）

榧

堅果《けんか》 カヤ・シイ

古名 榧、柏＝かへ
椎＝しひ

カヤ

カヤはイチイ科の常緑針葉樹で、その実（種子）は油分が多く美味で食用となります。松ヤニ臭が強いので、よくアク抜きをする必要がありますが、煎って食べるとアーモンドのような味と食感があります。

『延喜式』（典薬）の「諸国進年料雑薬」では大和・尾張をはじめ、全国二十四か国から「榧子」が貢納され、寄生虫の駆除効果があるとされました。平安時代「寸白《すばく》」と呼ばれる寄生虫に貴族たちも悩まされたことは『小右記』などに散見されます。

榧・柏・栢

「柏」という字は本来、檜など常緑針葉樹を意味しました。そのため食用の榧《かや》は古記録古文献で「柏」「栢」と記されることが多く、たとえば『執政所抄』の「正月御節供事」では「菓子」として「柘榴、棗、栢、松」、『類聚雑要抄』の「聟娶御前物」では「五菓」として松子、柏、干棗、石榴、搔栗と記されます。その「栢・柏」は榧のことです。

ところが日本では柏の字をブナ科の広葉樹・カシワ（槲、*Quercus dentata*）に当てたため、『延喜式』（内膳）で食器代わりにするカシワの葉を「青柏・干柏」などと表記するなど、混乱が生じました。『和名類聚抄』では「榧子」の和名は「加《か》倍《へ》」、「柏」の和名も「加《か》閉《へ》」、「槲」の和名は「加《か》之《し》波《は》」です。

シイ

いわゆる「どんぐり」の仲間は渋《しぶ》が多く、そのままでは食べられないものが多いですが、椎の仲間は渋が少なく食べやすいのです。特にスダジイは生でも食べられるほどで、炒ると香ばしい美味になり、縄文時代から食用とされました。

『延喜式』（内膳）では天皇の「供御月料」に「椎子四斗五升」とあるほか、「新嘗祭供御料」や「正月三節」などにも「椎子」は食膳に上りました。『延喜式』（大膳）でも「宴会雑給」として公卿には「椎子四合」、四位五位と命婦には「椎子二合」が配給されています。こうした椎子は「諸国貢進菓子」によれば、河内・伊勢・越前・丹波・因幡・播磨の各国から貢納されました。

志《し》比《い》乃《の》和《わ》恵《え》

『貞観儀式』や『延喜式』（神祇）では、践祚大嘗祭で設営される「大嘗宮」の垣根には「しいのわえ」と呼ばれる椎の小枝を挿して飾ると定められていました。その意味は明らかではありませんが、大嘗祭（新嘗祭）が食に関わる神事という側面を考えれば、米・粟と並ぶ日本古来の食物を賞揚する意味があったのかもしれません。

大嘗宮の「志比乃和恵」

スダジイ（*Castanopsis sieboldii*）

椎

ハシバミ（*Corylus heterophylla var. thunbergii*）

榛

堅果《けんか》 ハシバミ・マツ

古名　榛＝はしばみ　松子＝まつのみ

ハシバミ

落葉広葉樹の低木です。同属のセイヨウハシバミの実は「ヘーゼルナッツ」と呼ばれ食用になりますが、榛《はしばみ》の実もまた同じように食べられます。『延喜式』（大膳）の「諸国貢進菓子」には、大和国から「榛子」が貢進されるとあります。

釈奠《せきてん》の食べ物

『礼記』（内則）には君主の食べるべき食物が列挙され、孔子を祀る「釈奠」の供饌は、それに対応したものでした。そこには「牛脩《ぎゅうしゅう》」（牛の干肉）・鹿脯、豕《しし》の脯などと並び、菱・棗・栗・柿・桃・李・杏などの果実に並び「榛」も登場します。

日本では『延喜式』（大学）の冒頭に釈奠の供饌が挙げられ、「籩《たかつき》」（竹を編んだ蓋付きの高坏・173ページ）に堅塩、乾魚、乾棗、栗黄、榛子人、菱人、艾人、鹿脯、白餅、黒餅、豆十。韮菹、醯醢、菁菹、鹿醢、芹菹、菟醢、笋菹などを入れて供えるとあります。「榛子人」は榛の種子の中の「仁《じん》」のことです。

『延喜式』（大膳）に載るのも釈奠に関わる記述で、ほかで見かけることはあまりありません。榛は中華食材の認識だったようです。

マツ

現在も健康食品のように食べられる松の実。赤松や黒松の種子は小さく食用には不向きで、日本ではもっぱら五葉松の種子が食べられました。『和名類聚抄』の「松子」でも「五葉松子、和名万《ま》豆《つ》乃《の》美《み》」と明記されています。

『類聚雑要抄』には「聟娶御前物」の「五菓」に松子、柏、干棗、石榴、掻栗とあります。また『二中歴』の「大饗」では同じく「五菓」に「柑、橘、栗、柿、梨」を挙げ、別説として「李、杏、桃、栗、棗」、さらに「近代は松子、棗、石留、橘、栢を用いる」とあります。

松の実

五果《ごか》

古代中国発祥の「五行説」によれば、この世の森羅万象は木・火・土・金・水の五元素により構成されるとされ、「五臓」「五味」「五官（感）」などさまざまな五種類が選定されました。

果実の五種類「五果」は多くの儀式に取り入れられましたが、特に「移徙《わたまし》」（転居）には不可欠なものとされ、『類聚雑要抄』の「移御作法」には、家長と母は南面に座して五菓を食べ酒酪を飲む、とします。

そしてその五菓は、方角の定まった「李（東）、杏（西）、桃（南）、栗（北）、棗（中央）」でした。

ゴヨウマツ（*Pinus parviflora*）

サルナシ（*Actinidia arguta*）

獼猴桃

果実
サルナシ・ウメ

古名　獼猴桃＝しらくち、こくは
木天蓼＝わたたび
梅＝うめ

マタタビの塩漬

サルナシ

『和名類聚抄』では中国風に「獼猴桃」とし、「之良久知《しらくち》」または「古久波《こくわ》」と読むとします。マタタビ科の植物・サルナシの果実を輪切りにすると、その断面からキウイフルーツの仲間であることがわかります。キウイフルーツは、中国原産のシナサルナシを改良したものです。

大臣大饗に

『北山抄』には新任大臣大饗に「獼猴桃・枝柿」が供されるとあり、『執政所抄』には、正月二日の「臨時客」の「追物菓子」として甘栗や枝柿と並び獼猴桃が供されています。また十五日の「粥御節供」にも登場。さらに『類聚雑要抄』には永久四年（一一一六）の内大臣母屋大饗にも「獼猴桃（コクワ）」が記されています。『二中歴』には大臣大饗の饗膳が身分別に示され、ナシやナツメは各階級に供されていますが、獼猴桃は「尊者」（主賓）だけに供される重要な位置付けになっています。

木天蓼《またたび》

猫たちが集まってきて酔ったような状態になることで有名な木天蓼は、サルナシと同じマタタビ科マタタビ属に属するつる性植物です。健康食として知られ、『延喜式』（内膳）では「和太太備《わたたび》」の名で天皇用の塩漬け材料になっています。

ウメ

元号「令和」の由来ともなった大伴旅人の観梅の宴は天平二年（七三〇）のこと。この時代、西暦七〇〇年頃に梅が日本に渡来したのではないかと考えられています。そもそもは薬用目的で白梅だけ導入したとされ、その実は整腸・駆虫・解熱・咳止めなど薬として使われました。薬としての使い方は「烏梅《うばい》」（未熟なウメの果実を燻製にし、乾燥させたもの）として用いたのです。色が真っ黒なので「烏」の字が付けられました。『延喜式』（典薬）には「烏梅丸」という薬が「中宮臘月御薬」「雑給料」として常備されたことが記されています。

食品としては

塩漬けの梅「梅干」という単語は南北朝時代の『庭訓往来』が文献上の初出とされますが、調味料の「塩梅」（63ページ）は塩漬けにした梅からしみ出た「梅酢」のことで、実際には梅干しが作られていたことになります。

『新猿楽記』には飲食を好む女性「七《ななの》御許《おもと》」が「熟梅和（うれうめのやわらかなる）」を好む様子が描かれます。完熟梅の糖度は十二度ほどありますので、古記録は少ないものの、フルーツとして楽しまれたことがわかります。

白梅の花

ウメ（*Prunus mume*）

ナツメ（*Ziziphus jujuba*）

干棗

果実

ナツメ・タチバナ

古名　棗＝なつめ、さねぶと
　　　橘＝たちばな

ナツメ

ナツメは古代中国の五行説における「五果《ごか》」の一つとして非常に尊重されました。

『延喜式』（内膳）では天皇用の御料果樹園で「大棗」三十株を栽培することが規定されており、「供御月料」として「干棗子」一斗四升二合五勺が天皇に供されたのです。干棗は各種の年中行事で一年中用いられました。

宮中内外での棗の食用機会は多く、『延喜式』（内膳）には「神今食」や「新嘗祭供御料」といった宮中神事で「干棗子二升」が規定されていますし、『延喜式』（神祇）では伊勢の斎宮新嘗祭の供物として「干棗一升」があります。

現代でも、棗は宮中祭祀の神饌に用いられています。

名産地は信濃国

『日本三代実録』の仁和三年（八八七）の記事に「信濃国が梨や棗を貢納する例があるが納入期日が不定なので太政官で議定し、毎年十月・十一月を期日とし恒例とする」とあります。

後年の『延喜式』（内膳）にもその規定があり、貢納された棗は乾燥して保管し、『延喜式』（大膳）の規定では「大棗一石を薪三百斤で加熱して三斗三升の乾大棗を得る」としています。

タチバナ

タチバナに関わる日本の記録は『古事記』や『日本書紀』に遡ります。垂仁天皇九十年（推定西暦六一年）、天皇は不老不死の「非時香具菓《ときじくのかくのこのみ》」を常世の国で探せと田道間守《たじまもり》に命じます。田道間守は約十年後に無事に持ち帰りましたが、時すでに遅し。垂仁天皇は崩御されていました。この「非時香具菓」について『古事記』や『日本書紀』では、「今でいう橘《たちばな》である」と説明されています。

菓子の長上

和銅元年（七〇八）の大嘗祭の場で、元明天皇は皆に愛される橘を「菓子の長《ちょう》上《じょう》」と呼びました。こうして橘は宮中で多用され、『延喜式』（内膳）では天皇の食膳に「供御月料」として上り、「正月三節」「新嘗祭」などさまざまな重要な儀式にも欠かせないものとなりました。『古事記』の田道間守伝説には、橘を「縵四縵《かげよかげ》、矛四矛《ほこよほこ》」に分けて皇后に献上したとあります。この故事に倣い、『延喜式』（内膳）の「新嘗祭供御料」では「橘子廿四蔭、桙橘子十枝」とあります。『延喜式』（大膳）では「雑給料」として公卿には「橘子三十三顆」、五位以上には「橘子十五顆」、六位以下には「橘子五顆」が配給されています。これらの橘は『延喜式』（宮内）の「諸国例貢御贄」によれば、相模国から貢納されました。

橘の小さな実

タチバナの花

タチバナ（*Citrus tachibana*）

モミジイチゴ（*Rubus palmatus var. coptophyllus*）

カジイチゴ（*Rubus trifidus*）

クサイチゴ（*Rubus hirsutus*）

ナワシロイチゴ（*Rubus parvifolius*）

果実

イチゴ

古名　覆盆子＝いちご

覆盆子

現在一般的なオランダイチゴが導入される江戸時代以前、「いちご」といえば木イチゴの類でした。『和名類聚抄』では「覆盆子」と書いて「以知古《いちご》」と読むとします。「覆盆子」は古代中国の医書『名医別録』に登場しますが、『神農本草経』に載る「蓬蘽」が「一名覆盆」とされることから、これも覆盆子の一種、クサイチゴと考えられています。

清少納言は『枕草子』で「漢字では仰々しいけれど実際はたいしたことない」ものの例として「覆盆子」を挙げていますが、この字は蕚を盆に見立て、盆を逆さまにして下に果実が実るモミジイチゴなどを形容したものと思われます。

朝廷・貴族社会での利用

同じく『枕草子』では「あてなるもの」（上品なもの）として、「可愛い幼な子が覆盆子を食べている姿」を挙げます。そうした光景がよく見られたほど、平安貴族社会では人気のあるフルーツであったのでしょう。

『延喜式』（内膳）によれば、天皇用の御料「覆盆子園」が二段があり、五月に「供奉雑菜」として二升の覆盆子が天皇の食膳に上りました。『延喜式』（大膳）では、「諸国貢進菓子」として山城国から一捧、河内国から一捧、摂津国から四担の覆盆子が貢納される規定でした。覆盆子は全国の野山に見られるものですが、柔らかく傷みやすいので、都の近隣諸国から納められたのでしょう。

身近すぎたのか……

御料農園もあり、「諸国貢進菓子」でもあった覆盆子ですが、公家日記などに記載される例が少ないのが意外です。あまりに身近なものであったので珍しさに欠けたのでしょうか。わずかな例としては、『平記』康平五年（一〇六二）四月に載る、藤原師実の任大将の饗宴で、五献の後に出された「菓子」に、椿餅・栗・枝柿と並んで覆盆子が供されています。また『猪隈関白記』建久九年（一一九八）五月、左近騎射の宴席に折櫃に入れた「覆盆子」が出されたとあります。これは官人三人で運搬したとありますので、かなり大量だったのでしょう。

覆盆子を入れた籠を持つ女　『春日権現験記』
国立国会図書館デジタルコレクション

果実
マクワウリ
古名　熟瓜＝ほぞち

水菓子として好まれた熟瓜

熟瓜

平安時代に現代のメロンのように珍重された果物が「熟瓜」でした。これは漬物にするシロウリ（*Cucumis melo var. utilissimus*）ではなく、甘いマクワウリ（*Cucumis melo var. makuwa*）であったと思われます。「甘瓜」や「蜜瓜」とも呼ばれました。『日本書紀』仁賢天皇二年（四八九）九月に「取瓜将喫、無刀子（うりをとりてめさむとして、かたななし）」とあるのが初出です。

『大槐秘抄《たいかいひしょう》』によれば、村上天皇の御代に「蜜瓜」の種を鴻臚館に蒔いて、良い瓜を栽培させたとあります。『延喜式』（内膳）では山科の御料農園で瓜を栽培し、「供奉雑菜」として五月から八月までの毎日、「生瓜三十顆」が天皇用に納められました。

ほぞち

完熟した瓜は自然にヘタからはずれ落ちます。これを「ほぞ落ち」と呼び、「熟瓜」と書いて「ほぞち」と読むようになりました。

『年中行事障子《ねんじゅうぎょうじのしょうじ》』には五月五日の端午節会、それにともなう競馬のために内膳司が「早瓜」を献上するとあります。『新儀式』の「行幸神泉苑観競馬事」は、左右の競馬について「蜜瓜をもって賭けとする」と記します。ただし時期的にはまだ早く、「熟瓜」になるまで待って七月から八月が最盛期だったようです。

マクワウリ（*Cucumis melo var. makuwa*）　photoAC

相撲につきもの

『延喜式』（内匠）によれば、五月と七月の一日に二十本ずつ「割瓜刀」が納められています。いかに宮中での熟瓜の消費が多かったかを物語ります。熟瓜が活躍するのは七月の相撲節会と盂蘭盆会でした。『延喜式』（大膳）には「七寺盂蘭盆供養料」として「熟瓜三十六顆」とあります。

さらに七月下旬の相撲節会に熟瓜は欠かせないものでした。『九暦』承平六年（九三六）七月、『小野宮年中行事』天慶六年（九四三）七月の相撲節会で出席の公卿や殿上人、そして相撲人たちに「熟瓜」が支給されています。『小右記』でも相撲節会での熟瓜の記事は非常に数多くあり、藤原実資が夏の熟瓜を楽しみにしていたことがわかります。

貴族の瓜園

右大将・藤原兼家が天延二年（九七四）八月に、「御薗《みその》」の甘瓜を侍従所で配布したと『平記』にあります。貴族たちは自前の瓜園を持っていたようで、平安時代後期の『執政所抄』には、藤原忠実の瓜園が大和国に数か所あったことが記されています。

水に浸けて冷やされた熟瓜　『酒飯論』　国立国会図書館デジタルコレクション

果実

カキ・アンズ

古名 柹＝かき
杏子＝からもも

カキ（*Diospyros kaki*）

干柿

カキ

『延喜式』（内膳）によれば御料果樹園には百株の柿が植えられていて、「供奉雑菜」として九月から十一月に生の「柿子二升」が天皇の食膳に上ったほか、「供御月料」として「干柿子二十九連」が一年中供されました。また柿の塩漬けも作られています。

『延喜式』（大膳）でも「雑給料」として公卿には「干柿子三合」、五位以上には「干柿子一合五勺」が配給され、さまざまな神事・仏事の供饌にもなりました。

仏事にて

『中右記』の承徳二年（一〇九八）十月の記事には「維摩会《ゆいまえ》」（興福寺で行われる法会）では宿坊での食膳で柿が供されるのが故実であると記されます。『平記』長暦元年（一〇三七）十月では「仁王会」でやはり柿が用いられています。

さまざまな柿

康平三年（一〇六〇）七月、藤原師実の任大臣大饗で「淡柿《あわしがき》」が供されたことが『平記』に載ります。「淡柿」とは、湯に浸けるなどして渋を抜いた渋柿のことです。また枝についたままや串に刺した干し柿「枝柿」「串柿」も文献でよく見かけます。

『栄花物語』（後くゐの大将）などに見られる「柿浸《ぴた》し」は、水で割った酒に干し柿をすりつぶして入れたものといわれ、『とはずがたり』では、蹴鞠の際に飲まれています。

アンズ

『和名類聚抄』では「加良毛々《からもも》」とされ、中国から来た桃とされていますが、弥生時代の遺跡から種が発掘されるなど、古い時代に日本に導入され、栽培された果樹です。

しかし古記録・古文献ではあまり見かけないのが不思議です。

道長の療養に

飲水病（糖尿病）に苦しんだ藤原道長は、喉の渇きを抑えるために杏の実を二個持ってときどき舐めた、と長和五年（一〇一六）五月の『小右記』に載ります。

道長はあの手この手の食事療法を試したようで、豆汁、大豆煎、蘇蜜煎、葛根、茶、柿汁などを服用。ただし定延法師から「柿は熱物なので不可」と言われて断念しています。

五菓の一つ

『厨事類記』では「木菓子」（通称は時菓子）として栗、橘、杏、李、柑子、桃、獼猴桃、柿を挙げます。その中で杏は「西方」を表すものとして尊重されていますが、あくまでも縁起物。

『平記』長暦元年（一〇三七）六月の賢所供饌に「唐桃」が見えますが、日常楽しむ果物としての記録はあまり見られません。

アンズ（*Prunus armeniaca*）

杏子

果実

モモ・スモモ

古名　桃＝もも
李＝すもも

モモ（*Prunus persica*）

桃

モモ

『源氏物語』に「桃園式部卿宮《ももぞのしきぶきょうのみや》」が登場します。この「桃園」は地名で、大内裏の北に天皇御料農園「京北園」十八町三段があり、そこに桃も百株植えられていました。「京北園」衰退後も桃の木は残ったようで、跡地に邸宅地が開かれた際に地名となったのです。

食材として

『延喜式』（内膳）によれば、京北園で栽培された桃は「供奉雑菜」として二升が天皇の食膳の上るほか、二石もの桃が塩漬けにされて一年中供されました。

『延喜式』（大膳）では「仁王経斎会供養料」として「桃子二顆」、「七寺盂蘭盆供養料」として「桃子四升」が用いられ、七月二十五日節（相撲節会）料」としては公卿には五顆、五位以上に四顆の桃子が配給されました。「九月九日節（重陽）料」では公卿五顆、五位以上四顆でした。

三月三日

『宇多天皇御記』寛平二年（八九〇）二月に、各種の年中行事食を定めたことが記されます。一月十五日の「七種粥」、五月五日の「五色粽」などですが、三月三日は「桃花餅」とします。三月三日は「桃の節供」とされますが、平安時代は一般的に「草餅」（174ページ）が行事食でした。「桃花餅」がどのようなものであったかは不明なのです。

スモモ

その名も「酸桃」で、すっぱい桃という意味です。中国では「桃李」と愛され、『礼記』（李将軍列伝）に「桃李成蹊」（桃李は言わずともその下に自然に道ができる）という諺が載っています。

中国文化をそのまま受容した奈良時代から平安前期には日本でも「桃李」は尊重されました。平安時代に「五果」とされたのは「棗・李《すもも》・栗・杏・桃」であると『類聚雑要抄』に記されています。

宮中での利用

『延喜式』（内膳）では「供奉雑菜」として「李子二升」が五月と六月に天皇の食膳に上るとされました。

また『延喜式』（大膳）では「七寺盂蘭盆供養料」として「李子四升」、「七月二十五日節（相撲節会）料」として李子が公卿は四合、五位以上は三合〉支給されていました。

酢桃

『今昔物語』（越前守為盛、六衛府官人に付く語）には、塩引き鮭や塩辛、熟れた李を食べさせて喉を渇かせ、酒を飲ませるという話が載ります。

当時の李は現代以上に酸味の強いものだったようで、日本人の舌には合わなかったのでしょうか、あまり文献に登場しません。

李

スモモ（*Prunus salicina*）

ヤマモモ（*Morella rubra*）

楊梅

果実

ヤマモモ・ビワ

古名　楊梅＝やまもも　枇杷＝びわ

ヤマモモ

ヤマモモは日本の温暖地に自生する栽培しやすい植物です。『和名類聚抄』では「イチゴのような形で赤く、味は甘酸っぱく食用になる」と紹介されています。『枕草子』では、「漢字では仰々しいけれど実際はたいしたことない」ものの例として「楊梅《やまもも》」を挙げています。

宮中での食用

楊梅の熟した実は柔らかく、現代でも流通に不向きで青果店ではあまり見かけません。『延喜式』（内膳）には記載がなく、『延喜式』（大膳）の「諸国貢進菓子」では山城・大和・河内・摂津・和泉という、五畿内各国からだけ貢納されています。ただしどのような場面で用いられたのかは記されていません。

『貞信公記』の天慶十年（九四七）六月の記事に、朱雀院から御前の庭で実った「山桃」の実を賜ったとあります。わざわざ書き残すほど珍しいことだったのでしょう。また『宇津保物語』（祭の使）には「御前の池に網おろし（中略）いかめしき楊梅・姫桃など中島より取出でて」とあります。

ビワ

古代に日本に種子が漂着して定着したとされ、奈良時代には栽培されて唐での発音がそのまま和名になりました。葉の形が楽器の「琵琶」に似ているので、王を木に変えて「枇杷」になったと『本草綱目』にあります。

大内裏に植樹

平安時代は『日本後紀』弘仁五年（八一四）二月にはセキレイが陰陽寮の枇杷の木に多数集まったという記録が残り、『日本紀略』昌泰二年（八九九）六月には監物局《けんもつのつぼね》の枇杷は花がなくても実がなるとあるなど、大内裏のあちらこちらに枇杷が植えられていたようです。

『延喜式』（内膳）では五月と六月の「供奉雑菜」として「枇杷十房」が天皇に供され、『延喜式』（大膳）では「五月五日節料」として公卿には二合、五位以上には一合の枇杷が支給されました。

花橘・盧橘

「盧橘」と書いて「はなたちばな」と読み、一般的にはタチバナ（102ページ）のこととされます。ところが「盧橘」を枇杷と解釈する説が古くからあり、鎌倉時代中期の『塵袋』に詳しく解説されています。そこでは前漢の『上林賦』にある「盧橘夏熟」などを引きつつ、「古来の難義で簡単には定められない」としています。

『延喜式』（大膳）の「諸国貢進菓子」では河内・摂津両国の「花橘子」と相模国の「橘子」を区別していますが、この「花橘子」を枇杷と解釈することもできるわけです。

ビワ（*Rhaphiolepis bibas*）

枇杷

果実

ナシ・イタビ

古名　梨＝なし　木蓮子＝いたび

和梨（*Pyrus pyrifolia var. culta*）

ナシ

『日本書紀』持統天皇七年（六九三）の記事に「桑《くわ》・紵《からむし》・梨《なし》・栗《くり》・蕪菁《かぶら》を植えて五穀の助けとせよ」という勅命が載ります。ナシは日本最古の農業的果樹なのです。

愛された果物

『延喜式』（内膳）によれば、御料果樹園に百株の梨の木があったほか、「諸国貢進御贄」の「年料」として信濃国から一荷（五百六十顆）が十月に、三荷（千六百八十顆）が十一月に貢納されました。「漬年料雑菜」に「梨子六升〈料塩三升六合〉」の漬物が作られるとあります。

『延喜式』（大膳）では「諸国貢進菓子」として甲斐国から「青梨子五担」、因幡国から「梨子二担」が納められるとあり、「正月最勝王経斎会供養料」や「七寺盂蘭盆供養料」、「仁王経斎会供養料」「九月九日節料」などとして消費されました。

正月の内宴や二宮大饗・大臣大饗などにも供され、『源氏物語』（若菜上）では、蹴鞠の際の軽食になっています。すべての人々に愛された果物だったのです。

信乃梨

『小右記』長元四年（一〇三一）正月の記事では「御斎会《ごさいえ》」終了日に右近衛府《うこんえふ》に梨などを差し入れたところ好評で、二日後に「信乃梨がもっとも優れていた」と褒められたとあります。

「無し」という名が嫌われることもありましたが、『相模集』の「をきかへし露ばかりなる梨なれど　千代有りの実と人は言ふなり」の歌のように、「有りの実」と言い換えてでも賞味されたのです。

イタビ

『和名類聚抄』の「木蓮子」に「和名以《い》太比《たび》」とありますが、これが何を指すのかについてはイヌビワ説と、つる性のイタビカヅラ（*Ficus nipponica*）説とがあります。『延喜式』（大膳）には「木蓮子は筑前国内の山々、および壱岐などの島々からの収穫物の中で、味の良いものを送れ」とあり、海岸や海沿いの山地を好んで自生するイヌビワのほうが当てはまるともいえるでしょう。

梨売りの男　『春日権現験記』
国立国会図書館デジタルコレクション

青梨の皮を剝く僧侶　『春日権現験記』
国立国会図書館デジタルコレクション

柿とともに盛られた梨　『慕帰絵々詞』
国立国会図書館デジタルコレクション

イヌビワ（*Ficus erecta*）

苦労した貢納

『延喜式』（宮内）の「諸国例貢御贄」や『延喜式』（大膳）の「諸国貢進菓子」によれば、木蓮子は河内国と大宰府から貢納すると定められています。大宰府からは特別な「木蓮子御贄使」が都まで運びました。しかし「駅鈴」（正式な公用使として伝馬を使用できる証明）を持たない道中は途中で食料が尽きるなど艱難辛苦を極めるため、善処してほしいという訴えが延暦十九年（八〇〇）に出されたと『類聚三代格』にあります。また『日本後紀』大同元年（八〇六）には民力休養のために「腹赤魚や木蓮子の貢納を停止する」という命令が出ています。柔らかい木蓮子の貢納は地方の民には相当な負担だったのでしょう。

ムベ（*Stauntonia hexaphylla*）の花

郁子　photoAC

果実

ムベ・アケビ

古名　郁子＝むべ
　　　蔔子＝あけび

ムベ

『和名類聚抄』では「郁子」と書いて「牟閉《むべ》」と読みます。秋に赤紫色の卵形の果実が実るつる性の植物です。アケビと似た実ですがアケビと異なって常緑植物なので「常葉《とこは》アケビ」とも呼ばれます。またアケビの実は熟すと裂けますが、郁子の実は裂けません。

貢納された郁子

郁子は小さく、種の回りのわずかなゼリー状の部分を食べる、なかなか食べにくい果実ですが、平安時代は貴重な果実とされたようです。『延喜式』（大膳）の「諸国貢進菓子」では山城国から「四担」、近江国から「二輿籠」の郁子が貢納されるとしています。「輿籠」とは他に見られない単位で、郁子が特別扱いされていたということなのでしょうか。

郁子伝説

郁子が宮中に納められる由緒には伝説があり、江戸時代の『古今要覧稿』では聖徳太子（天武天皇説もあり）が長寿の村人に理由を尋ねると郁子を食べているからということで、それ以後宮中に納めさせた、というのです。

事の真偽は不明ですが、郁子の貢納を定めた文安二年（一四四五）十一月の宣旨が記録に残り、江戸時代は毎年十一月一日に近江国から郁子が送られてくると『後水尾院当時年中行事』に記されています。

アケビ

『和名類聚抄』では「蔔子」と書いて「阿介比《あけび》」と読むとします。「木通」「通草」「山女」という字で書かれる場合もあります。『新撰字鏡』では「通草《あけび》」とし、「神葛、又於女葛《おめかづら》」と説明しています。

郁子を大きくしたような外観で、熟れるとぱっくりと裂けて、種を含んだゼリー状の果肉が現れます。その形状から「山女」「於女葛」の字が当てられました。

朝廷にも

『延喜式』（大膳）の「諸国貢進菓子」では、山城国から一担、大和国から一担、河内国から一担、摂津国から二担の「蔔子」が貢納されると定められています。都に近い畿内諸国からの貢納は、新鮮さを大切にしたからでしょう。

食べにくい果物

郁子も同様ですが、蔔子の可食部分はゼリー状の果肉部分です。その中には種がたくさん入っていますので、食べるのが難しいものです。

鎌倉時代の『三条中山口伝』には「調膳様事」の項目があり、「山女（アケビ）は晴の菓子には見られない。内々で食べるものである。食べる時は皮を切り捨ててもよい。ただし（果肉が）虫に似ているので切らないという人もいる」とあり、外見の悪さを気にしたようです。

アケビ（*Akebia quinata*）の花

蔔子　photoAC

海藻

ワカメ・コンブ

古名　海藻、和布＝にぎめ
昆布＝ひろめ、えびすめ

引干和布

ワカメ（*Undaria pinnatifida*）

和布

ワカメ

平安時代、幅の広い海藻は「布《め》」と呼ばれました。この「海藻」は一般名詞ですが、古文献で「海藻」といえばワカメのことでした。『和名類聚抄』では「海藻」と書いて「邇木米《にぎめ》」と読み、俗に「和布」と書くとしています。柔らかく美味しいワカメは海藻の代表格だったのです。

大量の貢納

『延喜式』(民部)では、全国各地から「調」や「中男作物」、そして「交易雑物」として大量の「海藻」や「海藻根《まなかし》」(めかぶ)が都に集められたことが記されます。また『延喜式』(宮内)の「諸国例貢御贄」では遠江・若狭・越前・能登・但馬・因幡の各国から「稚海藻《わかめ》」が、『延喜式』(内膳)の諸国貢進御贄「年料」では三河・遠江など十二か国から「稚海藻」や「海藻根」が貢納されます。天皇の「供御月料」では二十二斤八両という大量のワカメが供されました。

神饌に不可欠

『延喜式』では多くの官司の式に「海藻」が登場します。それは官司で祀る神様への神饌に用いられたからです。たとえば「織部司」では七月七日織女祭で、「大炊寮」では竈神に供えられるのが「海藻」でした。『延喜式』(神祇)の「供神御雑物」に入っているように、宮中神事ではすべての神饌で「海藻」は用いられました。

食べやすい海藻

『延喜式』(市)では、東市にも西市にも「海藻店」が定められていました。両市に開設されるのは生活必需品を意味します。また官司で働く傭人たちに給食として支給される食材にも、ほぼすべてワカメが入っていました。最下級の工人、の食糧は、米・塩・滓醤《かすびしお》そして「海藻」でした。

コンブ

現代では日本料理の基本食材ですが、平安時代の昆布は貴重品で一般的ではありませんでした。昆布は北の海でしか採れませんから、北国から陸路はるばる都まで持ってこなければなりません。そのため「蝦夷布《えびすめ》」とも呼ばれました。輸送手段が貧弱な時代、それは大変なことでした。

陸奥国の特産物

『延喜式』(民部)の「交易雑物」に「陸奥国〈昆布六百斤、索昆布六百斤、細昆布一千斤〉」とあります。『延喜式』(宮内)「諸国例貢御贄」の「昆布、縒昆布」、『延喜式』(内膳)諸国貢進御贄「年料」の「索昆布三十二斤、『調』細昆布一百二十斤、広昆布三十斤」すべてが陸奥国だけから納められるとされました。

その貢納は非常に苦労が多く、『続日本紀』霊亀元年（七一五）十月、蝦夷・須賀君古麻比留《すがのこまひる》が「先祖以来、貢献昆布、常採此地。年時不欠。今国府郭下、相去道遠、往還累旬、甚多辛苦」と訴えた記録が残ります。

主に仏事に

貴重品であった平安時代の昆布は使用例が少なく、『延喜式』（大膳）の「正月最勝王経斎会」や「七寺盂蘭盆供養」、「仁王経斎会供養」などに限られていました。

陸奥国からはるばる運ばれた昆布

細昆布と広昆布

コンブ（*Saccharina Stackhouse*）
photoAC

海藻

アラメ・モズク

古名 滑海藻、荒布＝あらめ
水雲、海雲＝もづく

アラメ

ワカメとともによく食べられたのがアラメです。『和名類聚抄』では「滑海藻」と書いて「阿良女《あらめ》」と読み、俗に「荒布」と書かれるとあります。また「未滑海藻」はカジメ（*Ecklonia cava*）です。神饌では「和布・荒布」とセットで並び称されました。

荒布

「海藻《にきめ》」の二倍

『養老令』（賦役令）では「調」として「海藻」百三十斤とともに「滑海藻」二百六十斤が定められ、『延喜式』（主計）での「調」は、海藻が四十三斤、滑海藻が八十六斤十両となっていて、滑海藻が海藻の二倍の量であることがわかります。これは「中男作物」の場合も同様で、滑海藻は伊勢・志摩・紀伊の国から貢納される規定でした。

アラメ（*Eisenia bicyclis*）

主食的な海菜

『延喜式』（内膳）に規定される天皇の「供御月料」での海菜類は「紫菜《むらさきのり》十二両、海松《みる》二斤四両、滑海藻十三斤八両、海藻廿二斤八両」です。ここでは消費量が「海藻」と逆転していますが、ともに大量です。アラメはコンブ科アラメ属で、チガイソ科ワカメ属のワカメと比較すると厚く「荒」を感じますが、ワカメよりも大量に収穫できますので海菜ではメインに扱われたのでしょう。

モズク

『和名類聚抄』では「水雲」と書いて「毛豆久《もずく》」と読むとし、出所不明の名だとしますが、一般的にはモズクが他の藻に付着して成長するために「藻付く」が語源とされます。『延喜式』（宮内）の「諸国例貢御贄」でも、『延喜式』（内膳）の諸国貢進御贄「年料」でも、若狭国だけから貢納されています。他の海菜よりも新鮮さを大切にした繊細な食材であったということでしょうか。

少ない用例

『延喜式』（内膳）の「諸国貢進御贄」に掲載されているにもかかわらず、モズクがどのような用途で用いられていたかを示す古記録は少ないようです。平安時代末期を記した『執政所抄』では、正月の大臣の私的饗宴「臨時客」で「海雲汁《もずくじる》」が供され、『玉葉』文治三年（一一八七）正月の臨時客でも同様に海雲汁が登場しています。

鎌倉時代の『年中行事秘抄』には「上子日、内蔵司供若菜事」の項があり、そこでは内膳司が用意するとして「十二種若菜」を紹介します。それが「若菜、薊、苣、芹、蕨、薺、葵、芝、蓬、水蓼、水雲、松（コウホネのこと）」ですが、そこに「水雲」（モズク）があります。他ではあまり見かけないラインナップですが、『祇園執行日記』など、海菜（ヒジキやアラメ）を「若菜」に入れる例は他にも見ることができます。

モズク（*Nemacystus decipiens*）

海藻

ミル・ヒジキ

古名　海松＝みる　鹿尾菜＝ひずきも

ミル（*Codium fragile*）

海松

ミル

干潮の磯に現れるミルは、「海松」の字にふさわしい松の枝のようなふさふさとした外観で、古来縁起の良い物として扱われました。「海松丸」などミルの姿を写した文様は、さまざまな器物に用いられています。そして平安時代は主要な食材の一つでもありました。

日常の食膳に

『養老令』（賦役令）の「調」では「海藻」（ワカメ）と同じ百三十斤の「海松」が規定されていることから、重要な海菜であったことがわかります。『延喜式』（主計）では志摩国の「調」と安房国の「庸」で海松が規定されています。また『延喜式』（民部）の「交易雑物」では、伊勢・三河・出雲・石見・紀伊の五か国から海松が納められました。

『延喜式』（内膳）によれば天皇の「供御月料」として「海松二斤四両」があり、『延喜式』（大膳）では「雑給料」として公卿と五位以上に「海松三分」が支給されました。

供饌に

神事では「神今食《じんこんじき》」「新嘗祭」、仏事では「正月最勝王経斎会」や「仁王経斎会」などで海松が供えられています。実際に食べますと非常に磯臭いですが酢のものにすれば食べられます。『今昔物語集』にも「海松ハ酢ニ入レテ食マシ」とありますから、昔から酢の物にして食べていたのでしょう。

ヒジキ

『延喜式』を見ますと、日本では古くから多種多様な海菜類が食用になっていたことがわかります。これは世界でも稀に見ることです。ヒジキも「鹿尾菜」の名で『和名類聚抄』に載っています。読みは「比須木毛《ひずきも》」です。

殯宮の食材？

「ひずきも」は古代の「比自支和気（ひじきわけ）」（和気は一族の意味）の藻という意味という説があります。『令集解』（喪葬令）には古代に天皇の喪葬を担った「比自支《ひじき》」一族がいたことが記されます。そして『日本書紀』持統天皇元年（六八七）八月の天武天皇喪葬（殯宮）場面に登場する「御青飯」を「ひきじきおほの」と読む訓註があり、これが海菜の混ぜ飯で、その海菜こそ「比自支《ひじき》藻」だったとする考え方があります。「鹿尾菜」が『延喜式』に登場しないのは、そうしたことが理由なのかもしれません。

在原業平のプレゼント

『伊勢物語』には恋する女性へ「ひじき藻」を贈り「思ひあらばむぐらの宿に寝もしなむ　ひじきものには袖をしつつも」と歌を詠む話が載ります。「ひじき藻の」と「引敷物」を掛けた歌ですが、ヒジキの解釈により意味が変わる歌ともいえるでしょう。

ヒジキ（*Sargassum fusiforme*）

鹿尾菜

海藻

ノリ・アオノリ

古名　紫菜＝むらさきのり
神仙菜＝あまのり
青苔＝あおのり

ノリ

現代では養殖技術が進みましたが、天然物だけだった時代は非常に高級な食材でした。『養老令』(賦役令)でも海菜の筆頭に立つのは「紫菜」こと海苔です。

紫が良品

『和名類聚抄』には「紫菜」と「神仙菜」の二種が記され、「海苔には三、四種あるが、紫色をもって良品とする。これを『神仙菜』として『阿末乃里《あまのり》』と読む」とします。『吾妻鏡』には建久五年(一一九四)正月に源頼朝が後鳥羽天皇に伊豆の海苔を献上した記録がありますが、そこには「甘海苔」とあります。

主に西日本から

『延喜式』(主計)では「調」として志摩国から、「中男作物」として石見・出雲・隠岐の三か国から、『延喜式』(民部)では「交易雑物」として土佐国から紫菜が都に送られました。こうした紫菜は『延喜式』(内膳)によれば、天皇の「供御月料」として毎月十二両が供され、「新嘗祭」「正月三節」「五月五日節」「七月七日」「九月九日節」などで饗膳を賑わせました。他の海菜類と異なり、紫菜は原則として干物として食べました。

『延喜式』(大膳)では「雑給料」として公卿や五位以上に、また「親王以下月料」として内親王や賀茂斎内親王、后妃たちにも紫菜は支給されています。この他、「正月最勝王経斎会」「七寺盂蘭盆供養」「仁王経斎会供養」などでも用いられました。

アオノリ

現代の市場での「青海苔」はアオサ科アオサ属のスジアオノリ(*Ulva prolifera*)、「あおさ」はヒトエグサ科ヒトエグサ属のヒトエグサ(*Monostroma nitidum*)であることが多いですが、実際には混乱しています。植物分類学のなかった平安時代はさらなる混同があったことでしょう。

仏事での利用

『延喜式』(民部)によれば「交易雑物」として伊勢・三河・出雲・石見・播磨・紀伊・阿波の七か国から「青苔《あおのり》」が納められました。内膳司での使用例は示されず、『延喜式』(大膳)では正月の「修太元帥法料」として「青苔五百八十条」が用いられています。また『執政所抄』や『類聚雑要抄』では、仏事や寺院での使用が示されます。

紫菜

青海苔(スジアオノリ)

アオサ

アオサ(*Ulva*)

海藻

フノリ・トサカノリ・オゴノリ・ホンダワラ

古名　鹿角菜＝ふのり、つのまた
鶏冠菜＝とさかのり
於期菜＝おごな
莫鳴菜＝ななりそ、なのりそ

『延喜式』（民部）の各国の賦役一覧を見ますと、実に多種多様な海菜類を食べていたことがわかります。主に三河以西の国々で収穫され、特に三河・伊勢・志摩三か国は大量の海菜類の供給地でした。たとえば「交易雑物」での伊勢国は「鹿角菜《ふのり》二石、青苔五十斤、海松五十斤、凝菜三十斤、於胡菜《おごのり》三十斤、鳥坂苔《とさかのり》五斤、海藻根十斤、那乃利曽《なのりそ》五十斤」と種類も量も豊富です。

『延喜式』（内膳）では天皇「供御月料」として「於期五斤四両、鹿角菜十二斤」が規定されていました。

これら海藻は仏事における精進料理の主要食材として多用され、『延喜式』（大膳）では「正月最勝王経斎会」など、各種の法要で利用が見られます。

トサカノリ（*Meristotheca papulosa*）

フノリ（*Gloiopeltis*）

フノリ

『和名類聚抄』では「海蘿」を和名「不《ふ》乃利《のり》」としますが、「鹿角菜（豆乃万太《つのまた》）」もまたフノリの仲間とされます。『延喜式』（大膳）「正月最勝王経斎会供養料」には「鹿角菜・角俣菜《つのまた》各二両」と二種の「つのまた」が記載されています。

トサカノリ

現代も刺身のツマに用いられます。『延喜式』（大膳）では「仁王経斎会供養料」として「生菜・海菜・茹菜等料」として用いられています。

オゴノリ（*Gracilaria vermiculophylla*）

オゴノリ

『延喜式』（宮内）の「諸国例貢御贄」では、若狭国から「毛都久《もずく》」（111ページ）と「於期《おご》」を納めると規定されています。

ホンダワラ

『日本書紀』の衣通郎姫説話から「莫鳴菜《なのりそ》」の名があり、『万葉集』にもよく登場します。また神功皇后の馬秣《まぐさ》となったという伝説から「神馬藻《じんばそう》」とも呼ばれます。『延喜式』（大膳）では「正月修太元帥法料」として「名乗曽《なのりそ》二十四斤」があります。

ホンダワラ（*Sargassum fulvellum*）

魚介

アユ・コイ

古名 鮎、年魚＝あゆ
鯉＝こひ

アユ（*Plecoglossus altivelis*） photoAC

アユ

海に面していない山城国の平安京では、鮮魚といえば淡水魚、その中でも身近な美味は鮎でした。幼魚（氷魚《ひお》・179ページ）や稚魚、そして成魚すべてが都の人々に賞味されました。鮎は寿命が一年ですので「年魚」と記されることが多くありました。ただし『和名類聚抄』では鮭も「年魚」とします。

大量の貢納

海の鯛に比すべき川の魚の代表が鮎。さまざまな加工がなされて全国から貢納されました。『延喜式』（主計）の「中男作物」では、火乾年魚・押年魚（154ページ）・煮乾年魚・漬塩年魚・煮塩年魚・鮨年魚（155ページ）と、各種の鮎（年魚）製品が全国から大量に都に貢納されています。いかに鮎が好まれていたかがうかがえます。

干年魚

大量の消費

『延喜式』（内膳）では天皇の「供御月料」として「押年魚各十六斤八両」があるほか、「正月三節」「神今食」「新嘗祭」「九月九日節」と、年間多くの行事儀式で鮎が用いられます。

『延喜式』（大膳）で「宴会雑給」に見られるほか、『西宮記』『土佐日記』『小右記』など、さまざまな古記録・古文献に鮎（年魚）は数多く登場します。

コイ

鯉は大昔に中国から導入されたものとされ、『日本書紀』にも登場する魚です。『醍醐天皇御記』延喜十八年（九一八）十月の記事や、『貞信公記』天慶九年（九四六）十二月、『九暦』天暦四年（九五〇）五月の記事に、皇族や貴族が鯉を賞味したことが記されますが、なぜか『延喜式』の内膳式・大膳式に「鯉」は登場しません。

釈奠での利用

『日本三代実録』では仁和元年（八八五）十一月に、「釈奠」が神事と同じ日になった場合は「三牲《さんせい》」（28ページ）を避けて、代わりに六衛府《ろくえふ》が生きた「鮒・鯉」を用意すると規定され、『延喜式』（大学）でも同様の規定が記されます。鯉は中華風の魚という認識だったのでしょうか。

やがて魚の代表格に

『平記』長暦元年（一〇三七）六月の「賢所供神供物」や、康平五年（一〇六二）四月の任大将饗宴に鯉が登場します。

鯉は鮎や鮒と比べて堂々とした姿であるためか脚光を浴び、やがて平安時代後期には饗宴に用いられる魚の筆頭に位置付けられるようになります。新鮮なものが入手できる鯉は生の刺身である「鱠《なます》」として、永久三年（一一一五）七月の「関白右大臣東三条移徙」に用いられたことが『類聚雑要抄』に記されます。鎌倉時代の『徒然草』になると、鯉は「やんごとなき魚なり」とあります。

コイ（*Cyprinus carpio*） photoAC

魚介

フナ・イシブシ

古名　鮒＝ふな
鮔＝いしぶし

フナ

『延喜式』に掲載の少ない鯉（115ページ）と異なり、鮒は非常に多く登場します。『養老令』（賦役令）の「調」に「近江鮒五斗」と国名が明示されるように、鮒は近江国・琵琶湖の名産でしたが、『延喜式』（主計）では「鮨鮒」「醤鮒」といった加工品が美濃・筑前・筑後の国々からも貢納されています。

ニゴロブナ（*Carassius buergeri grandoculis*）　撮影地：滋賀県立琵琶湖博物館

各種の加工品

身近な鮒はさまざまに加工され賞味されました。『延喜式』（内膳）には、今も滋賀県名物である「鮨鮒《ふなずし》」のほか、「醤鮒」そして詳細不明な「煎地豆交鮨鮒」が登場します。さらに「暴布」（晒し布）の用途として「押鮒料三条、押焼漬鮒料三条」とありますから、そうした加工品もあったのです。

供御品製造所「御厨《みくりや》」

『延喜式』（内膳）には「造醤鮒・鮨鮒各十石。味塩鮒三石四斗〈近江国筑摩厨所進〉」とあります。天皇供御の鮒加工品は近江国筑摩《ちくま》（現在の滋賀県米原市）にあった御厨（162ページ）で生産されたのです。

さまざまな宴で

延喜十八年（九一八）十月の朱雀院行幸では、左右の衛門府の官人が庭の池に網を設置して「鯉・鮒十余」を獲り、天皇の御前で調理したと『醍醐天皇御記』に記されます。また『小右記』寛仁元年（一〇一七）十二月にある、藤原道長・任太政大臣大饗では、冬や早春には珍しい近江鮒が供されたとあります。

イシブシ

「鮔」や「䲁」と漢字では書かれますが、「いしぶし」は「石伏」の意味で、川で石に伏せて隠れる習性からの名前であると『和名類聚抄』にあります。似たような習性の淡水魚は多く、ドンコ（*Odontobutis obscura*）やカジカ（*Cottus pollux*）、あるいはハゼ科のヨシノボリ属（*Rhinogobius*）やチチブ（*Tridentiger obscurus*）（関東ではダボハゼ）などが想定されて確証がありません。平安時代にどこまで区別されていたかも不明です。

光源氏が賞味

『源氏物語』（常夏）には、非常に暑い日に池の「釣殿《つりどの》」で涼み、桂川の鮎と鴨川の「いしぶし」のような魚を光源氏の目の前で調理させて食べたとあります。貴族たちには身近な食材だったのでしょう。

ドンコ（*Odontobutis obscura*）　photoAC

魚介

ビワマス・スズキ

古名 阿米魚＝あめ、あめのいお
鱸＝すずき

ビワマス

サクラマス（*Oncorhynchus masou*）の亜種で琵琶湖の固有種。サケなどと異なり海に下ることなく、一生を河川と琵琶湖という淡水域で過ごします。現代も漁獲されますが、海水魚の生臭さ、川魚の特有臭がともに少なく、旨味・甘味があって非常に美味な、高級食材として扱われています。秋の産卵期、大雨の降る日に大群で川を遡上する光景が見られることから「雨魚《あめのいお》」と呼ばれました。

ビワマス（*Oncorhynchus masou rhodurus*）
撮影地：滋賀県立琵琶湖博物館

鱒とは別格

『延喜式』（内膳）「諸国貢進御贄」の「年料」では、近江国から貢納される食材を「煮塩年魚二石、鮒、鱒、阿米魚、氷魚」と列挙します。鱒と阿米魚が区別されていることから、阿米魚が普通の鱒ではない別格の魚であったことがわかります。『延喜式』（宮内）の「諸国例貢御贄」や『延喜式』（内膳）の「諸国貢進御贄」に近江国の「阿米魚」が規定されていますが、『延喜式』（主計）では中男作物として「阿米魚六斤」とされ、約四キログラムほどしか納入されていません。いかに貴重品であったかが想像できます。

阿米魚の鱠

スズキ

成長に従ってセイゴ、ハネ（フッコ）、スズキと呼び名が変わる、いわゆる「出世魚」。『古事記』国譲りの場面で饗宴に供せられる魚に「須受岐《すずき》」が登場し、『平家物語』には熊野詣での船中に鱸《すずき》が飛び込み、吉祥として食べた話が載るなど、縁起の良い魚とされ、好んで食べられたようです。

内陸の海水魚

スズキは海水魚ですが浸透圧調節能力に優れ、稚鮎を狙って河口から二〇キロ以上も淡水の淀川を遡上し、琵琶湖まで達することもありました。

『延喜式』（宮内）の「諸国例貢御贄」での「鱸」は、海に面しない山城国が貢納国です。『蜻蛉日記』には、藤原道綱母が初瀬《はせ》詣でからの帰路、宇治川縁で藤原兼家から「鯉・鱸などしきりに」贈られます。これは当時、宇治橋付近で鱸が獲れたことを物語ります。

皮をすかず

『平記』康平三年（一〇六〇）七月の任大臣大饗の饗膳に「生物二種〈鯉、雉代鱸〉」とあって、雉の代わりに鱸が生で用いられています。また『類聚雑要抄』では永久三年（一一一五）七月の関白右大臣東三条移徙（転居）の饗膳に「鱸鱠」が登場します。

この鱸鱠について『厨事類記』の「調備故実」では、皮をすかず（剝かず）に造り重ねて盛るべしとあります。

鱸の鱠

スズキ（*Lateolabrax japonicus*） photoAC

魚介

アジ・イワシ

古名　鰺＝あじ　鰯＝いわし

マアジ（*Trachurus japonicus*）　photoAC

アジ

江戸時代中期、新井白石の『東雅《とうが》』では「味が良いので鰺《あじ》という」と語られます。その適否は不明ながら、美味しい鰺は縄文時代から食べられていたことが遺跡の調査でわかっています。

しかし古記録・古文献での鰺の食用記録は案外と少ないものです。

神今食の忌火御飯

六月と十二月の十一日、天皇が神聖な忌火で炊いた米を神に供え自らも食べる神事「神今食」。それに先立つ当月一日、天皇は「忌火御飯《いんびのおんいい》」を食べましたが、その御菜に鮑や鰹、干鯛と並んで「干鰺」が三十枚も供されました。

その鰺は和泉国から貢納されることが『延喜式』（宮内）の「諸国例貢御贄」からわかります。

青魚の禁令

『類聚符宣抄』によれば、天平九年（七三七）六月、「赤斑瘡《あかもがさ》」（天然痘か）が流行した際に、さまざまな食べ物の禁令が出されました。

それは「生水は飲むな」というような、一般論としての衛生的な食生活が説かれた条文ですが、「魚や肉はよく炙ってから食べよ。鯖や鰺は干物でも食べてはいけない」とあります。青魚が特に「あしが早い」（傷みやすい）という認識との関連が考えられます。

イワシ

魚偏に弱と書くほどあしが早い鰯《いわし》ですが、食べると健康に良いというような知識は平安時代からあったようです。『中外抄』久安六年（一一五〇）十一月の記事に、「鰯は『いみじき薬』であるが公家は食べない。鯖も卑しい食べ物だが帝も召し上がる」とあります。ＥＰＡなどという知識はなくとも、経験的に鰯が健康食、「いみじき薬」であるということは、当時も理解されていたのです。

鰺とともに

忌火御飯には鰺とともに鰯も神饌となっています。『延喜式』（主計）では、備中・備後・安芸・周防・紀伊・讃岐の各国から「中男作物」として「大鰯」や「比志《ひし》古《こ》鰯」が納められています。

紫式部伝説

江戸時代中期の『和訓栞《わくんのしおり》』に面白い逸話が載っています。

紫式部が鰯を食べていると、帰宅した夫の藤原宣孝が「卑しきものを好み給ふ」と苦笑します。式部は平然と「日の本にはやらせ給ふ石清水　参らぬ人はあらじとぞ思ふ」（日本中の尊崇を集める石清水八幡宮のように、イワシを好まない人はいない）と歌を詠みます。

鰯は大群で行動する習性があり、女房詞で鰯を「お群《むら》」「おむらさき」と呼んだことから紫式部とからめた後世の作り話でしょう。室町時代の御伽草子『猿源氏草紙』では、この逸話の主人公は紫式部ではなく和泉式部だとします。

マイワシ（*Sardinops melanostictus*）　photoAC

魚介

サケ・タイ

古名　鮭＝さけ
鯛＝たひ

干鮭

サケ（*Oncorhynchus keta*）

サケ

美味で身が大きく食べでがある鮭は古くからご馳走でした。生鮭はもちろん、鮭楚割《さけのすはやり》（159ページ）、鮭鮨のほか、鮭氷頭《さけのひず》（161ページ）、鮭背腸《さけのせわた》（161ページ）や鮭子（筋子）といった珍味類も数多く貢納されています。今に伝わる塩引鮭、荒巻鮭なども作られ、贈答品に用いられることもありました。

珍味は北陸地方から

『延喜式』（主計）によれば、珍味類は中男作物として、信濃国から鮭楚割・鮭氷頭・鮭背腸・鮭子が、越中国から鮭楚割・鮭鮨・鮭氷頭・鮭背腸・鮭子が、越後国からは鮭内子と子、氷頭、背腸が納められる規定でした。

『延喜式』（宮内）の「諸国例貢御贄」では信濃国が楚割鮭、越前国が鮭子・氷頭・背腸を納めるとあります。

塩引鮭　photoAC

生鮭は山陰地方から

『延喜式』（内膳）において「生鮭」は若狭・越前・丹波・丹後・但馬・因幡の各国から納めるとあります。こうした鮭は天皇の「供御月料」として「鮭四十五隻」が用いられるほか、平野祭や春日祭など神事で神饌、親王以下の皇族や后妃の「月料」として支給されました。

タイ

形も色も優美で華やか、そして旨味が強く美味しい鯛は食材として古くから珍重されました。

『延喜式』（宮内）の「諸国例貢御贄」では和泉国から鯛が納められるとあり、『延喜式』（内膳）「諸国貢進御贄」の「年料」では和泉国のほか伊勢国から「鯛春酢」が、丹後国から「小鯛酢」が、讃岐国から「鯛塩作」が、大宰府から「鯛醬」が納められるとされました。

ところが「神今食」や「新嘗祭」の神饌にはなるものの、天皇の日常の供御膳には登場していません。鯛の何が問題だったのでしょうか。

儀式での使用例

『新儀式』の「天皇加元服事」では「乾鯛・鯛醬」が、『西宮記』の「孟冬旬《もうとうのしゅん》」では「干鯛」が供されています。『九暦』天暦五年十月の「魚味始」（153ページ）では、他の魚鳥より先にまず鯛が供されるなど、鯛が格上の魚類であったことを示す史料は多くあります。

平安時代後期の『厨事類記』になりますと、「供御次第」に「焼物菜」として鯛が登場するようになり、「窪坏物」（23ページ）や「干物」「生物」「汁物」そして「追物」（150ページ）にと、鯛が大活躍するようになります。

干鯛

マダイ（*Pagrus major*）

魚介

サバ・カツオ

古名　鯖＝あおさば
堅魚＝かつお

マサバ（*Scomber japonicus*）　photoAC

サバ

江戸時代、若狭の鯖が京都にまで運ばれた、いわゆる「鯖街道」は有名ですが、『延喜式』（主計）では若狭国から鯖の貢納は規定されていません。『延喜式』（内膳）の「供御月料」にあるのは「能登鯖一百四十二隻」です。

比較的格下の魚

『延喜式』（大膳）の「雑給料」は身分別の支給食材が記されます。「参議以上」（公卿）や「五位以上」には鯖は支給されずに「隠岐鰒《あわび》」などの高級食材が支給されますが、「六位以下」には「隠岐鰒」がなく、鯖の支給となります。同じことが「新嘗祭小斎解斎給食」でも見られます。鯖は格下の食材であったようですが、「供御月料」に「能登鯖」が挙げられていることから、天皇の食膳に鯖が上っていたことは間違いありません。

いやしき物なれど

『中外抄』久安六年（一一五〇）十一月の記事に、「鰯は素晴らしい薬になるが公家は食べない。鯖はいやしき物なれど、天皇供御となる。後三条天皇は鯖の頭に胡桃を塗って炙って食べていた」という内容があります。『厨事類記』の「供御次第」にも「平盛菜」の一つとして鯖が挙げられています。天皇の食生活は豪華贅沢だけではなく、健康にも配慮されていたのでしょう。

カツオ

「堅魚」は魚種としてのカツオを表した言葉でもありますが、素干しした干物（60ページ）を指す言葉でもありました。カツオは干すと非常に堅くなるので「堅魚（かたうお）」と呼ばれ、それがカツオの語源といわれます。

『養老令』（賦役令）では「調」として「堅魚三十五斤」のほか「煮堅魚二十五斤、堅魚煎汁四升」の貢納が規定されています。鰹の持つ旨味の強さが、魚の中でも特に多い貢納量につながっているのでしょう。

駿河国が日本一

『延喜式』（主計）では「堅魚」を「調」や「中男作物」として貢納する国は伊豆・駿河・志摩・相模・安房・紀伊・阿波・土佐・豊後・日向の十か国ですが、他の魚と比べて「調」での貢納が定められている魚種は「堅魚」が一番多いのです。「調」としての堅魚の貢納量は駿河国が二千四百十二斤で、当時日本最大の水揚げがあったようです。二位の土佐は八百五十五斤にすぎず、駿河の圧倒的な量がわかります。

鰹はさまざまに調理されて食膳を賑わせ、基本的に干物でしたが、『執政所抄』「上午日宮咩奠事」には「魚、生」として、鯛や鱒と並んで「堅魚」があり、生食されていた可能性があります。

カツオ（*Katsuwonus pelamis*）　photoAC

魚介
イカ・タコ
古名 烏賊＝いか
鮹、蛸＝たこ

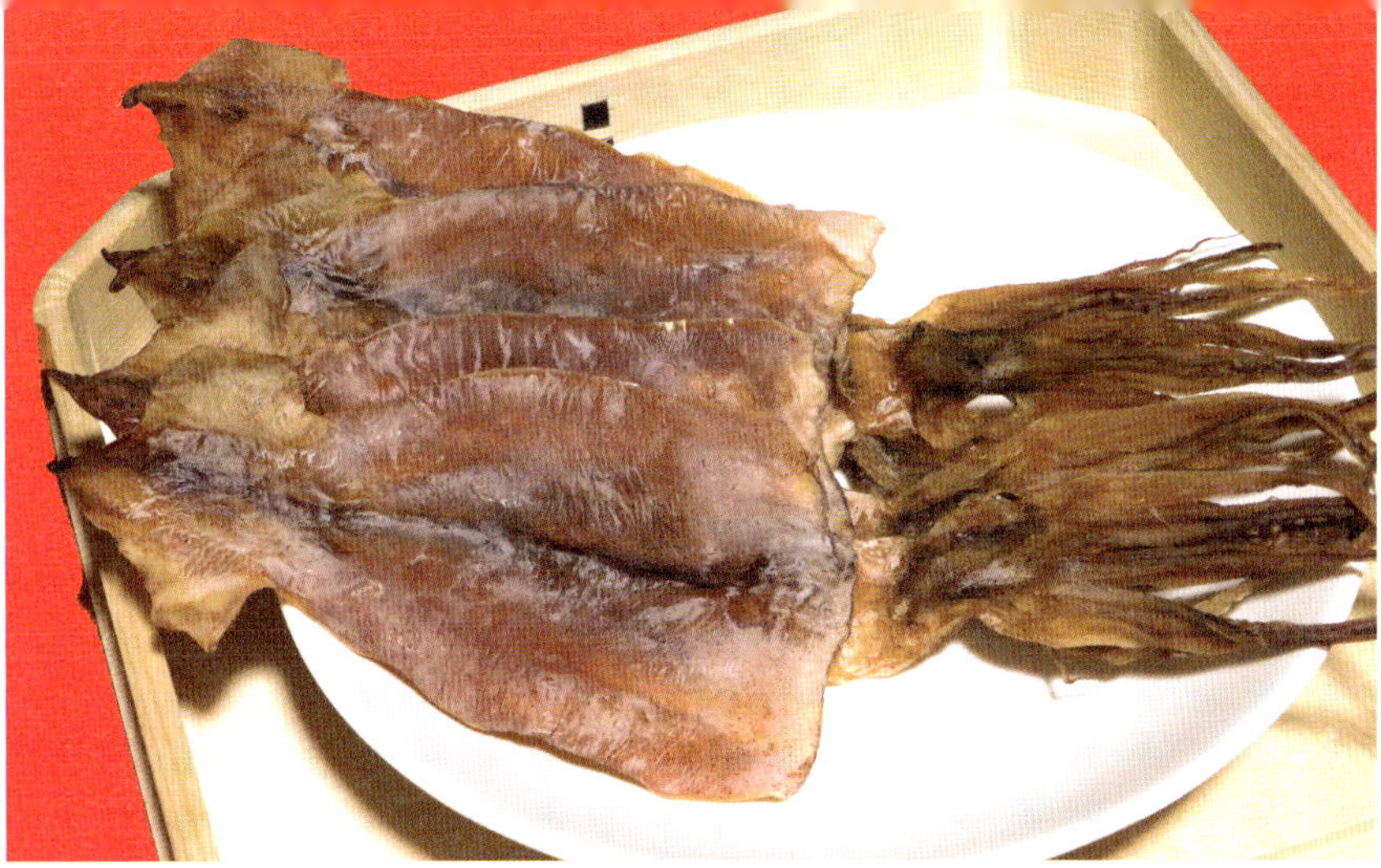
鯣（するめ）

イカ
「烏賊」というのは変わった字ですが、『和名類聚抄』には「いつも水に浮かび、鳥が死骸だと思って食べに来ると巻きついて鳥を捕らえる」という中国の伝説が記されます。

西の国から
『養老令』（賦役令）では「調」として「烏賊三十斤」が示されます。『延喜式』（主計）では「調」として若狭・出雲・豊前の三か国から、「中男作物」として丹後・筑前・豊前の三か国から都に納められました。『延喜式』（民部）では「交易雑物」として若狭から三百斤もの烏賊が購入されています。

天皇の食膳にも
『延喜式』（内膳）では「供御月料」として二十三斤四両の烏賊が供されるほか、「新嘗祭供御料」「五月五日節」「七月七日」「九月九日節」などで用いられ、『延喜式』（大膳）では「六月神今食」「鎮魂」「園韓神祭」「平野夏祭」「松尾神祭」などの神事で用いられ、また「雑給料」「宴会雑給」として親王以下、公卿・五位以上の貴族にも烏賊が支給されています。「妃」や「夫人」といった后妃にも毎日支給されました。

タコ
『和名類聚抄』では「裸の人間のようで丸い頭」と面白い表現をしています。また俗に「蛸」という字も用いるとあります。『執政所抄』の「御節供事」「干物八坏」に、干鳥や割楚、干鯛などと並んで「蛸焼」がありますが、これは「鮹焼」（159ページ）のこと。「蛸」は「蚤《のみ》」の異字体でもありますが、古記録ではほぼすべて鮹を意味する字です。

烏賊と同じく
『延喜式』（主計）では「調」として「乾鮹九斤十三両」と「鮹醋四斤」が規定されています。「中男作物」としては「乾鮹」とともに「貝鮹鮨」が規定されますが、この「貝鮹」が殻を持つアオイガイのことか、貝に隠れる習性を持つイイダコのことかは不明です。「調」としては隠岐・肥後の二か国から、「中男作物」としては讃岐国から貢納されています。『延喜式』（内膳）では「供御月料」に「鮹・烏賊各二十三斤四両」が載ります。

干物（削物）の代表格
干物は薄く削って食べるので「削物《けずりもの》」とも呼ばれます。『類聚雑要抄』では「聟娶御前物」や「母屋大饗」「庇大饗」「五節殿上饗」などさまざまな饗宴で「干物」として鮹が登場しています。

マダコ（*Octopus sinensis*） photoAC

干蛸

魚介

アワビ

古名　鰒、鮑＝あわび

アワビ（*Haliotis asinina*）

『三国志』魏書・烏丸鮮卑東夷伝・倭人条、いわゆる『魏志倭人伝』には、「倭人は好んで魚・鰒《あわび》を獲る。水の深浅を問わず、皆もぐってこれを獲る」とあります。日本人は古来、鮑が大好物だったのです。現代も鮑は高級食材ですが、平安時代も最高級の食材でした。『和名類聚抄』では「鰒」や「鮑」と書いて「阿《あ》波《わ》比《び》」と読むとあります。

内膳式・大膳式に満載

朝廷内でも特別なご馳走であった鰒は、『延喜式』の（内膳）や（大膳）の随所に登場します。（内膳）では天皇の「供御月料」はもちろん、「神今食」「新嘗祭」といった神事での神饌や、「正月三節」「五月五日節」「七月七日節」「九月九日節」といった饗宴に大量の鰒が用いられています。

産地別の鰒

『延喜式』（主計）や『延喜式』（内膳）の「供御月料」では「東鰒四十五斤、薄鰒十一斤四両、隠岐鰒四十五斤、醬鰒二十一斤」「安房雑鰒二十三斤四両、腸漬鰒二斗三升二合五勺」といった、産地別の鮑の規定があります。

『延喜式』（大膳）の「雑給料」は身分別の支給食材が記されます。そこでは参議以上（公卿）や五位以上には「東鰒」「隠岐鰒」が支給されますが、六位以下は「東鰒」だけで「隠岐鰒」は支給されません。このことから、隠岐鮑のほうが東鮑よりも格上であったことがわかります。

加工別の鰒

『延喜式』（主計）の「調」では、「御取鰒、着耳鰒、耽羅鰒、鳥子鰒、都都伎鰒、放耳鰒、長鰒、短鰒、凡鰒、串鰒、横串鰒、細割鰒、葛貫鰒、火焼鰒、羽割鰒、蔭鰒、薄鰒」といった加工品が列挙され、さらに「腐耳鰒、甘鮨鰒、鮨鰒、腸漬鰒」といった珍味類も規定されています。想像以上の加工品の種類の多さは、いかに鰒が好まれていたかを示します。

各種加工品の詳細は、現代も伝わる薄鰒・御取鰒（163ページ）などのほかは、よくわかっていないものがほとんどです。

『延喜式』（内膳）では「諸国貢進御贄」の「旬料」（十日に一度の貢納）として、九月から翌年三月までの間、志摩国御厨で新鮮な鰒を用いて「味漬・腸漬・蒸鰒・玉貫・御取夏鰒」を作るとされ、「年料《ねんりょう》」（年間の貢納）では大宰府が「御取鰒・短鰒・薄鰒（166ページ）・陰鰒・羽割鰒・火焼鰒・鮨鰒・腸漬鰒・甘腐鰒」を調達するとあり、さらに土佐国は「腸漬小鰒」を地元で購入して都に送るなどして、膨大な朝廷での需要に応えました。

鰒は、後世にいたるまで朝廷で尊重されます。薄く伸した「熨斗鰒」（163ページ）や「昆布鰒」（182ページ）は、江戸時代も宮中でのご馳走でした。

鰒羹（蒸し鰒）

鰒鱠

ハマグリ（*Meretrix lusoria*）

魚介

ハマグリ・ニシ

古名 蚌蛤＝はまぐり、うむき
大辛螺＝あき
小辛螺＝にし

ハマグリ

『枕草子』には「貝は、うつせ貝（巻貝の貝殻）、蛤《はまぐり》、いみじうちひさき梅の花貝」とあり、蛤は二枚貝の代表格。ただしその「蛤」が現代の認識のハマグリと同じであるかは不明です。『和名類聚抄』では「文蛤」（イタヤガイ）、「馬蛤」（マテガイ）など、ハマグリ以外の貝類にも「蛤」の字を用いています。

日本の供御第一号

『日本書紀』には景行天皇五十三年（推定西暦一二三）十月、天皇が船で上総国に渡ろうとしたときに海中から「白蛤」を拾い、これを「磐鹿六鴈《いわかむつかり》」という人物が「膾」に料理して天皇に進めた話が載ります。『本朝月令』ではこれについて、磐鹿六鴈は高橋氏の祖であり、高橋氏が内膳司の「奉膳」職（19ページ）に就く由来であるとします。

焼ハマグリ

不思議なことに、供御第一号であるにもかかわらず、『延喜式』には「蛤」や「蚌」といった蛤が食材として記されることはありません。わずかに『延喜式』（典薬）に尾張国から「海蛤一斗」が貢納されるとありますが、これは薬としてです。ただし『今昔物語集』（品不賤人去妻後返棲語）には「蛤は焼きて食ひてまし」とありますから、現代と同じように焼蛤を賞味していたことは間違いありません。

ニシ

「螺」は大きめの巻貝を示す名称のようで、『和名類聚抄』には「栄螺子」（さざえ）、「石炎螺」（まよわ）などもありますが、ただ「螺」といえば「大辛螺」（あき・アカニシ）と「小辛螺」（にし・ナガニシ）のことを指したようです。

『養老令』から

『養老令』（賦役令）には「調」として「螺」「海細螺」そして「辛螺頭打」が規定されます。「頭打」は、貝殻の先端に穴を開けて塩や酢に漬けたものとされます。『延喜式』（主計）では「乾螺」が「調」とされ、『延喜式』（内膳）では志摩国御厨が調製するとあります。これらは「新嘗祭」「正月三節」などの神事・儀式で供饌に用いられました。

大嘗祭に不可欠

『貞観儀式』の「践祚大嘗祭儀」には、紀伊国から「賀多潜女《かだかづきめ》」十人が獲った「生螺六籠」や「螺貝焼塩十顆」を、阿波国那賀郡の「潜女十人」が獲った「細螺十壺」を「由加物《ゆかもの》」（供物）として納めるとあります。「螺」は海の幸の代表の一つでもあったのです。

アカニシ（*Rapana venosa*）

魚介

カキ・ウチムラサキ・ナミガイ

古名　蠣＝かき　白貝＝おふ

マガキ（*Crassostrea gigas*）

カキ

『延喜式』（主計）の「諸国輸調」で「蠣醋」（カキの干物）十六斤十両の貢納が規定され、肥後国の中男作物が「蠣醋」とされます。また『延喜式』（宮内）の「諸国例貢御贄」には、伊勢国から「蠣、礒蠣」とありますので天皇の食膳にも上ったのでしょう。

『執政所抄』では「上午日宮咩奠《みやのめのまつり》」でカキが神饌に登場します。宮咩祭で読み上げる祭文は、神饌それぞれの名称に掛けた賀詞を詠み込むもので、カキは「蠣乃加木登利給比《かきのかきとりたまひ》」とあります。

「礒蠣」＝生ガキ？

『延喜式』（内膳）「諸国貢進御贄」の「年料」では、伊勢国から「蠣、礒蠣《あらかき》」の両種が貢納されるとされます。これはマガキ（*Crassostrea gigas*）とイワガキ（*Crassostrea nippona*）のような種の違いなのか、「蠣」が干物で「礒蠣」が生ガキなのか、判断が難しいところです。

ただし「年料」に「刀子（小刀）七十七枚」があり、そのうち十枚が「剥蠣料」とされていることから、納められた蠣が殻付きであったことが想像されます。『吏部王記』延長八年（九三〇）正月の大臣大饗で「立作所」（13ページ）に「雉小焼・荒蠣等」とあるのは、殻付きのカキを焼いたとも読めます。

ウチムラサキ・ナミガイ

『和名類聚抄』で「白貝」は「於富《おふ》」と読み、「蛤」であるとし、ハマグリ（123ページ）と混乱しています。

現代、「白貝」はウバガイ（通称ホッキ貝）の古称とされることもありますが、『常陸国風土記』にあるのが白貝の平安時代の文献上の北限です。『延喜式』（内膳）「諸国貢進御贄」の「年料」には尾張国から「白貝二担四壺」を貢納する規定があることから、これは茨城県以北から北海道が生息地であるウバガイではありえません。

尾張国の貝

今も昔も三河湾は貝類の宝庫で、三河湾に面する知多半島が尾張国になります。

三河湾産で貝殻も身も白いのは、ウチムラサキ（貝殻の内側が紫色・通称大あさり）あるいはナミガイ（通称白ミル貝）ですが、『延喜式』の「白貝」がどの種の貝を指すのかの確証はありません。

大臣大饗で

『延喜式』（内膳）の「諸国貢進御贄」にありますから天皇も食べたと思われますが、「供御月料」などには載りません。ただし白貝は正月の大臣大饗（12ページ）で用いられたことが、『類聚雑要抄』や『二中歴』に記されています。

ナミガイ（*Panopea japonica*）

ウチムラサキ（*Saxidomus purpurata*）

魚介

キサゴ・サザエ

古名 小贏子・細螺＝しただみ
栄螺子・栄螺＝さざえ

キサゴ

「しただみ」は、一般的にニシキウズガイ科の巻貝「キサゴ」(*Umbonium costatum*)の古名とされますが、『和名類聚抄』では「小贏子」を「之太々美《しただみ》」とし、「甲贏《つひ》(バフンウニ)に似て細く小さく、口に白玉の蓋がある」とあり、印象が変わります。スガイやイシダタミなど小さな巻貝の総称だった可能性があります。

ダンベイキサゴ (*Umbonium giganteum*)

『養老令』(賦役令)には「調」として「海細螺一石」が定められています。わざわざ「海」と付いているのは淡水のタニシも「細螺」とされたためで、『播磨国風土記』には田の溝に「細螺」が多いので「細螺川」と名付けたとあります。

多用された細螺

『貞観儀式』では「践祚大嘗祭」において阿波国那賀郡の「潜女《かづきめ》」が獲った「細螺」十壺を阿波国の「由加物」(供物)として神前に供えています。これは『延喜式』(神祇)でも同様に記されます。「潜女」は十人、五日間の食料は阿波国の正税を充てるとあって、重要視されていたことがわかります。『二中歴』や『類聚雑要抄』によれば、大臣大饗でも「細螺」が饗膳に上りました。

サザエ

『催馬楽《さいばら》』(平安時代に流行した民謡・風俗歌)にある、男を婿に誘う歌「我家《わいえ》」に、「御肴に何良けむ、鮑・栄螺か石陰子良けむ」とあります。当時から魅力的な酒肴として好まれたようです。『類聚雑要抄』では永久四年(一一一六)正月の大臣大饗で石陰(ウニ)とならんで「栄螺子」(サザエ)が記されます。

螺杯

『西宮記』の賀茂臨時祭や、『小右記』寛和元年(九八五)三月の石清水臨時祭の記事に、酒宴での「螺杯」が登場します。これは『和名類聚抄』で「錦貝」(やくのまだらがい)とされる屋久島など南西諸島原産のヤコウガイ(*Turbo marmoratus*)を用いた杯です。臨時祭につきものとされ、『枕草子』にも「なほめでたきこと、臨時の祭ばかり」として、かわるがわる盃を取り、果てには屋久貝《やくがい》というもので飲むと記されています。『貞観儀式』では「践祚大嘗祭儀」で「夜久貝盞坏《やくがいあえつき》」が用いられています。盛儀での「お宝酒盃」という位置付けだったようです。

なお「錦貝」とも呼ばれるように、夜光貝の貝殻は見事な真珠光沢を放ち、螺鈿細工の材料になります。

サザエ (*Turbo sazae*)

ヤコウガイ (*Turbo marmoratus*)

イガイ（*Mytilus coruscus*）

魚介

イガイ・ウニ

古名　貽貝＝いがい
霊蠃子＝うに
甲蠃子＝つひ
石陰子＝かせ

イガイ

江戸時代前期に書かれた『本朝食鑑』には「貽貝《いがい》は美味とはいえず臭気があるが、その臭気を好む者は嗜《たしな》む」とあり、江戸時代はそれほど好かれた食材ではなかったようです。

しかし奈良・平安時代には大いに用いられました。『養老令』(賦役令)には「調」として「貽貝鮓三斗、貽貝後折六斗」が定められています。「貽貝後折《しりおり》」について『令集解』では、「貝の尻に穴を開け、貝のまま作る」と解説します。貝殻付きでの塩漬けか酢漬けなどだったのでしょう。

貽貝鮨

『延喜式』（主計）に登場する貽貝はすべて「鮨」で、「貽貝保夜交鮨《いがいほやまぜずし》」と「貽貝鮨」の二種類がありました。前者は若狭国から、後者は三河・伊予両国から納められています。

『土佐日記』に「ほやのつまのいずし」が登場しますが、この「いずし」は「貽鮨」のことで、「ほやのつま」は保夜を交ぜたという意味だとされます。

『延喜式』(主膳)には「月料」として「貽貝鮨二斗二升五合」があり、東宮(皇太子)が賞味したようです。また『枕草子』「名おそろしきもの」に挙げられる「いにすし」も「貽貝鮨」のことと考えられています。

ウニ

現代もウニは高級食材として知られますが、それは奈良・平安時代も同じでした。『養老令』（賦役令）には「調」として「棘甲蠃六斗、甲蠃六斗」が規定されます。この「棘甲蠃」はトゲの鋭いムラサキウニなどを意味し、「甲蠃」はトゲの穏やかなバフンウニなどを指していると思われます。

しかし『和名類聚抄』では「霊蠃子」を「宇仁《うに》」としますが「甲蠃子」は「豆比《つひ》」と読み、「辛螺《にし》」（123ページ）のように説明します。そして「石陰子」を「加世《かせ》」として「甲蠃」のことだと混乱しています。都の人々は生きたウニを見たことがなかったのでしょう。

若狭国から

ウニは日本全国の沿岸に分布し、『常陸国風土記』には「棘甲蠃が多い」、『延喜式』（神祇）には阿波国から棘甲蠃が納められるとありますが、『延喜式』（主計)での「調」の貢納国は若狭国一国で「甲蠃」を納めるとあります。貢納は加工された塩雲丹《うに》であったと思われます

歌謡『催馬楽《さいばら》』「我家」には、「御肴に何良けむ、鮑・栄螺か石陰子良けむ」とあり、鰒・栄螺と並ぶ酒肴として親しまれたことがわかります。また大臣大饗の饗膳に『二中歴』では「甲蠃」、『類聚雑要抄』では「雲蠃子」が登場します。

バフンウニ（*Hemicentrotus pulcherrimus*）　photoAC

ムラサキウニ（*Heliocidaris crassispina*）　photoAC

塩雲丹

魚介

ナマコ・ホヤ

古名　海鼠＝こ
老海鼠、保夜、冨耶＝ほや

熬海鼠

海鼠　熬海鼠を戻したもの

ナマコ

蚕もそうですが、芋虫形の生物は「こ」と呼ばれました。飼育する「飼《かい》こ」、そして本種は生きている「生《なま》こ」です。「生こ」の内臓を抜いて海水で洗い、熬《い》って（茹でて）乾燥させると「煎《い》りこ」（熬《いり》海鼠《こ》）と呼ばれるようになります。

北陸・西国諸国から

『延喜式』（主計）では「調・庸」として、志摩・若狭・能登・隠岐・筑前・肥前・肥後の各国から大量の「熬海鼠」の貢納が規定されていました。最も貢納量が多いのが能登国で、三百四十五斤にも及びます。約二〇七キログラムは少なそうに見えますが、完全に乾燥させた熬海鼠は一本一〇グラムほどですから、二万七百匹もの海鼠ということになり膨大な量です。『延喜式』（内膳）では天皇「供御月料」として「熬海鼠八斤四両」があるほか、『延喜式』（大膳）では一年中の神事・宴会で熬海鼠が用いられています。

最高の珍味

海鼠《なまこ》の内臓の塩辛が「海鼠腸《このわた》」（161ページ）です。能登国からは「調」として六十二斤八両納められるほか、「交易雑物」として一石の量が正税で購入されて旺盛な朝廷の需要に応えました。

『延喜式』（内膳）や（主膳）において、天皇の「供御月料」に四升五合、皇太子の「月料」に三升八合二勺七撮とあるほかは『延喜式』（大膳）などには見かけず、最高級の珍味であったことがわかります。

ホヤ

『和名類聚抄』ではナマコと紛らわしい「老海鼠」と書いて「保夜《ほや》」としますが、『延喜式』では「老海鼠」を用いず、「保夜」「冨耶」と記されます。

幼生はオタマジャクシのような姿状で泳ぎ、成体は岩に固着して変わった形状となる、「尾索動物」と呼ばれる生物です。パイナップルの皮のような殻（被嚢）を切り開いて、中の身部分を食用にします。

朝廷での利用

『延喜式』（内膳）には三河国から「保夜一斛」を納めるとあり、天皇の食膳にも上ったようです。

また『延喜式』（主計）では若狭国からは「調」として「貽貝保夜交鮨」（126ページ）が貢納されています。

『西宮記』では正月の内宴に「保夜一缶」とありますし、『平記』康平三年（一〇六〇）七月の任大臣大饗には「窪坏物」として「保夜の代用に鮎児膾」とあり、大饗には保夜が不可欠であったことがわかります。

このほか『執政所抄』では「臨時客」で、『類聚雑要抄』では「母屋大饗」や「廂(庇)大饗」での使用例を記します。

ホヤ（*Ascidiacea Nielsen*）photoAC

老海鼠・保夜

魚介

エビ・ワタリガニ

古名　鰕、海老＝えび
擁劒、蝤蛑＝かざめ

エビ

『和名類聚抄』では「鰕」と書いて「衣比《えび》」と読み、俗に「海老」の二字を用いるとあります。腰が曲がったように見える外観から「老」の字が使われたのです。

少ない食用例

『延喜式』（主計）には、「庸」の一種として「海老一升」が定められていましたが、貢納国の指定もなく、その他の「式」を見ても食用規定が示されません。ただし『類聚雑要抄』の保延二年（一一三六）十二月の「内大臣殿廂大饗」には「大海老」とあり、丸のまま盛るとされます。また「五節殿上饗」で干物の中に「大海老」があります。

イセエビ（*Panulirus japonicus*）　photoAC

蟹蜷《かみな》

鎧《よろい》を着たような武張った姿が公家の好みに合わなかったのか、干物にしにくいからなのか、平安時代中期までの朝廷では甲殻類の食用は少なく、「擁劒《かざめ》」（ワタリガニ）や「蟹蜷」（ヤドカリ）がわずかに見られる程度です。「蟹蜷」は『延喜式』（内膳）「諸国貢進御贄」の「年料」に「尾張国〈蟹蜷二担四壺〉」とあり、『類聚雑要抄』の永久四年（一一一六）正月の「母屋大饗」の食膳に登場します。武家の時代である室町時代になると、海老はメイン食材に位置付けられるようになります。

ワタリガニ

『延喜式』（内膳）の「諸国貢御進贄」の「年料」に、摂津国から「擁劒《かざめ》」の貢納が規定されています。このように古代から蟹を食べていたことは間違いなく、『万葉集』には難波の小江の葦蟹《あしがに》を干して臼で搗き、楡の皮（65ページ）と塩をまぶして塩辛に作り、瓶《かめ》に入れて「腊《きたい》」にするという内容の歌が残ります。

ワタリガニ（*Portunus Pelagius*）　photoAC

「蟹胥」を思わせる九州・有明海の珍味・蟹漬《がんづけ》

「蟹胥《かにひしこ》」の禁令

『日本三代実録』の元慶三年（八七九）正月の記事には、山野での「遊猟」（鷹狩り）を禁じるとともに、摂津国の「蟹胥」と陸奥国の「鹿腊」を天皇の御膳に上げることを禁じる清和天皇の詔が出たとあります。この「蟹胥」は『万葉集』の「腊」と同じ物と思われ、作り方が残酷と思われたのか禁止されたのです。

平安時代後期の住吉神社神主・津守国基が摂津国の田蓑島を歌った「五月雨に田蓑の島の海人の　潜くかざめは君がためなり」に、筑前前司・頼家にカザメ（ワタリガニ）を贈ると詞書にあります。

このように平安時代後期は食べられていたようで、『平記』康平五年（一〇六二）四月の任大将饗や、『類聚雑要抄』保延二年（一一三六）九月の仁和寺殿競馬行幸御膳に擁劒《かざめ》が登場します。

蟹や螺、貝の到来『春日権現験記』
国立国会図書館デジタルコレクション

魚介

カメノテ

古名 尨蹄子、石花、石華＝せい

『和名類聚抄』では「尨蹄子」の読みを「勢《せい》」とし、岩に付く花のようなので「石花」「石華」とも書くとします。日本中の干潮時の磯、岩場で見ることができる固着動物で、貝のように見えますが海老・蟹と同じく甲殻類の一種です。

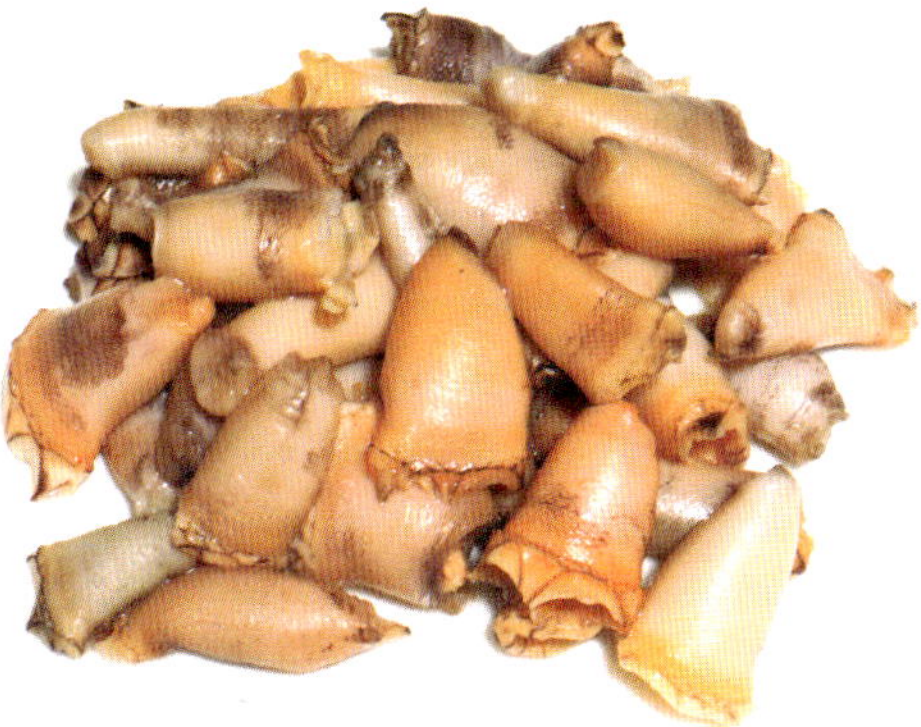
尨蹄子・石花

大嘗祭に大饗に

『延喜式』では「主計式」や「内膳式」「大膳式」に「石花」は登場しません。日常的な食材ではなく、特別な場合のみに用いられる特殊な「美物」であったのでしょう。

『貞観儀式』の「践祚大嘗祭」には、阿波国那賀郡の「潜女十人」が獲った「石花」十壺を国司が調達して都に送り大嘗祭の「由加物」（供物）にするとあり、『延喜式』（神祇）でもほぼ同様に規定されます。由加物を運ぶときは途中の道を掃き清めよともあります。

『類聚雑要抄』では永久四年（一一一六）正月の大臣母屋大饗の膳に「石茎」が見られますが、これは「石華」のことと考えられ、『二中歴』の「大饗」では「石花」と記されます。

石の花に見えるカメノテ（*Capitulum mitella*）

カメノテの調理

見慣れない形状で戸惑いますが、簡単に調理できます。

①カメノテが浸かる程度の水と小さじ1杯の食塩を鍋に入れ、沸騰後5分ほど茹でます

②茹で上がったらザルにあけます。茹で汁は良い出汁が出ていますので味噌汁に向きます

③あら熱が取れたら爪の部分を持ち

④筒状の「腕」を引っ張ると簡単に剝けます。ピンク色部分が食用になります。まさに甲殻類らしい、蟹風味の美味です

魚介

ユムシ・クラゲ

古名　蝙蠚＝い
海月、水母＝くらげ

ユムシ（*Urechis unicinctus*）

蝙蠚

ユムシ

日本全国の海岸砂泥地に生息する無脊椎動物。『和名類聚抄』では漢字は「蝙蠚」、読みは「為《い》」とし、蚓《みみず》に似て大きいものだと説明します。まさに的確な説明で、生体は伸縮しながら体の太さも自在に変える、大きなミミズのような姿で気持ちの良いものではありません。しかしアミノ酸が多いので味は悪くなく、臭味もなくコリコリとした食感が楽しめます。

大臣大饗に

『延喜式』（内膳）「諸国貢進御贄」では「年料」として尾張国から「為伊二担二十壺」が貢納されていますから、天皇の食膳にも上ったようですが、「供御月料」やその他の使用例は見られません。また『延喜式』（主計）での貢納物にも見られません。

『類聚雑要抄』に載る永久四年（一一一六）正月の大臣母屋大饗で、「尊者」（主賓）の膳に「蝙蠚《い》」が載ります。特別なときの特殊な食材だったのでしょう。

さまざまな誤字

日常的な食材ではなく、「蝙蠚」も変わった漢字ですし、和名が「い」だけですので後世に混乱し、写本に際してさまざまな誤字が見られます。代表的なのが「蝙蝠」ですがコウモリは食べません。また『二中歴』では「蟻」とされますが、アリも食べません。

クラゲ

食用になるクラゲ類にもさまざまな種類があります。平城京跡から出土した天平十八年（七四六）九月の木簡に「備前国水母別貢御贄弐斗」とあり、また『延喜式』（宮内）「諸国例貢御贄」でも備前国に「水母」とありますので、宮中で食べられた海月《くらげ》はビゼンクラゲと思われます。現在食用とされるクラゲは六種類ありますが、ビゼンクラゲは最上級のものとして珍重されています。「宮内式」ですので天皇の食膳にも上ったのでしょう。『厨事類記』の「供御次第」には銀の「窪器」に海月を盛るとあります。また『西宮記』では正月の「内宴」で「海月一口」を用いるとします。

海月（有明海産のビゼンクラゲ）

臣下の饗膳には不可欠

『平記』康平三年（一〇六〇）七月の任大臣大饗で「窪坏物」として「海月・鮎児（筋子）膾」があります。

また『類聚雑要抄』では「移徙」（転居）「競馬行幸」「聟娶」「母屋大饗」「廂大饗」「五節殿上饗」などすべての饗宴で海月が登場します。

土佐酢のように

『厨事類記』の「調備故実」には、海月は酒と塩でよく洗い、四角く切って鰹を酒に浸した汁で和えて酢を入れる。ショウガや橘の皮を刻み載せるとあります。

当時は酒も甘かったようですから、現代の「土佐酢」で和えたようなものだったことでしょう。

ビゼンクラゲ（*Rhopilema esculenta*）　photoAC

牛乳・乳製品

古名　牛乳＝うしのち
蘇＝そ

牛乳

七世紀、孝徳天皇の御代に呉国《ご》から渡来した智聡《ちそう》の子、善那《ぜんな》が牛乳を献上し「和薬使主（やまとくすしのおみ）」の姓を与えられ、「乳長上（ちのちょうじょう）」の役職を世襲したと『新撰姓氏録』にあります。

薬であった牛乳

『延喜式』（典薬）には天皇の「供御乳」は一日「大三升一合五勺」とあり、かなりの量です。これは健康のために薬として飲まれたもので、供御用の乳牛《ちうし》は大内裏・左近馬場西にあった典薬寮《てんやくりょう》の別院「乳牛院《にゅうぎゅういん》」で飼育されます。摂津国・味原牧《あじふのまき》が乳牛飼育の本拠地で、そこから選抜された母牛七頭と子牛七頭が乳牛院に送られました。

生乳は煎じて

『小右記』によれば寛仁三年（一〇一九）八月に天台座主・慶円が重病に陥ったとき「生乳」を飲ませることを医師に諮《はか》ると「生乳はよく煎じて飲むほうが良い」とのことで半分煎じたとあります。唐の『本草拾遺』（七三九年）には「乳を飲むときは必ず沸騰させたあと冷やして飲む」とあり、経験的な殺菌・衛生の知識があったのでしょう。

乳製品「蘇《そ》」

『大般涅槃経』に「牛から乳、乳から酪、酪から生酥、生酥から熟酥、熟酥から醍醐《だいご》が出る。醍醐が最上」とあり、その順番で乳製品が作られたとされますが、日本では途中段階の「熟酥」らしきものを「蘇」として愛用しました。『政事要略』に載る養老六年（七二二）閏四月の太政官符に、今後、蘇は木箱に入れずに籠で運べとありますので、蘇は固形であったとも考えられますが、『延喜式』（民部）での蘇の貢納単位は「壺」です。

国家的事業の蘇作り

『延喜式』（民部）には「諸国貢蘇番次」があり、伊勢国などの八か国は丑・未年に、伊賀国などの六か国は寅・申年に、近江国など八か国は卯・酉年に、能登国など十か国は辰・戌年に、大宰府は巳・亥年に、播磨国など十四か国は子・午年に貢納するとされ、まさに日本全国で蘇がフル生産されました。貢蘇の期限を守らなかったり、市場価値の低い低品質な蘇を都に送る国司は違勅罪に問うと『類聚三代格』にあります。

「蘇蜜煎《そみつせん》」は丸薬

『小右記』によれば長和五年（一〇一六）五月、「消渇《しょうかち》」（糖尿病）に苦しむ藤原道長が「蘇蜜煎」を常用しています。「蘇蜜煎」は食品ではなく消渇治療の薬で、蘇・蜜・地黄煎・甘葛煎・大棗・茯苓・人参・薯蕷を煎じて作った丸薬。棗の実の大きさを二丸、あるいは鶏卵大を一丸、日に三回服用する、と平安時代中期の『医心方』に記されています。

乳牛牧跡石碑（大阪市東淀川区大桐5丁目）

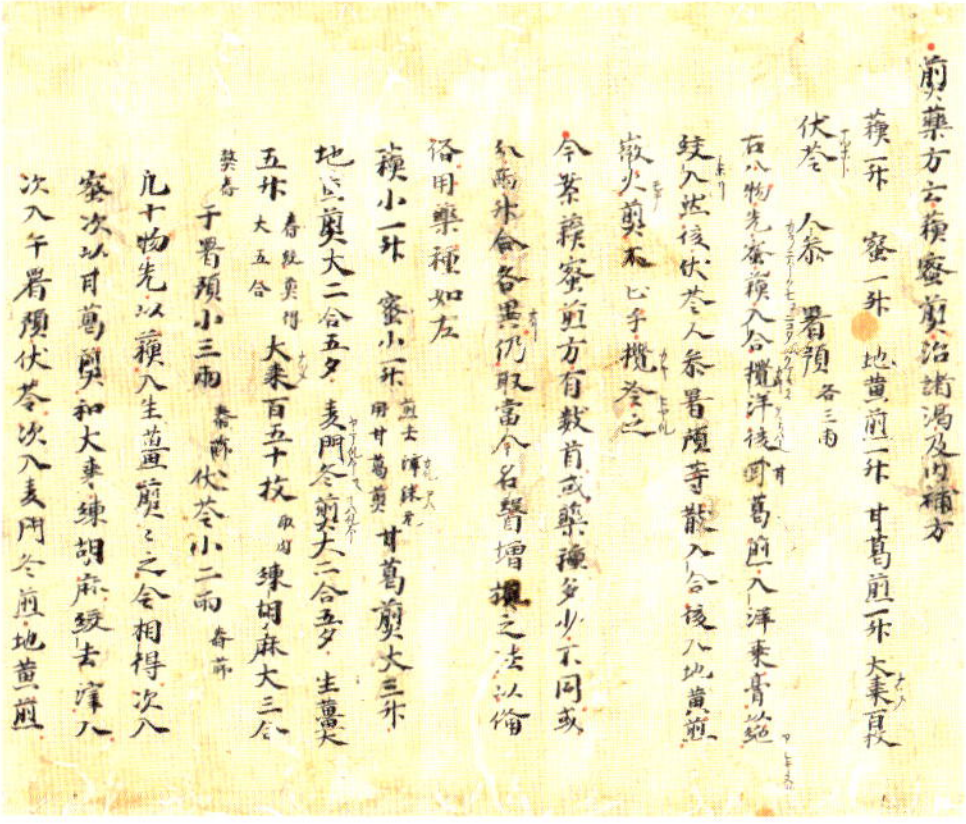

『医心方』（巻第十三）
ColBase（https://colbase.nich.go.jp/）

蘇

蘇作りの現代的再現

『延喜式』（民部）には「作蘇之法」として、「乳大一斗を煎じて蘇大一升を得る」と記されます。平安時代の蘇の実態は、牛乳を十分の一に煮詰めることしかわかりません。

材料
成分無調整の牛乳…2リットル
（多めの量で時間をかけたほうが美味しく仕上がります）

①焦げ付かないようにテフロン加工された鍋で煮ます。IH調理器を使うと火力調整が容易です

②沸騰するまでは強火、その後は中火で。牛乳は加熱すると膜が張ります、これを丹念に取り除いた方が、均質でなめらかな食感が得られるようです。ただし6世紀・北魏の『斉民要術』では、その膜「乳皮」こそが「蘇」の原料だとします

③加熱して1時間を経た頃からクリーム色が濃くなります。焦げ付かないように中火から弱火に。常にゆっくりとかき混ぜます

④加熱2時間ほどで底が見えはじめたら弱火からとろ火に

⑤2時間半ほどで全体がホワイトソース状になります。鍋の壁にこびりついた分も、焦げていなければ混ぜても問題ありません

⑥さらに10分ほど加熱すると全体がしっかりとして、バターのような状態になります。これで完成。加熱開始から2時間45分ほどです

⑦牛乳パックの下部分を切り、完成した「蘇」を突き固めます。あら熱が取れたら冷蔵庫に入れます

⑧200グラムの「蘇」が完成しました。2リットル（2060グラム）の牛乳が約10分の1になったわけで、『延喜式』（民部）の「作蘇之法」をイメージさせるものです。膜を除去しながら丁寧に攪拌することで、ボソボソせず、しっとりとしたバターやチーズのような食感になりました

禽獣

キジ

古名 きじ

ニワトリは天武天皇の禁令(28ページ)によって食用されないのが原則でした。そのためツグミやシギ、ウズラやヤマバトなどが盛んに食べられましたが、最も好まれたのが雉《きじ》です。料理でただ「鳥」といった場合は雉を指すことが多く、『和名類聚抄』では「雉脯」を「保之止利《ほしどり》」と読み、俗に「干鳥」の二字を用いるとしています。

雉肉

東から西から

『延喜式』(主計)では、尾張・三河・信濃の三か国から「中男作物」として「雉《ほし》脯《どり》」が納められました。『延喜式』(宮内)の「諸国例貢御贄」でも尾張国から「雉脯」が貢納されるとあります。『延喜式』(内膳)「諸国貢進御贄」の「節料」を見ますと、「正月三節」(元日節会・白馬節会・踏歌節会)用の雉は三河国から納められ、「年料」としては尾張国から「雉脯」を十八籠(一籠六翼)、越中国から一輿五籠、大宰府からは雉脯二輿六十籠が納められるとあり、天皇の食膳に「雉脯」が多く上っていたことがわかります。

煮る焼く干す、生でも

『平記』康平四年(一〇六一)十二月の「任大臣大饗」の記事では、「雉焼物」と「雉羹」が膳に上り、康平五年(一〇六二)正月の「臨時客」の記事では「雉羹」が、同年同月の「母屋大饗」では「雉焼物」が供せられました。

『類聚雑要抄』の「聟娶」では「生物」として鯉や鯛と並んで「雉」があります。「花山院廂大饗」では「干物」に「干鳥」があり、「生物」に「雉」、「追物」に「鳥足」(150ページ)、四献に「雉羹」と、干・焼・生・羹の四種類の料理になって供されています。『厨事類記』の「調備故実」には、「生鳥」は鳥の右の「ヒタレ」(脂尻・ぼんじり)を造り重ねて盛るとあり、また永久四年(一一一六)正月の「母屋大饗」では「雉」の「立盛」(生きているように盛り付ける)が登場します。晴の饗膳に雉の料理は不可欠であったのです。

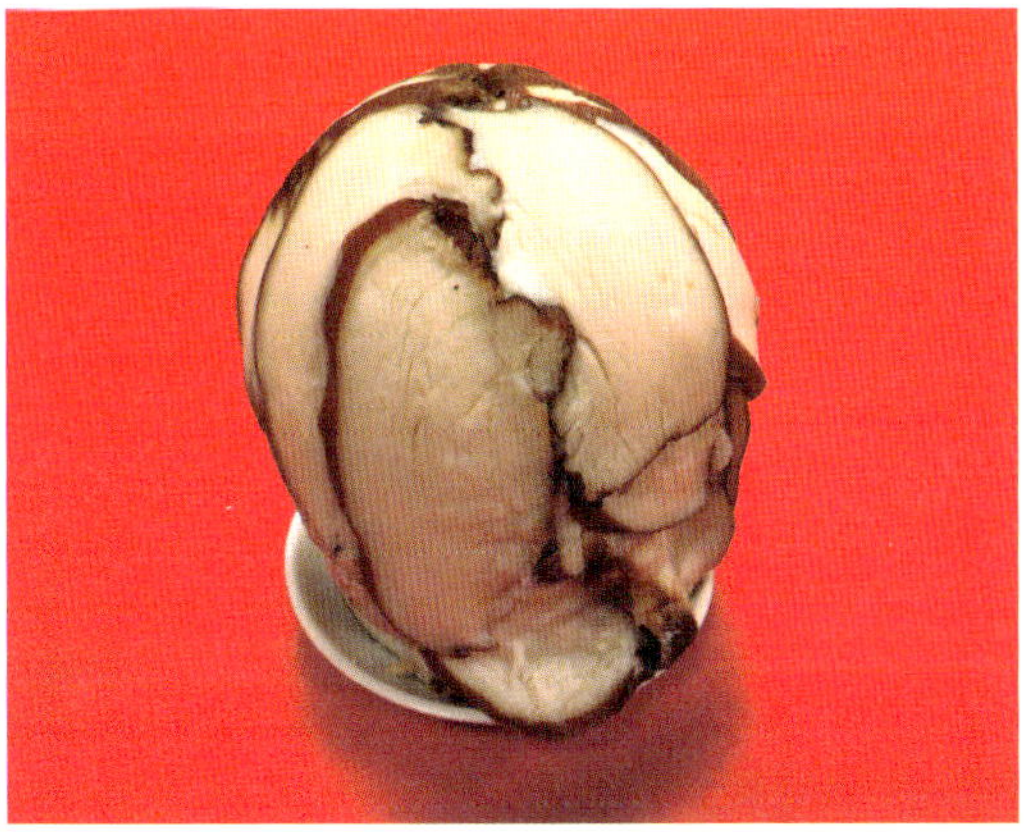

干鳥(雉脯)

鷹狩りの獲物

鷹狩りの主たる獲物は雉でした。『新儀式』には延長四年(九二六)の「野行幸」(天皇の鷹狩り)において、庖丁の腕に自信のある侍臣を召して獲物の雉を料理させ、天皇の御膳に供し、王卿以下に賜ったとあります。その光景は『源氏物語』(行幸)にも描かれます。

大臣大饗(12ページ)では余興の一つとして、鷹飼が雉を「立作所」(臨時調理テント)に届けました。鷹飼が届けるのは、産地直送の演出だったのでしょうか。

キジ(*Phasianus versicolor*) photoAC

禽獣

シカ

古名　か

天武天皇四年（六七五）の肉食禁令では、牛・馬・犬・猿のほかの獣は「禁例にあらず」とされていましたので、日本では肉食を継続して行ってきました（28ページ）。猪《い》も食べられましたが、数が多く捕獲も比較的容易であった鹿が主な食用獣でした。とはいえ畜産業が存在したわけではありませんから、食用の機会は少なかったことでしょう。

『延喜式』（主計）では紀伊・筑前・肥後・豊前・豊後の各国から「中男作物」として、「鹿脯」「鹿鮨」が納められています。『延喜式』（内膳）では近江国が元日の猪・鹿を調達するとあります。

鹿革の利用

平安時代に鹿猟が盛んであったのは、鹿革の需要が多かったことにもよります。『延喜式』（民部）の「交易雑物」には、伊賀国の「二十張」をはじめ、十九か国から「鹿革」が調達されています。最も多いのは信濃国の鹿革九十張です（陸奥・出羽は葦鹿皮）。「革」は「皮」から毛を除いて「鞣《なめ》し」加工を行ったものです。これらの革は内匠寮や内蔵寮、兵庫寮などで各種工芸品の製作に用いられました。

なんと朝廷の甲冑は革製でした。『類聚三代格』天応元年（七八一）四月の太政官符に「停鉄甲造革甲事」とあり、鉄製の甲冑は経年劣化するので、錆びない革製にせよと命じられました。牛・馬・鹿の革を用いたのです。

特殊な食材

正月の「歯固」（169ページ）や釈奠（28ページ）で鹿肉料理が用いられました。また『醍醐天皇御記』延喜二十年（九二〇）五月には、渤海使《ぼっかいし》が入京している期間は毎日「鮮鹿二頭」を食用に与えるとあります。これは釈奠と同じく大陸人の食習慣に合わせたものでしょう。やがて平安時代中期の浄土思想の隆盛とともに、貴族社会での獣肉食は衰退します。

煮ても焼いても旨い奴

『今昔物語集』に興味深い話が載ります。

風流を愛する丹波国の男が都から若い娘を妻に迎えます。楚々たる京女と雅な会話をしようとして、裏山の鹿の声を「あれをどう聞くか」と問うたところ、新妻は「煎り物にても旨し、焼き物にても旨き奴」と答えて、男をがっかりさせたというのです。

京の人々にとって、鹿といえば「美味しい食材」という認識だったことを示す逸話といえるでしょう。

鹿肉

ニホンジカ（*Cervus nippon*）　photoAC

第三章　料理

素材そのものの持ち味は最も大切ですが、それをより美味しくするための技術が「料理」です。平安時代、料理は教養の一分野と見なされ、高位の貴族たちもその技術を競い合い、誇り合いました。天皇や上皇の前での「御前料理」もよく披露されました。

有職故実を大切にする貴族たちは、饗宴で料理が供される順番も大切にし、適切な場面で適切な料理が出されることを求めました。千年間の時間の流れで変容したもの、不明になった料理もありましたが、その名称や意味合いは長く受け継がれたのです。

おやつ

唐菓子

古名　からくだもの、からかし

平安時代「菓子《くだもの》」といえばフルーツのことで、人工的な「お菓子」はごく少数でした。その中でも儀式・饗宴で用いられた菓子類が中国由来の「唐菓子」で、基本的に小麦粉あるいは米粉を練って、蒸すなどしてから成形し、油で揚げたものです。天平十一年（七三九）の『伊豆国正税帳』には「胡麻油九合六勺〈煎餅・阿久良形・麦形等料〉」とあります。

名はあれど……

『和名類聚抄』には「俗説」として、梅枝《ばいし》・桃枝《とうし》・餲餬《かっこ》・桂心《けいしん》・黏臍《てんせい》・饆饠《ひちら》・䭔子《ついし》・団喜《だんき》を「八種唐菓子《やくさのからくだもの》」と呼ぶとしています。このほか小麦粉を練って油で揚げた「煎餅《せんべい》」も載っていますし、「餢飳《ぶと》」「結果《かくのあわ》」「糫餅《まがり》」など八種に入らない唐菓子もあります。「索餅《さくべい》」（144ページ）も唐菓子タイプがあったようなのです。

唐菓子は名前は有名なのですが、平安時代に実際どのようなものであったのか、ほとんど不明です。北魏の『斉民要術《せいみんようじゅつ》』にも類似の菓子は登場し、たとえば「環餅《かんぺい》」は小麦粉に蜂蜜や牛乳を練り込んで、環状に成形して油で揚げたものとされます。日本に導入された当初の唐菓子はそうしたものだったのかもしれません。

延喜式では

『延喜式』には個別の唐菓子は「䬲《まがり》」と「捻頭《むぎかた》」しか登場しません。ただし『延喜式』（造酒）に「内膳司供御唐菓子韲甘醴料七斛六斗」とあり、唐菓子に「甘醴《あまざけ》」（甘酒）を「韲」（あえ）て甘味を付けていたことがわかります。

また『延喜式』（大膳）の「仁王経斎会供養料」では「糖三合六勺」のうち二合を「菓餅料」としていますので、糖《あめ》（46ページ）で甘くすることもあったのでしょう。

『延喜式』（主税）の「出雲国四王寺春秋修法」では、米を材料とした「餅䬲《まがり》」を「煎䬲料油」で揚げていますし、『延喜式』（大膳）の「松尾神祭雑給料」にも白米二斗六升一合と油八升を「菓子料」としていますから、やはり油で揚げる菓子であったのです。

威儀《いぎ》の菓子

当時貴重な油を使った唐菓子は、日常の嗜好品というよりも、神饌や儀式用の特殊な菓子であったようです。『新儀式』の「皇太子加元服事」には、「威儀御菓子」として唐菓子が登場します。皇太子元服には不可欠だったようで、『村上天皇御記』応和三年（九六三）二月の皇太子元服でも、唐菓子・木菓子各四種が朱器に盛られています。また『九暦』天暦四年（九五〇）八月では、皇太子降誕百日の祝いに「唐菓子八種」が銀の平盤に盛られています。『江家次第』では元日宴会に「加之縄・餲餬・黏臍」が登場。まさに威儀の菓子です。

平安時代後期頃の唐菓子

藤原忠実の家政記録『執政所抄』では正月「御節供」の饗膳に、主人用は「唐菓子八坏」（梅枝・桃枝・餲餬・桂心・黏臍・饆饠・䭔子・団喜）、妻（北政所）用は「唐菓子八坏〈青四、赤四〉」が示されます。

色を付けるのは平安時代後期の流行だったようで、青は藍、赤は蘇芳で染めたようです。黄色もあり、これは多分刈安《かりやす》染めでしょう。

これらは唐菓子については『厨事類記』に詳しく記されています。後世も正式な菓子とされ、室町時代の『庭訓往来』には「伏兎《ぶと》、曲《まがり》、煎餅、焼餅、粢《しとぎ》、興米《おこしごめ》、索麪《そうめん》、糒《ほしいい》、粽《ちまき》などは客のために用意すべし」とあります。

おやつ

唐菓子（再現品）

ここでは『和名類聚抄』の記載にもとづく唐菓子類を再現しました。

具体的な形状は、各種の神饌や伝承をもとに作図された、江戸時代中期の『集古図』を参考にしました。

歓喜団（かんきだん）
「楊氏漢語抄云歓喜団〈以品甘物為之。或説云一名団喜〉。」

餲餬（かっこ）
「四声字苑云餲〈音与蝎。同俗云餲餬。今案、餬寄食也。為餅名未詳〉。餅名。煎麺作蝎虫形也。」

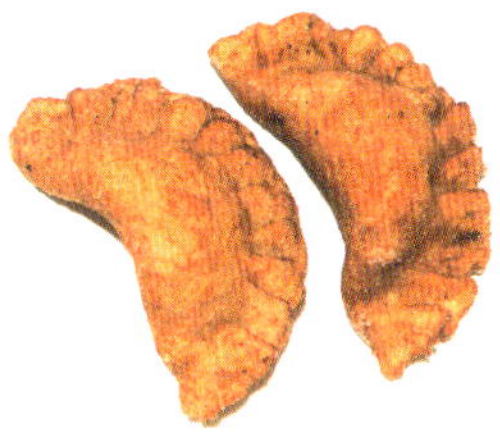

餢飳（ぶと）
「蔣魴切韻云餢飳〈部斗二音字亦作麴麸。和名布止。俗云伏兎〉。油煎餅名也。」

梅枝（ばいし）

黏臍（てんせい）
「弁色立成云黏臍〈油餅名也。黏作似人腓臍也。上女廉反下音斉〉。」

糫餅（まがり）
「文選云膏糫粔籹〈糫音還粔籹、見下文〉楊氏漢語抄云糫餅〈形如藤葛者也。和名万加利〉。」

桐枝（とうし）
（「桃枝」と同様か）

饆饠（ひちら）
「唐韻云饆饠〈畢羅二音字亦作麩麵。麵俗云、比知良〉。餌名也。」

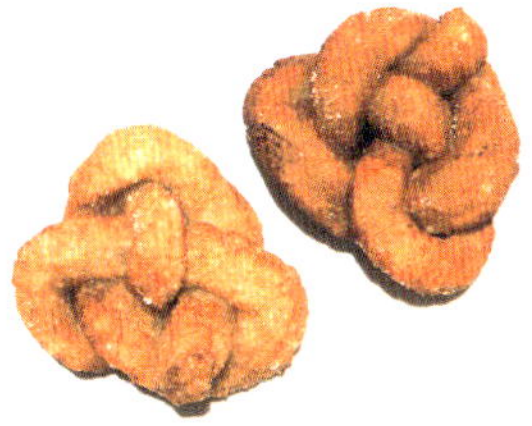

結果（かくのあわ）
「楊氏漢語抄云結果〈形如結緒此間亦有之。今案、和名加久乃阿和〉。」

桂心（けいしん）

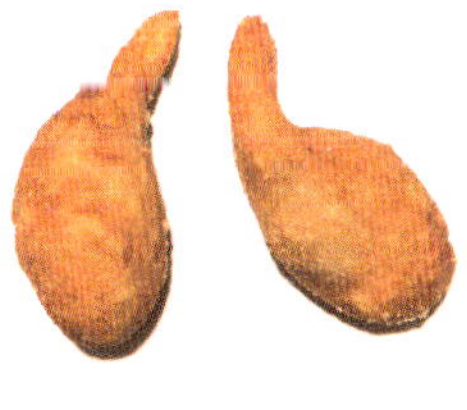

餢子（ついし）
「唐韻云餢〈都回反与堆同此間。俗云音都以之〉。餢子也。」

捻頭（むぎかた）
「楊氏漢語抄云捻頭〈無木加太。捻音奴協反一云麦子〉。」

おやつ

椿餅

古名　つばいもちい

唐菓子ではない、日本発祥「和菓子」の元祖と呼ばれるのが「椿餅」です。

『源氏物語』で有名

『宇津保物語』（国譲上）にも酒肴として登場しますが、椿餅が有名になったのは、『源氏物語』（若菜上）での蹴鞠の場面で登場したからでしょう。柏木衛門督《えもんのかみ》が女三宮の姿を見てしまい、心奪われた後の酒宴で椿餅が出されるのです。スポーツ後の打ち上げ宴会ですので正式な饗宴料理ではなく、箱の蓋に「椿餅・梨・柑子」などを載せ、そのほかは乾き物ばかりを酒肴として若い人たちが楽しげに酒を飲みます。

　この場面が印象的であったのか、後世には蹴鞠遊びに椿餅は付きものということが共通認識となりました。江戸中期の『類聚名物考』が引く蹴鞠道の家元・難波家の『難波家記』には、承元二年（一二〇八）十一月の蹴鞠で「葉形餅と花橘菜」に甘葛を瓶子に入れて添えたとあり、この「葉形餅」が椿餅だとします。

椿餅

実際の食用例

『小右記』では寛弘二年（一〇〇五）三月、石清水八幡宮（当時の八幡宮は仏教色が強いところでした）の臨時祭に際して、僧侶たちに「餺飥《こんとん》・椿餅・粽」などを贈っています。また『平記』に載る康平五年（一〇六二）四月の藤原師実の任大将饗宴で、「菓子」として「椿餅・栗・枝柿・覆盆子《いちご》」が供されています。さらに『朝野群載《ちょうやぐんさい》』には治暦元年（一〇六五）九月、御朱雀院追善の「高陽院宸筆御八講（法華八講）」が行われた際に内膳司が「椿餅、唐菓子」を調製した記録を載せます。

　平安時代後期になりますと『江家次第』では「元日宴会」、『類聚雑要抄』では「五節殿上饗」において、唐菓子と並んで椿餅が膳に並び、唐菓子のような「威儀菓子」の扱いになっています。このように蹴鞠とは無関係な場面でも椿餅は用いられたのです。

製法は……

　平安時代の椿餅がどのようなものであったのか、よくわかっていません。平安時代末期頃を記した『三条中山口伝《さんじょうなかやまくでん》』には「葉餅は常には見ない、晴の菓子である。椿葉で挟み、楓の葉を用いるのはよくない」とあります。南北朝時代の『河海抄《かかいしょう》』では、椿餅は「椿の葉に入った餅である。餅の粉に甘葛煎を掛けて椿の葉ではさむ」とされます。

　これらの記述をもとに現代では糒《ほしいい》（道明寺粉）を砂糖水でふやかして蒸したものを椿の葉で挟んだ菓子になっています。『類聚名物考』に載る製法では丁字（シナモン）の粉を入れるともあります。椿の葉で挟むことで手が汚れないところは、蹴鞠の後の宴会で気軽につまむのには好適だったともいえるでしょう。

蹴鞠　『弱竹物語』　国立国会図書館デジタルコレクション

鹿革で作る
蹴鞠の鞠

おやつ

薯蕷粥

古名　いもがゆ

『今昔物語集』に載り、それを翻案した芥川龍之介の小説でもお馴染みの「芋粥」は、名称に似合わず甘い、平安時代のコース料理でも最後のほうに登場するデザートだったのです。

薯蕷（やまいも）の粥

『今昔物語集』の「利仁将軍若時、従京敦賀将行五位語」は、一度は飽きるまで薯蕷粥を食べたいと願う貧しい「五位《ごい》」を、権勢を誇る若き日の藤原利仁《としひと》（後の鎮守府将軍）が地元・敦賀に連れて行き、膨大な量の薯蕷粥を作ってみせ、五位を驚かせる話です。

　そこでは太さ三、四寸、長さ五、六尺の薯蕷を薄い刀で撫で切りにして、「みせん」（甘葛の汁・44ページ）で軽く煮るとあります。この作り方は『厨事類記』に載る「薯蕷の皮を剝いて薄く『ヘギ切』にして、みせんを沸かして薯蕷を煮る。あまり煮てはいけない」という説明と同じです。

　ただし「粥」という表現と、当時すでに薯蕷を「とろろ」にして食べていたことから（92ページ）、とろろ状で入れた可能性もあります。薯蕷の粘りは加熱で消え、でんぷん質でもっちり感が出ます。『和名類聚抄』の「薯蕷粥」には、「薯蕷を粉にして、みせんと混ぜて粥を作る」とありますが、「粉」は「すり下ろした」という意味でしょうか。

大饗や饗宴で

　フルコースのように次々に食べ物が出て、引き下げるを繰り返す平安時代の宴会では、最後のあたりでデザートとして出されるのが薯蕷粥でした。特に正月の大臣大饗では不可欠とされ、『九暦』の天暦七年（九五三）の大饗、『江家次第』の「任太政大臣事」で供されています。ただ任大臣の庇大饗《ひさしのだいきょう》は夏に開催されることもあり、その場合は「削氷《けずりひ》」（140ページ）が「薯蕷粥代」として出されることもありました。そのことは「大饗といえば薯蕷粥」という認識が定着していたことを示します。

　平安時代中期以降、公的な大臣大饗が減って私的な「臨時客」が主流になりますと、そこで薯蕷粥が供されることが多くなり、康平五年（一〇六二）正月の臨時客で薯蕷粥が出たことが『平記』に記されます。

　その他、『小右記』では長和五年（一〇一六）二月の「即位礼」、寛仁三年（一〇一九）正月の「御斎会結願」、『北山抄』では十二月の「御仏名《おぶつみょう》」で王卿侍臣の饗膳に薯蕷粥が上ったことを記します。

　『中右記』の康和五年（一一〇三）正月の記事は薯蕷粥の連続です。三日は「臨時客」、十四日は「御斎会結願」で、十八日はのちの鳥羽天皇の生誕「産養《うぶやしない》第三夜」で、二十日は「産養第五夜」、二十二日は「産養第七夜」、二十四日は「初皇子御祈」で薯蕷粥が供されたのです。

薯蕷粥

薯蕷を薄く切った薯蕷粥

薯蕷をとろろにした薯蕷粥

おやつ

削氷

古名　けずりひ

削氷

古記録や王朝文学作品には、夏に氷を食べる場面が数多くあります。それらの氷は氷室（27ページ）に貯えられた氷が用いられました。

「かき氷」のように氷を削った「削氷」は貴族たちの夏の楽しみでした。『枕草子』の「あてなるもの」（上品なもの）に「削氷に甘葛入れて、新しき金鋺《かなまり》に入れたる」とあるのは有名です。

『宇津保物語』では

『宇津保物語』（国譲中）には、妊娠中の妻・女一宮が食欲不振で何も食べずに「削氷」ばかり食べている場面があります。夫・仲忠が、妊婦に氷は「いみじく忌む物」と注意しますと、猛暑に苦しむ女一宮は「氷食くはでは、いかでかあらむ」と答えます。これが古典文学における最古の「削氷」でしょうか。夏に氷を楽しむ場面は『源氏物語』にもたびたび登場します。

また『栄花物語』（峯の月）には万寿二年（一〇二五）七月、娘・寛子（小一条院妃）が亡くなって食欲のない藤原道長の妻・明子が削氷ばかり食べる光景が描かれています。

饗宴のデザートに

『北山抄』には、「暑日」の任大臣大饗の饗膳について「穏座《おんのざ》〈勧削氷云々〉」とあります。通常は「薯蕷粥」（139ページ）をデザートに出すべき大饗ですが、暑い日は削氷に代えたのです。『平記』康平三年（一〇六〇）七月の任大臣大饗でも「穏座〈削氷、薯蕷粥代〉」とあります。

『明月記』の元久元年（一二〇四）七月には、和歌所からの帰りに宴を催し、検非違使別当が自ら刀を取って氷を削るとあり、白布巾で氷を包んで左手でこれを押さえるという、当時の氷の削り方がわかります。

削氷の作法

『明月記』には削氷の記述が多く、建暦三年（一二一三）五月の「最勝講」の殿上で六位蔵人が削氷を配ったとき、台盤がある場合は台盤に鋺を置き、ない場合は折敷に載せたまま配る。削氷は全員に配り終える前に各自食べはじめて良いと記します。この作法は『台記』保延三年（一一三七）七月にもあり、氷は溶けてしまいますので当然でしょう。

食べ終わった後に食器と箸は台盤の上に返すのが通例であるが、一部の者は鋺に箸を入れて台盤の下に差し入れた。削氷に限ってそうするのはどういう考えか、とも記します。

二日後にも削氷が出され、このときは涼しかったのか全員に配られてから食べはじめ、皆が半分以上氷を残したとあり、「削氷は残さないのが故実である」とも記します。貴重な氷を残す贅沢は許されなかったのでしょう。

おやつ

粉餅《こなもちい》・雑餅《ぞうもちい》・粢餅《しとぎもちい》

今も餅は正月に食べる特別な食べ物という認識がありますし、「餅菓子」という言葉もあります。三日夜餅《みかよのもちい》(73ページ)や鏡餅(170ページ)などに代表されるように、餅は「特別なご馳走」でした。

粉餅

『平記』長暦元年(一〇三七)十月の「仁王会」の仏供として、また康平五年(一〇六二)十一月の「若君御五十日」で「粉餅」が登場します。平安時代後期の『執政所抄』では正月の「御節供」で「粉餅八坏」が供されています。『厨事類記』での「粉餅」は白米の粉を「粢《しとぎ》」にして椎の実のように作り、鳥の羽で色を塗り白米の粉を掛けるというもの。食用というより飾りもので、これは「粢餅」と同じです。

なお北魏の『斉民要術』に載る「粉餅」は、豆粉を肉汁でこねて小さな小穴を開けた牛の角に入れ、押し出して煮るという春雨のようなもので、日本の粉餅とはまったく別のもののようです。

雑餅

古記録に多く見られるのが「雑餅」で、『養老令』(職員令)の大膳頭の職掌にも登場し、また『貞観儀式』の「元日御豊楽院儀」「叙内親王以下儀」で天皇・皇后の饗饌にも雑餅が上ります。具体的にどのようなものかは不明ですが、単なる「雑多な餅」ではなかったようで、『延喜式』(内膳)には「造雑餅料、甘醴一升料」とあり、甘酒を使って作る特別な餅だったようです。

粢餅

水に浸けた生米を臼と杵で搗きつぶし、丸めたものといわれます。米粉を使った「しんこ餅」と似たようなものだったのでしょう。『斉民要術』に載る「粢」は、糯米の粉と蜜と水を混ぜ、穴の開いた竹杓に入れて煮えた油に細く垂らすとあります。揚げ焼きそばのようなもので、日本の粢はこれの前段階で終えたような形になります。

やがて実態によらず神仏に供える餅を「粢」と呼ぶようになり、「粢」は丸く扁平な形状を指すようにもなりました。

五色の色付け

『厨事類記』には粉餅は赤、青、黄、白があるとし、最近では色ごとに折敷を分けるとあります。平安時代後期頃から餅に色を付けることが多くなったようで、『吾妻鏡』建久四年五月の「富士野御狩」で、北条義時が三色(黒・赤・白)の餅を用意して神に供え、猟果の良かった者に与えています。

『厨事類記』では赤は蘇芳、青は花田(藍)で染めるとありますが、南北朝時代の『原中最秘抄』では、青は母子草《ははこぐさ》、黄は刈安や支子《くちなし》、赤は小豆、黒は胡麻で色味を付けると記します。

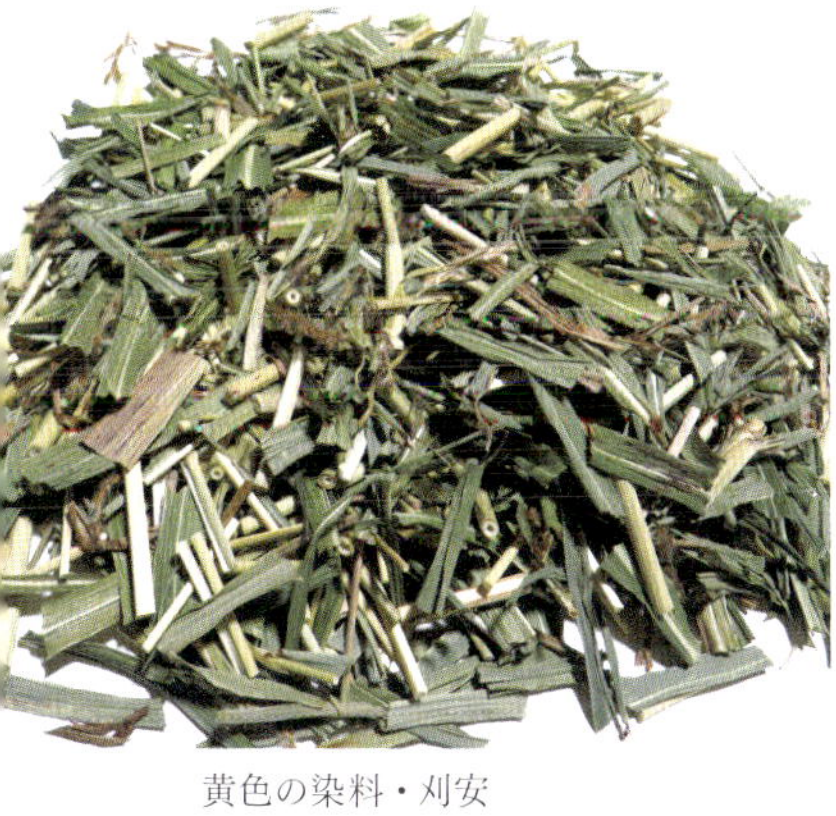

黄色の染料・刈安

青色の染料・藍

赤色の染料・蘇芳

おやつ

おこし米

古名　おこしごめ

大阪の「粟《あわ》おこし」や東京の「雷おこし」は今も名物のお菓子ですが、実は大変歴史の古いもので、「唐菓子」（136ページ）の一種でした。古くは「粔籹」と記され、また「粰粇《ふる》」も同じものだとされます。『和名類聚抄』では「粔籹」の和名を「於古之古女《おこしごめ》」として、米を煎って蜜と和えたものとします。

古代中国から

中国戦国時代末期、紀元前三世紀頃の『楚辞』（招魂）に、甘い食べ物の代表として「粔籹蜜餌、有餦餭些」が登場し、後漢の『説文解字』にも「粔籹、膏環也」とあるなど、大変に歴史の古い菓子です。日本には飛鳥時代に仏教伝来とともに伝わったとも、奈良時代の遣唐使がもたらしたとも伝わります。

奈良時代の粰粇

天平十二年（七四〇）の『伊豆国正税帳』に「飴八合〈布留料〉価稲三束二把」や「飴九合〈布留料〉価稲三束六把」とあり、この「布留《ふる》」が粔籹の別名「粰粇」のこととされますので、奈良時代には普及していたようです。貴重な蜜（45ページ）ではなく手頃な飴（46ページ）を使ったのでしょう。

ところが六世紀中国の『斉民要術』には「粔籹名環餅、象環釧形」とあって、中国の「粔籹」は糯米や小麦の粉を塩水でこねて細くし、輪を作って油で揚げた食べ物だったようです。『和名類聚抄』には「粔籹」のほかに「糫餅」の項目で「文選のいう膏糫粔籹」と説明し、和名を「万《ま》加利《がり》」とします。奈良時代の日本の「布留」（粰粇）が「おこし」だったのか「リング状かりんとう」であったのか、不明なのです。

神様への供物

『延喜式』（神祇）の「供神御雑物」に、大膳職が用意するものとして「勾餅筥五合、末豆子筥五合、大豆餅筥十合、小豆餅筥十合、捻頭筥五合、粰粇筥五合」とあります。「勾餅」が『斉民要術』の「環餅」だとしますと、この時点で「粰粇」とは別物と位置付けられていることになります。なお「捻頭」は「無木加太《むぎかた》」と読み、これもリング状にして油で揚げた唐菓子のひとつです。

ポロポロと……

『古今著聞集』には、藤原忠通が娘である皇嘉門院《こうかもんいん》（崇徳天皇皇后）に正月の「おこしごめ」を献上したところ、握り砕けて衣の上に「はらはらと散りかかり」したとあります。固める飴が少なかったのでしょうか。当時の「おこしごめ」は、現在の「おこし」よりも砕けやすいものであったのでしょう。

鎌倉・室町時代になっても尊重されました。『三条中山口伝』の「調膳様事・菓子」には「油物もっともあるべし」とあり「興米《おこしごめ》は必ず盛るべし」としますし、『庭訓往来』にも「興米」が登場します。

おこし米

おやつ

おこし米作り・青ざし

①糒（ほしいい）1合あたり油大さじ1。加熱したところに糒を入れると、瞬間に膨らみます

②よくかき混ぜて油をなじませると、すべての糒が膨らみます

③器に移し、飴（47ページ）を流して、よく混ぜます

④平らにして固まれば完成。ステンレスの流し型を使うと後処理が楽です

『和名類聚抄』に「以蜜和米煎作也」とあり、『伊豆国正税帳』に「飴八合〈布留料〉」とあることを考え合わせ、最も容易な方法で油を使った「唐菓子」として再現します。

青ざし

『枕草子』の五月五日の場面では、清少納言が中宮定子に「青ざしという物」を献上します。そのとき「これ、ませ越しに候ふ」と言葉を添えますが、これは「青ざし」が麦で作られた食べ物であることを意味します。

『古今和歌六帖』にある「ませ越しに麦喰む駒のはつはつに　及ばぬ恋も我はするかな」から引いたもので、さらに遡れば『万葉集』に「馬柵越し麦食む駒のはつはつに　新肌触れし児ろしかなしも」という歌が載ります。

青ざしとは

麦製品であることはわかるものの、『枕草子』にしか登場しない平安時代の青ざしの実態はよくわかっていません。松尾芭蕉の句に「青ざしや草餅の穂に出つらん」があるように、江戸時代にも食べられました。『嬉遊笑覧』には「今民間に用る青ざしもこれなるにや」とあり、それは青麦を煎ってから粉にして、糸束のようにねじった菓子です。麦の粉を煎った「はったい粉」の菓子ですが、水で練っただけでは形が保てませんので、飴（46ページ）などで固めた「落雁《らくがん》」のような菓子だったのかもしれません。

青ざし

おかず

索餅《さくべい》

古名　索餅＝むぎなわ　手束索餅＝たづか

索餅

後漢末の医書『傷寒論』の「厥陰病《けついんびょう》」に、食欲がないときには「索餅」を食べるとあり、簡単に食べられる小麦麺の料理であったことが想像されます。

日本の索餅

『和名類聚抄』での和名は「索餅」を「無木奈波《むぎなわ》」、「手束索餅」を「多都加《たづか》」とします。天平六年（七三四）五月の『造仏所作物帳』に「麦縄」が見え、奈良時代はその名称のほうがポピュラーだったようです。天平宝字二年（七五八）の『写千巻経所食物用帳』によれば、二、三日に一度は索餅が支給されていますので、奈良時代の索餅は日常食であったことが想像されます。

平安時代も『延喜式』（市）には東西の両市に「索餅店」があり、日常の食べ物であったことがわかりますが、小麦の製粉技術が未発達だった時代ですから、高級な食事であったとも考えられます。

正倉院文書を見ると奈良時代は中国風に小麦粉だけで作ったようですが、平安時代になると、より調達しやすい米粉を混ぜるようになりました。

索餅の製法

『延喜式』（大膳）には索餅に関する項目が多く、「年料」では小麦三十石（天皇・皇后用には各十五斗）、粉米九石（同料各四石五斗）、紀伊塩二石七斗が索餅の材料であるとし、十一月一日から翌年十月末日まで、つまり一年中製造するとあります。

製造法は小麦粉一石五斗・米粉六斗・塩五升で六百七十五藁の索餅ができるとし、粉一升で四藁半になると記します。重量比で塩が二〜三パーセントほどになり、現代の素麺《そうめん》と同じような割合です。

「年料」の「索餅料」を見ますと、用具に「裏麺布」「別脚案」「刀子《とうす》」「籮」「乾索餅籠」などが挙げられています。これらからみて当時の製法は粉と塩を水で練り、布でくるんで寝かし、その後「案」（机）の上で切り、籠で干した乾麺ということになるでしょう。

平安時代末期頃を記した『厨事類記』には「餛飩《こんとん》」（147ページ）の説明の中で「索餅のように細く切って」とありますから、その時代になっても索餅は刀子で細く切って麺にしていたことがわかります。

索餅の調味

『延喜式』（大膳）の「仁王経斎会供養料」では、糖三勺、小豆三勺、酢一勺、醬二勺、塩六勺、生薑一勺、胡桃子六顆が「索餅料」として規定されています。生姜と胡桃を薬味とした甘辛い汁です。

これらをつけ汁にして索餅を食べていたとすれば、麺の太さこそ違え、現代の釜揚げうどんか素麺のようであったといえるでしょう。

手束索餅

唐菓子の索餅糖

各種宴会で大活躍

古記録を見ると索餅は一年中、さまざまな機会に供されています。『吏部王記』延長七年（九二九）の九月重陽の記事では、「大膳進索餅等如諸節」とあって、節会のたびに大膳職が索餅を供したことがわかります。『西宮記』では九月の「季御読経《きのみどきょう》」で、『小右記』では正暦四年（九九三）十一月の「朔旦冬至《さくたんとうじ》」、長和三年（一〇一四）五月の「手結《てつがい》」（弓の競技会）などで索餅が供されます。長元二年（一〇二九）四月の「孟夏旬《もうかのしゅん》」では内膳司が索餅を作り忘れて「汁はあるが索餅はない」状況になったと記します。

後醍醐天皇の『建武年中行事』の「元日節会」には「いまは小麦粉料理が廃れ、黏臍、餲饠、餢飳、桂心など名前は知っているが、内膳司に聞いても実態はわからない。ただ、餛飩、索餅は今も目にするものなので知っている」とあります。鎌倉末期に至っても、索餅と餛飩は現役で宮中に残っていたことがわかります。

手束索餅

『延喜式』（大膳）には「索餅」とは別に「手束索餅」の項があります。「手束」は手づかみの意味ですから、これは刀子で細く切らずに手で握り取った、あるいは手で麺状に伸ばした簡易な索餅であったと想像できます。

調味については『延喜式』（大膳）によれば、夏場（三月一日から八月末日）は米粉が多くつるつる。つけ汁の味付けは醬・味醬が冬よりやや少なめで酢多め。冬場（九月一日から翌年二月末日）は醬・味醬が多めで酢少なめと、現代の感覚と同じです。

七夕との関係は？

『宇多天皇御記』寛平二年（八九〇）二月の記事に、民間の年中行事食を宮中に導入しようという内容があり、そこに「七月七日索麪」とあります。しかし『延喜式』でも古記録でも索餅は一年中食べられるもので、特に七月七日の行事食ではありませんでした。

『玉葉』治承四年（一一八〇）七月七日に「嫁をめとったあと三年は、乞巧奠で索餅を家で食べない」とありますから、平安時代末期には七月七日の索餅は行事に取り入れられていたことがわかります。また『厨事類記』の「臨時供御〈内院宮儀〉」に「七月七日。索餅、御菓子八種」とあることから、やはり七夕の行事食になっていたようです。

その後、室町時代頃に成立した各種の有職書などで、さまざまな伝説と結びついて七夕に索餅、素麺を食べるという習慣が確立しました。

唐菓子の索餅

古くから索餅は「唐菓子」（136ページ）の一種という説があります。『延喜式』（主殿）「諸司所請年料」には「大膳職に胡麻油一升二合を配給する。天皇・中宮の『御索餅糖』用である」という内容があり、これは糖（46ページ）で甘味を付けた索餅を胡麻油で揚げた、あるいは揚げた後に糖を掛けた菓子のように読めます。索餅全般がこの形式であったわけではありませんが、平安時代中期に唐菓子タイプもあったことは間違いないようです。

粉熟

おかず

粉熟《ふずく》

古名　ふずく、ふんずく

『和名類聚抄』では「粉熟」を「粉粥のこと」とします。やがて菓子の一種として扱われるようになる粉熟は、平安中期には饗宴での主食のようなものでした。

年中行事には不可欠

『延喜式』（内膳）の「造粉熟料」での材料は白米と大角豆で、三月一日から八月末日まで天皇の膳に供えるとあります。夏の食べ物ということになりますが、粉熟は一年中の饗宴で供されるものでした。『九暦』では天慶八年（九四五）八月の「定考《こうじょう》」（太政官官人の人事考課）や、天暦四年（九五〇）十月の菊花宴などでも粉熟が出されています。

飯が先か粉熟が先か

重要な儀式食でしたから、食べる順序のルールもまた大切なこととされました。『西宮記』を見ますと、正月十六日の「女踏歌《おんなとうか》」では、まず粉熟が出て、次に飯・汁が出ています。

これが通常の順序であったようで、二月十一日の「列見《れっけん》」（六位以下の人事考課）では二献で粉熟が出され、三献で粉熟を撤収して飯と汁が出されます。八月の「定考」でも同様ですが、「三献の後に粉熟・飯が出るものだが、近年は二献で粉熟、三献で飯となっている」とあり、ルールが変化したことを示します。

『小右記』ではルールにうるさい藤原実資らしく何度もこの順番について記します。寛弘八年（一〇一一）九月九日の重陽の節供では粉熟と飯が一度に供されたのが良くないと憤っています。先に粉熟、後に飯が鉄則であると。つまり粉熟は飯より前に出る主食だったのです。

饗宴では和風の米飯の前に、唐風の粉熟や索餅が供される習慣があったことが興味深いことです。

やがてお菓子に

『執政所抄』では正月の節供に粉熟が出て、関白の粉熟は小角豆汁《ささげじる》の中に、妻・北政所の粉熟は小豆汁《あずきじる》の中に入って供されています。『厨事類記』でも粉熟は小豆の摺り汁で食べるとあります。

その『厨事類記』には粉熟の製法が書かれていますが、餅粉・大角豆・串柿・干棗、胡麻・搗栗・煎豆を甘葛煎《あまづらせん》と混ぜ、炭団《たどん》のように丸めて胡麻油でじっくり揚げると、古式とはまったく異なる方式を示します。別説では大きな栗の大きさにして絹の袋に入れて茹で、きな粉を掛けて甘葛煎を塗り、食べるときは粽のように切るとします。

南北朝時代の『原中最秘抄』では稲・腅麦・大豆・小麦・胡麻を粉にして餅とし、茹でて甘葛煎を掛けてこね合わせ、細い竹の筒の中に押し入れて、しばらくして突き出して双六の駒のように切るとします。こうして粉熟は平安時代のものとは似ても似つかない菓子になりました。

『原中最秘抄』の粉熟

『厨事類記』の粉熟

おかず

餛《こん》飩《とん》・餺《はく》飥《たく》

古名　餛飩＝こんとん
餺飥＝はくたく、はうたう

『集古図』に見られる餛飩

『吏部王記』延長六年（九二八）十一月の記事に、「粉熟が供されたとき左衛門督に、『さまざまな節会で出されるこれは餛飩か粉熟か』と問うと、督は『索餅と伝え称されます』と答えた」とあります。早くからこうした小麦粉料理は区別が曖昧になっていたようです。

餛飩

餛飩は現代のワンタンのもとになった料理とされ、『和名類聚抄』でも「刻んだ肉を麺(小麦粉を練って伸ばしたもの)で包んで煮たもの」と説明しています。平安中期の餛飩がどのようなものであったかは不明ですが、格の高い料理とされ、元日節会、二宮大饗、大臣母屋大饗、内宴といった正月の饗宴に多く供されました。その他の時期では臨時に行われる「任大臣庇大饗」でも用いられました。

食べ方は……

『吏部王記』延長八年（九三〇）正月の大臣大饗で、二献の後に餛飩を進める、とあります。これが餛飩の食べる順序の原則であったようで、『西宮記』の二宮大饗でも「二献餛飩、三献飯汁」とありますし、『中右記』康和五年（一一〇三）正月の中宮大饗でも二献で餛飩が出されています。「粉熟」もそうでしたが、飯・汁の前に中国風の小麦粉料理を優先して食べるのが原則だったのです。

『台記』康治二年（一一四三）十月の任大臣大饗に「主人・尊者が箸で餛飩を挟み、汁盃に入れて食す」とあります。どういう汁であったのかは不明ですが、汁に浸けて食べる料理であったことはわかります。ただし『江家次第』では、朱器の大饗では汁を掛け、その他の場合は別の坏に汁を入れるとされます。

餺飥

『斉民要術』の「水引餺飥」は平打麺のラーメンのようなもので、『和名類聚抄』での「餺飥」は、「麺を方形に切ったもの」とだけ説明されています。

春日社の名物

『枕草子』にも「はうたう」として登場しますが、餺飥は奈良の春日社の名物でした。『小右記』永延元年（九八七）三月の「春日詣」の記事では、「餺飥女」三十人に褒美の「禄」を授けています。また永祚元年（九八九）三月の一条天皇春日行幸では、「餺飥女」二十人が餺飥を打っています。こうした貴人の訪問の際、春日社では雅楽の音色を背景に妓女たちに餺飥を打たせることが、一種のショーになっていたようなのです。

小豆汁で

『厨事類記』での餺飥は「米粉を薯蕷のとろろで練り、索餅のように刀で細く切って茹でる」とあり、小麦粉製品ではなくなっています。『台記別記』の仁平元年（一一五一）八月の記事には、春日社で妓女十二人が雅楽に合わせて餺飥を打つ場面が記されます。菓子が進められた後に折敷・高坏に盛られた餺飥が小豆汁で供されました。『厨事類記』でも「小豆の摺り汁で食べる」とされています。

だいたいにおいて、中国で肉を使っていた料理を小豆に置き換えるのが平安中期以降の日本料理の特徴です。室町時代に日本に入ってきた「饅頭」も同様です。

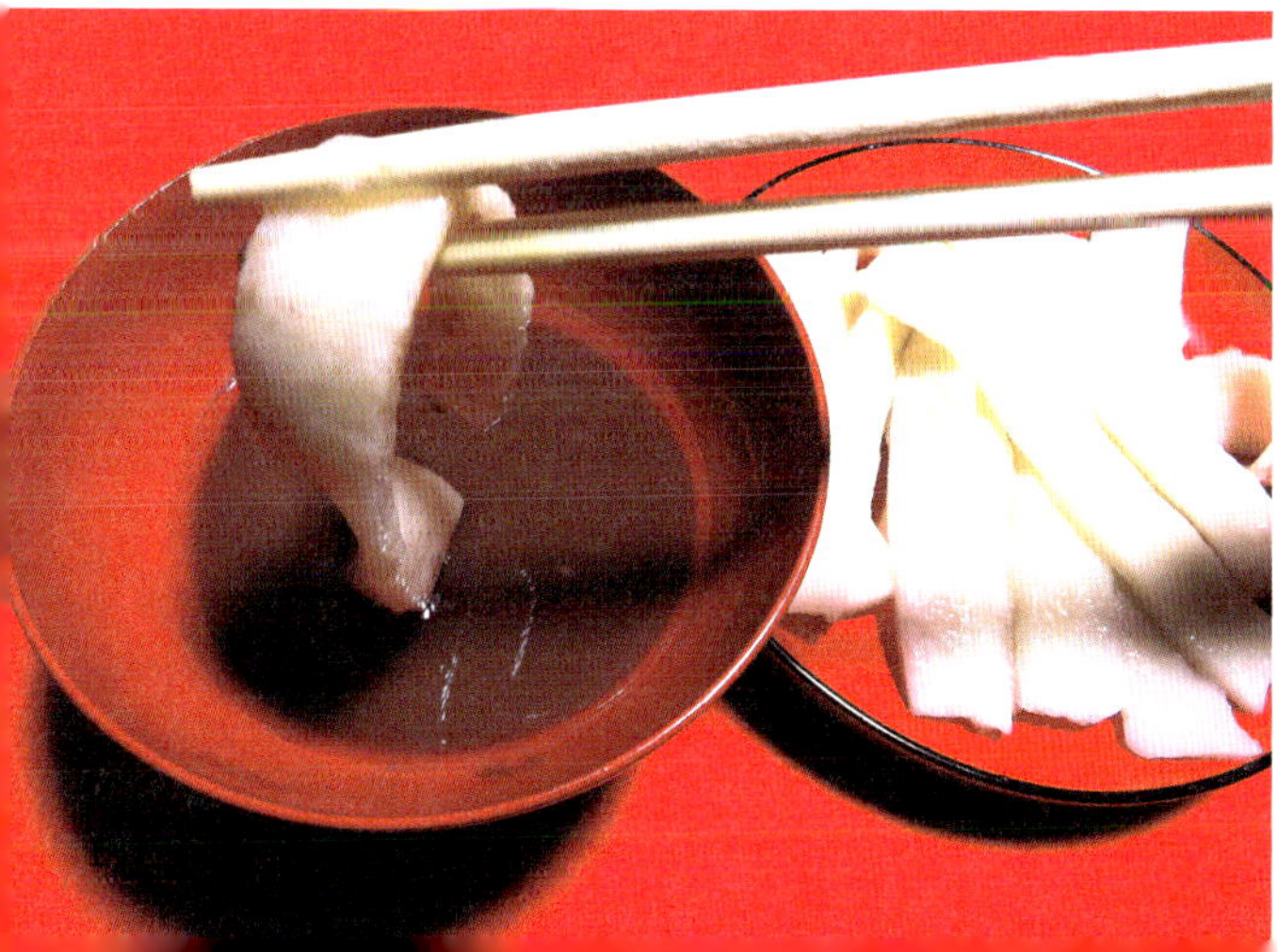

餺飥　郷土料理「ほうとう」「はっとう」などの名称に名残がある

蒲鉾　『類聚雑要抄指図巻』に見られる形

おかず

蒲鉾《かまぼこ》・寒汁《こよしもののしる》

古名　蒲鉾＝かまぼこ
寒汁＝こよしもののしる

蒲鉾

魚肉をつぶして丸め、そのまま加熱すると崩れてしまいますが、三パーセントほどの塩分を加えて練ると加熱しても崩れず弾力のあるゲルになります。こうした「魚肉練り製品」は、それほど製法が難しくないため古代からあったはずですが、不思議と文献には登場しません。

登場は平安時代後期

『類聚雑要抄』には、永久三年（一一一五）七月、関白右大臣・藤原忠実が東三条殿へ移徙《わたまし》（転居）したときの饗膳について記しますが、その中に「蒲鉾」があります。また同書の「五節殿上饗」にも蒲鉾が載ります。当時は魚肉のすり身を竹串に塗りつけて焼いたため、その姿が「蒲《がま》の穂」に似ていたので「蒲鉾」と呼ばれたと後世の書物にあります。現在の「竹輪」のようなものです。

ガマ（*Typha latifolia*）の穂

同書の記述をもとに推測し江戸時代に描かれた『類聚雑要抄指図巻』では、蒲の穂状の蒲鉾になっています。

長享三年（一四八九）の『四条流庖丁書』には、貴人に出す「蒲鋒（蒲鉾）には見えないように切れ目を作っておく」とあり、この時代もまだ蒲の穂状の蒲鉾であったことが想像されます。室町時代末期の『大草殿より相伝之聞書』には「板に付る也」とあり、その頃から現代のような板蒲鉾になったようです。

寒汁

『類聚雑要抄』永久三年東三条殿移徙の膳には、蒲鉾と並んで「寒汁鯉」が登場します。これは「寒《こよしもの》」、つまりゼラチンが固まった「煮凝り《にこご》」の冷汁で、『厨事類記』には任大臣や任大将の饗膳には、温汁のあとに鯉味噌の寒汁を供するとあり、詳しく記します。それによれば鯉の身をおろして皿に盛り、煎汁で和えます。焼塩・山葵・蘘荷のとろろなどを添えます。汁というよりも煮こごり料理で、汁の実は汁椀とは別皿に盛るとあります。『延喜式』（内膳）の「諸国貢進御贄」に大和国吉野御厨が「伊具比魚煮凝《にこごり》」を納めるとあります。煮凝り（ジュレ）料理は古くから好まれたのです。

汁鱠《しるなます》

「寒汁」のほかに多く記載が見られるのが「汁鱠」です。「鱠」（156ページ）は今でいう刺身のことで、これを汁に浸けながら食べるものだったようです。『平記』康平三年（一〇六〇）七月の任大臣大饗料理には、三献の後に飯、次に「汁膾」が登場。小鳥焼物と蛸、鮎焼物が添えられ、その後に「鵠《マナヅル》」の「羹」が出ます。『類聚雑要抄』の「花山院廂大饗」でも、三献で飯、次に汁とあり、続いて「汁鱠で小鳥焼物を加える」とし、四献の雉羹に続きます。

寒汁　魚のゼラチン質による煮こごり

おかず

こころぶと

古名 心太＝こころぶと
大凝菜＝こるもは

今「心太」と書いて「ところてん」と読まれる食べ物は、古くは文字どおり「こころぶと」と読まれました。『和名類聚抄』でも「古々呂布止《こころぶと》」とされます。「心」は当て字で、「凝る」（こり固まる）という意味です。

心太

奈良時代から

正倉院文書の天平六年（七三四）『造仏所作物帳』に「心太六斛八升」、天平十一年（七三九）八月の『写経司雑解文案』に「心太一村、直《あたい》銭十文」とあるなど、奈良時代から心太は盛んに食べられていました。

ただし他の海草と列記されることが多いことから、製品としての心太ではなく、海草の「てんぐさ」の形で流通していたと思われます。各自で心太に加工して食べていたのでしょうか。あるいは他の海草と同じく、海草の姿のまま食べられていたのかもしれません。

大凝菜《こるもは》・小凝菜《いぎす》

一般に「てんぐさ」と呼ばれる海草はテングサ科のマクサが代表的ですが、煮汁が凝固する海草は多くあります。奈良時代はテングサ科の海草を「大凝菜」、イギス科の海草を「小凝菜」としていました。『養老令』（賦役令）では「凝海菜」と記されています。天平宝字四年（七六〇）の『食法』には「心太・伊岐《いぎ》須《す》各二十五斤十両」とあります。

イギスはマクサよりも細く繊細なので『和名類聚抄』では「海髪」という字が当てられています。

平安時代も人気食材

『延喜式』（市）では「心太店」が東市にも西市にもあり、「海藻店」が別にあることから、心太が独立した日常の食べ物であったことがわかります。『延喜式』（主計）では「調」として志摩・若狭国から、「中男作物」として上総・阿波国から、「交易雑物」として伊勢・志摩・尾張・三河・遠江・紀伊・阿波の各国から、「大凝菜」「小凝菜」「凝菜」「凝海藻」などが納入されています。『延喜式』（内膳）の「供御月料」には「大凝菜四斤八両」とあります。

『延喜式』（大膳）で「正月修太元帥法料。心太一斗九升」とあるのが『延喜式』に「心太」が登場する唯一の記録で、あとの「大凝菜」「小凝菜」は、やはり海草として食べられていたのでしょう。「仁王経斎会供養料」には「大凝菜六両一分四銖」が「汁物料」とされています。

マクサ（*Gelidium elegans*）

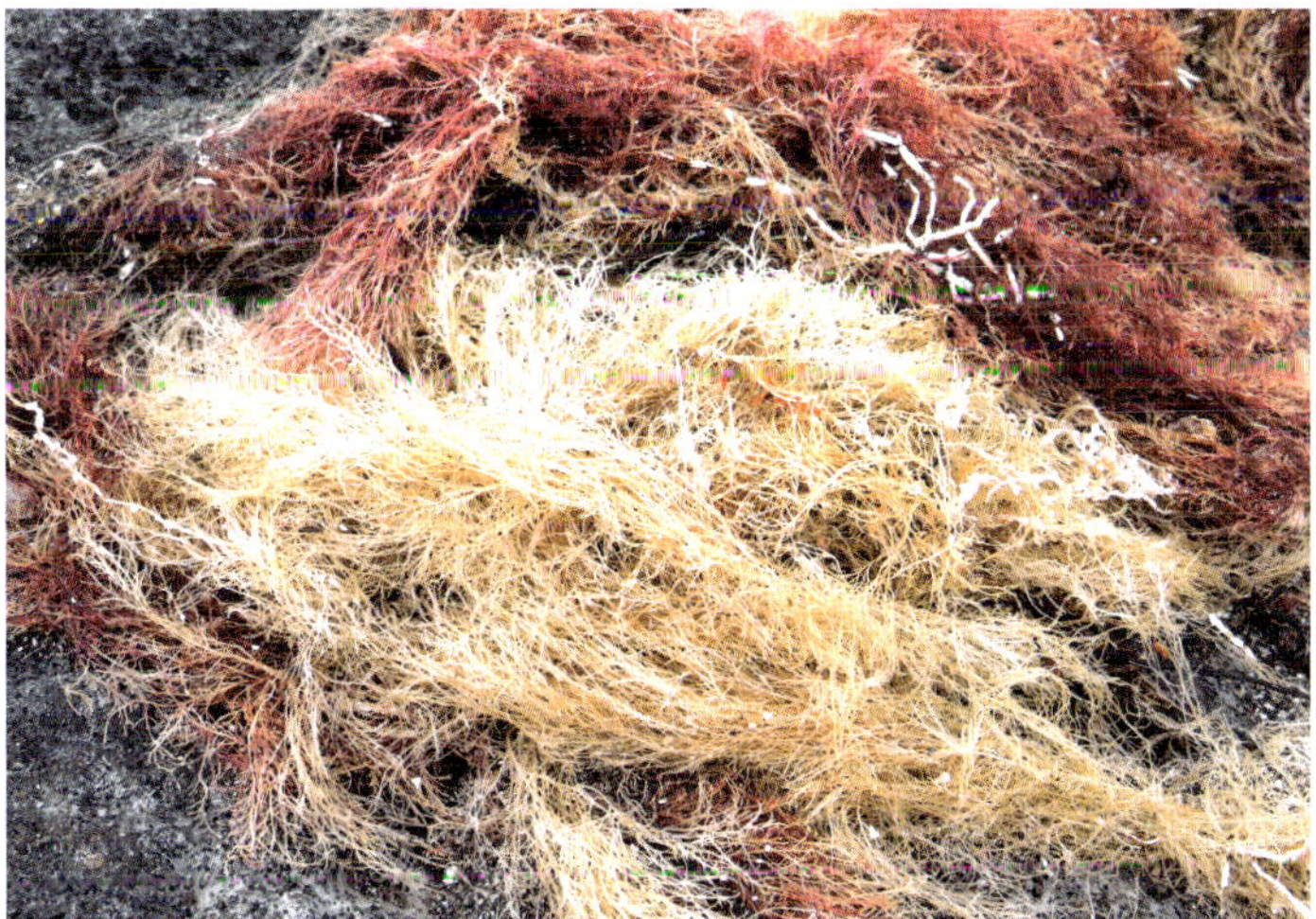

マクサを日光に晒すと白くなる

おかず

追物《おいもの》　雉の別足《べっそく》

雉の別足　『正月三節會御膳供進之次第』　国立国会図書館デジタルコレクション

追物

饗宴のメニューの中に「追物」が登場します。『執政所抄』の「臨時客」では、一献、二献に続いて三献が雉羹、そして「追物」として生鮑、浮海松《うきみる》、雉足《ちそく》、酢坏（海松がないときは白根）が登場し、さらに四献で「追物菓子」、五献で「薯蕷粥」、六献で「薺汁《なずなじる》」と記されます。『御堂関白記』の寛仁元年（一〇一七）八月の「大臣御慶」でも三献の飯汁の後に「追物」が供されています。

酒の後のおかず

干物・生物・窪坏物などの酒肴で酒を飲んだ後、飯汁の「おかず」として出されるのが「追物」で、懐石料理の「強肴《しいざかな》」とは少し主旨が異なります。

生物や汁、酢の物もありましたがメインは焼物で、「雉の別足」（鳥足）や魚の「裹焼《つつみやき》」（158ページ）などが定番料理でした。『厨事類記』では「追物」には「焼物」と註が付き、雉足・零余子《むかご》焼・鯛面向が挙げられます。

雉の別足

別足は「追物」の代表格。雉の足を骨付きで焼いたもので、「雉足」「鳥足」とも呼ばれます。

『大鏡』に載る逸話では、藤原良房の大臣大饗で、「必ず大饗に盛る物」とされた「雉の足」を尊者（主賓）の前で取り落とした陪膳は、何を思ったか列席の時康親王の雉足を尊者に回してしまいます。親王は陪膳の失態を皆に知られないようにそっと灯明を消しました。良房は深く感じ入って、親王を帝位（光孝天皇）に就けたとされます。大饗での「雉足」の重要度がわかります。

大臣大饗で

『大鏡』にあるように、別足は大臣の母屋大饗や庇大饗で必ず出されるものでした。『北山抄』の「新任饗」には、三献で飯汁が出されたあとに「雉別足」と茎立、生鮑が出され、五献として獼猴桃や枝柿といった菓子が出されるとあります。藤原頼長の『台記』仁平二年（一一五二）正月の大饗記事では、やはり四献で「雉別足」が出されています。

別足の調理

『厨事類記』には、鳥足は右足を用い、骨を薄様《うすよう》（紙）で包んで盛る。晴の膳では（食べやすいように）茹でたものを用いる。古人が言うには包まれたところを取って、足の切り口から食いちぎる、などと記します。かなり豪快な食べ方ですが、『古事談』に平安時代後期の興味深い話が載ります。

徳大寺の大饗で藤原頼長が雉の別足を食べました。宴の後に「別足の食べ方を見習おう」と人々が集まって見ると、切れ目がある関節の内側を一口食べていた、とあります。

室町時代の『武家調味故実』には別足は三十三か所、切れ目を入れておくとありますが、平安時代後期もそうした食べやすい配慮があったのでしょうか。

キジの骨に巻く亀足

おかず

亀足《きそく》の折り方

『厨事類記』の「雉足」は「薄様（紙）で包む」とあります。現代のクリスマスチキンのように、骨の部分を薄様でくるんで食べやすくするものです。これを「亀足」と呼び、端を手前に折って巻き貝のように丸めます。江戸時代の文献での「亀足寸法」は、「焼物亀足」は「長五寸、幅二寸四分、三ツ割水玉五ツ」、「蒲鉾亀足」は「長五寸一分、上幅二寸一分、下幅一寸七分」とあります。

平安時代は簡単なものだったようですが、室町時代に「折形《おりがた》」文化が発達し、身分や儀式の軽重でさまざまな形式が派生しました。ここでは最も簡単な基本形を示します。この原点から各種の造形美豊かな形に発展したのです。

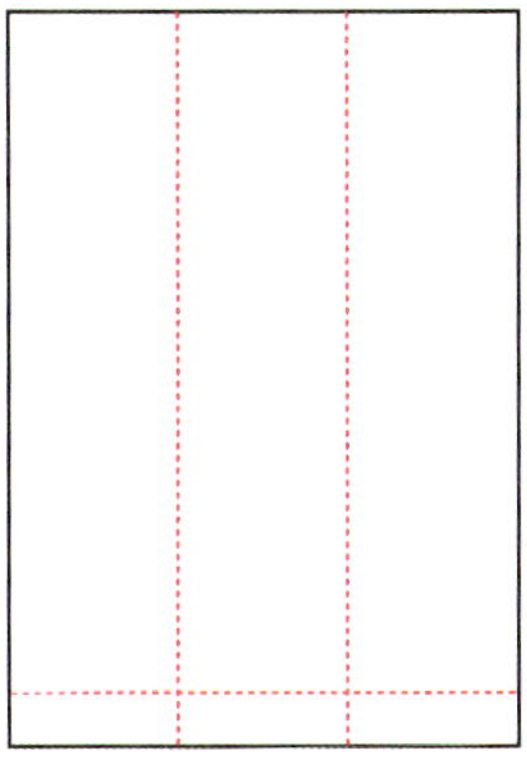

①紙の大きさは包むものによります。縦に三折りにすることになります

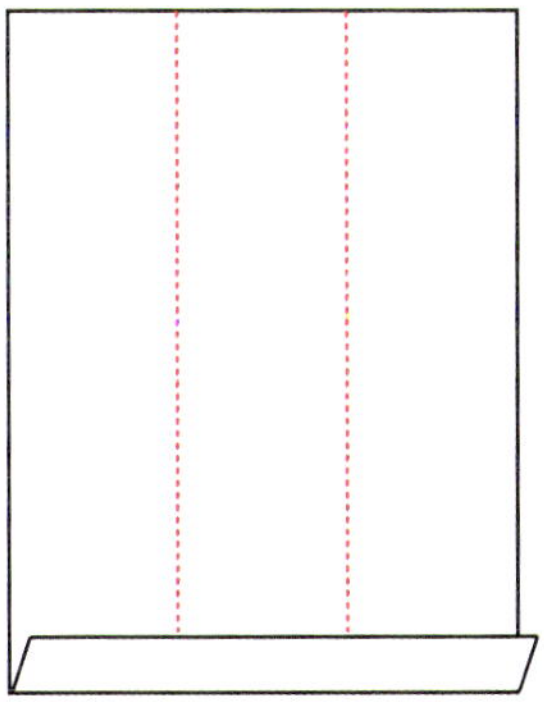

②下のほうを少し折り上げます

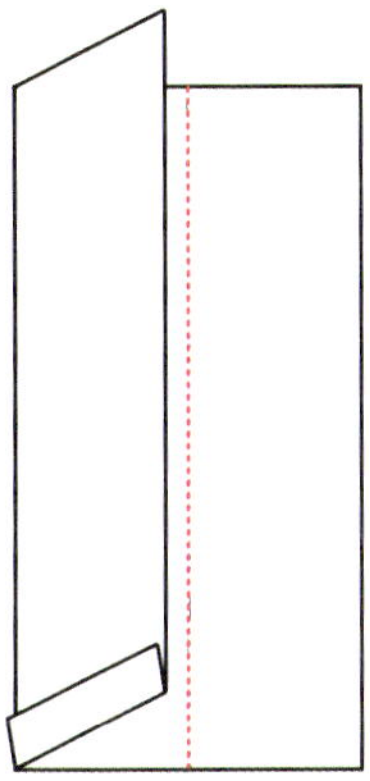

③②を裏返し、左を縦に折り畳みます

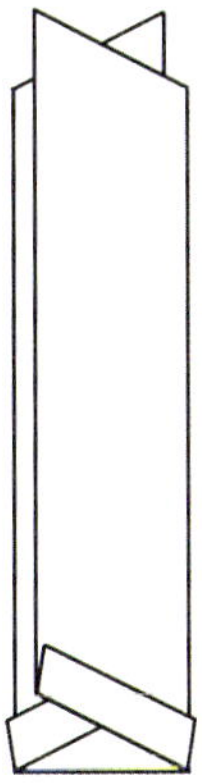

④右を縦に折り畳みます

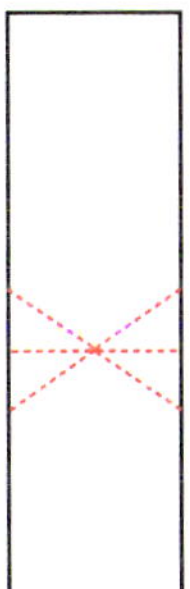

⑤真ん中あたりに赤点線で示した折り目を付けます

⑥上から下に畳み折ります

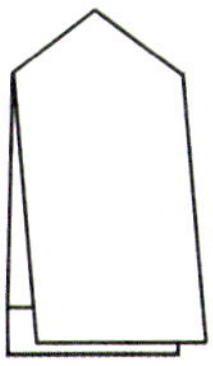

⑦折った部分の左右を内側に折り込んで、三角形にします

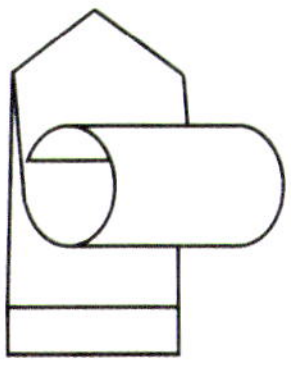

⑧上から畳んだ部分を丸めます。「続飯《そくい》」（米糊）で留めると安定します

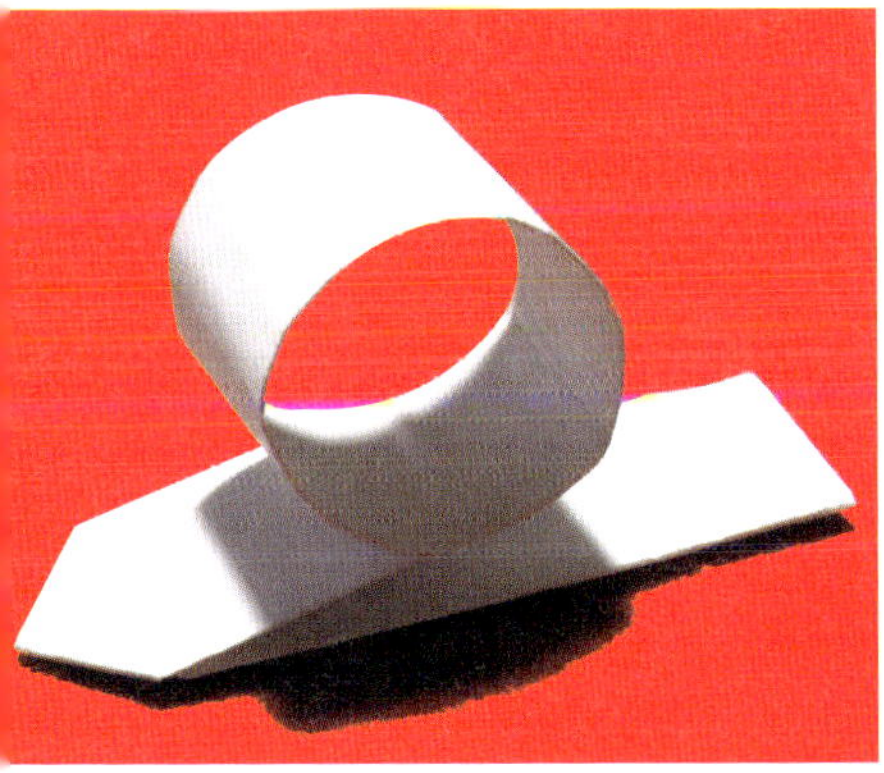

完成した基本の亀足

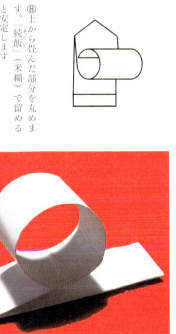

零余子焼　『正月三節會御膳供進之次第』　国立国会図書館デジタルコレクション

おかず

零余子焼《むかごやき》

古名　ぬかごやき

現代も、そして『宇津保物語』（藤原の君）でも薯蕷（ヤマノイモ）の球形の芽を「零余子」（92ページ）と呼んでいますが、ここでの「零余子焼」はまったく関係のないものです。魚の薄切りの串焼きで、「追物」（150ページ）のひとつでした。

大饗の追物

『平記』康平五年（一〇六二）正月の大臣大饗では、「蘇甘栗」（168ページ）とともに零余子焼が供されています。このように零余子焼は、大饗に欠かせないものとされました。

『江家次第』の「大臣家大饗」では、正式な「宴座《えんのざ》」で蘇甘栗と零余子焼、二次会である「穏座《おんのざ》」でも零余子焼と薯蕷粥が供されました。二度も出るということは、酒肴としてよほど好まれていたということでしょう。

臨時客でも

摂関政治の絶頂期以降、公式行事・大臣大饗から、私的行事・「臨時客」に力点が移ってきます。

『執政所抄』では臨時客で零余子焼が供されるとありますし、時代が下がった『玉葉』の文治三年（一一八七）正月の臨時客では、一献の飯に続いて海雲（もずく）汁と零余子焼が出され、次の三献で「雉羹」、雉足、生蚫、海松を添えるとあります。

零余子焼の実際

『厨事類記』の「追物〈焼物〉」の項では代表的なものとして雉足、零余子焼、鯛面向を挙げています。そして零余子焼の調理を以下のように具体的に記します。

鯉の身を皮に二分（約六ミリ）ほど付けて剝き、それを五分（約一・五センチ）四方に切って、串に刺します。「擂り醤《すびしお》」（粒をつぶしてペーストにした醤）を塗って火で炙ります。胡桃を塗ることもあります。

ある説では、一串に刺すのは四切れまでで、皿に盛るのは四串。串の長さは皿の直径ほどにします。皮を付けずに身だけ切ったものは「零余子の身」と呼びますが、これもまた一串に四切れ、四串を皿に並べ盛るのだとします。

魚は鯉としていますが、記録上はヒラメなどもあり、特に制約はなかったようです。一切れ一・五センチ四方で四片というのは、少しだけ摘まみに食べたい酒肴には最適ともいえます。『江家次第』で宴座・穏座の両方で供されたというのもうなずけます。

おかず 焼物

焼物

平安時代の饗膳に上る料理は酒肴という観点を重視し、干物・生物・窪坏物（塩辛など）・羹などが中心で、焼物は飯を食べる後半に出てくることが多かったようです。

『平記』を見ますと長暦元年（一〇三七）六月一日の「忌火御飯《いんびのおんいい》」の神饌には鰯と鯵の焼物、康平三年（一〇六〇）七月の任大臣大饗では三献に飯、汁、汁膾と並び小鳥の焼物、四献で鴾《マナヅル》の羹、次に茎立代わりの鶏頭草、その次に鮎焼物が登場しています。また康平五年（一〇六二）正月の大臣大饗では三献で雉焼物とあります。

神饌は別にして、大饗料理での焼物は鮎と雉が多かったようです。『厨事類記』の時代になりますと、天皇・皇后の昼御膳、七の膳に焼物が登場しています。

ヒタレ・引垂《ひきたれ》・ヒツタレ

『和名類聚抄』では「膞」を「比太礼《ひたれ》」と読み、俗には「阿布良之利《あぶらしり》」、鳥の尾の肉（脂）だとします。つまり現代の鳥料理で「ぼんじり」と呼ばれる部分です。

『厨事類記』の「生物」の雉鱠の説明に「鳥ノ右ノヒタレ」とあります。

鎌倉時代の『四条流料理書』の「鳥の焼物の事」には、女には「ヒツタレ」を盛り、男には別足（150ページ）を盛るという説明があります。この「ヒツタレ」は「ぼんじり」のことと思えますが、別に「鳥の引垂焼」という項があり、雉の引垂を焼くときは、身の中に赤みを少し残すと説明します。「鳥の串焼」も引垂を串に刺して胡桃を塗って焼くとあります。

室町末期とされる『庖丁聞書』では、「雉を裂いて垂れた胸肉を引垂という」とあります。この言葉の変遷は料理の変化にもつながりますが、詳細は不明です。

鯛平焼

見た目が美しく美味な鯛（119ページ）は古くから好まれた食材でした。『土佐日記』には紀貫之が乗っていた船の船頭から鯛を買う場面が記されますが、平安時代中期の都ではそうした「鮮鯛」を入手できる機会はなかなかなく、干物になった鯛が多く用いられました。

『九暦』天暦五年（九五一）十月の皇子「魚味始」では、まず鯛を口に含ませ、次に他の魚鳥を食べさせています。『中右記』長治元年（一一〇四）八月の東宮味始でも同様です。やはり鯛はおめでたい魚ということだったのでしょう。

なお『厨事類記』には鯛平焼は魚の右側だけを焼いて膳に載せるとあります。また『世俗浅深秘抄』では膳の配置について、雉は奥、鯛は前に置くと記します。

「焼鳥」とも呼ばれた雉焼物

右側の身を使う鯛平焼

押年魚 煮塩年魚 火乾年魚

古名　押年魚＝おしあゆ
煮塩年魚＝にしおのあゆ
火乾年魚＝ひぼしのあゆ

　重石をかけて押し、平らにした塩漬けの鮎が「押年魚」です。備前国をはじめとした西国七か国から「中男作物」として都に送られ、『延喜式』（内膳）「諸国貢進御贄」の「年料」では土佐国から一千隻もの押年魚が納められています。

　天皇の「供御月料」として押年魚十六斤八両が消費されるほか、正月三節・九月九日節などでも食膳に上り、『延喜式』（大膳）では「宴会雑給」として親王・公卿には四両、四位五位命婦には二両の押年魚が支給されています。

歯固で活躍

　押年魚が最も活躍するのは、正月の儀礼的料理「歯固」（169ページ）です。『西宮記』では正月元日の早朝、屠蘇御膳に猪とともに押鮎と煮塩鮎が置かれるとあります。また『類聚雑要抄』では、鏡餅（170ページ）を飾る縁起物として、蘿蔔《すずしろ》（大根）や橘《たちばな》と並び「押鮎一隻」があります。

頭を上に載せる

『江家次第』の歯固の説明に「押鮎一坏〈切盛置頭〉」とあります。重ね盛りした押鮎の上には、切った頭を置くのが習慣でした。『土佐日記』で紀貫之は、この押鮎の頭と目が合ったのか、「押鮎の口を吸ったら鮎はどう思うだろうか」などと奇妙な感想を述べています。

煮塩年魚・火乾年魚

　鮎は平安時代の朝廷で最も好まれた魚といっても過言ではありません。東の鴨川や西の桂川から鮮魚が入手できましたが、旺盛な需要に応えるために、全国各地からさまざまに加工された鮎が納められています。

さまざまな加工品

『養老令』（賦役令）には「調」として「煮塩年魚四斗」が規定されています。塩水で茹でて干したものでしょう。『延喜式』（主計）の「中男作物」には、煮塩年魚のほかに火乾年魚・押年魚・煮乾年魚・漬塩年魚・鮨年魚といった各種の年魚加工品が規定されています。

　火乾年魚は薪の火力で一挙に乾燥させたもの、煮乾年魚は茹でた後に天日乾燥したものでしょうか。漬塩年魚は文字どおり塩漬けにした年魚でしょう。

各地から貢納

『延喜式』（主計）では、火乾年魚は駿河・因幡両国から、煮塩年魚は伊勢など十七か国から、漬塩年魚は九州の筑前・筑後・肥後・豊前の四か国から中男作物として納められています。

　こうした加工品は日常の食事のほか「神今食」や「新嘗祭」といった神事でも用いられると『延喜式』（内膳）に記されます。

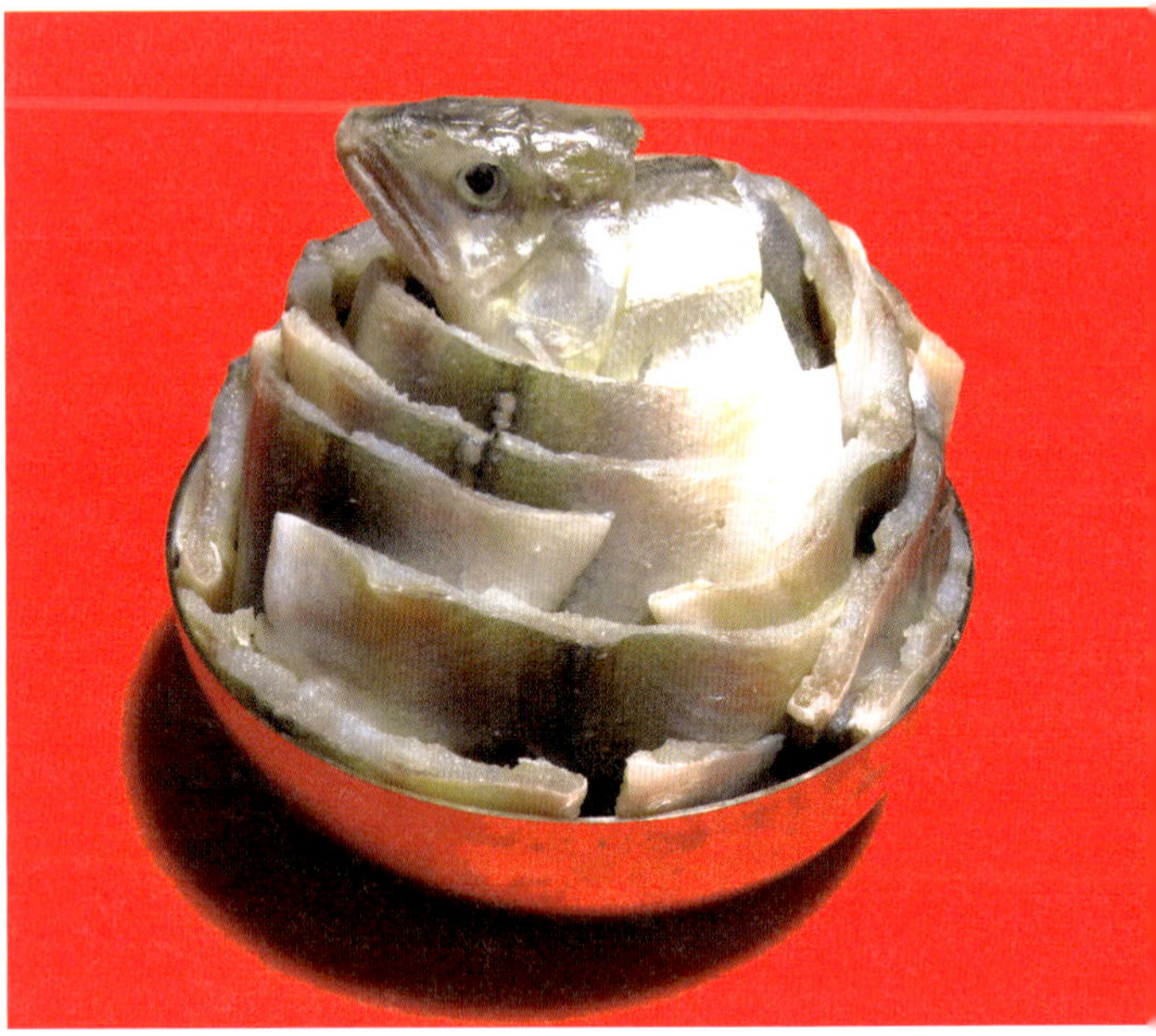

押年魚は頭を上に載せる

火乾年魚

おかず

鮨

古名 すし

今も琵琶湖名産の鮒鮨

『和名類聚抄』では「鮨」と書いて「須之《すし》」と読み、大魚の鮨を「鮓」と書くとします。現代のにぎり寿司は江戸後期に考案されたもので、それまでの鮨は、生肉や生魚を塩と米飯に漬け込み、乳酸発酵させたいわゆる「なれ鮨」で、長期間保存できる食べ物でした。後漢の『釈名《しゃくみょう》』では「鮓は葅《そ》（漬物）である。塩と米で醸し葅熟の如くにして食べる」とあります。

鮒鮨《ふなのすし》

今も滋賀県名物の「鮒鮨《ふなずし》」は平安時代も名産で、『延喜式』（内膳）では近江国筑摩厨が天皇供御用の「鮨鮒十石」を造ると定められています。その他『延喜式』（主計）では、美濃・筑前・筑後各国からも「鮨鮒」が貢納されています。

年魚鮨

最もポピュラーであったのが年魚《あゆ》（鮎）鮨です。『延喜式』（内膳）の「諸国貢進御贄」では「旬料」（十日に一度貢納）として大和国吉野御厨が納めるとされましたが、『延喜式』（主計）では美濃国など六か国からも貢納されています。

『西宮記』では正月の「殿上賭弓《てんじょうののりゆみ》」、『平記』では長暦元年（一〇三七）六月の中宮の賢所神供、『類聚雑要抄』では保延二年（一一三六）十二月の任大臣庇大饗などで鮎鮨が供されていますが、そうした儀式だけではなく、日常食としても多用されたようです。

『今昔物語集』の「三条中納言食水飯語」に面白い話があります。

大食漢で肥満した三条中納言が、医師のすすめでダイエット食を試みましたが。そのダイエット食が大量で、甕の中に大きな「鮨鮎」を三十枚ばかり用意し、五つ六つをぺろりと食べて見せ、医師が呆れたというのです。

年魚鮨が日常的な食品であることがよくわかります。

さまざまな鮨

『延喜式』（主計）の「調」では、鮨鮒・鮨鰒・貽貝富耶交鮨・貽貝鮨三斗・雑魚鮨・鹿鮨・猪鮨・大鰯鮨・手綱鮨・鮭鮨・鮨年魚・貝鮹鮨といった各種の鮨が規定されています。また近江国は中男作物として「阿米魚鮨」があり、これは琵琶湖特産のビワマス（→117ページ）の鮨です。駿河国には「手綱鮨」がありますが、これはどのようなものか不明です。

特徴的なのは紀伊・筑前・豊前・豊後の各国から、鹿鮨や猪鮨が納められていることです。古代中国での鮨は魚肉よりもむしろ獣肉が中心でしたが、『延喜式』の時代はまだそうしたものが日本でも食べられていたことになります。

臭味がなく食べやすい年魚鮨

おかず

鱠《なます》

古名　なます

雉鱠

現代、「鱠」というと大根やニンジンを酢であえた料理を思い浮かべますが、本来は細く切った生肉や生魚のことでした。今の「刺身」と同じ意味といっても過言ではありません。本来は「膾」と書きました。万人にもてはやされることを意味する「人口《じんこう》に膾炙《かいしゃ》する」は、膾と炙り肉が皆に好まれるということから来た古代中国の言葉です。

『類聚雑要抄』の永久三年（一一一五）七月の「東三条移徙」では鱸鱠、鯛鱠、鯉鱠、寒汁鯉、汁鱠といった各種の鱠が膳を賑わせました。

生物《なまもの》

『富家語』に「膾といわずに生物という」とあるように、古記録で「生物」とある場合は鱠のことを指すことが原則です。『平記』長暦元年（一〇三七）六月の中宮の賢所神供では「生物〈鮎・鮨鮎・鯉・鮒〉」とありますし、康平三年（一〇六〇）七月の任大臣大饗には「生物二坏〈鯉・鱸〉」とありますが、これは鱠（刺身）のことです。

康平五年（一〇六二）四月の任大将饗では五献に「肴物鯉膾」と明記されています。『二中歴』の「大饗」では、尊者は雉、鯉、鱒、鯛の生物。弁少納言は雉、鯉、鯛。外記史と史生は雉、鯉と、上下を問わずに「生物」が供されています。

『厨事類記』の「生物〈鱠〉」の項目には、鯉・鯛・鮭・鱒・鱸・雉が列挙されます。そして鮭・鱒をやめて鱸・雉を用いるのを「佳例」とします。さすがにこの時代には獣肉の鱠はありませんが、雉の鱠は重宝されたようです。「雉は生鳥ともいう」ともあります。

生物の調理

『厨事類記』には「生物〈鱠〉」の調理について詳しく記します。

鯉は下に掻敷《かいしき》（31ページ）を敷いて造り重ねて盛る。鮭は皮を剥いで造り重ねて盛る。鱒も鮭と同様。鯛も皮を剥いで造り重ねて盛る。鱸は皮を剥かずに造り重ねて盛る。雉は右の「ヒタレ」（153ページ）を造り重ねて盛る。鯉がないときは鮒を盛る。雉がないときは鰹を盛る。鱸がないときは鯛の皮の側を切り重ねて盛る。生鯛がないときは塩鯛の皮を剥いて盛ると記します。

鯛鱠

汁鱠

「寒汁」（148ページ）に類似した「汁鱠」は、汁と鱠をセットにして、鱠を汁に浸けて食べたようです。『江家次第』の「大臣家大饗」に汁鱠と魚は「別坏」とあり、食べるときに汁に浸けました。『富家語』には「汁に浸けた後は膾を食べない」というマナーが記されています。当時の独特の食のルールがわかります。

おかず

羹《あつもの》・臛《いりもの》・汁物《しるもの》

古名　あつもの

『和名類聚抄』では「羹」と書いて「阿《あ》豆毛乃《つもの》」と読む。肉だけで野菜が入っていない場合は「臛」と書くが、これも読みは「あつもの」である（汁の少ない臛は「いりもの」）。つまり「羹」は魚鳥の肉と野菜が入っているとしています。そもそも「羹」という漢字は「羊を烹（に）る」形を意味します。

羹

『論語』には貧しい暮らしの描写に「菜《さい》羹《こう》を食べる」とあります。「藜羹《れいこう》」も同様の意味で用いられます。これらは肉を入れない野菜だけの羹でしょう。『吏部王記』延長二年（九二四）正月の記事に、醍醐天皇「四十御賀《しじゅうのおんが》」にあたり、父・宇多上皇が若菜を送り、采女が「若菜羹」を作ったと記されます。これをもとにして『源氏物語』（若菜上）に「若菜の御あつもの参る」とあります。これは後年に「七草」（171ページ）となる新春の若草の羹を意味し、肉の入らない羹だったと思われます。

饗宴での羹

『西宮記』の「孟冬旬」に、「蚫御羹」が登場します。『小右記』長元二年（一〇二九）四月の「孟夏旬」でも「蚫羹」とあります。儀式において多く見られるのが、この鮑の羹です。天皇の日常の食膳でも『厨事類記』「供御次第」に「鮑羹一坏」とあります。後年、後醍醐天皇の『建武年中行事』には「羹を供する。鮑の羹なり。ただ『あつもの』という」とあり、鮑の羹が羹の代表格であったことがわかります。

次に多いのが鳥の羹です。『平記』康平三年（一〇六〇）七月の任大臣大饗では、「鶬《マナヅル》」の羹、康平四年（一〇六一）十二月の任大臣大饗では「雉に生蚫を加えた羹」、康平五年（一〇六二）正月の臨時客でも「雉羹」が供されています。『類聚雑要抄』の「花山院廂大饗」にも「雉羹」が記されます。

汁物の食べ方

『富家語』には汁の食べ方について詳しく記されます。「皆、飯を冷汁に浸けて食べるが、熱汁に浸けるべきである。冷汁・熱汁どちらか一つであれば、それで良い。また飯を汁に一度に多く浸けてはならない。少しずつ浸けて食べるべきである。飯を箸でかき寄せて少し浸ける。姫飯は冷汁に浸け、強飯は熱汁に浸けるのである」。汁を飲むというよりも、飯を汁に浸けて食べるという食べ方だったのです。

鰒羹

おかず

裏焼《つつみやき》・茎立《くくたち》

古名　裏焼＝つつみやき
茎立＝くくたち

裏焼

『和名類聚抄』では「炰」と書いて「豆々《つつ》三夜木《みやき》」と読み、裏焼のことであるとしています。特に鮒の裏焼は大饗料理の定番でした。

壬申の乱のスパイ

『宇治拾遺物語』には興味深い話が載ります。大海人皇子（天武天皇）を害そうと計画した大友皇子。その妃・十市皇女《とおちのひめみこ》（天武天皇の皇女）は、父の危急を知って「鮒のつつみ焼」の腹の中に密書を入れて父に通報したというのです。

にわかには信じがたい話ですが、この逸話が平安時代には広く流布していたようで、結果として天武天皇に勝利をもたらすことになった鮒の裏焼は、縁起の良い食べ物と認識され、大臣大饗などで必ず登場するようになったのかもしれません。

裏焼とは

『御堂関白記』寛弘五年（一〇〇八）正月、『小右記』寛仁元年（一〇一七）十二月など、大臣大饗の「追物」（150ページ）として数多く登場する「裏焼」ですが、実態はまったく不明です。葉か何かで鮒を包むのか、鮒で何かを包むのか。室町時代の『四条流庖丁書』や『庖丁聞書』では、鮒の腹の中に結昆布・串柿・胡桃・芥子・栗を入れて焼く、四条家の秘伝料理とします。

平安時代の人々が十市皇女の逸話を信じて大饗で食べていたとすれば、鮒の腹の中に何かを入れる形式の料理が正しいように思えます。

茎立

『和名類聚抄』では「蘴」と書いて「久々《くく》太知《たち》」と読み、俗に茎立の二字を用いる、「蔓菁」（84ページ）の苗であるとします。つまりカブの若い茎のことです。

大臣大饗の必須食品

『延喜式』（内膳）の「供奉雑菜」には、「蔓菁」は一年中、「茎立」は二月・三月に納められるとあります。天皇の日常食膳に供されたわけですが、記録上は大臣大饗でよく用いられ、『吏部王記』天慶八年（九四五）正月の右大臣大饗では「汁物の後に茎立」と記されます。

正月の開催と決まっていた大臣母屋大饗と異なり、臨時に任命されたときの大臣庇大饗では、季節的に茎立を入手できない場合もあります。そうしたときは『平記』康平三年（一〇六〇）七月の大饗のように、「鶏頭草」（88ページ）を「茎立代」として用いました。それほど「大饗料理には茎立」という認識が確立していたのでしょう。

葉付きの茎立

『古今著聞集』には、茎立を茹でるときに、鍋の縁から茎立の葉が下がっているのを見て、歌を詠む話が載ります。立派な葉がついている状態でも「苗」と認識して、茎立として扱っていたことがわかります。

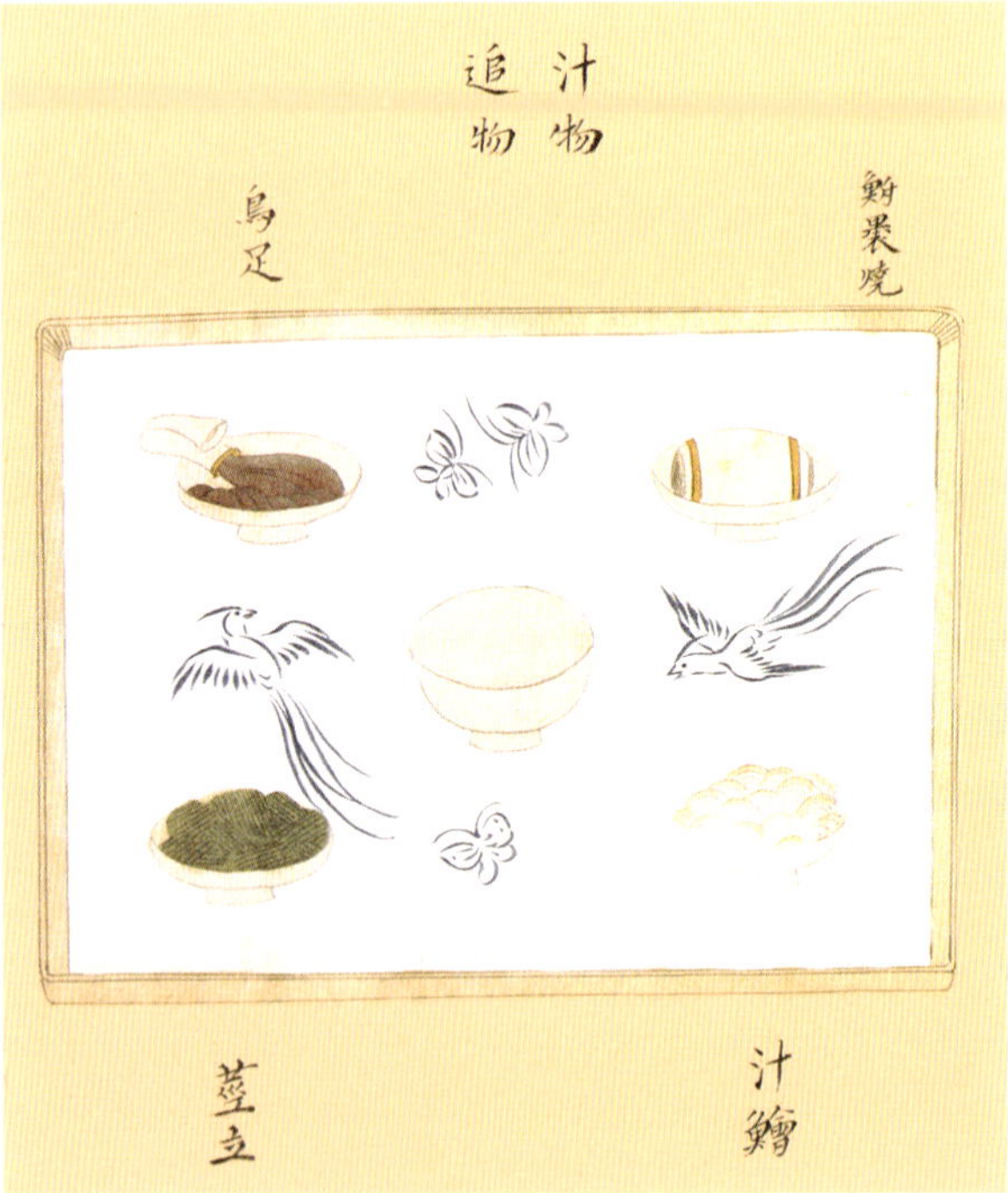

追物・汁物の図　『類聚雑要抄』　ColBase

蕪の茎の水煮である「茎立」

鮭の楚割

おかず

楚割《すはやり》・焼鮹《やきだこ》

古名　楚割＝すはやり

楚割

『和名類聚抄』では「魚条」と書いて「須《す》波夜利《はやり》」と読むとします。幹から真っ直ぐに伸びた若い枝のことを「楚」（すわえ）と呼ぶので、魚を楚のように細く割って干物にしたこの食べ物を「楚割」と称したのです。

削物の代表格

饗宴において干物は削って食べるため「削物」と呼ばれました。その代表格の一つが楚割です。

『延喜式』（主計）では、「調」や「中男作物」として、志摩国をはじめ十か国から各種の楚割が貢納されると規定されています。志摩・三河・若狭・紀伊・讃岐からは「鯛楚割」が、信濃・越中からは「鮭楚割」が、志摩・三河・筑前・筑後・豊前からは「雑魚楚割」が貢納されました。『延喜式』（大膳）の「賀茂神祭斎院陪従等人給食料」には「平魚楚割」がありますが、これはヒラメのことと考えられます。

鮭の楚割

これらの中で最も知られるのが「鮭楚割」で、ただ「楚割」といえば鮭の楚割を意味しました。『厨事類記』の「調備故実・干物〈削物〉」にある「楚割」の説明は、「鮭を塩をつけないで干して、削って供する」とあります。

焼鮹

饗膳の焼鮹の高盛

焼鮹

現代も同じことですが、日本人はタコを好んで食べる世界でも数少ない民族で、弥生時代の遺跡からも蛸壺が見つかります。

『延喜式』（主計）では「諸国の調」として「乾鮹」九斤十三両、「鮹醋」四斤を規定し、「中男作物」としても「乾鮹二斤」が定められています。『二中歴』では鮑、鰹、鯛、雉、鮹を「五種削物」とし、干物の代表格に位置付けています。平安時代の蛸の高評価ぶりがわかります。

乾鮹・鮹脯・焼鮹

『延喜式』（主計）で「乾鮹」と「鮹醋」が並記されていますが、これは前者が素干し、後者が塩で味付けしてから干したものであると考えられます。

そして「焼鮹」というのは、『厨事類記』によれば、蛸を石焼きにしてから干して削ったものです。これが好まれたようで、『平記』康平三年（一〇六〇）七月の任大臣大饗では鮎の焼物に焼鮹を加えていますし、『執政所抄』の正月「御節供」にも「⿰虫爪焼」（⿰虫爪は蛸のこと）の字が見えます。

『類聚雑要抄』保延二年（一一三六）十二月の内大臣廂大饗では、長さ八寸（約二十四センチ）の焼鮹が供されています。

おかず

さまざまな干物・脯《ほじし》・腊《きたい》

古名　干物＝からもの
脯＝ほじし
腊＝きたひ
鱐＝ほしいお

流通環境が現代とは異なる古代・中世では、天日や薪の火力で乾燥させて保存する干物が重宝されました。また水分が減少することで「旨味」が凝縮され、より美味しくなるという効果もあり、さまざまな干物が作られました。塩味をつけた干物が「脯」です。

脯と腊

『和名類聚抄』では「鹿脯《かのほじし》」を「保之々《ほじし》」と読み乾肉のこと、「腊」を「木多比《きたひ》」と読んでこれも乾肉だとします。そして「鱐」を「保之以乎《ほしいお》」と読んで乾魚のこととします。

しかし天平八年（七三六）の『薩麻国正税帳』の「春秋釈奠料」には国司以下学生以上、七十二人の食糧として「脯三拾一斤」がありますが、続けて「雑腊一斗五升」ともあって、脯と腊の区別が曖昧になっている様子が見られます。

蠣脯

鳥脯

鹿の脯

『延喜式』（内膳）の「供御月料」には「脯九斤、鳥脯十六斤八両」と並びますが、ただ「脯」といった場合、鹿の脯を指すことが多かったようです。『延喜式』（玄蕃）には新羅使節が入朝したときの給与品に「脯四斤六両」を規定しますが、これは外国人向けの鹿の脯でしょう。

「供御月料」にあるほか、『延喜式』（大膳）では、さまざまな神事に用いられるほか、「雑給料」として五位以上に「脯十両」が支給され、「宴会雑給」として四位五位・命婦に「脯一斤」、后妃である「妃」「夫人」「女御」にも脯が支給されています。

「釈奠祭料」としては「鹿脯三十斤」のほかに「羊脯十三斤八両」も規定されていますが、日本には羊がいませんでしたので、「鹿脯で代用する」と付記されています。

さまざまな脯

それ以外にもさまざまな脯が作られました。『延喜式』（民部）の「交易雑物」には、若狭・丹後両国から「小鰯脯」が調達されるとあり、『延喜式』（主計）の「調」には久恵《くえ》脯・鮫脯・雑魚脯・鮹脯・鯛脯・蠣《かき》脯、「中男作物」には鹿脯・猪脯・腸脯・雉脯・久恵脯・雑魚脯の貢納が規定されています。このように海産物も「脯」になっています。

寛仁三年（一〇一九）八月、天台座主・慶円の病が重くなったと聞いた藤原実資は「痢病の薬は乳脯が最も良い」と乳牛院に手配し、乳脯二十枚を座主に贈ったと『小右記』にあります。「乳脯」がどのようなものか不明ですが、豆乳の「湯葉」のように、牛乳を加熱したときに張る膜を乾燥させたものだったのでしょうか。

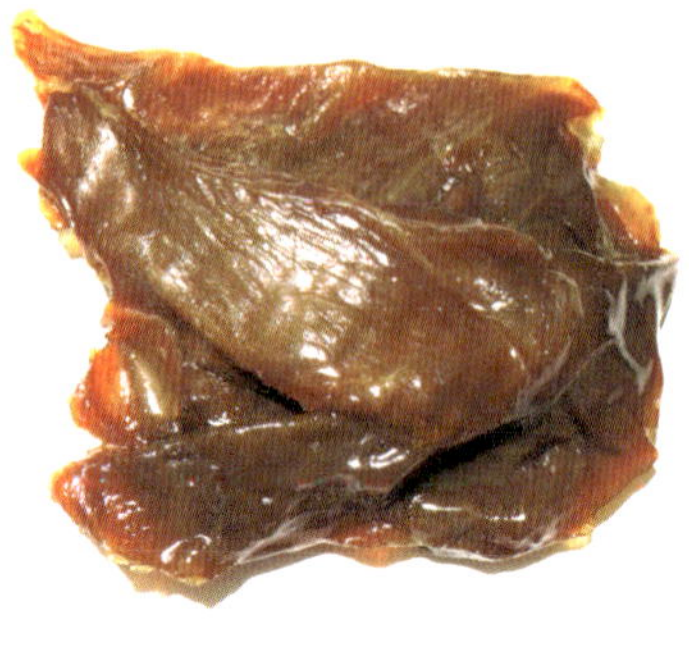

久恵脯

鯛脯

おかず

氷頭《ひづ》・背腸《せわた》・鮭子《さけのこ》・海鼠腸《このわた》

古名　氷頭＝ひづ
背腸＝みなわた
海鼠腸＝このわた

饗膳において「窪坏物《くぼつきもの》」とされる酒肴の珍味類です。『延喜式』には貢納の記録は数多くありますが、食用の実例があまり見られません。

氷頭

鮭はエラ以外はすべて食用になる、ありがたい魚です。頭部分の軟骨が「氷頭」で、その半透明さから「氷」の字が付きます。薄くスライスすると、こりこりとした食感が楽しめる珍味になります。『延喜式』（主計）では「中男作物」として「鮭氷頭一斤十両」が定められ、信濃・越中・越後の三か国から納められました。

信濃国は海に面しない国ではありますが、鮭は川を遡上するため、千曲川で鮭を漁獲できたのです。鮭楚割、氷頭、背腸、鮭子など多くの鮭関連食材が信濃国から納められました。

『厨事類記』の「生物〈鱠〉」には、「鮭は皮をむいて造り重ねて盛る。上に氷頭を三枚か五枚盛って供する」とあります。

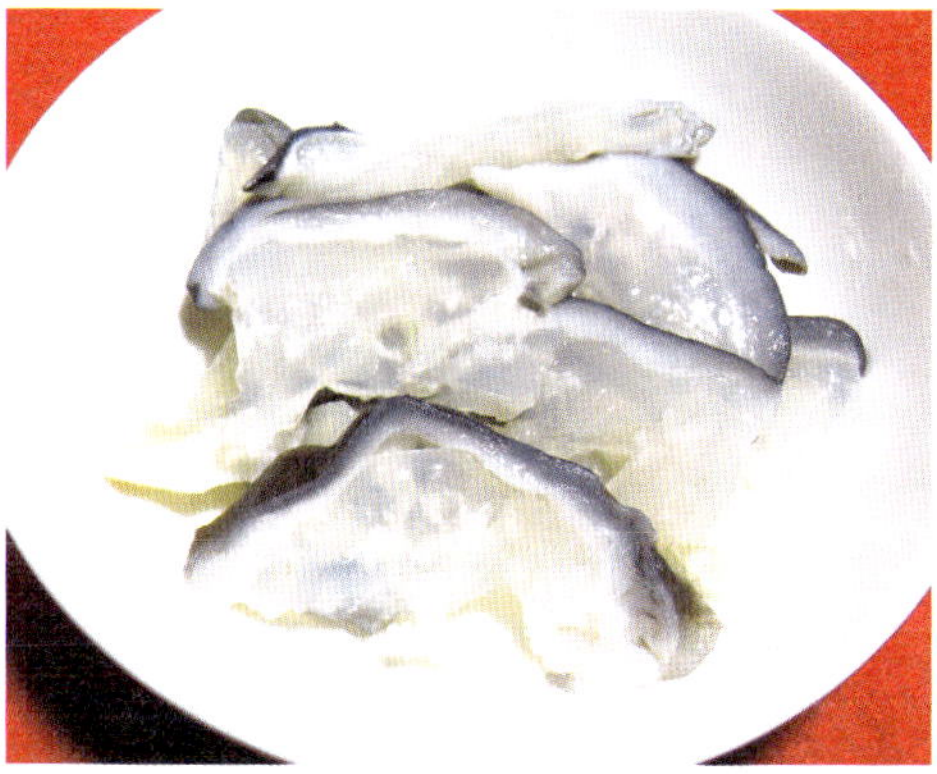

酢漬けの「なます」として食べられる氷頭

鮭の腎臓の塩辛「背腸」

背腸

鮭の腎臓の塩辛です。内臓を除いた後に見られる、背骨に付着する赤黒い臓器であるため、背中の内臓ということで「背腸」（せわた）とされました。ところがこれを「皆腸」と誤記する者が多く、いつしか「みなわた」と呼ばれるようになったと『和名類聚抄』に記されます。『延喜式』（主計）では信濃・越中・越後から納められるとあり、『延喜式』（内膳）「諸国貢進御贄」の「年料」では越前・越後のほか丹後国からも貢納されています。

鮭子・鮭内子

「鮭子」あるいは「鮭児」は鮭の卵、いわゆる「筋子《すじこ》」のことです。『延喜式』（主計）では信濃・越中・越後の三か国から納められます。越後国は鮭関連の貢納種類が多く、「庸」と「調」に鮭が定められるほか、「中男作物」として「鮭内子」並びに「子」（鮭子）、氷頭、背腸を納めていました。「鮭内子」は「さけのこごもり」と読み、塩鮭の腹に塩漬けの筋子を戻したもののことと考えられています。

「鮭子」「鮭児」と表記される筋子の塩漬け

海鼠腸

海鼠《なまこ》（127ページ）は「こ」と呼ばれましたので、「コの内臓」を塩辛にしたもの。能登国の特産で、『延喜式』（民部）では「交易雑物」として一石、『延喜式』（主計）では「調」として六十二斤八両の貢納が規定されていました。

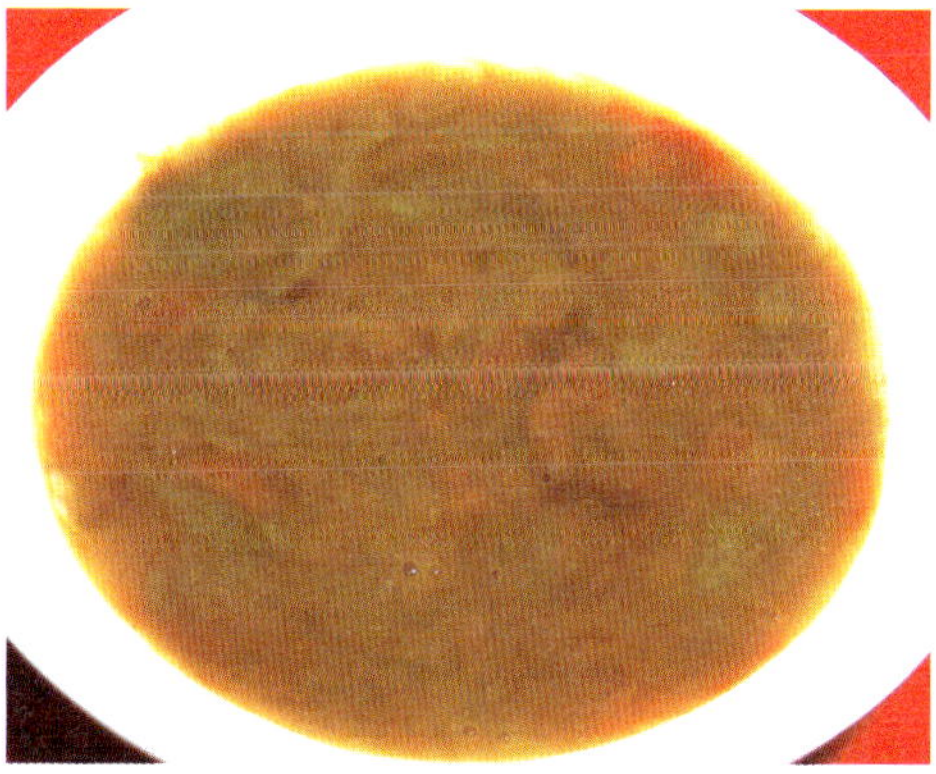

珍味として知られる海鼠腸

おかず

蒸鰒《むしあわび》・御贄《おにえ》

古代から日本の最高級の食材は鰒《アワビ》(122ページ)でした。『延喜式』では二十一か国・島から、「御取鰒、着耳鰒、串鰒、火焼鰒、羽割鰒」といった三十種類に及ぶ加工品が記されています。そのほとんどが乾燥した品であったと思われます。

干鰒

蒸鰒

『平記』康平三年(一〇六〇)七月の任大臣大饗や、『類聚雑要抄』永久三年(一一一五)七月の移徙(転居)などで登場する「蒸鮑」。生の鮑を蒸した料理と思われがちですが、実は乾物で、『厨事類記』の「調備故実」には、「蒸鮑は鮑を蒸して干して削ったもの」とあります。干す前に蒸したのです。

志摩国御厨《みくりや》

『延喜式』(内膳)では九月から翌年三月までの間、志摩国御厨で「味漬・腸漬・蒸鰒・玉貫・御取夏鰒」を作るとされます。豊かな海の恵にあふれた志摩国は、古くから天皇に食材を納める「御食国《みけつくに》」でした。

『万葉集』に載る大伴家持の歌に「御食国　志摩の海人ならし真熊野の　小船に乗りて沖へ漕ぐみゆ」があります。同じく『万葉集』には海女による鰒漁を詠んだ「伊勢の海人の　朝な夕なにかづくとふ　鰒の貝の片思いにして」という歌も載り、「磯の鰒の片思い」という言葉が生まれました。

『延喜式』(主税)には、「志摩国供御贄潜女」の規定があり、その食糧や雑用品、潜女(かづきめ)の衣服については伊勢国の正税をこれに充てるとされます。志摩の鰒漁が国家的事業であったことがわかります。

諸国貢進御贄

『延喜式』(民部)で各国が対価を払って購入する「交易雑物」、『延喜式』(主計)では各国が納める「調」「庸」「中男作物」が規定されます。

これとは別に『延喜式』(内膳)で天皇・皇后のための「諸国貢進御贄」があり、これも租税のように食材の貢進が定められていました。

これには十日ごとに納める「旬料」、年中行事の節日ごとに納める「節料」、年に一度まとめて納める「年料」がありました。「諸国貢進御贄」の食材は、主に儀式・年中行事に用いられました。

諸国例貢御贄

『延喜式』(宮内)で定められるものです。山城国の氷魚《こまい》や鱸《すずき》、和泉国の鯛や鰺、信濃国の梨子や干棗・胡桃・楚割鮭、陸奥国の昆布など、地方ならではの特産品が多く指定されています。他官庁を通さずに内裏の「贄殿《にえどの》」に直接納められて天皇の供御物とされました。

「貢進」も「例貢」も大和朝廷時代の大《おお》王《きみ》への献上品である「贄」からの伝統で『養老令』に定められた租税ではありません。

一方的徴収ではなく「鮮物」と交易する(対価を支払う)もので、「徭丁」が運ぶと『延喜式』(内膳)に定められています。

おかず

薄鰒《うすあわび》・熨斗鰒《のしあわび》

熨斗鰒

『延喜式』（主計）の「調」で定められる各種の鰒加工品の中で、「御取鰒、長鰒、短鰒、横串鰒、細割鰒、葛貫鰒、薄鰒」などは現在も伊勢の神宮で神饌として調製されているものと同一と考えられます。

千数百年間もの伝統が神宮では受け継がれているのです。

薄鰒

現代の神宮「御料鰒調製所」では、三節祭（十月の神嘗祭、六月・十二の月次祭）のために、「大身取鰒」「小身取鰒」「玉貫鰒」「乾鰒」が調製されています。これらは総称して「薄鰒」と呼ばれるものです。

鰒を剥いて、薄く削ぐためには「熨斗《のし》刀《がたな》」と呼ばれる半月型の短刀で、リンゴを剥くように「桂剥き」をします。殻から外して内臓や縁の「耳」を除去した鰒を固定し、熨斗刀を動かして厚さ五ミリほどに削いでいくと、二メートルほどの長さになるといいます。

熨斗鰒

渦巻き状に薄く長く削いだ鰒を竿に掛けて干します。完全に乾燥する前に、「のし餅」を伸すように竹筒を転がして真っ直ぐに平らに伸ばすことから「のし鰒」と呼ばれ、「熨斗鰒」と書かれるようになりました。「熨斗」は平安時代も使われたアイロンのことです。完全に乾燥した「のし鰒」は半透明の飴色になります。束ねた熨斗鰒は食品贈答品としては最上級のものと認識されました。

現代でも贈答品の懸紙の右肩に長六角形の「熨斗」を付けることがあり、熨斗の付いた祝儀袋を「熨斗袋」とも呼びます。これらは熨斗鰒が最高級の贈答品であった時代の名残です。そのため、贈り物が海産物である場合は、重複するので熨斗を付けないのが一般的なルールとされます。

各地からの貢納

『延喜式』（主計）では、「調」「庸」「中男作物」として、若狭・出雲・石見・長門・筑前・肥前・豊後・日向の八か国、そして壱岐島から薄鰒が納められています。また『延喜式』（内膳）「諸国貢進御贄」の「年料」には、大宰府が御取鰒四百五十九斤五裹、短鰒五百十八斤十二裹、薄鰒八百五十五斤十五裹、陰鰒八十六斤三裹、羽割鰒三十九斤一裹、火焼鰒三百三十五斤四裹」と大量の各種鰒加工品を納める規定が記されます。

食用の薄鰒

薄鰒は神饌や飾り物にするだけではなく、当然ながら食用に供しました。『延喜式』（内膳）で天皇の「供御月料」にあるほか、『延喜式』（大膳）では「勘解由使百度料」として長官から書生まで全員に薄鰒が支給されています。

茄子糟漬

瓜糟漬

おかず

漬物・葅《にらぎ》

古名　葅＝にらぎ

野菜類を長期保存するには、漬物が第一の方法でした。単に塩漬けにするのみならず、さまざまな種類の漬物がありました。

糟漬・醤漬・末醤漬

『延喜式』（内膳）には春と秋に漬ける各種漬物の材料が列記されます。酒糟を使って漬ける「糟漬」としては瓜、冬瓜、菁根（カブ）、茄子、小水葱、蘘荷（ミョウガ）、稚薑（ショウガ）、大豆が、「醤漬」は瓜、冬瓜、菁根、茄子が挙げられています。また『延喜式』（大膳）の「正月最勝王経斎会供養料」には、醤漬と並んで「味醤漬冬瓜」「末醤漬茄子」があることから、「末醤《みそ》」（56ページ）漬もあったことになります。

糟漬

現代において「糟漬」の代表的なものは塩漬の瓜を酒糟（清酒の搾り滓）に漬け込む、いわゆる「奈良漬」ですが、平安時代のものとイコールではないようです。『延喜式』の「糟漬瓜」の材料は塩、汁糟、滓醤、醤で、「汁糟」の入った醤漬というイメージです。そして汁糟は酒の「搾り滓」ではなく、今でいう「どぶろく」「濁り酒」のようなものであったと考えられています（50ページ）。

同じ『延喜式』（内膳）でも「糟漬冬瓜」や「糟茄子」の材料は塩と汁糟だけで、滓醤や醤は用いません。糟漬もさまざまだったようです。さらに「醤菁根」や「醤茄子」の材料には「汁糟」が入っています。

葅

『説文』では「葅」を「酢菜」だとします。発酵させて酸味が出た漬物とも考えられますが、塩と楡《にれ》（65ページ）の樹皮で漬けるという、非常に特殊な謎の漬物です。

『延喜式』（内膳）では菘《すずな》、蔓菁、蔓菁切、龍葵、蘭、蓼の「葅」が作られていますが、たとえば菘（『本草和名』によればタカナ）の葅三石を作るのに、塩一斗四升と楡一斗五升を用いるとあります。

釈奠に付きもの

平安時代、中華風を演出する際に「葅」が用いられた形跡があります。「葅」が活躍するのは孔子を祀る「釈奠」の際で、『延喜式』（大学）では供物として韮葅、菁葅、芹葅、笋葅、脯脾折葅、葵葅が規定されています。

楡の目的は

奈良時代の正倉院文書には数多くの文書に食料としての「楡皮」が記され、また「葅」も見られますが「葅」は単に塩漬の意味のようです。ただし宝亀二年（七七一）の『奉写一切経所解』には「末楡」を「羹ならびに葅料」としていますから、その当時から「葅」に楡の「末」（樹皮粉）を入れることはあったようです。

どうやら辛みを付けるために楡の粉を入れたようですが、現代の楡の樹皮には特に刺激性の辛みは感じられず、漬物に入れる意味は不明です。

醤茄子

醤瓜

荏裏

おかず

荏裏《えづつみ》・須々保利《すずほり》・搗《つき》・韲《あえもの》

古名　荏裏＝えづつみ

荏裏

『延喜式』（内膳）の「年料雑菜」では「荏裏」の材料として瓜、冬瓜、茄子、菁根、塩、醤、未醤、滓醤と規定しています。

そこには肝心の「荏」が登場しませんが、常識的に考えて荏胡麻の葉で瓜などを包み、醤漬にしたものと考えられます。

荏胡麻と紫蘇

『和名類聚抄』の「荏」の説明では荏には二種類あり、葉が大きく毛があり実が白いのが「荏」（え）で、葉が細く香りがあり、実が黒いものは「蘇」（のらえ、ぬかえ）とされます。そしてその「二物は一類」とし、また「香菜」を「いぬえ」とします。

つまり荏胡麻は紫蘇と同種の変種で、平安時代は油の原料として重要だった「荏」のほうが中心的存在であったようです。

そのため紫蘇を「荏」と表現することは無理もなく、「荏裏」は紫蘇の葉で包んだ漬物であったのかもしれません。それならば香りを楽しむという意味も理解できますし、紫蘇巻きの漬物は現代でも各地で見られます。

須々保利・搗・韲

『延喜式』に載る漬物には現在は存在しないものも多くあります。

須々保利

天平宝字六年（七六二）の『経所食物下帳』に「青菜須々保理漬」という単語が見えますから、奈良時代からあった漬物です。『延喜式』（内膳）には「蔓根須須保利」は塩と大豆、「菁根須須保利」は塩と米で漬けるとあります。また塩と粟で漬ける「蔓菁黄菜」もありました。穀類を入れるというのは「ぬか漬け」のようなものだったのでしょう。

「すすほり」というのも不思議な名称です。『古事記』には応神天皇の御代に来日した百済人・須須許理（すすこり）が醸した酒を天皇に献上したという話が載りますが、それと何か関連があったのかを含め、不明です。

搗・韲

『延喜式』（内膳）には多多良比売花搗、韮搗、菁根搗、鬱萌草搗があります。「搗」というからには、搗いてすりつぶし漬けたペーストのようなものだったのでしょうか。

なお、「多多良比売花《たたらひめばな》」は辛みのあるウスバサイシン（薄葉細辛、*Asarum sieboldii*）、「鬱萌草」はサイカチ（皂莢、*Gleditsia japonica*）のことだという説があります。

「韮搗《にらつき》」は韮のペーストで、漬蒜房・蒜英と一緒に用いられることが多く、『延喜式』（大膳）では「雑給料」や「新嘗祭」、「釈奠」などの際に支給されています。

『和名類聚抄』では搗いたショウガやニンニクを酢であえた「韲」を「阿倍毛乃《あへもの》」と読んで、薬味のようにして用いられました。

エゴマ（*Perilla frutescens*）

シソ（*Perilla frutescens var. crispa*）

ミョウガの漬物

おかず

醢《ししびしお》（塩辛）・モムキコミ

古名　醢＝ししびしお

醢（塩辛）

動物の内臓にはタンパク質分解酵素やアミラーゼ、リパーゼなどの酵素が含まれています。これらの酵素がタンパク質や炭水化物、脂質に作用して、ペプトン、ペプチド、有機塩基を増加させ、次にアミノ酸を生成させ旨味が増します。これが「熟成」で、同時に腐敗しないように塩を加えた食品を「塩辛」と呼びます。

釈奠《せきてん》

『延喜式』（大学）には釈奠の供物として鹿醢、菟（兎）醢といった獣肉の醢と魚醢を規定しています。しかし『日本三代実録』には仁和元年（八八五）十一月、製造担当の六衛府が手間を惜しみ、肉を百日間乾燥させる原則を守らないため腐臭を放つ。これからは釈奠の三か月前までに乾燥させて大膳職に送れと命令が出ています。獣肉の醢の衰退が読み取れます。

醬との混同

『延喜式』（大学）にも「魚醢」という言葉が登場するように、獣肉の塩辛を「醢」と呼ぶ本来の意味が曖昧となり、やがて「醬」と同じ意味になって、「醢」は文献上から消えてしまいます。

保夜の塩辛

モムキコミ

『類聚雑要抄』の永久四年（一一一六）正月の母屋大饗の「饗膳差図」で、尊者（主賓）の膳に「モムキコミ」とあります。変わった名称ですが『和名類聚抄』では「肫」を「無々木《むむき》」と読み、鳥の内臓であるとします。モムキコミは鳥（雉）の内臓の塩辛なのです。

『厨事類記』では「窪器物」の中に「牟々跂褁」があり、次のように解説を加えます。「雉のモモを造り盛る。モモキコミがないときは、生魚の赤身を叩いて盛る。鳥の首の皮を懐敷のように切って、三方盛り物に押しつける。黄色い皮を細く切り、交差させて三方上に押しつける」

モモは誤記かもしれませんが、「生魚の赤身」に似ているとすれば、やはり鳥の肝臓であった可能性は高いでしょう。

しかし『類聚雑要抄』にはモムキコミは荏裹（165ページ）のことであるとあり、平安時代後期になるとポピュラーな料理ではなくなったようです。

鰒の塩辛

内臓料理

『万葉集』に鹿について「我が肉はみ鱠はやし、我が肝もみ鱠はやし」とあり、肝（内臓）も鱠（現代のレバ刺し）にして食べていたことを示します。特殊な例ですが『延喜式』（大学）では釈奠で供える「三牲」について「大鹿・小鹿・豕、それぞれ五臓を加える」とあります。獣と比べて鳥は食べやすいですから、鳥の内臓は普通に食べられていました。

時代は下りますが室町時代の『大草家料理書』には、「雉の青かち」という内臓料理が載ります。

モムキコミ　雉の肝臓の塩辛

第四章 行事食

平安時代は素材そのままを賞味することが多かったようですが、年中行事に関わる饗膳などでは、さまざまな料理が作られました。毎年恒例の「行事食」の完成です。それは単に美味しい物を食べて楽しもうというだけではなく、例年どおりに食材が手に入り、例年どおりに健康で食を堪能できること、天変地異もなく五穀豊穣であったことを神様に感謝する意味もあったのです。

年中行事食・儀礼食

腹赤《はらか》 蘇甘栗《そあまぐり》

サクラマス（*Oncorhynchus masou*）
陸封型はヤマメと呼ばれる　photoAC

腹赤　photoAC

腹赤の奏　『公事十二ケ月絵巻』
国立国会図書館デジタルコレクション

一月一日、朝賀《ちょうが》・小朝拝《こちょうはい》の後、豊楽院《ぶらくいん》（のち紫宸殿《ししんでん》）で開催された宴会が「元日節会」です。

腹赤

元日節会の饗宴の前に「諸司奏《しょしのそう》」と呼ばれる報告儀式が三種類あります。陰陽寮の暦博士が作った暦を天皇に奏上する儀式、宮内省が「氷様《ひのためし》」（氷室に貯蔵した氷の厚さ）を奏上する儀式、そして大宰府から「腹赤贄《はらかのにえ》」が貢進されてきたことを奏上する儀式です。

腹赤御贄奏

「腹赤」はサケ科の魚である鱒《ます》のことです（ウグイという説もあり）。室町時代後期の『年中行事大概』には「鱒は腹が赤いので腹赤という。昔、筑紫の長浜で釣り上げた鱒を天皇に奉ったことから、新年に貢進する風習が生まれた」とあります。『延喜式』（内膳）の「諸国貢進御贄」では、筑後・肥後両国から納められると定められていました。納める数は獲れ高次第、元日節会に間に合わなければ七日の白馬節会の折でも良い、ともかく送れという定めでした。

回し食べ

諸司奏の後の宴会では、参会者が腹赤を少しずつ取り分けながら順繰りに皿を回して食べる、という奇妙なマナーがありました。また腹赤は大臣大饗や臨時客に際して、蘇甘栗とともに下賜されることもありました。

蘇甘栗

大臣大饗は公式な宴会でしたので、天皇から特段の配慮がなされました。そのひとつが「蘇甘栗使《そあまぐりのつかい》」の派遣です。天皇は秘書官である六位蔵人を使者として、ご馳走である甘栗（98ページ）と「蘇」（131ページ）を届けたのです。蘇はうまく製造できない場合もあり、到着が遅れることもありました。『小右記』の永延二年（九八八）正月は、二十日になって西国から蘇が到着し、翌日に蘇甘栗使が派遣されたことが記されます。

勅使の派遣

『西宮記』によれば、蘇は大小各二、合計四壺。甘栗は「平栗」で、大小各八、合計十六籠。以上を折櫃に入れて小舎人一人を従え、駕丁に荷物を担がせて大臣家に赴きました。『侍中群要』によれば、天皇の指示を受けた六位蔵人が部下の「出納」に命じ、蘇甘栗を調えさせ、正装の「麹塵袍《きくじんのほう》」を着て勅使として大臣邸に届けました。『枕草子』で清少納言が「大饗の折の甘栗の使などに参りたる。もてなし、やむごとながり給へるさまは、いづこなりし天降り人ならむとこそ見ゆれ」というほど歓待されました。

蘇甘栗は天皇から贈られることになっていましたが寛仁元年（一〇一七）十二月、藤原道長の任太政大臣大饗に際して、道長が勝手に蘇甘栗を用意したことに対して、藤原実資が憤っている様子が『小右記』に見られます。

蘇甘栗　甘栗は「平栗」とされる

年中行事食・儀礼食

歯固《はがため》

歯は年齢の象徴であり、歯が丈夫であることは長寿の源と考えられていました。そこで正月に歯を丈夫にすることで長寿を願う、「歯固」料理が正月に供されました。『枕草子』の「花の木ならぬは」には、ゆづり葉について「よはひをのぶる歯固めの具」とあります。

『土佐日記』には帰京の旅の途中に元日を迎えて「薯蕷《とろろ》も荒布《あらめ》も歯固もなし」とあり、元日に歯固を用意するのは宮中や上流貴族だけでなく、中流貴族も行っていたことがわかります。

料理の実際

『延喜式』（内膳）には、正月元日から三日までに供する食べ物として、蘿蔔《すずしろ》（大根）、味醬漬瓜、糟漬瓜といった漬物類、鹿宍《かのしし》・猪宍《いのしし》といった獣肉、押鮎・煮塩鮎という鮎製品を定めています。また『西宮記』には「内膳供御歯固」として大根、瓜串刺、押鮎、焼鳥と列記し、「元日早朝供奉屠蘇御膳」としては「猪宍二盤（ひとつは生、ひとつは焼）、押鮎一盤（切って盛り、頭二串を置く）、煮塩鮎一盤（同じく頭二串を置く）」と記されています。

獣肉の衰退

平安時代後期の『江家次第』の「供御歯固具」では、大根一坏、串刺二坏、押鮎一坏（切って盛り頭を置く）、煮塩鮎一坏（同じく切って盛り頭二串を置く）と、平安時代中期とほぼ同じような食品が並びますが、「猪宍一坏」は「雉をもってこれに代える」、「鹿宍一坏」は「田鳥（シギ）をもってこれに代える」とあります。浄土思想の普及とともに獣肉食が忌避されるようになったことの影響でしょう（29ページ）。

『類聚雑要抄』の「供御脇御歯固六本立」では猪宍（雉で代用）、鯛、茄子、白散、鹿宍（雉で代用）、鯉、瓜、屠蘇、押鮎、煮塩鮎、押漬瓜、煮塩鮎、糟漬瓜、醬漬茄子、蘿蔔、蕪が歯固の料理とされています。

やがて簡略化

こうした古式の歯固料理は、鎌倉時代に貴族の経済力が低下するようになると簡略化されるようになります。後醍醐天皇の『建武年中行事』では「歯固の朝餉は便宜に従って内々で食べる」とされますし、南北朝時代の『後愚昧記』には「正月三が日の歯固は内々で祝う。料理は三献で、初献は三種肴、二献・三献は「羹」で、内容に決まりはない。三献のあと肴物は撤収せずに強飯を食べる」とあり、簡略化が進んでいることを示しています。

『類聚雑要抄』の歯固　『高橋大隅両家祕傳供御式目』（部分）　京都府立京都学・歴彩館 デジタルアーカイブ

年中行事食・儀礼食

鏡餅《かがみもちい》

『類聚雑要抄』の鏡餅　『高橋大隅両家祕傳供御式目』（部分）
京都府立京都学・歴彩館 デジタルアーカイブ

鏡餅は「餅鏡（もちゐかがみ）」とも呼ばれ、平安時代は霊性が高いとされた丸餅と鏡を組み合わせた縁起物です。当時は「餅鏡」と呼ばれるほうが多かったようです。「鏡」が後ろに来ることにより、これは「餅でできた鏡である」という認識でした。

見るための餅鏡

『江家次第』では内膳司が作る儀式用の歯固料理とは別に、御厨子所が調製し実際に食べる「腋御膳《わきのごぜん》」があって、そこに近江の火切（72ページ）で作った餅鏡があります。「餅鏡」は食べものというよりも鏡ですので、歯固料理の一部ではなく、新年にこれを「見る」ことが大切だったようです。

見餅鏡の実際

藤原忠実の『殿暦《でんりゃく》』にはこの儀式が毎年のこととして記されます。康和四年（一一〇二）正月一日は辰の刻に、妻や息子とともに鏡を見て南面に出て手を洗っています。手を洗うときはその年の吉方「生気《しょうげ》の方」を向くことが通例でした。『栄花物語』（つぼみ花）には、三条天皇が皇女・禎子内親王に鏡餅を見せて、祈りごとをする光景が描かれています。『源氏物語』（初音）に、歯固の祝いをして餅鏡を取り出し、「かねてぞ見ゆる」などと餅鏡に語りかける場面がありますが、これは餅鏡を見るときに唱える寿詞《よごと》で、醍醐天皇の大嘗会（八九七年）で大伴黒主が詠んだ「近江のや鏡の山を立てたれば　かねてぞ見ゆる君が千歳は」という歌です。餅鏡が火切（火鑽）杵で熾した聖なる火で作った「近江餅」であることからでしょうか。

餅鏡の飾り

『類聚雑要抄』には、鏡餅の上に載せるものとして、杠葉《ゆずりは》一枚、蘿蔔《すずしろ》一株、押鮎一隻、三つ成った橘一枚（近年は一つ成りを用いる）とあり、現代の鏡餅飾りのルーツです。ただし餅は一枚だけで重ねず、三が日毎日取り替えたようですので、見餅鏡の儀式が終わった後に食べたのでしょう。

鏡餅に添えるユズリハ
（*Daphniphyllum macropodum*）

年中行事食・儀礼食

若菜

若菜（春の七草）

『荊楚歳時記』に「正月七日は七種の菜をもって羹《あつもの》となす。高いところに登って詩を詠むと陰陽の精気を得て煩悩を除く」とあります。『醍醐天皇御記』の延喜十三年（九一三）正月二十一日の「子」の日に内宴があり、女蔵人《にょくろうど》が「若菜羹」を供したとあります。また延長二年（九二四）にも同様の記録が見られます。

小松引き

正月最初の「子《ね》」の日、野辺に出て小さな松を引き抜いて長寿を願う「小松引き」の習慣がありました。『土佐日記』の承平五年（九三五）正月の記事に「今日は子の日だが海上なので小松がない」とありますから、その時代には子の日の小松引きの風習が存在していたことは間違いありません。

『後拾遺和歌集』に「千年へんやどの子日の松をこそ　外のためしにひかむとすらめ」という清原元輔の歌が載りますが、千年の樹齢を保つと信じられた松の「根延び」と「子の日」を掛けて、千年の長寿を願うというような意味合いの行事であったようです。

若菜と子の日

『源氏物語』（若菜）に「正月二十三日、子の日なるに、左大将殿の北方、若菜まいり給」とあり、若菜と子の日が融合しているのがわかります。『北山抄』には「上子日、供若菜事〈内蔵寮・内膳司各供之〉」とありますし、『年中行事秘抄』にも「上子日、内蔵司供若菜事」とあります。若菜も摘み、小松も引いたのでしょう。『宇津保物語』（菊の宴）には「若菜つむ野辺をば知らで君にとは　亀のを山の小松をぞひく」という歌が載ります。

子の日遊び　『小松引絵巻』
国立国会図書館デジタルコレクション

若菜羹《わかなのあつもの》

『醍醐天皇御記』延喜十三年（九一三）正月の「内宴」、そして延長二年（九二四）正月に「子日之宴」で采女が「若菜羹」を作って天皇に供進し、侍臣たちにも賜っています。新春の若芽の芽生えを食べることで自然の精気を取り入れよう、一年の健康を願おうとした「若菜羹」は、やがて正月七日の風習と重なっていきます。『執政所抄』の正月七日「七種御菜事」には、「葑《かぶらな》、荳《まめ》、萩《はぎ》、薺《なずな》、芹《せり》、蘩蔞《はこべ》、紫《し》苑《おん》、萱艸《かんぞう》」と後年の七草を思わせる菜が列記されています。

芹・薺・御行・繁縷・仏の座・菘・清白の『七草粥』

年中行事食・儀礼食

七種粥《ななくさのかゆ》・小豆粥《あずきがゆ》

『荊楚歳時記』に記されるように、正月七日に七種類の菜の「羹」を食べる風習は古代からありました。『枕草子』には「七日の若菜を人の六日にもてさはぎ」「七日、雪まの若菜摘み」とあって、中国の風習と結びついて七日に食べるための若菜摘みになっていったようです。

この風習と「七種粥」が融合し、室町時代に「七草粥」になっていきます。

七種粥

『宇多天皇御記』寛平二年（八九〇）二月、宇多天皇は世俗の行事食を宮中に導入すると宣言しました。その中に「正月十五日七種粥」があります。

「七種粥」の「七種」は菜葉ではなく、『延喜式』（主水）に「正月十五日供御七種粥料〈中宮亦同〉米一斗五升・粟・黍子・稗子・葟子・胡麻子・小豆各五升」とある七種の雑穀粥です。「葟子」は諸説ありますが、イネ科のカズノコグサのことではないかといわれています。

ただし『小野宮年中行事』には「弘仁主水式云（中略）早朝主水司供七種御粥」とあります。『弘仁式』（主水）は弘仁十一年（八二〇）に成立していますから、これが正しければ、宇多天皇が創始者ということではなくなってしまいます。ともあれ、九世紀末には宮中での七種粥の風習は定着していたことになります。

内容については室町後期の『公事根源』では「白穀・小豆・大豆・粟・栗・柿・大角豆などなりと、九条右丞相の御記に見えたり」とあり、江戸前期の『本朝食鑑』では「米・小豆・大角豆・黍、粟・葟子・薯蕷」と変化しています。

実はこの七種粥は正月十五日だけのものではありません。『延喜式』（主水）では、践祚大嘗会解斎、聖神寺・常住寺仏聖二座季などの神事・仏事でも同じ内容の七種粥が供されています。『西宮記』にも「大嘗会事（中略）寛平九年（八九七）、辰日、主水司供御手水、次供七種粥」とあり、大嘗会で七種粥が供されたことがわかります。

小豆粥

この七種粥は天皇・中宮用で、臣下は小豆のみの簡易版でした。『延喜式』（主水）に「同日雑給粥料（中略）米一石、小豆五斗。塩八升」とあり、米と小豆だけの塩味の小豆粥です。『土佐日記』にも「十五日、今日小豆粥煮ず」とありますので、十世紀前半には、小豆粥の風習が貴族社会に普及していたことがわかります。

カズノコグサ（*Beckmannia syzigachne*）　photoAC

7種類の雑穀粥である「七種粥」

七種粥の簡略版である「小豆粥」は今も正月15日に食べられる

「餅餤」はこうしたものだったのであろうか

年中行事食・儀礼食
餅餤《へいだん》

二月の「列見《れっけん》」、八月の「定考《こうじょう》」は六位以下を人事考課する重要な儀式でした。そしてまた二月と八月は孔子を祀る祭典「釈奠《せきてん》」が行われる月でもありました。列見・定考で出される料理と釈奠の料理は中華風の特殊なものです。

列見定考の「餅餤」

『御堂関白記』寛弘元年（一〇〇四）二月や、『小右記』治安三年（一〇二三）八月など、列見や定考が行われた際に「餅餤」が供進された記録は数多くあります。『侍中群要』には「餅饡事」の項があり、列見定考の後に太政官の厨家が殿上の人々に折櫃《おりびつ》に入れ、土高坏《つちたかつき》に載せた餅餤を供するとあります。

餅餤とはどのような物かといえば、『和名類聚抄』に「鵞鳥・鴨などの卵と雑菜を煮合わせた物を餅で包み、四角く切る」とあります。これだけでは実態の復元は難しいですが、中華料理の春巻のような印象で、他に類のない特殊な料理です。

『枕草子』の混乱

「二月、官の司に定考といふことすなる」の段の餅餤の記述は、八月の定考と二月の列見を取り違えています。「聡明《そうめい》」という「あやしきもの」が天皇・皇后に献上されるというのも正しくは釈奠の翌日の習慣。「聡明」は釈奠、「餅餤」は列見・定考の食べ物なのです。同じ時期に行われる行事で、同じように見慣れない中華風の料理であるので、清少納言が混乱してしまったのでしょうか。

聡明《そうめい》・胙《ひもろぎ》

『延喜式』（大学）によれば、孔子・先哲の画像に捧げる「胙」は、栗黄、鹿脯、葵菹、鹿醢、稷飯、黍飯、大羹、肉羹、牲肉です。これを食べれば賢くなるとされたことから「聡明」と名付けたと『年中行事大概』に記されます。『西宮記』には八月の釈奠会場の設営で「本寮允以下居聡明」とあり、また『中右記』長治元年（一〇〇四）二月の釈奠の描写に「寮官居聡明」とありますので、「胙」が「聡明」と呼ばれる例は多々あったようです。

釈奠で「胙」を入れる籩（竹を編んだ蓋付きの高坏）　ColBase (https://colbase.nich.go.jp/)

草餅

『荊楚歳時記』には、三月三日は清流に望んで流杯曲水を飲む。この日に黍麴《しょくきく》菜《さい》の汁を取って羹にし、蜜と粉に混ぜる。これを「龍舌料《りゅうぜつはん》」と呼び時季の疫病を払うとあり、これが草餅のことだったと考えられています。黍麴菜は母子草《ははこぐさ》（82ページ）のことです。

曲水宴《ごくすいのえん》と草餅の普及

東晋の永和九年（三五三）三月三日、王羲之《おうぎし》が開催した曲水宴で漢詩『蘭亭序《らんていじょ》』が詠まれたことにより、曲水宴は一躍有名になり、日本でも奈良時代には盛んに行われるようになりました。それと同時に三月三日に草餅を食べる風習も普及したのでしょう。

延暦二十三年（八〇四）に成立した『皇太神宮儀式帳』には、三月三日に新草餅を作って奉るとあります。

母子草

草餅は母子草を入れて作るものでした。『日本文徳天皇実録』嘉祥三年（八五〇）五月の記事には、「田や野に草があり、俗に母子草と呼ばれる。二月に芽生え、茎や葉は白く脆い。毎年三月三日に婦女子がこれを採集し、蒸して搗いて『餻《くさもちい》』にする」とあります。特徴からしてハハコグサに間違いないでしょう。『和名類聚抄』では「餻」の読みを「久佐毛知比《くさもちひ》」とし、嘉祥三年の伝説を付記しています。

幽王の伝説

『掌中歴』には「三月三日草餅」の由来として、幽王の逸話を紹介します。周の第十二代・幽王は女色にふけり群臣は憂い苦しんでいました。曲水宴である人が草餅を作って王に食べさせると王は大いに気に入り、宗廟（祖先のみたまや）に献じさせたので周の世は治まり、天下泰平になったというのです。

中国にも同じような伝説はありましたが、幽王を改心させたのは草餅ではなく「艾《よもぎ》」でした。ところが史実は伝説と異なり、幽王は西周を滅亡に追いやることになります。

母子草から蓬《よもぎ》へ

幽王の伝説が「艾」から「母子草の草餅」に入れ替わって日本に伝えられたこととの関連は不明ですが、室町時代後期には草餅に蓬を使うようになります。平安時代はまだ母子草であったことは、『和泉式部集』に「花の里こころも知らず春の野に いろいろつめる母子餅ぞ」とあることで明らかになります。

江戸時代に菱形に

江戸時代の宮中では、草餅が菱形であったことは禁裏御用餅商・川端道喜の『御定式御用品雛形』に図示されています。それは草色五十枚・白五十枚、合計百枚の菱餅を下から六十枚・三十枚・十枚と積み上げて盛りました。

菱形の草餅

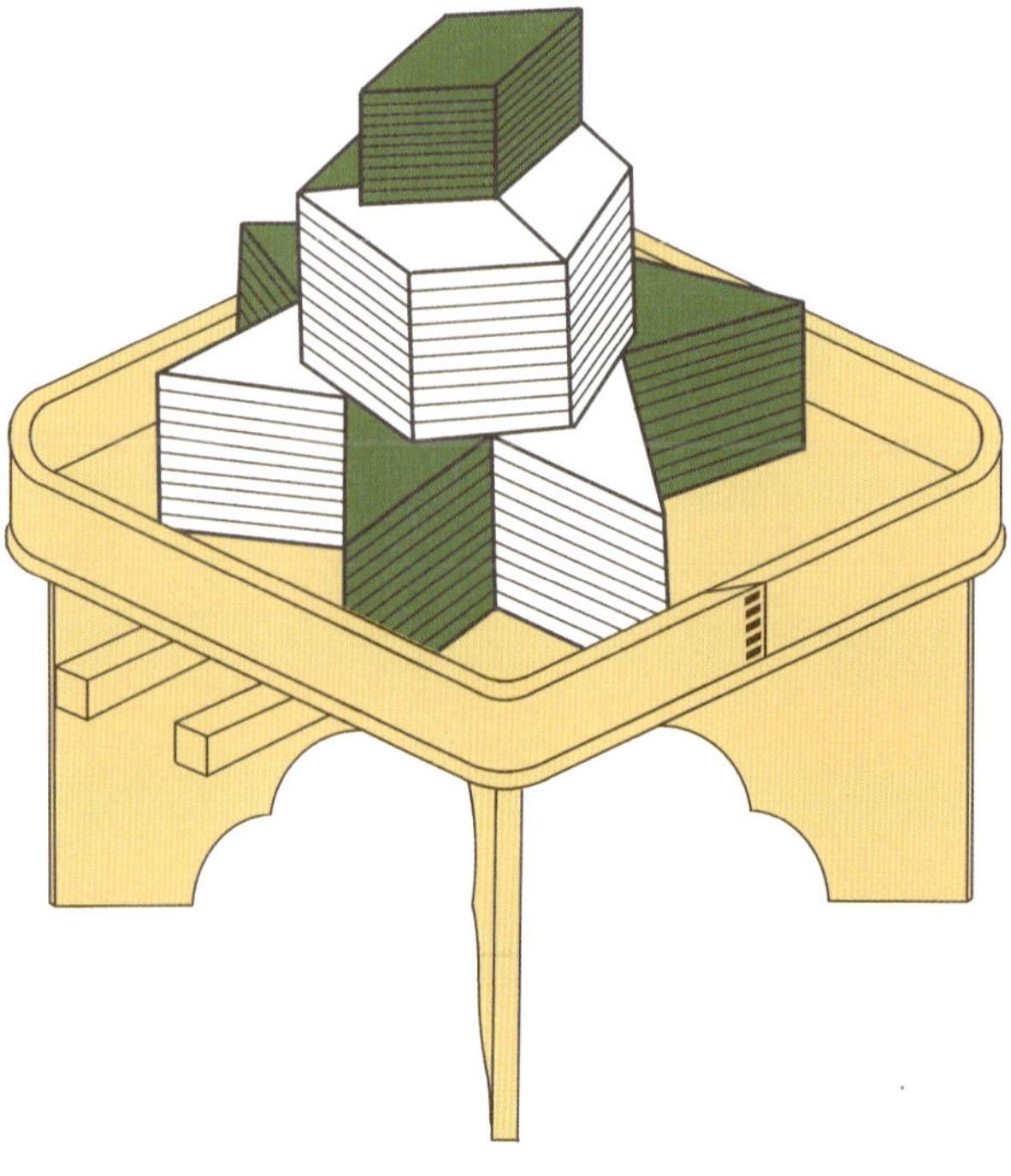

上巳節供の草餅の盛り付け　川端道喜『御定式御用品雛形』による形式

茶

茶

年中行事食・儀礼食

　奈良時代にはじめられ、貞観元年（八五九）に年中行事となった仏事「季《きの》御読経《みどきょう》」は、東大寺や興福寺などの諸寺から数多くの僧侶を朝廷に招き、三～四日間にわたって除災招福・鎮護国家に御利益があるとされた『大般若波羅蜜多経』（『大般若経』）を読経させ、国家安泰を祈る行事です。当初は四季に行われましたが、元慶元年（八七七）からは春と秋だけ行われるようになりました。

眠気覚まし

『大般若経』は六百巻もある長いお経ですので、要所だけを読む「転読《てんどく》」が行われましたが、読む僧も聞く人々も睡魔との戦いになります。そのため、この行事の際に用いられたのが茶です。季御読経第二日に「引茶《ひきちゃ》」（行茶《ぎょうちゃ》とも）が振る舞われました。『江家次第』には、漢方薬「厚朴《こうぼく》」（ホオノキの樹皮・健胃剤）や生姜を入れたり、甘葛煎を入れて飲んだりしたとあります。

内裏の茶園

　日本における茶の最古の記録は『日本後記』の弘仁六年（八一五）四月にある「大僧都・永忠が嵯峨天皇に茶を煎じて奉った」というものです。茶は最初から仏教・僧侶との関係が深い飲み物だったのです。唐びいきの嵯峨天皇はこの唐の飲料がお気に召したようで、近江・丹波・播磨の国に茶樹の栽培を命じています。『西宮記』によれば、大内裏の「主殿寮」の東に茶園があり（18ページ）、三月一日に蔵人所《くろうどどころ》所属の「造茶使」（使は天皇直属の官司）が内蔵寮官人、侍医と共に差遣されて、校書殿《きょうしょでん》（蔵人所）使が茶を摘み、薬殿生《くすどのしょう》が計量しました。茶は薬の位置付けだったのです。

道長の健康飲料

『小右記』長和五年（一〇一六）五月の記事に、藤原道長が三月からしきりに水を飲むようになり、近日は昼夜を問わず多く飲む。口が乾き力が入らないとあります。典型的な「飲水病」（糖尿病）の症状です。道長は豆汁・大豆煎・蘇蜜煎・訶梨勒丸のような薬を服用するとともに、医師と相談しながらさまざまな食事療法、健康法を試み、「今日からは茶を服用する」とあります。

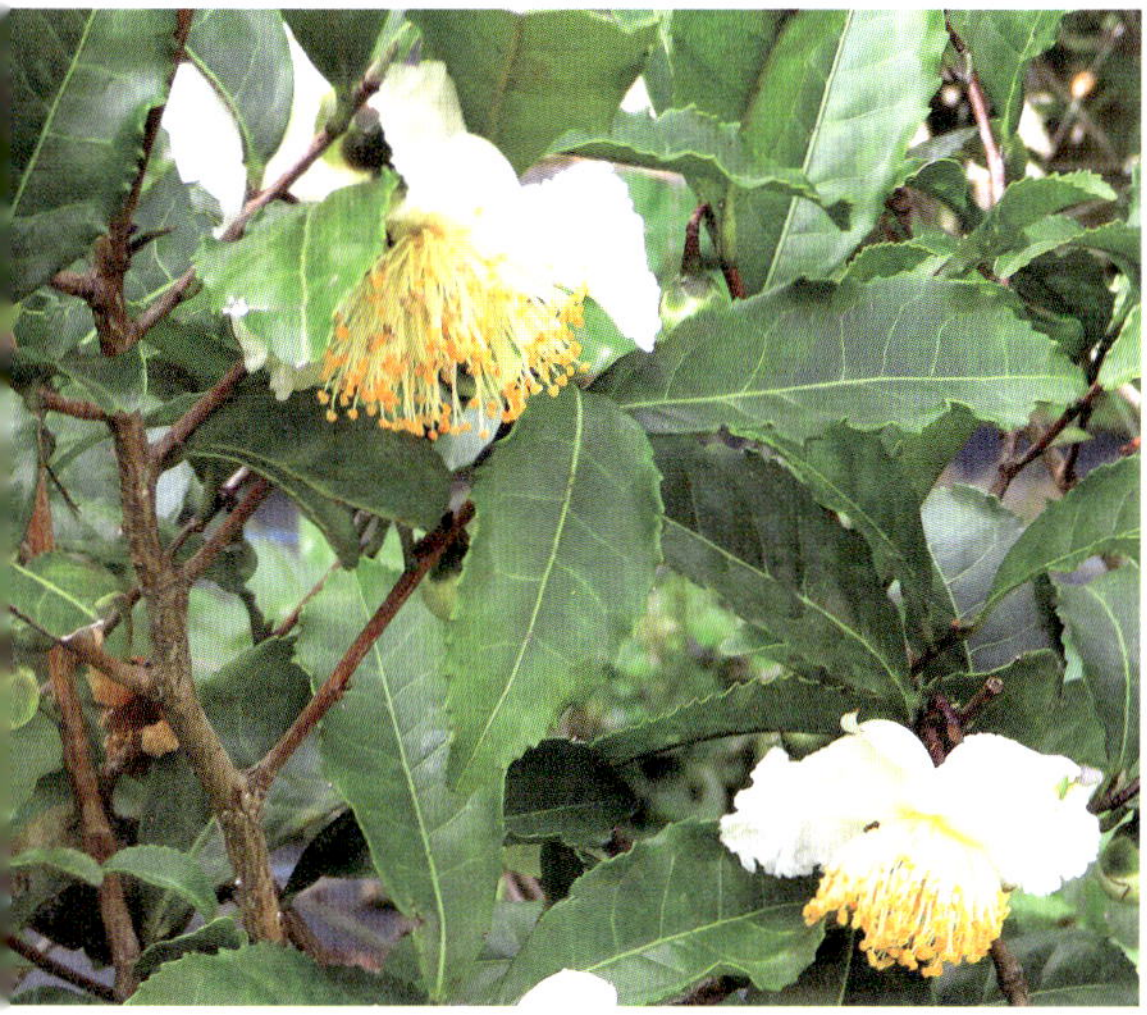
チャノキ（*Camellia sinensis*）

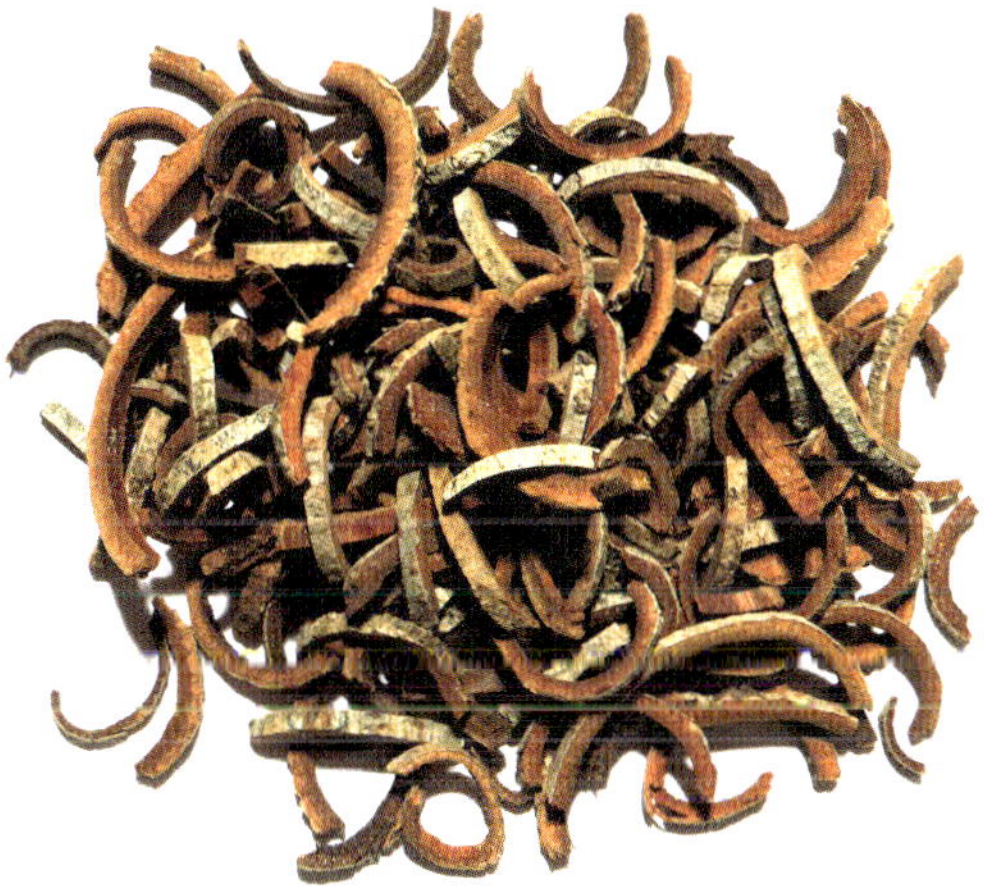
ホオノキ（*Magnolia obovata*）の樹皮・厚朴

粽《ちまき》

年中行事食・儀礼食

五月五日の行事食である粽

端午《たんご》の節供は古代中国発祥の慣習で、『養老令』の節日に定められるほど古い歴史があります。その主旨は「疫病除け《えきびょうよけ》」でした。

旧暦の五月は梅雨時で、カビが生えやすく食中毒も多かったのでしょう。五月は「悪月《あくげつ》」とも呼ばれ、その五日は魔除けを必要とする凶日「重五《ちょうご》」だったのです。

粽

五月五日に「粽」を食べる歴史は古く、『伊勢物語』には菖蒲にからんだ「かざり粽」が登場します。『宇多天皇御記』の寛平二年（八九〇）二月の記事には「五月五日、五色粽」とあります。五世紀中国の『続齊諧記《ぞくせいかいき》』によれば、楚の屈原《くつげん》は陰謀により国を追われ、五月五日に汨羅《べきら》の淵に身を投げてしまいました。

屈原の死を悼んだ人々は、竹筒に米を詰めて淵に投じて霊を慰めましたが蛟龍《みずち》に食べられてしまうので、蛟龍が嫌う楝《おうち》の葉で包み、五色の糸で巻くようになりました。これが五色粽の始まりだとされます。

夏至の日にも

旧暦の五月は太陽の力が弱まりはじめる夏至の日を含んでいます。そこで夏至にも粽を食べました。『斉民要術』が引く三世紀中国の『風土記』には、五日と夏至に「蒋」（マコモ）の葉で黍を包み、灰汁《あく》で煮込んで熟成させて食べる。「粽」「角黍《かくしょ》」と呼ぶとあります。

宮中の粽

『延喜式』（内膳）には粽の項目があり、糯米と大角豆を用い、「苧」（カラムシ）と「蒋」で巻いたようです。三月十日から五月末日までの供御料とされていて、特に五月五日だけではないようです。『延喜式』（大膳）には「五月五日節料」としての粽があり、糯米と大角豆を用いて「青蒋」と「生糸」で巻いたようです。

あく巻

『和名類聚抄』では「糉」を「知万木《ちまき》」とし、『風土記』の説を引いて「菰葉」で米を包み、灰汁でこれを煮て「爛熟」させ、五月五日にこれを食べるとします。

粽を草木の灰を水に入れた灰汁で煮ると雑菌の繁殖が抑えられ、長期保存が可能になります。現代でも鹿児島県の「あく巻」、山形県南庄内地方の「笹巻」がそうした方法で作られています。

どうき粽　『御菓子雛形』
国立国会図書館デジタルコレクション

山形県南庄内地方の「笹巻」

蓮葉飯

ハス(*Nelumbo nucifera*)

年中行事食・儀礼食

蓮葉飯《はちすはのいい》

盂蘭盆はインドの仏教にはない風習です。中国道教の「中元《ちゅうげん》」（地獄の帝でもある「地官大帝」の誕生日で、死者の罪障赦免を願うもの）と融合し、これが中国の仏教に導入され、偽経とされる『盂蘭盆経』にある「目連尊者《もくれんそんじゃ》の母供養」説話と組み合わされて、本来の仏教にはない風習、先祖供養としての「盂蘭盆会」が創造されたのです。

日本の盂蘭盆会

『日本書紀』によれば、推古天皇十四年（六〇六）に一丈六尺の仏像が造られ、毎年四月八日（灌仏《かんぶつ》）と七月十五日に仏事を行うことが定められたのが盂蘭盆の最初とされています。ただし公式な「盂蘭盆会」の初出は斉明天皇三年（六五七）七月十五日の「作須弥山像於飛鳥寺西、且設盂蘭盆会」です。

二年後の斉明天皇五年（六五九）七月十五日には「詔群臣。於京内諸寺勧講盂蘭盆経。使報七世父母」とありますから、すでに『盂蘭盆経』による先祖供養の仏事になっていることが推測できます。

荷葉飯

奈良時代には宮中行事として整備され、天平五年（七三三）には盂蘭盆会のための食膳の用意が命令されたことが『続日本紀』に記されています。このとき命じられた料理が「荷葉飯」、蓮の葉で包んだ飯です。

蓮は泥沼の中から生まれて清らかな花を咲かすことから仏教の象徴ともされる植物ですので盂蘭盆会の行事食として用いられたのです。

『延喜式』（内膳）には「荷葉」（蓮葉）の項目があり、五月中旬から六月中旬は「稚葉七十五枚、波斐四把半」、六月下旬から七月下旬は「壮葉七十五枚、蓮子二十房、稚藕（蓮根）十五条」、八月上旬から九月下旬は「黄葉七十五枚、蓮子二十房、稚藕十五条」を河内国から納められると規定されています。『延喜式』（大膳）では「七寺盂蘭盆供養料」として、米一斗四合、糯米二斗などと並んで荷葉三百枚が用いられています。

蓮葉の皿

『延喜式』（大炊）では「宴会雑給」として、大歌・立歌・国栖・笛工などの用いる「葉椀」は、五月五日は青柏、七月二十五日は荷葉、その他の節は干柏と規定されていました。蓮葉は七月の特徴的な存在だったのです。

腫れ物治療薬として

『小右記』には蓮葉の興味深い利用法が記されます。治安三年（一〇二三）九月に顔が腫れたとき、蓮葉を煮て冷ました湯で洗面すると、腫れが引きます。著効に感激した藤原実資は、万寿四年（一〇二七）八月、池の蓮葉七千枚を薬用にと人々に配っています。

菊酒

年中行事食・儀礼食

菊酒《きくざけ》

古来、奇数は「陽数」として縁起の良いものと考えられました。陽数の「三」が三つ重なる「九」は最高に良い数で、その九が重なる九月九日は日付として最高です。そこで「重陽節会《ちょうようのせちえ》」が開催されました。

日本の重陽節会

『日本紀略』大同二年（八〇七）九月九日の記事に「九月九日者菊花豊楽聞食日」とあるのが祝宴のはじめで、『日本後紀』の弘仁三年（八一二）九月九日の記事に「幸神泉苑。宴侍従已上。奏妓。命文人賦詩」とあるのが年中行事としての重陽節会の最初の例といわれます。天長八年（八三一）には内裏の紫宸殿で開催されたと『日本紀略』にあります。

菊の宴

重陽節会は季節的に菊の花を賞美することが多く「菊花宴」とも呼ばれました。重陽節会は基本的に詩歌を楽しむ宴です。菊を瓶に入れて飾り、酒に菊花を刻み入れた「菊酒」が天皇から振る舞われるのが通例でした。

これは後漢『風俗通義』に記される「菊水信仰」によります。それによれば南陽郡には水が甘美な谷があり、その山上には大菊があって、花が水に落ちて滋液が川に流れる。下流の三千の家の人々は皆この川の水を飲むので、寿命は百歳以上だというのです。

重陽節会は天皇が出御しない「平座《ひらざ》」形式の宴でした。そのとき上卿は形式的に天皇の出御を願い、諸臣に菊酒を賜るように奏上をします。その言葉は「大夫達（まうちたち）に菊酒給はん」というもので、それを聞いた蔵人は天皇のもとに進み、戻ってきて天皇の「出御はしない、例のとおり（宴を）行え」という言葉を伝えます。

奏上の失敗

『小右記』寛弘二年（一〇〇五）九月九日の記事には、内大臣・藤原公季が「菊酒給はん」というべきところを「菊水給はん」と言い間違え、藤原公任たちの失笑を買った事実を記します。これは重要なことだったようで、後年の応永三十一年（一四二四）九月九日、急に担当者に指名された蔵人房長が似た行事である「二孟旬《にもうのしゅん》」と勘違いし、「菊酒給はん」と奏上される前に「例のとおり行え」という天皇の指示を伝えてしまい、「はなはだ不審、無念如何」と『薩戒記』に記されてしまっています。

菊のきせ綿

貴族社会の女性たちは九月八日の夜、庭の菊の花に真綿をかぶせ、翌朝に朝露と菊の香りが染み込んだ綿で顔を拭って、アンチエイジングを願う「菊のきせ綿」を楽しみました。その様子は『枕草子』や『紫式部日記』に描かれます。

重陽の「菊のきせ綿」『公事十二ヶ月絵巻』
国立国会図書館デジタルコレクション

菊酒を飲む重陽の節供『公事十二ヶ月絵巻』
国立国会図書館デジタルコレクション

年中行事食・儀礼食

氷魚《ひお》

「旬政《しゅんせい》」は毎月一日・十一日・十六日・二十一日に天皇が群臣から政治状況を聞き、指示を与えるものでしたが、やがて縮小し、天皇が出御しない「平座」と呼ばれる簡略版が多くなってしまいます。会場も正殿である「紫宸殿」ではなく「宣陽殿」で実施されるようになり、平安時代中期になると四月一日の「孟夏旬」と、十月一日の「孟冬旬」の年一回だけ開催の「二孟旬」になってしまいました。そして宴で季節の美味を賞味することが第一の目的になってしまいます。

孟冬旬《もうとうのしゅん》

十月一日の「孟冬旬」での美味は鮎の幼魚「氷魚」でした。『北山抄』によれば、二人の采女が天皇の合図を受け、一人が氷魚を持ち、一人が汁・塩を持って王卿の座を廻ります。これを片膝をついて待ち、自分の番になると匙で氷魚を一度だけすくい、たっぷり「指塩《さしじお》」をして食べます。食べ方が儀式にまで昇華したことで、いかに「氷魚」が特別なご馳走であったかがわかります。

鮎の幼魚である「氷魚」は身が透ける

宇治の網代漁　『石山縁起』
国立国会図書館デジタルコレクション

氷魚

秋から冬場、宇治川で獲れる氷魚は大変美味しく珍重されました。体が透きとおるようなので「氷魚」と呼ばれます。『延喜式』（内膳）によれば、山城国・宇治と近江国・田上に「氷魚網代」が設けられ、九月から十二月末日まで宮中に貢納される定めでした。氷魚は「重陽節会」と「孟冬旬」に欠かせないご馳走とされたのです。

宇治の網代

大切な氷魚ですから衛府の武官が宇治の網代《あじろ》を警備し、滝口武士が「氷魚使《ひおのつかい》」と呼ばれる勅使となって直接宮中へ運びました。この「宇治の網代」は都の人々には風流なものと受け止められ、宇治を代表するアイテムになっていました。『源氏物語』（橋姫）に「網代は人騒がしげなり。されど氷魚も寄らぬにやあらむ」と描かれ、『千載集』権中納言定頼の「朝ぼらけ宇治の川霧たえだえに　あらはれわたる瀬々の網代木」は百人一首でも知られます。

また『栄花物語』（御裳着）には「宇治河の網代の氷魚もこの頃は　阿弥陀仏によるとこそ聞け」という、いささか強引な歌も載っています。

『厨事類記』による五色の亥子餅

亥子餅《いのこもちい》

年中行事食・儀礼食

『斉民要術』に、十月亥日に餅を食べる者は病気にならないと記されています。この風習が日本に導入されたのがいつなのかは、明らかではありません。『宇多天皇御記』の寛平二年（八九〇）二月の記事に、民間習俗を宮中に導入するという話の中で「十月初亥餅」があり、この風習がその当時には民間で普及していたことはわかります。

天皇が居住する内裏・清涼殿に置かれた「年中行事障子」には「十月初亥日、内蔵寮進殿上男女房料餅事」と記され、宮中行事になっています。

どのような餅か

『源氏物語』（葵）に「亥の子餅参らせたり」とあります。そして「をかしげなる檜破籠《ひわりご》などばかりを色々にて参れる」と続けます。

この「色々にて」について南北朝時代の『河海抄』では、『掌中歴』に「亥子餅七種粉〈大豆・小豆・大角豆・胡麻・栗・柿（糖）〉」とあるところから、亥子餅はカラフルであるとします。そして「亥子餅は色々也。三日夜餅は白一色なれば」と記します。

『小右記』正暦元年（九九〇）十月の「癸亥」の日の記事に、尚侍《ないしのかみ》・藤原綏子《やすこ》が「豕餅《いのこもちい》」をするにあたり、綏子の母親に頼まれた藤原実資が「松実餅等」などを用意したとあります。これを「松実餅」と読むのか「松実、餅」と読むのかで意味が変わります。この時代はただの白い餅であったとも考えられます。

五種の餅

『年中行事秘抄』によれば女房が清涼殿の朝餉間《あさがれいのま》に餅を運び、蔵人所の鉄臼に入れて分けて搗き、「猪子形」にして錦で包むとあります。「猪子形」は長円形ということでしょうか。

『執政所抄』でより詳細に記され、十月内の亥の日ごとに実施。餅は一寸の長丸型とあります。このあと「御強飯一合〈例折櫃〉」があり、続けて「五種。胡麻、大角豆、大豆、小豆、栗」とありますが、これは餅についてか強飯についてかが不明です。

餅の五種については『厨事類記』で明らかになります。そこに「十月豕子。餅一折敷〈角〉。五種〈白・赤・黄・栗・胡麻〉」とあります。そして「居色々粉一折敷」「臼杵一具」ともあることから、五種の餅は朝餉の間で作られたとも考えられます。このことは近世の宮中の亥子餅（186ページ）にもつながります。

第五章 中世・近世の有職料理

官軍が幕府軍に大敗した承久三年（一二二一）の「承久の変」により、公家と武家の政治的・経済的立場は逆転してしまいました。豊かな食材を用いて年中行事をしていた貴族社会は運営が困難になり、打ち続く戦乱で経済的基盤であった荘園も失ってしまいます。

しかし武家風の豪快な料理が導入されたこと、幕府での儀式料理「式三献《しきさんこん》」が発達したこと、室町後期には醤油が普及し、江戸時代には砂糖も入手できるようになるなど、現代につながる「和食」が確立したのも中世・近世なのです。

昆布鮑《こぶあわ》・菱花《ひし》びら

昆布鮑『禁裏御膳式目』による形式

昆布鮑

経済力を失い、平安時代のように全国から多種多様な食材を入手することができなくなった宮中や貴族社会では、ご馳走の概念が大きく変わりました。

そうした時代の宮中での儀式料理の代表は「昆布鮑」でした。コンブ（110ページ）と鮑《あわび》（163ページ）という当時最高級とされた食材の組み合わせですので、豪華であることは間違いありません。

高級な肴

『建内記』文安四年（一四四七）正月十日の宴では、万里小路時房《までのこうじときふさ》が後花園天皇から「天盃《てんぱい》」（天皇が飲んだ盃での飲酒）を頂戴しますが、その肴は「昆布蚫」とあります。応仁の乱以前で宮中が非常に窮乏する前でしたが、昆布鰒は高級な肴に位置付けられていました。

『御湯殿上日記』慶長三年（一五九八）正月六日、立春前日の「としこしの御盃」も「御こぶあわにてまいる」とあります。

一年中活躍

江戸前期の『後水尾院当時年中行事』を見ますと、年越しから正月に昆布鰒が盛んに登場し、正月も十五日以後は「御三ツ肴」（搗栗・根深大根・小刺し鯛）を用いず、昆布鰒だけが酒肴となります。

また九月九日の重陽や十二月晦日も「こぶあわ」で一献を楽しんでいます。

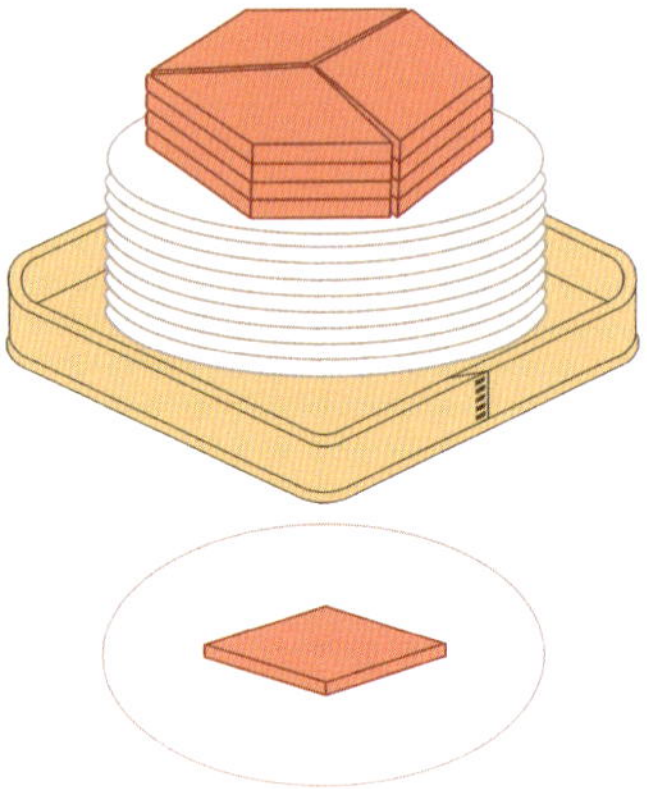

菱花びらの盛り付け　川端道喜『御定式御用品雛形』による形式

菱花びら

『後水尾院当時年中行事』には、「現在の『歯固』は古い図などとは異なる」とあります。そして「四方拝《しほうはい》」（元旦に天皇が諸星などに平穏を祈る儀式）の後に朝食として「菱花びら・梅干・茶」などが供されて酒盃を傾けました。このあとも「菱花びら」は正月中に何度も登場します。

「菱花びら」は餅で、小豆で赤く染めた菱餅が「ひし」、薄く丸い白餅が「花びら」です。花びらの上にひしを載せ、さらに叩き牛蒡や小鮎、味噌などを掛けてサンドイッチのように挟んで食べる酒肴兼軽食で、天皇ほか侍臣や女官にも賜ります。

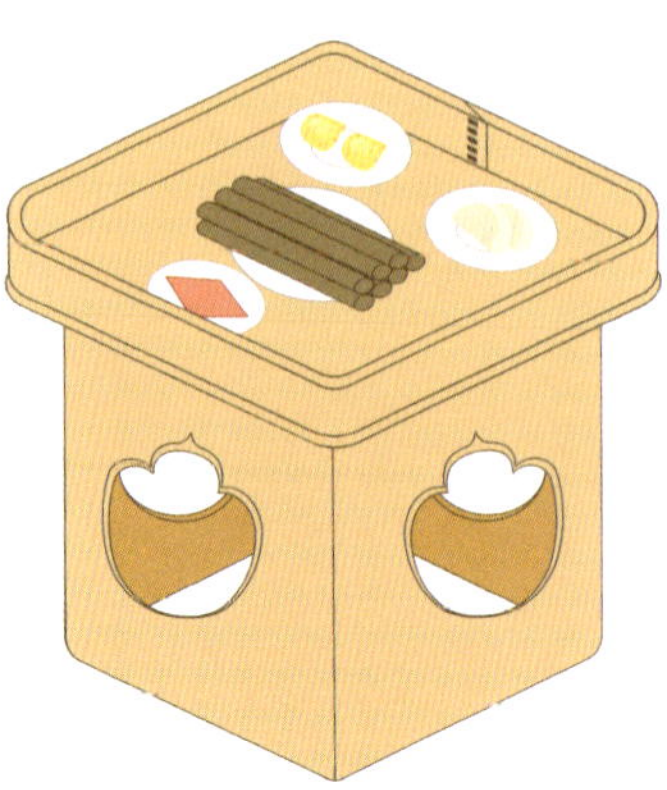

菱花びらの膳　川端道喜『禁裏御膳式目』による形式

菱花びらは折敷に積み上げられ、多くの需要に応えました。

江戸時代宮中の正月祝膳

『禁裏御膳式目』によれば、正月の祝膳の基本は「御三ツ肴」（搗栗九個・根深大根九本・小さし鯛九本）と「御花ひら焼かちん」（菱花びら・数の子二つ・大根浅漬二切・ふくさ牛蒡七本）で、それぞれ衝重《ついがさね》に載せて供されます。「かちん」は女房詞で「餅」のことです。

吸物は「きじ焼豆腐」、雑煮の具は餅と頭芋、小串と近江かぶ。メインとなる飾り盛りは「雉の羽盛」で、羽毛のついたままの雉を生きているように飾りました。

御朝物の団子（再現）

中世・近世の貴族社会の食

おあさ団子

応仁の乱は京の町を広く焼き、世情も下克上の気運が生まれて、皇室は経済的に非常な困窮の時代を迎えました。江戸時代前期の後水尾天皇は元日の朝食に、白土器《かわらけ》に入れて蓋をした鰯が供されると記し、これは室町後期の「至極衰微の時節」を偲ぶものとします。

足利幕府には街の復興を行う力はなく、荒廃した京の町を再建維持したのは「町衆」と呼ばれる民間の人々でした。疲弊した御所を物理的・経済的に支えたのは御所の西に住む「六丁衆」と呼ばれる町衆たちです。

その中でも特に有名なのは餅商の「川端道喜《かわばたどうき》」で、代々の当主が御所の土木工事や警備なども担当しました。

現在の京都御所の建礼門東側にある小さな穴門は、織田信長の御所修理時に、工事奉行の道喜が建設資材などを運び込むための通用門であったため「道喜門」と呼ばれたという伝説があります。

御朝物《おあさのもの》

川端道喜は餅商の本業を活かし、困窮した皇室に毎朝、「御朝物」を届けることを日課としました。「御朝物」は小豆をつぶした塩餡を厚くかぶせた大きな団子で、野球ボールほどの大きなものです。

日々の食事にも苦労していた後柏原天皇は、塩餡で地味な味わいの道喜団子を非常に楽しみにして「御朝はまだか」と心待ちにしていたといわれます。

江戸時代の御朝物

『幕末の宮廷』によれば、御朝物は素焼きの皿の上に下四個・上二個、合計六個を置きます。そこに楊箸《やなぎばし》を縦横に押しつけて筋を付けてしまいます。これは手でなく箸で盛った清浄なものであるというアピールだということです。この団子を衝重に載せて天皇のもとに運びました。

江戸時代になると、幕府の援助もあって皇室の経済状況は改善されましたが、苦難の時代を偲ぶ「御朝物」は、川端道喜の手によって幕末まで毎朝届けられました。「御朝物」は儀式的に天皇が見るだけのものになり、そのまま侍臣たちに下賜され、頂戴した侍臣は砂糖で甘味を加えるなどして食べたそうです。

正月料理が終わり、日常食の「御朝」が開始される日が正月二十日で、この日は「団子初《だんごはじめ》」と呼ばれました。この日は一般でも「二十日団子」と称して小豆団子を食べる日でもありました。

団子の断面　団子に厚く塩餡を掛ける

京都御所の通称「道喜門」

近世の貴族社会の食

鶴汁《つるのしる》

『平記』康平三年（一〇六〇）七月の大臣大饗で「鳥羹、鶴」が出されました。「鶴」はマナヅルのことで、最も美味しく食用に適するとされた鶴でした。「マナ」は「真菜」に通じます。

「鶴汁」（再現）　鶏肉で代用

『愚味記』文治五年（一一八九）七月や『猪隈関白記』正治元年（一一九九）六月の任大臣大饗記事にも「鶴羹」が登場し、室町時代後期の『庖丁聞書』になると「鶴、雉子、鴈」を代表的な鳥食材「三鳥」とするようになります。

幕府の公家鷹狩禁止令

徳川幕府は、公家が元気活発になることを好まなかったので、公家の鷹狩りを禁じました。『言経卿記《ときつねきょうき》』によれば慶長十七年（一六一二）六月、「公家は鷹狩りなどをすべきではない」という通告が出されます。そのかわり幕府が皇室に鷹狩りで得た獲物を献上する、ということになったのです。

『東照宮御実紀附録』には同年正月、徳川家康が三河国吉良での鷹狩りで獲た鶴を上皇御所に贈り、ここから将軍家が鶴を贈る例が生まれたとあります。

鶴庖丁

こうして将軍家から献上された鶴を天皇の御前でさばく「鶴庖丁《つるのほうちょう》」の儀式が正月の年中行事化しました。

十七日（江戸中期まで）あるいは十九日（江戸後期以降）に、「舞御覧《まいごらん》」の直前に行われたもので、献上された鶴を御前でさばき、それを料理した鶴汁を、舞御覧の宴席で賞味したのです。

清涼殿東庭（江戸後期は小御所東庭）で実際の調理を担当したのは、内膳司御厨子所の「預《あずかり》」高橋氏と、「小預《こあずかり》」の大隅氏が隔年で勤めました。庖丁刀《ほうちょうがたな》と「真魚箸《まなばし》」を用い、素材に手を触れない古式の「庖丁」により調理します。

鶴の調理法

鶴の捌き方は天覧に供するほど難しいもの。江戸時代後期の『諸国図会年中行事大成』に詳しく記されています。

それによれば、塩漬けの鶴をまな板に載せ、真魚箸で両羽をしごきます。次に両翼を切り、まな板に互い違いに置き十字の形を作ります。次に両足を切ってまな板の下にかき落とします。次に頭を切って両翼十字の上に置いて、千の字をつくります。これを「千歳切」と呼びます。そして肉を二段におろして終了となります。なお、左半身を料理に使い、右半身は将軍家に戻したそうです。

味噌味の鶴汁

鶴庖丁で捌いた鶴肉は「鶴汁」として食べられました。室町時代後期の『大草家料理書』によれば古味噌を濃くして煮る、夏菜・うどなど季節の野菜を加えるとあります。また身が固いために筋を何本か付けておくとあります。

いずれにせよ雑食性の鶴は匂いもあって食べにくかったようです。『禁裏御膳式目』では鶴肉・蕪・白髪葱・牛蒡を入れたとあります。

マナヅル（*Grus vipio*）　photoAC

正月の「鶴庖丁」の儀　『宮中儀式絵巻物』
国立国会図書館デジタルコレクション

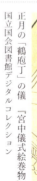

近世の貴族社会の食

嘉祥《かじょう》・月見《つきみ》・生身玉《いきみたま》

盛大であった幕府の嘉祥
『千代田之御表　六月十六日嘉祥ノ図』
国立国会図書館デジタルコレクション

嘉祥

六月十六日は「嘉祥」や「嘉定」と呼ばれ、菓子や餅を贈答し合う日とされていました。なぜこの日なのかは、年号の嘉祥から来た説や、宋国の銭貨「嘉定通宝」に由来するなど諸説あります。遅くとも室町時代に始まった風習です。

宮中の嘉祥

『禁中年中行事』によれば、江戸時代の宮中では「嘉祥」を「嘉通《かつう》」とも呼び、「すいせん」と呼ばれる葛切りを食べました。銀の鉢に葛切りを入れ、七寸ほどの銀の猪口に醤油の汁を入れて銀の匙と箸で食べたそうです。また「七かじょう」と呼ばれる蒸し菓子七個を藍染めの器七つに盛った、とあります。

江戸幕府の嘉祥

江戸幕府の嘉祥は宮中以上に華やかな儀式でした。五百畳の大広間に、幕府御用菓子師・大久保主水《もんと》が拵えた千六百十二膳、木地の折敷に杉の葉を敷き、二万六百八十四個もの菓子（饅頭や羊羹、鶉焼、きんとんなど）が用意され、染帷子《そめかたびら》長袴《ながばかま》という礼装を着用した諸大名、五百石以上の旗本たちに配るという大がかりなものでした。

月見（成人式）

江戸時代中期以降の公家の家では六月十六日、十六歳になった男女が「月見」をしました。素焼きの皿に載せた、中央に赤い丸印が付けられた大きな饅頭に萩の箸で穴を開け、そこから十六夜の月を見るというものです。

当時、中秋の名月では萩の小枝で茄子に穴を開けて月を見る習慣が宮中にありましたが、ここでは饅頭です。

成人式

この「月見」は一種の成人式で、この日から「脇ふさぎ」つまり振り袖でない衣類を着るようになります。

六位蔵人の日記『大江俊光記』には、元禄三年（一六九〇）六月十六日、十六歳の東山天皇が「深曾木《ふかそぎ》御月見」の祝儀をした、と記されています。

月見饅頭

生身玉

亡き先祖の魂を供養する七月十五日の盂蘭盆会の前の適切な時期に、いま生きている親に孝養を尽くすのが「生身玉」です。『御湯殿上日記』の明応七年（一四九八）七月の記事には「めでた御さか月まいる」とあります。生きている親に「今年も生きて下さってお目出度い限り」と酒肴を贈り、宴を催すというものです。いつしか「日出た盃」として、単なる酒宴になる傾向も見られました。

刺鯖《さしさば》

生身玉の酒宴には「刺鯖」がつきものでした。江戸時代中期の『華実年浪草《かじつとしなしくさ》』によれば、一匹の鯖をもう一匹の首の内に挿して二匹をセットにするので「刺鯖」と呼ぶのだとしています。

どうして鯖かといえば、仏教で食事のときに飯の数粒を分けて餓鬼に施すことを「牛飯（さば）」と称するので、その発音に掛けて、魚の「鯖」を供養に用いた、ということのようです。

生身玉の刺鯖

近世の貴族社会の食

尾花粥《おばながゆ》・亥子餅《いのこもちい》・能勢餅《のせもち》

尾花粥　ススキの黒焼きを混ぜた粥

タノミの節《せち》・尾花粥

「八朔」は八月一日に諸品を贈答し合う習慣ですが、由来は不明です。『公事《くじ》根源《こんげん》』によれば建長年間（一二四九～一二五六）に広まったようです。この行事は古くは「タノミの節」と呼ばれました。タノミとは「田の実」つまり稲（早稲）の収穫時期なので、それを祝って新米を贈る儀礼から始まったといわれます。

頼みの節に

これが今後ともよろしく「頼み」ますという言葉に掛けて、さまざまな品を贈答するイベントになりました。『胡曹抄』には「正応二年（一二八九）、今日は家々の行事として『たのむ人』に物を贈る。これが始まったのは三十年以上前だと思うと記されている」とあります。また『弁内侍日記《べんのないしにっき》』の寛元五年（一二四七）八月一日の記事には、中宮の御方より頂戴した「頼みの薫物」が素晴らしいとあります。

尾花粥

この日、ススキの穂を黒焼きにしたものを粥に混ぜた「尾花粥」を食べる風習がありました。『康富記《やすとみき》』の文安五年（一四四八）八月一日の記事に「今日の尾花粥の由来を尋ねたがわからない」とあり、室町時代中期にはすでに由来不明の風習になっていたようです。

亥子餅

十月の「亥」の日に餅を食べると病気にならないという風習（180ページ）は平安時代からありましたが、江戸時代には「玄猪《げんちょ》」と呼ばれ、変容して伝わっています。

江戸時代の宮中玄猪

『後水尾院当時年中行事』によれば、まず天皇が亥の方角を向いて、玩具のように小さな臼と杵で餅を搗く「つくつく」という儀式があり、そのあと臣下に天皇が息を吹きかけた、碁石サイズの小餅が下賜されました。白、胡麻で色を付けた黒、小豆汁で色を付けた赤の三色があり、身分によって下賜される餅の色が異なります。公卿は黒・白、殿上人は赤、五位殿上人以下は白と定まっていました。

江戸幕府の玄猪

幕府においても重要な儀式とされ、身分別に頂戴する餅の色も、黄・赤・黒・青・白の組み合わせで非常に複雑でした。江戸時代後期の『幕朝年中行事歌合』によれば、大御所と将軍が大名・旗本に五色の餅を配るという大規模なものでした。

能勢餅

宮中では「つくつく」の亥子餅のほかに、「能勢餅」の献納もありました。これは室町時代からの風習で、摂津国・能勢の里人たちが毎年十月の亥の日（三回とも）に餅を宮中に献じました。応神天皇が猪によって危難から免れた故事に倣い、十月亥の日に供御として「御猪子」を献上したという伝説があります。

猪を象り

『摂津名所図会』や『禁中年中行事』『貞《てい》丈雑記《じょうざつき》』などによれば、長さ六寸五分、横四寸、高さ二寸の折敷に小豆餅を入れ、小豆餡を重ねて笹の葉と栗を載せることを五回繰り返します。餅と小豆あんは猪の肉を、笹の葉は牙を、栗は骨を象ったものだといわれます。

猪を象ったとされる能勢餅

江戸時代の亥子餅　上亥・中亥・下亥で飾花は変わる

近世の貴族社会の食

温糟粥《うんぞうがゆ》・豆腐田楽《とうふでんがく》

臘八《ろうはち》・温糟粥

十二月八日を「臘八」と称し、この日は「釈尊成道《しゃくそんじょうどう》の日」とされます。仏教を開いた釈迦が断食や苦行の無意味を悟り、苦行を放棄して菩提樹の下で四十九日間の瞑想にふけり、ついに悟りを開いたとされる日です。

スジャータの粥

苦行をやめた釈迦は、長者の娘・スジャータから乳粥の施しを受けて体力を回復したという伝説があります。これをもとにこの日に食べられたのが「温糟粥」です。「温臓粥」「臘八粥」「五味粥」「紅糟粥」などとも表記されるもので、濃厚なポタージュスープのような滋養豊富な粥です。遅くとも室町後期には普及した風習で、宮中でも食べられました。

スジャータの乳粥にちなむ温糟粥

温糟粥

その内容は『日次紀事《ひなみきじ》』では昆布・串柿・大豆粉・菜葉を混ぜた粥、『禁中年中行事』では甘酒の中に餅・焼栗・菜を細かくして入れて煮たものなど、まちまちで定番はありません。

いずれにしてもスジャータの乳粥のような濃厚な滋養ある粥で、寒い季節に五臓を温めたのでしょう。

煤払《すすはらい》・豆腐田楽

夜間照明を油による灯明に頼っていた時代、部屋の中や調度品に付着する煤の量は現代では考えられないほど多いものでしたから、煤払は不可欠でした。

宮中の煤払

煤払の期日は時代によりまちまちで、古くは立春前までの吉日を陰陽師が選定して行ったようですが、江戸中期には幕府に合わせたのか十二月十三日に多く行われました。実際の作業をするのは、常御殿《つねのごしょ》は四位五位の殿上人が担当、六位蔵人は縁側の掃除を、清涼殿の煤払は極臈蔵人《ごくろうくろうど》や衛士たちが担当しました。

当時の蔵人の記録では、煤払をしながら障子や屏風などを風にさらし、破損箇所を確認して、補修を命じるためのチェックもしていたようです。畳や御簾は新調するか日に干して再利用しました。

慰労会

慰労会の膳は『禁中恒例年中行事』によれば一献が数の子・豆腐。二献が素麺、三献がスルメ・果物・餅とあります。素麺は女房言葉で「ぞろぞろ」と呼ばれますが、女官の日誌『御湯殿上日記』の慶長三年（一五九八）十二月十九日の記録には、「准后・女御・御相伴の女中も、そろそろ御すわりあり、めでたしめでたし」と嬉しそうに記されています。

この日に出される餅は特別な形で、『禁中年中行事』では「三方に赤白の餅を袴腰《はかまごし》の如くに切る。焼き味噌を付ける。三方に紙を敷いて直に置く」とあります。

豆腐田楽

殿上人から下々に至るまで「豆腐田楽」が振る舞われました。豆腐のことを女房詞で「おかべ」と呼びますので、温めた豆腐は「熱壁《あつかべ》」と呼ばれます。

御台所前の庭上に竈《かまど》を据えて大釜をかけ、白豆腐を煮て白味噌を擂ったものか山椒味噌を上からかけて食べました。皿を受け取り豆腐を載せ、その上に味噌をかけると、流れ作業のように大勢の者が豆腐田楽を受け取ったそうです。

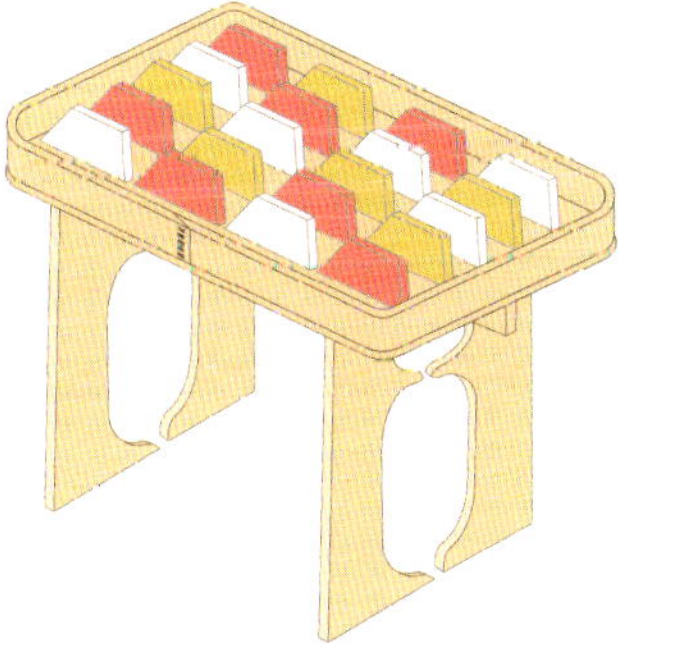

煤払での餅菓子「袴腰」
川端道喜『御定式御用品雛形』による形式

宮中の煤払　「公家儀式展覧会」絵はがきより

御所の豆腐田楽

近世の宮中の食器類

磁器と漆器

江戸時代の宮中の食器で特徴的なことは、「茶碗」と総称される染付《そめつけ》磁器が導入されたことです。天皇以下六位までが茶碗で、七位以下は漆器木椀の定めでした。染付で施された磁器のデザインは、菊花御紋をちりばめることを基本として、その周囲に季節に応じたさまざまな意匠が配置されています。

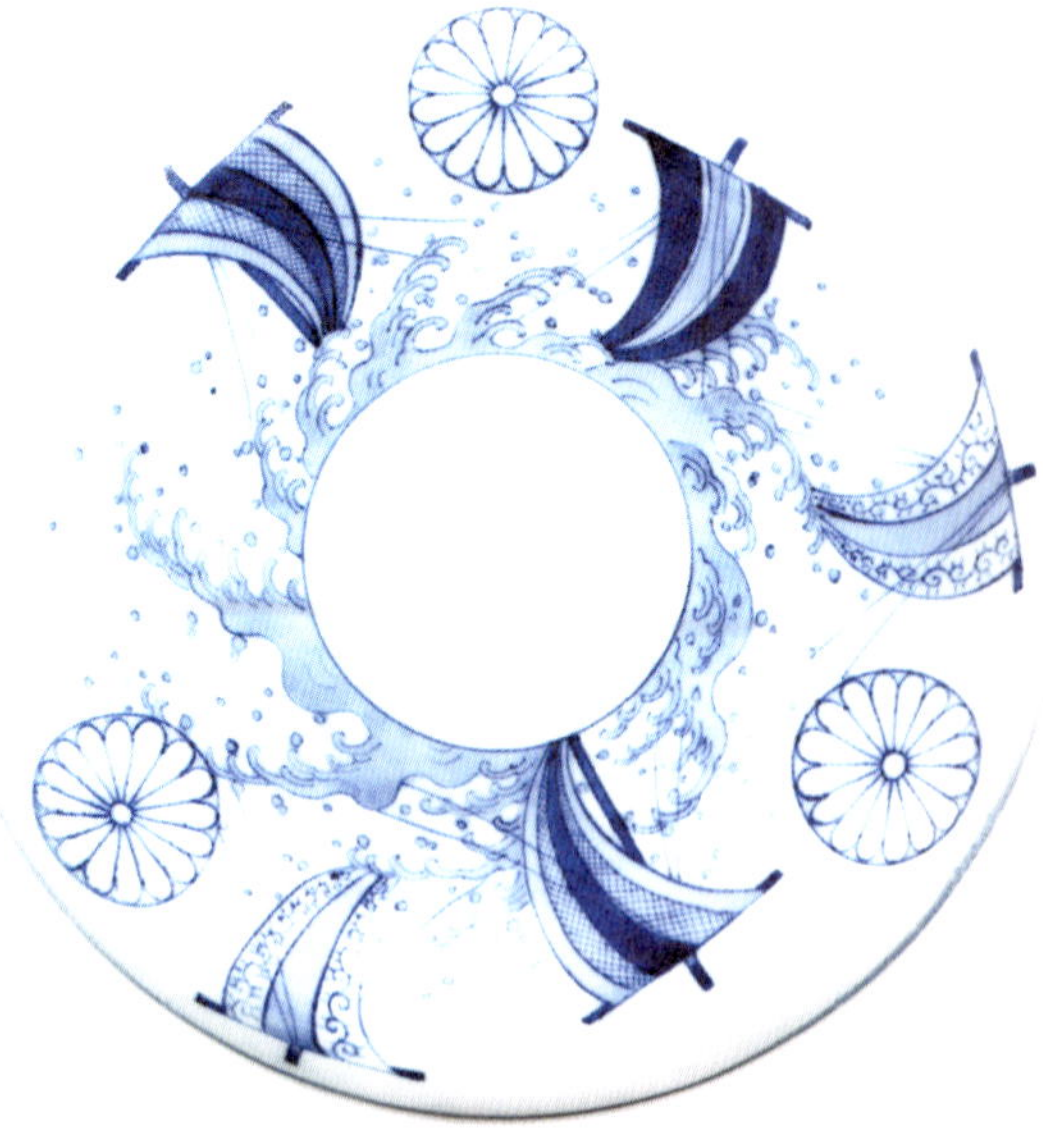

波に帆掛舟文皿

小草文皿

桜に透垣文皿

雪輪花形文皿

入子菱文鉢

小草小鳥文皿

御料食器の下賜

『禁裏御膳式目《きんりごぜんしきもく》』によれば、毎月一日に茶碗を総取り替えしたとありますので、製作された食器の膨大さが想像されます。一度使用した食器は使い捨て感覚でした。参内した公家や女官が天皇や女院の御膳ご相伴にあずかったときや、小番《こばん》（当直）で食事が提供された際には、残した食事を食器ごと家に持ち帰ることは普通に行われていました。

折り鶴文食器

後桜町上皇御料。菊花から３枚の葉が突き出た専用紋、通称「仙洞菊」が目立ちます。折り鶴はいかにも女帝らしい優美なデザインです

霞に八重山吹文茶碗

亀文皿

葦田鶴文皿

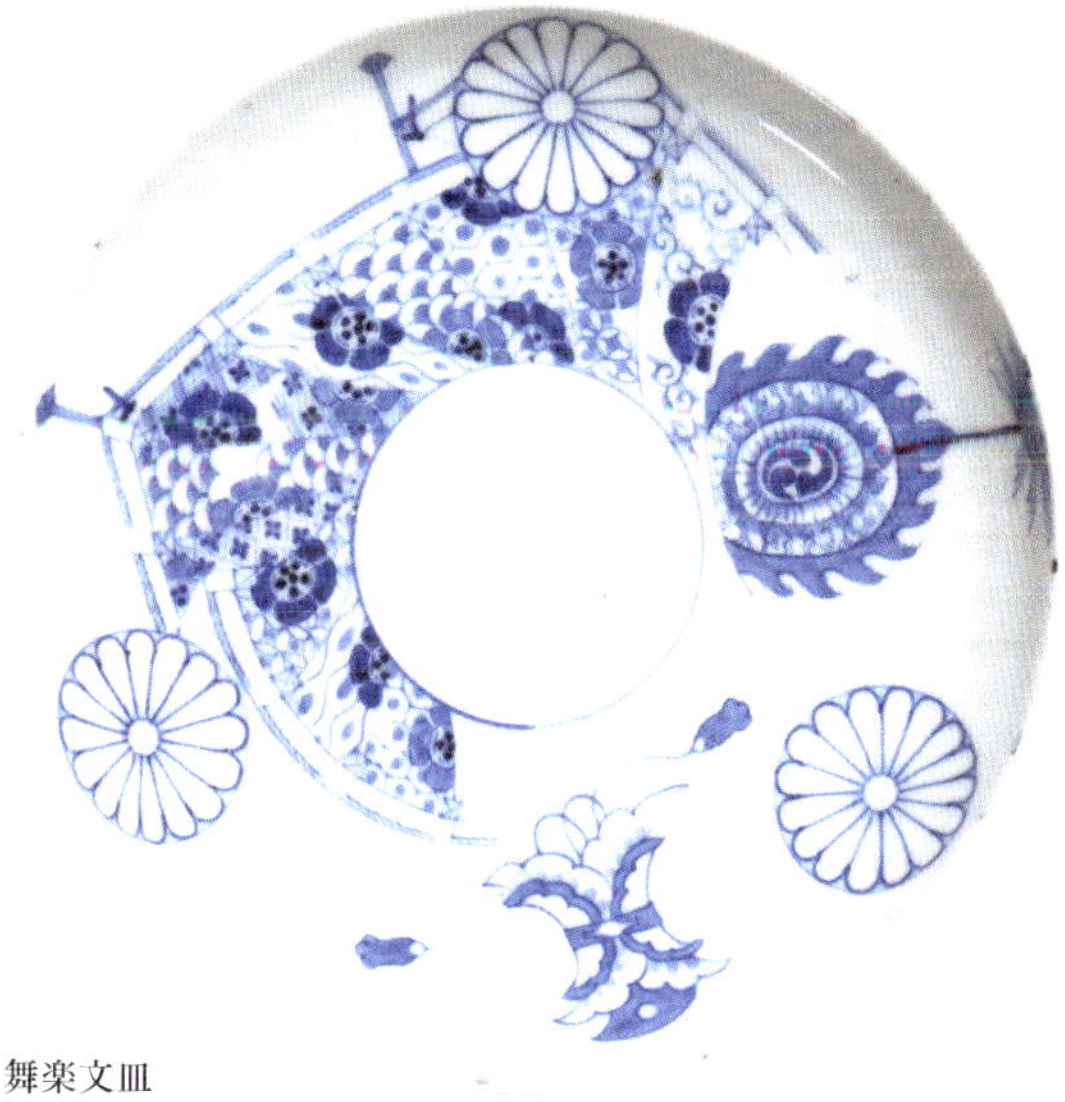

舞楽文皿

窠に霞文鉢

粟田焼《あわたやき》

宮中で日常に用いられたのが粟田焼です。粟田口付近で産出する「岡崎土」を使って焼かれ、鉄の焦げ茶色と呉須（主として酸化コバルト）の藍色で清雅な図柄を描いた「銹絵《さびえ》染付」のものがほとんどです。粟田は門跡寺院・青蓮院《しょうれんいん》の所領地で、その縁で宮中の食器となったのでしょう。菊花紋の他に何らかのデザインが施されたものは少数派です。

粟田焼燗鍋
帯山造。燗鍋は酒を温めるためのもの

粟田焼秋草文杯洗
帯山造。酒宴でお流れ頂戴の際、盃を洗うのに用います

三重襷文鉢
光格上皇御料。夏の直衣のデザイン「三重襷」を用いた夏向けの小鉢。菊花の周囲に唐草が廻るのは光格上皇の専用紋です

粟田焼臼型盃台
酒宴の途中で盃を置く台。臼の形を模してます

根引松に鶴文皿
和宮親子内親王料。長寿を願う根引松に、同じく長寿の象徴である鶴を配置したデザイン。菊花から5枚の葉が突き出た五角形の紋は和宮の専用紋です

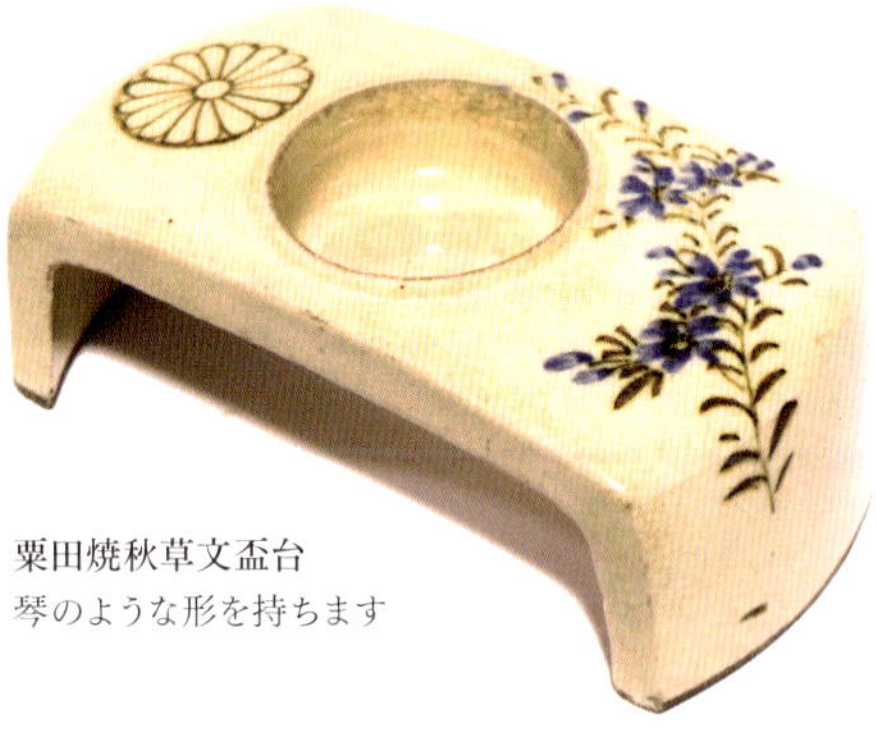

粟田焼秋草文盃台
琴のような形を持ちます

粟田焼桜梅桃李折枝文角鉢
春に咲く桜・梅・桃・李の4種の花を、焦げ茶色と藍色で絵付けをしています

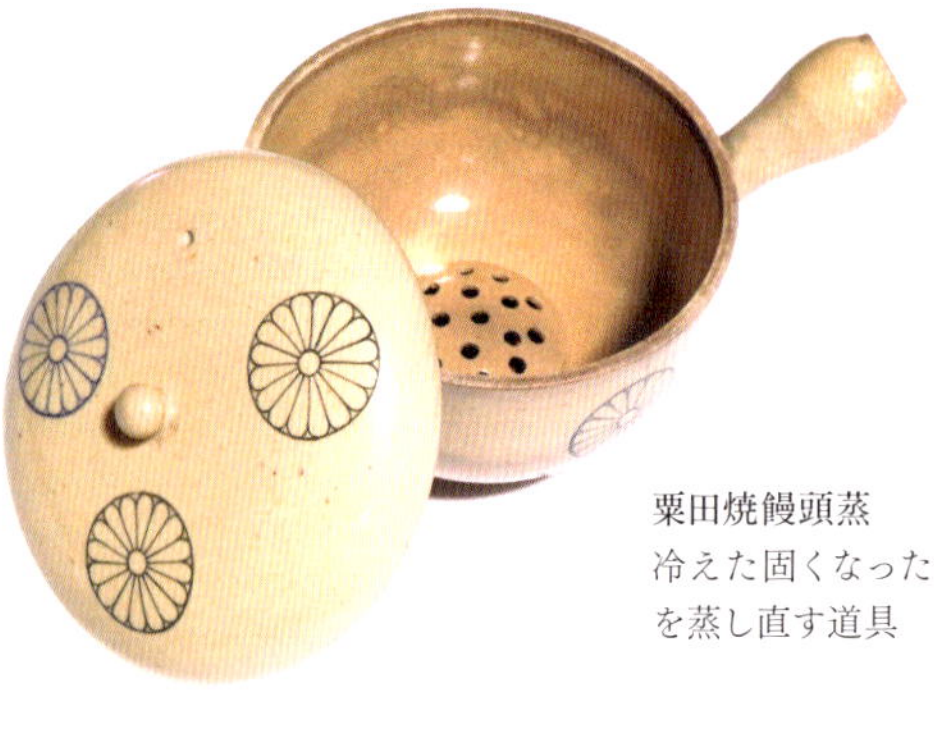

粟田焼饅頭蒸
冷えた固くなった饅頭を蒸し直す道具

粟田焼酒器
帯山造。江戸時代の天皇は愛酒家が多く、夕御膳の晩酌は長時間に及んだといわれます

近代の宮中の食器類

延遼館備「色絵金彩人物花鳥文食皿」
明治４年(1871) 伊万里窯

底裏面に「延遼館備」の銘

延遼館備「色絵金彩人物花鳥文食器」
明治４年(1871) 伊万里窯

小葵に鳳凰文洋食器
明治時代。幹山伝七製。デザインは古式のものを用いながら洋食器キャセロールを模している過渡期の品。摘まみを菊花、左右の耳を菊葉のデザインにして、江戸期の品よりモダンな印象があります

延遼館備「色絵金彩 花鳥文大角皿」
明治６年(1873) 頃幹山伝七作。まだ大皿を作る能力が低く歪みが見られますが、彩画は見事です

色絵金彩御旗御紋瓔珞文カップ&ソーサー
明治20年(1887)頃、精磁会社製。基本のデザインはミントン社製のものをそっくり写していますが、製作技術は勝るとも劣らないものになっています

金彩御旗御紋食皿
明治8年(1875) ミントン社が製作し、ロンドンの高級磁器商・モートロック社が納品した皿。既成のデザインに特注で御旗御紋を加えています

金彩桐御紋パルメット文コンポート皿
明治15年(1882) 頃、有田・製磁会社製。このシリーズで宮中食器の国産化が完成しました

現代の宮中洋食器(金彩菊御紋パルメット文パン皿)
明治15年(1882) の精磁会社製パルメット文のデザインを継承しています

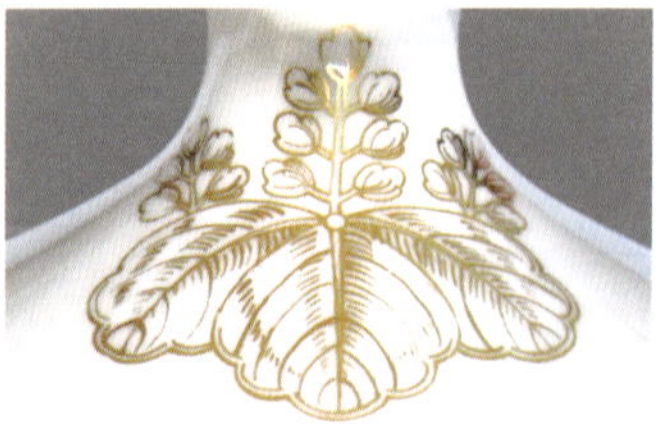

このシリーズは桐御紋が特徴

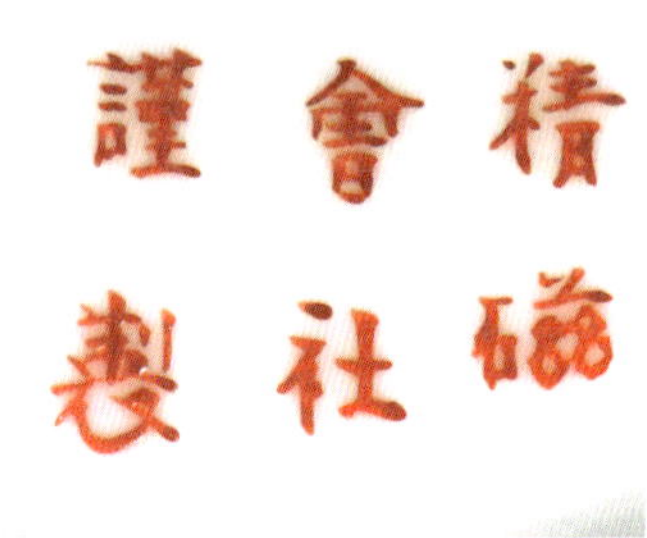

底裏面に「精磁会社謹製」の銘

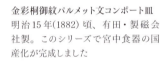

大正大饗の儀　近代最高の盛儀として、京都・二条離宮（二条城）で開催された即位礼の饗宴

明治維新は日本の歴史にとって画期的な出来事でした。宮中の食事関係でも、洋食の導入という、未だかつてない大変革の波に遭遇することになります。文明開化を急ぐ新政府は明治初年から食の改革に乗り出したのです。

天皇の肉食

明治天皇は和食好きであったそうですが、宮中の欧風化は急務でした。『明治天皇紀』によれば明治四年（一八七一）に大臣参議の慰労会で西洋料理が提供されています。その年の十二月、天皇は内膳司に牛・羊の肉を日常の食膳に用いるよう命じ、翌年一月には肉食の禁を解く示達《じたつ》が政府から出されています。

延遼館《えんりょうかん》

明治二年（一八六九）、東京・浜離宮に外国人を迎える迎賓施設「延遼館」が建設されました。明治四年（一八七一）、外務省は延遼館で用いる洋食器を「古代ノ大和人物、禽獣草木花卉雷文シッポウ」などをデザインせよと詳細に指定し、伊万里窯に発注します。さらに明治六年（一八七三）頃になると、京焼の幹山伝《かんざんでん》七《しち》などの名工たちにも「延遼館備《そなえ》」食器の発注がなされました。なお、延遼館は明治十七年（一八八四）に外務省から宮内省に移管されましたが、数年を待たずに廃止解体されてしまいました。

御旗御紋《みはたごもん》

宮中晩餐会などで大量に使用するためと、西欧貴族社会のデザイン形式を学ぶ必要から、明治八年（一八七五）、宮内省はイギリス・ミントン社などに洋食器を多数発注しています。それらは既製の品に「御旗御紋」（菊花御紋章の背後に日月の錦旗が交差する紋章）を追加したデザインが特徴的です。

御旗御紋

洋食器の国産化

イギリスへの巨額な出費を避けるべく、洋食器の国産化が図られます。明治十二年（一八七九）に有田に設立された「精磁会社」の努力により、まもなく洋食器国産化は達成されました。デザインは西欧の模倣がほとんどでしたが、作陶技術はまったく遜色のないものになっています。こうして、千年以上の歴史を持つ宮中の「食」が現代につながることになるのです。

文献史料

＊各見出し上の数字は本文のページ数と対応する

【第一章〈総論〉食の背景】

8
総論　租庸調
『養老令』（田令）
「凡田。長三十歩。広十二歩為段。十段為町〈段租稲二束二把、町租稲廿二束〉。凡田租。准国土収穫早晩。九月中旬起輸、十一月三十日以前納畢。其春米運京者。正月起運、八月三十日以前納畢。」

9
総論　年料春米　白米と黒米
年料春米
『延喜式』（民部）
「年料春米。伊勢国〈大炊一千七十石。糯卅石〉（中略）右廿二国各以正税春運。白米送大炊寮、黒米送省及内蔵寮。其運送徭夫並給路粮。」
白米と黒米
『延喜式』（大炊）
「凡供御稲米粟米春備。日別送内膳司。凡供御料稲粟。並用官田。其春得米一束二把五升。糯米亦同〈一人日春三束〉。」
『延喜式』（内蔵）
「白米九斛六斗〈命婦以下料〉。黒米七斛二斗〈仕丁料〉。」

10
総論　中男作物・交易雑物
中男作物
『続日本紀』
「養老元年十一月戊午《廿二》。詔曰（中略）自今以後。宜蠲百姓副物及中男正調。其應供官主用料等物、所司宜支度年別用度。並随郷土所出付国。役中男進。若中男不足者、即以折役雑徭。」
交易雑物
『延喜式』（民部）
「右以正税交易進。其運功食並用正税。但下野国砂金者。使徭夫採。食亦充正税。其大宰雑油卅石。中男作物若満此数者。更不交易。」
『延喜式』（大膳）
「凡諸国交易所進（中略）駿河国堅魚煎汁二斛。択好味者別器進之。若当年所輸中男作物。不満此数者。正税充直。交易進之。」

11
総論　市場・運輸
市場
『養老令』（関市）
「凡市。恒以午時集。日入前。撃鼓三度散〈毎度各九下〉。凡市。毎肆立標題行名。市司准貨物時価。為三等。十日為一簿。在市案記。季別各申本司。」
『延喜式』（市）
「凡毎月勘造沽価帳三通送職。職押署即以職印印之。一通進官。一通留職。一通付司。」
運輸
『延喜式』（民部）
「凡調庸及中男作物。送京差正丁充運脚。余出脚直以資。脚夫預具所須之数。告知応出之人。依限検領。准程量宜。設置路次。起上道日。迄于納官。給一人日米二升・塩二勺。還日減半。剰者廻充来年所出物数。別簿申送。」

12
総論　饗宴　大臣大饗
『類聚三代格』

「太政官符　応重禁断諸司諸家所所人等饗宴群飲及諸祭使等饗事（中略）焼尾荒鎮及近衛官人祭使之饗等亦立科条、皆随禁止（中略）昌泰三年四月廿五日。」

『西宮記』

「藤氏一大臣大饗用朱器台盤。」

『江家次第』

「大臣家大饗（中略）藤氏一大臣者、謂氏長者也。用朱器台盤。此朱器等者、閑院左大臣冬嗣公御物、在勧学院。関白初任之時渡之。正月大饗用此器也。自余大臣者、大饗用赤木黒柿机様器等。」

『続古事談』

「大饗の鷹飼は、中門をとほりて幔門の本にて鷹はすふるなり。」

『吏部王記』

「天慶八年一月五日。右大臣家饗。羞饌次第。汁物後茎立。次腹赤雉。次蘇甘栗。」

14
総論　饗宴　二宮大饗
『西宮記』

「正月二日二宮大饗〈裏書〉天徳五年正月二日、東宮於院巽方御厩町、行大饗事。」

『御堂関白記』

「長和二年正月二日（中略）入夜参内、候殿上。後着二宮大饗。中宮一献、与大夫取。」

『小右記』

「治安元年正月二日（中略）相共参関白殿拝礼〈臨時客事已了〉（中略）此間秉燭、被催二宮大饗事〈中宮・東宮〉（中略）戌剋許先着中宮大饗〈玄輝門西腋、以西為上〉。」

『北山抄』

「正月二日二宮大饗事。王卿以下、先進御所拝賀〈式有拝賀儀、而近代所行如之、軽服人著吉服由、見吏部王記〉。」

『江家次第』

「二宮大饗　三献〈在座公卿二人執坏〉給飯汁（中略）近代不過三献、茎立包焼蘇甘栗等給之。」

15
総論　饗宴　殿上淵酔
『小右記』

「寛和元年正月廿日、乙丑。伊予介調垸飯持来、頻勧杯酒。已及沈湎。予州淵酔、脱衣給一両近衛府官人等、両三人又々如之。」

『中右記』

「寛治元年十一月十八日、丙寅、天晴。未時許於殿上有淵酔〈蔵人左近将監高階重仲依為一臈、甚有饗応也〉。事了貫首以下相引廻五節所。」

『建武年中行事』

「寅日殿上の淵酔あり。朗詠今様などうたひて。三こんはてゝ乱舞あり。」

『殿上淵酔部類』

「経光卿記曰。安貞三年（中略）及五献了。忠時時紐。盃次右少将親氏朝臣起座。進参解之。或貫首解之云々。盃次第巡行了。次貫首以下袒褐。次今様有資朝臣勤之。御前他行。次万歳楽。自六位至貫首乱舞。即指紐。」

16
総論　饗宴　饗宴の作法
『九暦』

「天暦十年二月十三日（中略）参議維時卿・有相〈左大弁〉・好古〈右大弁〉等追着云々。二献以後行罰酒（中略）着宴座、三献了立箸云々。着穏座間、右大将〈日来軽服〉・式部権大輔〈維時〉等退出。」

『西宮記』

「八月一日、考定（中略）三献。立箸〈即抜立、尊者退問、弁以下立。大臣立時、参議以上皆立〉。」

『小右記』

「永祚元年十二月廿日（中略）今日摂政大閤下被任太政大臣（中略）大臣以下立机居物〈先例着座之後立机如何〉。一献〈主人〉、左右大臣・内大臣在座。内大臣与主人其座頗迫、似無便宜。一献了居飯。二献〈按察大納言朝光〉了居汁物。三献之後下箸。五六巡之後召録事（中略）即諸卿出穏座〈穏座、円座先敷。可恠事也〉。次有穏座儲。」

『御堂関白記』

「寛仁元年正月廿七日、丁卯。大饗（中略）又一両巡後出穏座。其後如常。」

『三節会次第』

「元日節会次第（中略）御箸鳴〈以御扇令鳴馬頭盤上御箸給也〉。臣下応之〈先挿笏於右尻下。尋常説。逆倚大盤下〉。先立箸〈不建匕〉。更如形食了。如本立箸。近代一向不及食之。」

17
総論　饗宴　酒宴の作法
『延喜式』（中務）

「凡酒番侍従及次侍従。毎年定十二人〈一日為番。番別四人〉。」「凡省輔雖非酒番。率侍従上殿行酒。」

『九暦』

「天暦七年十月廿八日（中略）行罰酒於負方公卿、凡毎有勝負勝方行酒。」

『西宮記』

「正月、踏歌事（中略）王卿以下下殿勧盃〈侍臣所衆行酒〉。」

「十月、旬（中略）天暦十年四月一日（中略）供御飯〈此先供蚫御羹、次進物所物〉。居臣下飯汁生物窪坏物〈応御箸音嘗之〉。一献供御酒〈酒番侍従四人入自日花門。或記云、四種前着座〉。給臣下酒〈侍従二人、一人執盃、一人執瓶。立座前唱平飲。第一人待懸箸、献盃先飲〉（中略）天慶十年十月廿二日、右衛門尉倫寧賜氷魚於侍従所云々、三献〈応和元年、師氏卿三献之後勧盃、中将取瓶子唱平〉。」

「令行節会等飲酒事。中納言師尹卿為侍従厨家別当之時、旬日越座献盃、左右大臣共連座之処、献盃、弁少納言可取次酌〈対座時不取、可依便宜、四位不取納言継酌〉。親王大臣対座時、献盃者先欲献大臣、大臣辞譲、于時献盃、欲至親王座之間、親王又固辞、遂献大臣、後々令献親王、主客献酬之儀、見酒式、世俗往来之法、雖無所見、大体依式文所行、闕巡、可随闕巡数、但、立闕巡者云々、然則必可在此座之、遅来人又同之。」

「五巡後到着者〈可行三盃〉、七巡後到者〈可行五盃〉、十巡以上到者〈可行七盃〉。一遅不得通風、二遅酒間架句、三遅〈不得修之〉。」

「二月十一日、列見（中略）宴座、上卿已下一々降揖（中略）一献、〈一史至酒部所酌酒座、一弁到酒部所取、史持酌立上卿南辺、入酒白銅盞、退唱平、参議弁酌公卿酒、授酌復座、次弁酌大弁料、至南面一人許令飲三酌〉（中略）二献〈無藍尾〉」

『小右記』

「寛仁三年八月十一日（中略）左中弁経通云。今日定考。右衛門督実成・左大弁道方着南面座。無北面人。依大弁確執行藍尾。無北面人行藍尾不聞事也。大弁着北面可無藍尾也。古記云、無南面人之時無藍尾者。左中弁所陳最可然也。又無人者大弁猶可着北面者也。」

『殿上淵酔部類』

「経光卿記曰。安貞三年（中略）先一献〈蔵人持盃。瓶子主殿司〉。次第巡行。予飲之後。置盃於台盤下。常事也。次二献〈蔵人仲業持盃。瓶子主殿司〉。次第巡行如初（中略）次三献〈蔵人忠時勧盃。初度主殿司饗応。後々蔵人取之。及五献了。忠時時紐。右少将親氏朝臣起座。進参解之。或貫首解之云々。盃次第巡行了〉。次貫首以下袒褐。次今様有資朝臣勤之。御前他行。次万歳楽。自六位至貫首乱舞。即指紐。」

18
総論　大膳職・内膳司・大炊寮・主水司・造酒司
『日本三代実録』

「貞観十三年五月廿九日甲戌。太政官厨贈酒饌。饗造応天門工匠已上。公卿会飲。」

『新儀式』

「奉賀天皇御算事（中略）近衛次将勧盃行酒、判官代主典代着左近陣座床子、造酒司并将監等勧盃行酒、五六巡之後、仰令給禄。」

『西宮記』

「正月五日、叙位儀（中略）侍従厨設饌、内豎立台盤。」

「六月、神今食（中略）〈早旦、主水司請御粥垸一口、馬頭盤、并御箸匕等、自蔵人所給〉。」

『小右記』

「長和三年四月廿四日（中略）饌事尋朱雀院例可行者、仰可尋仰之由。但大膳・内蔵寮・穀倉院・官厨・侍従厨等可奉仕歟。」

「正暦四年三月廿八日（中略）御前無出居。小選右中将隆家参入、候御前出居。事了公卿還着陣、侍従厨依例儲饗、一献後〈少納言能遠献杯、造酒祐執杓〉。」

19
総論　平盛と高盛
『西宮記』

「行幸（中略）一人神食薦、一人食薦、一人平手、又鮮物、一人干物、一人箸、一人菓子、高橋〈執鰒汁〉、安曇〈執海藻汁漬〉。」

『江家次第』

「十一月、朔旦旬（中略）給臣下供進物所御膳〈窪坏二、平盛・高盛・汁物等令下盤、必不可待下給臣下飯畢上〉。供御厨子所御膳〈高盛八、焼物二、汁二〉。給臣下菜汁物〈二遍〉。」

『厨事類記』

「昼御膳。高盛七坏、平盛一坏、御汁物二坏〈土器〉、焼物二坏、已上。魚味、盛土器。以内膳司所進〈近年日別鮑二連添之〉。当旬番衆於御厨子所請取之盛進也。但六斎御斎会最勝講仏名等日。高盛精進各四種内膳司所進〈近年添若布〉。居交之。刻限渡御膳宿。於御殿供之。各居平御盤。蔵人仰云。高盛トクヤ云々。番衆答申。マイルト云々。」

『世俗浅深秘抄』

「同陪膳之時。平盛四種追役ノ人持参。陪膳取二種置御前。是雉与鯛也。御飯左方ニ居ル時ハ在御座左方。四種窪坏ノ面之方ノ間ニ雉ヲ居。居様尋常ノ定也。次鯛南方ニ居。共ニ四種ノ間也。或鯛居北方〈御前方〉。但以南為善。御飯居中央時。四種ハ在東方。仍居御箸ノ台ノ盤

也。其様雉西端。必居四種盤。鯛必以居南方。是北ニハ依居汁物坏也。惣先居汁物。次居平盛也。汁物ハ居四種時ハ。中央居箸盤時。北方中程也〈御前方〉。」

『建武年中行事』

「神今食（中略）ばいぜんのうねべ神食薦もちて参て。たん帖の上にしく。後どりのうねべ御食薦を持てまいる。ばいぜんとりてしく。平手はこのはこ御はん。生物。干物。くだものはこども次第に入まいりぬれば。うねべひらでを取てまいらするに。次第に入させたまふ。」

『三条中山口伝』

「調膳様事。飯ヲバ、カタウツケズシテ丸ラカニ可盛。四種器不可入物。高盛・平盛可有高下。菓子、高盛程也。餅、四破ニシテ盛之、定時也。」

22
総論　塩漬けと干物　保存
塩漬け
『延喜式』（内膳）
「漬年料雑菜。蕨二石〈料塩一斗〉。薺蒿一石五斗〈料塩六升〉。薊二石四斗〈料塩七升二合〉（中略）右漬春菜料。」
干物
『新儀式』

「皇太子加元服事（中略）供奉威儀御肴〈夜中坊官率僚下立厨子。供威儀菓子干物平盛也〉。」

「天皇賀太后御算事（中略）。南軒廊四間板敷上立棚厨子四基。供威儀御膳〈菓子干物各卅種〉。」

『宇津保物語』（吹上上）

「干物、菓物、餅など、調じたるさま珍らかなり。」

23
総論　干物・生物・窪坏物、四種物
『新儀式』

「天皇賀太后御算事（中略）南軒廊四間板敷上立棚厨子四基、供威儀御膳〈菓子干物各卅種〉。」

「御庚申事（中略）内蔵寮弁備酒饌、賜之侍臣、又進碁手〈先献御料物、分男女房〉、王卿依召候御前、御厨子所供菓子・干物・御酒。」

『西宮記』

「皇太子元服（中略）同日外記記云、傅大納言藤原通明卿、設威儀御膳菓子干物各卅種、盛朱漆彩色一尺花盤高八寸云々。延喜殿上記云、唐菓子十五盛、木菓子十五盛、干物卅盛、以朱漆一尺花盤盛之。」

『類聚雑要抄』

「母屋大饗。永久四年正月廿三日（中略）醤・酒・酢・塩。是尊者前也（中略）毎机鋪簀薦四種物。」

『厨事類記』

「四種器。酢・酒・塩・醤。或止醤用色利。〈裏書〉色利煎汁。イロリトハ大豆ヲ煎タル汁也云々。或鰹ヲ煎タル汁也云々。干物。或称乾物。干鳥・楚割・蒸鮑・焼蛸。或干物四坏。内用鯛平切。生物。鱠・鯉・鮭・鱒・鱸・雉。或止鮭鱒供鱸雉為佳例。或供腹赤。」

『類聚雑要抄』

「母屋大饗。永久四年正月廿三日（中略）同饗膳差図。獼猴桃、鯛〈立盛〉、蟹蜷、雲鸁子、小柑子、鱒〈立盛〉、小鸁子（シタハミ）、石茎、干棗、鯉鱠、梨子、雉〈立盛〉。」

『門室有職抄』

「四種ハミソ、シヲ、ス、サケ也。近代ハ酒ヲ略シテ蓼ヲ用。タデナキ時ハ、ワサビ、ハジカミ。ミソ蓼必説酢也。」

24
総論　折櫃
『小右記』

「寛和元年二月十三日（子日御遊・中略）一巡之後大納言為光以下侍臣等起座。執籠物十捧及折櫃四本列御前。左大臣於御前問之、各称名云々〈左大臣所儲也〉。」

『御堂関白記』

「寛弘五年十一月一日、戊午。御五十日（中略）戌二点余供餅。其後又就座数献、後籠物五十捧・折櫃五十合奉御前。」

『源氏物語』（桐壺）

「この君の御童姿、いと変へまうく思せど、十二にて御元服したまふ（中略）その日の御前の折櫃物、籠物など、右大弁なむ承りて仕うまつらせける。」

25
総論　一種物・美物珍味
一種物
『小右記』

「長和三年十月十一日。甲子。今日造宮始、左大臣二条家造立数屋（中略）。卿相雲上侍臣参皇太后宮、可有飲宴。皆可提一種珍味云々。」

「長元元年十一月十五日。乙巳（中略）中将来、語次云。一日侍臣等於頭中将（顕基）宿所、以章（源）任五節所珍味為肴飲酒。尽以泥酔。遊戯之間各破罰。遞破罰脱衣被左近府生時頼。事及天聴。被召問云々。」

『御堂関白記』

「寛弘二年五月十三日（中略）有庚申事、僧同之。作文、殿上人一種物持来。」

「寛弘六年十月四日、乙酉。水閉。上達部・殿上人随身一種物、若宮侍所会合、晩景乗舟、有楽事。」

『殿暦』

「長治二年三月二日、乙巳。天晴。今日無別事。中剋許右大将・二位大納言・別当・宰相中将忠教・右大弁宗忠・殿上人一両各有一種物。興尤多。及暁更事了人々退出。件一種物皆美食物等也。於前包丁、今日夜神妙有興。余以下立舞。」

『続古事談』

「殿上の一種物は、つねの事なれども、久しく絶たるに、崇徳院のするつかた、頭中将公能朝臣は、絶たるをつぎ、廃たるをおこして、神無月のつごもり比に、殿上の一種物ありけり。さるべき受領なかりけるにや、くらつかさに仰て、殿上に物すへさせて、小庭にうちいたをしきて火をおこす。人々、酒肴をぐして参て殿上につきぬ。頭中将の一種物は、はまぐりを籠に入て、うすやうをたて、紅葉をむすびてかざしたり。はまぐりのなかに、たきものをいれたりけり。滝口これをとりて、殿上口にてすゝむ。主殿司つたへとりて、大盤にをく。頭中将とりて、人々にくばられけり。人々とりて、けうじあへり。こと人々、多は雉をいだせり。主殿司とりて、たてじとみによせたつ。信濃守親隆、大鯉をいだせり。庖丁の座にむきて、御厨子所の頭久長を召て、とらせんとするに、『その事にたへず』とてきらず。御鷹飼の府生敦忠、鳥をかたにかけてまいれり。小庭にめして庖丁せさす。一二献、蔵人季時・信範すゝむ。少将資賢、『たけの葉にをく露の色』といふ今様をうたふ。蔵人弁朝隆、三献のかはらけとる。又頭中将のすゝめにて朗詠をいだす。佳辰令月の句也。頭中将、朝隆がひもをとく。人更、みなかたぬぐ。いろいろの衣をきたり。用意あるなるべし。」
美物・珍味
『日本書紀』

「大化二年三月甲申。詔曰（中略）凡始畿内及四方国、当農作月、早務営田、不合使喫美物与酒。」

『続日本後紀』

「嘉祥二年十月癸夘《廿三》。嵯峨太皇太后遣使奉賀天皇四十宝算也。其献物（中略）黒漆棚厨子四十基〈廿基盛菓子唐餅。廿基盛鮮物乾物〉。凡厥山海珍味数百捧。既而天皇御紫宸殿。音楽遞奏。歓楽終日。賜諸大夫禄。」

『日本紀略』

「康保元年十月廿五日丁卯、有政。是日、於左近陣座諸卿有一種物、魚鳥珍味毎物一両種、於中重調備之。参議雅信、重信、儲菓子飯。本陣儲酒。自殿上蔵人所給菓子等。左大臣。実頼。早退出、不預此座。少納言、外記史同預之。」

『類聚雑要抄』

「聟娶御前　台三本〈普通定（中略）〉。九進、酒銚子、第二三日ニハ不進五菓子、例菓子進之。又進追物〈時美物八種計也〉。」

26
総論　菓子
タチバナ
『日本書紀』

「垂仁天皇九十年二月庚子朔。天皇命田道間守。遣常世国。令求非時香菓〈香菓。此云箇倶能未〉。今謂橘是也。」

『続日本紀』

「和銅元年十一月廿一日。供奉挙国大嘗。廿五日御宴。天皇誉忠誠之至。賜浮杯之橘。勅曰。橘者果子之長上。人之所好。柯凌霜雪而繁茂。葉経寒暑而不彫。与珠玉共競光。交金銀以逾美。是以汝姓者賜橘宿禰也。」

『延喜式』（宮内）

「諸国例貢御贄　相摸。柑子、橘子。」

『小右記』

「長元二年四月十六日、甲辰（中略）仰頼隆了、大柑子・橘、差式光奉遣左兵衛督、祭使・舞人・陪従饗料也。東西令求、不能求得其実之由、先有消息、仍所送也。」

『類聚雑要抄』

「保延二年十二月日、内大臣殿廂大饗差図。菓子八種（中略）大柑子〈乍丸廻盛〉、小柑子〈同前〉、橘〈同前〉。」
木菓子
『新儀式』

「皇太子加元服事（中略）立皇太子台盤〈有帽額毯代等〉、預供菓子〈唐菓子、木菓子、各四盛也〉。」

『吏部王記』

「天暦四年八月五日。東宮供進百日餅、以尋常供膳大盤供。唐菓子・木菓子・餅・干物各八種盛様器花盤。」

『西宮記』

「皇太子元服（中略）延喜殿上記云。唐菓子十五盛、木菓子十五盛、干物卅盛、以朱漆一尺花盤盛之。」

『平記』

「康平五年十一月二日、若君御五十日也（中略）有饗饌盃酌事（中略）粉餅十盃、木菓子五盃〈已上居御台三本〉。」
干菓子
『厨事類記』

「干菓子。松実・栢実・柘榴・干棗。有供五果之例。相加搔栗一坏。或用時菓子。」

「干菓子。松実・栢実・柘榴・干棗。松子、五菓子ト云。イリテカハムキテモル。栢実、コレモイリテモル。柘榴、カハムキテモル。干棗、熟シタル棗ヲカハムキテ。ムシテホス。アマヅラヲヌルト云々。イクタビモホスタビニコノ定ニスベシ。〈裏書〉松ノミナキ時。シロキサヽゲヲモル。栢ナキ時、粉餅ノヤウニツクリテ、サクツライレグシテイリテ。カタナニテウヘヲコソゲテモル。棗ナキ時、クシガキヲモル。」

27
総論　氷室
『日本後紀』

「天長八年八月乙丑。山城・河内国、各加置氷室三宇。供御欠之也。」

『延喜式』（主水）

「氷室廿一所。山城十室大半。大和二室半。河内二室。近江二室小半。丹波三室半。」

「凡供御氷者。起四月一日尽九月卅日。其四九月日別一駄。〈以八顆為駄。准一石二斗〉。五月八月二駄四顆。六七月三駄。進物所冷料。五八月二顆。六七月四顆。御醴酒并盛所冷料。六七月　顆。」

『御堂関白記』

「寛仁二年四月廿日、癸未。参入内、御風発給、是日来依召氷也。然不殊事御、仍退出。」

『小右記』

「治安二年七月十四日、壬午。今日供養法成寺金堂之日也（中略）太弟令気上給。脱給御冠・襪等。極熱間束帯給、糸毛御車簾太厚、涼気難到歟。御心地猶不宜御、密々口氷聞食。」

「治安三年七月廿七日、己丑。今日相撲召合（中略）余徘徊南殿御障子後、以宰相召氷水飲、不堪苦熱耳。」

『九暦』

「天徳四年正月一日。左大臣令忠君奏御暦・氷様等。依年来例、可付内侍所之由。」

『小右記』

「万寿元年正月一日（中略）又仰所司奏〈御暦・氷様・腹赤等〉、可付内侍所由〈先以公成所令奏、依日暮〉。節会如恒。」

28
総論　肉食
『日本書紀』

「天武天皇四年四月、庚寅。詔諸国曰、自今以後、制諸漁猟者、莫造檻穽及施中機槍等之類上。亦四月朔以後、九月三十日以前、莫置比満沙伎理梁。且莫食牛馬犬猿鶏之宍、以外不在禁例。若有犯者罪之。」

『延喜式』（内膳）

「鹿宍、猪宍（中略）右従元日至丁三日供之。」

『西宮記』

「正月、供御薬事（中略）進物所例云、正月元日早朝、供奉屠蘇御膳事、猪宍二盤〈一鮮、一焼〉。」

『侍中群要』

「日中行事巳一剋奏日次御贄事（中略）延喜十一（九一一）年十二月廿日官符、始定六ケ国日次御贄（中略）近江国鹿四枝、猪宍四枚〈已上二種元日料〉。」

『延喜式』（大学）

「三牲〈大鹿・小鹿・豕各加五臓〉。菟〈醢料〉。右六衛府別大鹿・小鹿・豕各一頭。先祭一日進之。以充牲。其菟一頭。先祭三月致大膳職。乾曝造醢。祭日弁貢。其貢進之次。以左近為一番。諸衛輪転。終而更始。」

「凡諸衛所進之牲。若致腐臭。早従返却。令換進之。」

『延喜式』（大膳）

「釈奠祭料。石塩十顆、乾魚二升、鹿脯卅斤、鹿醢一升、魚醢一升、兎醢一升、豚脂一升、鹿五蔵一升、脾折韮一升、羊脯十三斤八両、代用鹿脯。」

『小右記』
「長元四年七月廿三日（中略）中将今日可昨宍。仍去夕宿西隣、小女同在彼宅、依故父勧服也。服中不例、飲食多減、顔色憔悴、仍服之。余不口入。」

29

総論　鷹の鳥・卵

『吏部王記』
「延長六年十二月五日。大原野行幸。卯初上御輿（中略）自桂路入野口。鷹飼到此持鷹。員外鷹飼祗候。武官著青摺衣者四人。摺衣徒伺所扈従也。」

『西宮記』
「北野行幸（中略）其鷹飼王卿、大鷹々飼者、着地摺猟衣綺袴玉帯。鷂々飼者、青摺白橡袍綺袴玉帯巻纓、皆有下襲、其帯剣之者有尻鞘（中略）四位已下鷹飼、着帽子臂鷹、令牽犬。」

『小右記』
「永延元年二月廿三日（中略）各提一種物今日有可参入之契者（中略）左衛門督酒一瓶・雉一枝。」

『長秋記』
「天永四年正月十六日、太政大臣家大饗、（中略）次御鷹飼渡（中略）流文狩衣紫裏白、両面袴、紅衣、同色単衣、熊行縢、壺脛巾、浅沓、烏帽子ウヤヲカケリ、其上著錦帽子、又ウヤヲカク、結緒、〈カタカギナリ〉鳥頸劒〈件劒顯季劒也、而上皇賜装束、次借召預給云々、銀作鷲頸切螺鈿劒、無目貫、左手入革嚢、付餌袋、件餌袋具、斑家尻鞘入劒螺鈿。柴一枝、指雌雉一羽、鈴付尾無鈴〉」

鳥の子

『皇太神宮儀式帳』
「山口神祭用物〈并行事〉（中略）鶏二羽〈雄一、雌一〉。鶏卵十丸。」

『宇津保物語』（藤原の君）
「宰相珍らしくいできたる雁の子に書きつく。卵のうちに命こめたる雁のこは　君がやどにてかへならざらん」

『小右記』
「寛和元年正月廿五日、庚午。従今年永止食卵子、以勝祚令申本尊。」

「長和四年四月十一日（中略）昨、孔雀於北南第生子〈卵自鶏頗大〉、無雄生卵可奇。」

『古事談』
「惟成秀才の雑色為る時、花の逍遥に一条一種物しけり。惟成には飯を宛てたり。而して長櫃に飯二、外居に鶏子一、折櫃に擣塩一坏之れを納めて、仕丁に担はしめて之れを取り出だす。人々感声喧々たり。」

禁忌

『御堂関白記』
「寛仁三年二月六日、甲午。心神如常。而目尚不見、二三尺相去人顔不見（中略）陰陽師・医家申可食魚・肉。月来間不用之。仍五十日暇申三宝、従今日食之。思歎千万念、是只為仏法也。非為身、以慶命僧都令申之、従今日肉食間、可書法華経一巻。」

『江家次第』
「（正月）供御薬（中略）猪宍一坏〈以雉代之〉、鹿宍一坏〈以田鳥代之〉。」

『中外抄』
「食宍者七日以後参神社否事。仰云。式文限七日、不可及単議歟。但先年日吉行幸時、此関白食鹿、七日以後相具宿社頭。件夜夢云。過七日了。難不可有憚。アマリ近コソ覚レト見了。」

30

総論　料理と庖丁

料理

『貞観儀式』
「六月十一日神今食儀（中略）内膳司率諸氏伴部及采女等。各供其職、料理御膳雑物。」

『醍醐天皇御記』
「延喜八年五月廿八日。従神泉苑西掖門入御埒殿。左大臣仰令捕池魚。右衛門督清経朝臣捧所捕得魚奉覧。則御前料理供膳。余給侍臣〈右衛門佐兼茂調御膳。御厨子所一両人階下調給臣下〉。」

『吏部王記』
「延長六年十二月五日。大原野行幸（中略）料理鷹人所獲之雉。殿上六位昇俎具、御厨子所進御膳御台二基。蔵人頭時望朝臣陪膳。侍従以衡賜王卿饌。」

庖丁

『和名類聚抄』
「厨　説文云厨〈直誅反和名久利夜〉。庖屋也。庖〈蘇交反〉料理魚鳥者謂之。庖丁俗云〈抱長二反〉。倉厨也。」

『宇津保物語』（蔵開上）
「この鯉は生きたるやうなるものかな。ほとほと庖丁望まむとぞ思へるとの給ふ。」

『新猿楽記』
「十一君気装人者一宮先生柿木桓之、管絃并和歌上手也。中略）鞠、小弓、庖丁、料理、和歌、古歌、天下無双者也。」

『宇治拾遺物語』（用経、荒巻事）
「さて『まな板洗ひて持て参れ』と声高くいひて、やがて『用経、今日の庖丁は仕らん』といひて、真魚箸削り、鞘なる刀抜いて設けつつ、『あな久し。いづら来ぬや』など心もとながりゐたり。」

真菜・肴・魚味

『和名類聚抄』
「肴　野王案凡非穀而食謂之肴〈胡交反字亦作餚。和名佐加奈。一云布久之毛乃。見本朝令〉。」

『吏部王記』
「御神楽云々、式部卿親王起座召御厨子所、殿上大夫立御札於倚子右、以御台一双供御肴。」

『小右記』
「長和二年九月廿五日（中略）大臣及卿相候殿上、被出交菓子三盞、其後羞肴物、有酒、酒後有湯漬、湯漬。」

『御堂関白記』
「寛弘七年十月十一日、丙辰。若宮供真菜、御前物家奉仕、有上達部・殿上人饗。」

31

総論　調理人・擺敷

調理人

『満佐須計装束抄』
「立ち作りの幄と云ふことあり。縁近く三間の幄を打ちて。床子の尻懸くる程なるを立てたり。それは尻を懸けて鯉を切りて御肴に参らするなり。その幄は座の上の方に打ちて幔を上げて庖丁を尊者御覧ずるなり。包丁師は五位六位を嫌はず。家の者を召さる。」

『古事談』
「一条院の御時、清涼殿において御酒宴有る日、讃岐守高雅朝臣〈兵部卿有明親王孫、弾正大弼守清男、中宮亮〉包丁に奉仕す。」

擺敷

『小右記』
「永祚元年十二月廿七日、甲戌。参内（荷前・中略）皆有饗。幣持衛仕等又有其儲。毎人菓子・擺敷・近江餅三枚。」

『兵範記』
「仁平二年正月廿六日（中略）一折敷居鯉膾、有擺敷如腹赤。」

『厨事類記』
「生物〈鱠〉。鯉八。先シタニ擺敷之実或云敷実。ツクリカサネテモル。次打実歟。引実上ニウナモト三枚或五枚。モリテ供之。」

32

総論　匙と箸・箸台

箸と匙

『和名類聚抄』
「箸　唐韻云筯〈遅倨反。和名波之〉。匙也。字亦作箸。兼名苑云一名扶提。」

「匙　説文云七〈卑履反。和名賀比〉。所以取飯也。兼名苑云匕一名匙〈是支反与疵同又音提見唐韻〉。」

『内裏式』
「正月八日賜女王禄式（中略）立台盤置銀筋・匙〈但饌各用私物〉。」

『西宮記』
「天皇元服。寛仁不儲御箸并台等。仍忽依太政大臣仰削御箸。以様器盤為箸台也。」

『北山抄』
「元日宴会事。供御膳（中略）天皇撩御箸〈内弁端笏候気色〉。群臣搢笏下箸。次供御飯。次賜群臣飯汁物畢。重下御箸〈旧例不必待臣下汁物〉。群臣食畢、供三節御酒。」

箸台

『延喜式』（内匠）
「銀箸三具各長八寸四分。料。銀小十二両、和炭三斗。」

『延喜式』（内匠）
「銀箸台二口料。銀小四十八両、炭四斗。」

『類聚雑要抄』
「保延二年十二月日。内大臣殿廂大饗（中略）箸台〈口径五寸。一方折立端〉。已上深草土器用之。」

『厨事類記』
「箸台。記云。弘三寸二分。長四寸。」

33

総論　箸台・馬頭盤

『九暦』
「天暦四年閏五月一日、丁卯（中略）此日当第七夜、姫宮政所設饗饌〈息所御膳衝重廿前、繍面打敷、有銀筒、同四種箸上洲浜。」

『吏部王記』
「天暦二年十二月卅日。徽子女王入内。仍重取案内供餅。不可過今夜之故也。即有勅答参。須臾余捧御餅到殿戸付典侍。四種餅盛以銀土器代。同箸一双安同器。納螺鈿筥一合。有頃御息所退。即餅筥付侍女。」

『御堂関白記』
「長和二年八月廿七日、丙戌、御五十日（中略）戌時供餅。御台六本、用銀器。一本有盖粥器、盛餅器。一本箸台、置箸・ヒ・摩粉木等。」

『小右記』
「天元元年四月十日、左大臣一女入内。十二日始参上。殿下同参、餅四種盛銀盤、同盤置同銀箸、餅上置心葉〈有組〉、納蒔絵筥〈置一口〉。」

『江家次第』
「執聟事〈近代例〉聟君解装束掩衾（中略）次供餅、銀盤三枚〈有尻各盛小餅〉。加銀箸台、銀箸一双、木箸一双、件箸台多作鶴形。已上居紫壇地螺鈿筥蓋。件筥蔦螺鈿云。多令夫婦年久、子孫繁昌者作之。又令儲件餅、聟公食餅三枚〈不食切云々〉件陪膳。是男陪膳也。」

『為房卿記』
「寛治五年十月廿五日庚辰、今日四宮（篤子）入内（中略）十一月二日丙戌。今日午後殿下令参院給、次御参内。玆夜被供三夜餅〈去月廿七日当三夜。而道言依申可忌厭対日之由及今日。先例或不忌日次〉。宮昇給之後被供之、民部卿〈経信〉被調献〈銀盤三枚盛小餅、銀箸並洲浜鶴一双、翼上納紫壇地筥、体如小硯筥、有織立鶴良松枝、并玄鳥等螺鈿歟〉。三位中将殿令持件筥給。殿下入自夜御殿東戸給〈開蓋〉令供奉給。主上合眼餅三枚給〈三坏上各一枚〉。次返給。被奉宮御方、被納蓋御厨子云々。」

馬頭盤

『醍醐天皇御記』
「延長元年八月一日壬申。此日依中宮誕児七日。仰内膳司調御膳令供。其調膳様、御筍、及馬頭盤酒盞、水碗等用銀器。自余盛様器。」

『西宮記』
「二月内宴（中略）盛物汁物等〈盛物居馬頭盤右、汁物居右方最端〉。」「六月神今食（中略）次主水司供御粥、副和布羹、〈盛中塊。早旦主水司請御粥塊一口、馬頭盤并御箸匕等、自蔵人所給〉。」

『小右記』
「寛弘五年九月十五日（中略）今日御産後第五日也（中略）御台盤六脚〈浅香歟、有螺鈿〉、銀馬頭盤、御膳皆盛銀器。御飯銀筒、御台盤。」

34

総論　さまざまな食器　銀器・朱器

銀器

『吏部王記』
「天暦六年十一月廿八日。昌子内親王初服袴、主上親結腰給。其膳物従御厨子所弁備之。朱塗台四本、以銀器備膳。同小台二本、以銀土器代備菓子。」

『九暦』
「天暦四年八月五日、庚子。晴。此日儲宮降誕之後、当百日。依世俗例供餅御膳〈朱小御台六基、一基御匕筋乾荷葉四種、以上銀器。二基唐菓子八種、二基餅八種、・基等菓子四種、以上盛銀平盤〉。」

『小右記』
「寛仁二年十一月九日（中略）今日左大将太娘〈五〉・二娘〈三〉於大殿着袴（中略）後聞大殿北方御前物用銀器云々。」

朱器

『延喜式』（大膳）
「右新嘗会宴食料依前件。其雑器親王已下三位已上朱漆。四位已下五位已上烏漆。并土器。」

『九暦』
「天暦四年七月廿四日（中略）今日本家調食（中略）又給朱漆器於両所〈垸廿口・大盤卅枚・小盤十枚給男方、垸十口・大盤廿枚・小盤十枚給女房〉。」

35

『小右記』

「永延元年正月十九日（中略）参摂政殿、今日大饗、〈用朱器・大盤〉（中略）被羞飲食於公卿及殿上人〈公卿懸盤、侍臣用机〉。」

『御堂関白記』

「長徳元年六月十九日、甲午。任大臣。又持参朱器台盤等。」

『江家次第』

「大臣家大饗（中略）藤氏一大臣者、謂氏長者也。用朱器台盤。此朱器等者、閑院左大臣冬嗣公御物、在勧学院。関白初任之時渡之。正月大饗用此器也。自余大臣者、大饗用赤木黒柿机様器等。」

総論　さまざまな食器　土器・様器

土器
『延喜式』（大膳）

「右新嘗会宴食料依前件。其雑器親王已下三位已上朱漆。四位已下五位已上烏漆。并土器。」

「造器二人〈一人木器。一人土器〉。月別所造折櫃卅合。平片坏八百口。」

『九暦』

「天暦四年七月廿三日（中略）供御膳了、女蔵人捧盤〈居土器二口〉。就陪膳之後、陪膳盛御飯於一盃。」

『御堂関白記』

「寛弘三年三月四日、丙午（中略）上達部陣座、殿上人饗設儲殿上儲（中略）奉御膳、沈懸盤六・銀土器・香染打敷、殿上人従南面供之。」

様器
『醍醐天皇御記』
「延長元年八月一日壬申。此日依中宮誕児七日。仰内膳司調御膳令供〈其調膳様、御筍、及馬頭盤酒盞、水鋺等用銀器。自余盛様器〉。」

36

『吏部王記』

「天慶六年一月十日。詣大相府饗所。皆用蔬菜無魚鳥。盛用様器云々。」

『小右記』

「長和五年三月三日（中略）摂政来月九日可被行大饗〈中略〉但用庇饗者不可用朱器。故殿未度朱器之間被行庇饗。被用様器歟。以朱器用大饗之人、用様器如何。」

総論　さまざまな食器　青磁・ガラス

秘色・青磁
『吏部王記』
「天暦五年六月九日。御膳沈香折敷四枚。瓶用秘色。」
『源氏物語』（末摘花）
「御台、秘色やうの唐土のものなれど」

青瓷
『九暦』

「天暦五年十月廿六日、甲寅。申剋初聞食魚類（中略）飯一垸〈青瓷大垸〉。」

『類聚雑要抄』

「供御　御歯固、従内膳司貢之。御盤七枚〈各有盖〉、青瓷佐良七口。」

ガラス
『貞信公記』
「天暦元年三月十八日、今日捧物銀甚多。百余宝又有者。尚侍誦経、砂金百両、入瑠璃壺。」
『御堂関白記』

37

「寛弘五年十二月廿日、丙午。若宮御百日（中略）銀懸盤・折敷張羅・置銀洲浜、亀形盛御飯、種々具水鳥石等盛御菜、御台鷺足机、瑠璃酒盃、同瓶子。」

『小右記』

「万寿二年八月七日、丙辰。（釈奠・中略）高田牧進年貢絹五十疋（中略）青瑠璃瓶二口。」

『落窪物語』

「青き瑠璃の壺に金の橘入れて、青き袋に入れて、五葉の枝につけたり」

総論　さまざまな食器　台盤・机

台盤
『和名類聚抄』

「大槃　唐式云大槃。本朝式云朱漆台盤・黒漆台盤。」

『延喜式』（内膳）

「供御料雑器。朱漆台盤四面〈二面尋常料、二面節会料〉。黒漆台盤二面〈潔斎料〉。」

『九暦』

「天暦四年閏五月五日、辛未。陰。此日自中宮給産餉（中略）有男女房饗、各用朱台盤〈男方尺台盤前、女方尺前〉。荒鈍食十具。」

『小右記』

「永観二年十月十七日、癸巳。参院。今日始庁事（中略）立軒廊前、宣、御飯給。次立公卿出居座前台盤〈余仰令置箸・匕、即大臣仰事由、置一小盤令置箸・匕、為奇為奇。置台盤上、是先例也〉。供膳。次臣下饌如恒。」

『御堂関白記』

「長和五年七月十六日、戊午。初御出旬（中略）自余如常。但内竪立台盤、上卿前立五脚、出居前不立。良久問案内、不候台盤云々。」

台盤所

38

『小右記』

「天元五年五月九日、庚子。従内参左府。今日府真手結（中略）是尋旧例所被行也。台盤所饗後院侍所饗其人云々。」

机
『和名類聚抄』

「机〈牙脚附〉　唐韻云机〈音与几同。和名都久恵〉。案属也。史記云持案進食〈案音与按同〉唐式云行床牙脚〈今案行床者食床属也。牙脚者今所謂牙像脚也〉。」

『小右記』

「治安元年七月廿五日、戊戌。今日任大臣（中略）尊者赤木机各二脚（中略）主人机一脚、不敷簀薦耳。弁・少納言黒柿机、不敷簀薦。古昔例者、尊者只用赤木机。以次上達部黒柿。弁・少納言支佐木也。而年来例不然云々。」

『大饗雑事』

「簀薦事。裏ハ白生絹、其下ニ敷油単候也（中略）簀薦。如簾編竹、裏ニ著白生絹（中略）公卿柱下許敷之。弁少納言上官等机下不敷之。」

総論　さまざまな食器　懸盤・高坏

懸盤
『小右記』

「万寿四年四月五日乙亥（中略）今日若宮御着袴（中略）内大臣已下相従。居衝重、盃酒一両巡。次供御膳〈懸盤六本、浅香歟。御膳盛銀器。大夫頼宗奉仕〉。」

『御堂関白記』

「寛弘三年三月四日、丙午（中略）上達部陣座、殿上人

39

饗設儲殿上儲（中略）奉御膳、沈懸盤六・銀十器・香染打敷、殿上人従南面供之（中略）中宮并宮之御方献御膳、中宮懸盤六、有打敷、銀土器。」

高坏
『新儀式』

「内親王初笄之儀（中略）其饌後院弁備高坏。」

『小右記』

「寛仁二年五月十三日（中略）了居僧前〈懸盤饗、次主人高坏朱漆、已次懸盤〉。」

『江家次第』

「摂政関白家子書始。居饌公卿朱漆高坏。攝政料四本、大臣三本〈一本菓子立後〉、納言以下二本。殿上人懸盤兼居之。」

総論　さまざまな食器　衝重・折敷

衝重
『村上天皇御記』

「天暦八年正月十一日。早旦遣右中将重光於葬所奉。云々間。従今日以黒衝重供御膳。」

『吏部王記』

「延長六年正月二日（中略）次参陽成院、今年始以台盤設公卿饗〈先年用衝重〉。」

『小右記』

「万寿四年四月五日乙亥（中略）今日若宮御着袴（中略）内大臣已下相従。居衝重、盃酒一両巡。次供御膳〈懸盤六本、浅香歟。御膳盛銀器。大夫頼宗奉仕〉。」

『御堂関白記』

「寛弘三年三月四日（中略）給膳部。次供腋御膳、是所儲如脇御膳。用銀器。次賜公卿衝重（中略）中宮并宮之御方献御膳、中宮懸盤六。」

折敷

40

『貞信公記』

「延長二年四月十八日。帰饗如例（中略）橘中将・伊衡朝臣等令持肴物二折敷於大夫等、出逢也。」

『小右記』

「永延元年正月二日（臨時客・中略）主人及公卿前漆塗折敷・高坏〈折敷面朱塗作箸〉、皆用銀土器形。殿上人前朱漆塗盤。」

総論　さまざまな食器　樏子・破子

樏子
『和名類聚抄』

「樏子　唐韻云樏〈音与雷、同字亦作罍。本朝式云樏子〉。酒器也。」

『延喜式』（民部）

「交易雑物（中略）甲斐国〈商布四千一百端（中略）樏子四合〉。」

『西宮記』

「十月一、旬（中略）厨家献物〈（中略）内豎四人着靴捧樏子、入自日花門〉」

『小右記』

「万寿三年四月一日（中略）内豎持御贄〈四捧、入樏子〉。」

罍
『延喜式』（大学）
「先聖酒樽罍三具（中略）盥罍一〈加杓〉（中略）謁者引頭詣東序西向立。大祝各以爵酌罍福酒。」

破子
『和名類聚抄』（行旅具）

41

「樏子〈餉附〉　蔣魴切韻云樏〈力委反。漢語抄云樏子、加礼比計。今案、俗所謂破子是破子、読和利古〉。樏子中有障之器也。四声字苑云餉〈式亮反字亦作餉訓加礼比於久留〉。以食送人也。」

『九暦』

「天慶九年十月廿八日、乙酉。天晴。是日有大嘗会御禊（中略）、男女房皆設饗、但乗車之女房等料者作檜破子、車副一重設之、為省事煩也。」

『小右記』

「寛和元年正月卅日（中略）檜破子非参議別当及所々職事等各令調、如在檜破子籠物十捧許、左府・左大将同可令調者。彼屯良五六具許可入者、参院、令仰御膳・破子事等、於御前終日蹴鞠。」

『御堂関白記』

「寛仁二年九月十六日、乙亥。此日院野望給嵯峨野及大堰川（中略）上達部懸盤、殿上人破子等。」

総論　さまざまな食器　銚子・提子

銚子
『和名類聚抄』

「銚子　四声字苑云銚〈徒弔反。弁色立成云銚子、佐之奈閉。俗云佐須奈倍〉。焼器似鋗鍑而上有鐶也。唐韻云鋗鍑〈烏育二音漢語抄云和名同上〉。温器也。」

『小右記』

「永延二年三月廿五日。摂政六十賀也。左大臣起座献御盃、右大臣取御銚子、主上給御杯於摂政。」

『御堂関白記』

「長和二年九月十六日（土御門行幸・中略）供御酒、折敷能信。御銚子兼経取之。又次御厨子所。」

提子
『民経記』

42

「天福元年四月十四日、戊子。天晴。今日藻壁門院殿上始也（中略）瓶子。蔵人右少弁経光〈提子入酒勧盃如常。予不酌端座第一人、退了〉。」

燗酒
『延喜式』（造酒）
「諸節雑給酒器（中略）鉄火炉三口〈正月四節、十一月料。竝居高榻二脚。余節不須〉。」
『西宮記』
「十二月、荷前事（中略）上卿着座〈外記覧使差文〉、使公卿已下会集〈主殿居火炉、造酒司居甘糟荏裹柑子柿等、酒正献盃〉。」
「所々座体（中略）侍従所〈中略〉巽角庇地高火炉〈有盃酌之時、於此温酒云々〉。」

総論　さまざまな食器　瓶子・胡瓶

瓶子
『和名類聚抄』

「瓶子　楊氏漢語抄云瓶子〈上音薄経反。和名加米〉。」

『貞信公記』

「天慶二年八月廿日、戊午。中宮為予於法性寺有法事（中略）沈香折敷六敷・銀器・同瓶子・地敷・於莚等被恵、左丞相勧盃。三四巡後将恵。」

『御堂関白記』

「寛弘五年十二月廿日、丙午。若宮御百日（中略）御台鷺足机、瑠璃酒盃、同瓶子。供御膳後数献、後上達部私歌奉仕。左衛門督進盃。」

『小右記』

「寛弘八年八月十一日、壬子。今日遷御内裏之行幸也（中略）左中弁経通、大臣三人連座、乍三人可取続瓶子、而只取左大臣続瓶子、失也。」

胡瓶

『延喜式』（造酒）（抜粋）

「諸節供御酒器〈中宮准此〉。銀盞一合。金銅酒海一合。金銅杓一柄〈加盤〉。金銅胡瓶一口。白銅風炉一具。白銅鎗子一口。」

『村上天皇御記』

「応和三年二月廿七日。召左大臣前仰可令草明日詔書事（中略）並如節会時。所司宜陽春興両殿西庇。（中略）造酒立酒器〈皆有胡瓶〉。」

【第二章　食材】

44

調味料　甘味料　甘葛煎

『和名類聚抄』

「千歳虆汁　木草云千歳虆汁、味甘平無毒。続筋骨長肌肉一名虆蕪〈虆無二音〉。蘇敬注云即今之蘡薁藤汁是也〈蘡薁二音嬰育。和名阿末豆良。本朝式云甘葛煎〉。」

『延喜式』（内膳）

「年料（中略）絹小篩九十五口〈煮雑羹所十三口（中略）甘葛煎所三口〉薄絁篩廿五口〈甘葛煎料二口、各長二尺五寸〉。」

『西宮記』

「正月、内宴（中略）内蔵寮申請雑物〈甘葛煎四升〉。」

『類聚雑要抄』

「甘葛煎方。器用石鍋又銅物、是等ニ固炭ヲオコシテ、灰ニ埋テ口小ヲ開テ火ヲユルマシテ、アツカラス寒カラス品同程テ、夜日七日許煎之。其間アハノ立ニ随出テ取スツル也。鍋盖ニハ綿ノ敷テカニ張之。出気ヲ出テ塵ヲイレシ料也。金輪用之。」

45

調味料　甘味料　蜜

『和名類聚抄』

「蜜　説文云蜜〈音密。俗云美知〉。甘飴也。野王案蜂採百花醞醸所成也。」

『日本書紀』

「皇極天皇二年是歳。百済太子余豊以密蜂房四枚放養於三輪山。而終不蕃息。」

『続日本紀』

「天平宝字四年四月丁亥、仁正皇太后遣使於五大寺、毎寺施雑薬二櫃、蜜缶一口。以皇太后寝膳乖和也。」

46

調味料　甘味料　糖（飴）

『和名類聚抄』

「飴　説文云飴〈音怡。和名阿女〉。米糵煎也。」

『延喜式』（内膳）

「供御月料（中略）糖一斗四升二合五勺。」

『延喜式』（大膳）

「宴会雑給。親王以下三位已上并四位参議（中略）糖二合六勺（中略）四位五位并命婦（中略）糖一合五勺。」

「糖十斛八斗九升四合六勺〈御并中宮各一斛六斗八升三合、東宮一斛六斗七升八合八勺、雑給五石八斗四升九合八勺〉。」

49

調味料　酒　琥珀色の澄み酒

「造雑物法（中略）糖料。糯米一石、萌小麦二斗。得三斗七升。」

『延喜式』（造酒）

「年料醸酒数御酒料、二百十二斛九斗三升六合九勺九撮。御井酒料、十九石五斗。擣糟料、卌八石。醴酒料、三石六斗。三種糟料、八斗。五斗糟料、三斗。三種麹各一斗料、糯米五斗・粱米五斗・小麦三斗。」

「造御酒糟法。酒八斗料。米一石、糵四斗、水九斗。御井酒四斗料。米一石、糵四斗、水六斗。醴酒九升料。米四升、糵二升、酒三升。三種糟各五斗。一種料。米五斗、糵一斗、小麦萌一斗、酒五斗。一種料。糯米五斗、糵一斗、小麦萌一斗、酒五斗。一種料。精粱米五斗、糵一斗、小麦萌一斗、酒五斗。擣糟一石料。米一石、糵七斗、水一石七斗。」

「其酒起十月、酢起六月、各始醸造。経旬為醞。並限四度。其三種御糟。預前醸造。正月三節供之。」

50

調味料　酒　燗酒冷酒と酒糟

『和名類聚抄』

「醴　四声字苑云醴〈音礼。和名古佐介〉。一日一宿酒也」

「糟　説文云糟〈子労反。和名加須〉。酒滓也。」

『延喜式』（造酒）

「新嘗会直相日雑器。盆四口〈盛参議已上白貴黒貴酒。并煖酒料〉。炭一斛〈五位已上煖酒料。受直買用〉（中略）煖御酒料炭日一斗。中内侍司受主殿寮。」

『延喜式』（主水）

「凡供御氷者（中略）御醴酒并盛所冷料、六七月一顆。」

『西宮記』

「六月。造酒司献醴酒〈一月中献、朝夕供膳、次供之。或云、七月供〉。」

「十二月、荷前事（中略）造酒司居甘糟荏褁柑子柿等、酒正献盃。」

『延喜式』（内膳）

「供御月料（中略）酒七斗五升。搗糟六斗七升五合。汁糟六斗。」

51

調味料　酒　御薬の屠蘇・黒酒白酒

屠蘇

『貞観儀式』

「進御薬儀　元日寅一刻、官人率薬生等就井出之（中略）煖酒漬屠蘇、〈造酒供酒、主殿設火爐〉、尚薬執御盞、率女孺升殿、令薬司童女〈殿上所定〉先嘗、然後供御。次白散度嶂散、三日而畢。」

『延喜式』（典薬）

「元日御薬。〈中宮准此〉。白散一剤。〈白散歳旦以温酒〉（中略）度嶂散一剤（中略）屠蘇一剤。〈屠蘇酒治悪気温疫。辟邪風毒気。度嶂山三人。一人服酒。一人服粥。一人空腹也。服酒者免。」

『江家次第』

「供御薬〈正月元二三〉。主殿寮設火炉〈暖御酒料〉。造酒司渡御酒・〈或用銀鎗子煖酒云々〉。」

黒酒・白酒

『孔子家語』

「薦黍稷。脩肺、肝、加以鬱鬯。所以報魄也。」

『水経注』

「応劭（地理風俗記）曰。鬱人掌祼器、凡祭醊賓客之祼事、和鬱鬯以実樽彝。鬱、芳草也。百草之華、煮以合釀黒黍。以降神者也。或説今鬱金香是也。」

『貞観儀式』

「其住山一宿、焼得薬灰一斛。訖以薬灰、和御酒〈五斗和内院白黒二酒、五斗和大多米院白黒二酒〉。」

『延喜式』（造酒）

「新嘗会白黒二酒料（中略）其造酒者。米一石〈令女丁春官田稲〉。以二斗八升六合為糵。七斗一升四合為飯。合水五斗各等分為一甕。甕得酒一斗七升八合五勺。熟後以久佐木灰三升〈採御生気方木〉。和合一甕、是称黒貴。其一甕不和、是称白貴。其践祚大嘗会遣酒部二人於二国斎場院。」

52

調味料　酢

『和名類聚抄』

「酢　本草云酢、酒味酸温無毒〈酢音倉故反字亦作醋、和名須。酸音索官反〉。陶隠居曰俗呼為苦酒〈今案鄙語酢為、加良佐介此類也〉。」

『延喜式』（造酒）

「年料醸酒数（中略）酒酢料六百八十八石三斗七升七合（中略）造酢料六十五斛。右以庸米受民部省。」

「造雑給酒及酢法（中略）酢一石料。米六斗九升、糵四斗一升。水一石二斗（中略）右依前件。其酒起十月、酢起六月各始。醸造。経旬為醞。並限四度。」

53

調味料　塩

『和名類聚抄』

「白塩　陶隠居本草注云白塩〈爾廉反。和名阿和之保〉。人常所食也。」

「黒塩　崔禹錫食経云石塩、一名白塩又有黒塩〈今案俗呼黒塩為堅塩。日本紀私記云堅塩木多師是也〉。」

『延喜式』（大膳）

「諸節差権膳部（中略）堅塩一千五百顆。」

『吏部王記』

「延長六年十月十七日。按察大納言云、十月一日旬、前例有召平鋪（中略）以筯挟少許置在台盤器、次堅魚同前、次堅塩又挟一顆加塩器上、」

54

調味料　醤・穀醤

『和名類聚抄』

「醤　四声字苑云醤〈即亮反。和名比之保。別有唐醤〉。豆醢也。」

「糵　説文云糵〈魚列反。和名与禰乃毛夜之〉。牙米也。本草云糵米。味苦無毒又有麦糵。」

『延喜式』（大膳）

「供御醤料。大豆三石、米一斗五升〈糵料〉、糯米四升三合三勺二撮、小麦・酒各一斗五升、塩一石五斗。得一石五斗。用薪三百斤。」

56

調味料　未醤

『和名類聚抄』

「未醤　楊氏漢語抄云高麗醤〈美蘇、今案弁色立成説。同但本義未詳。俗用味醤二字。味宜作未何則通俗文有末楡莢醤末者、搗末之義也。而末訛為未未転為味、又有志賀未醤、飛騨未醤。志賀者近江国郡名、各以其所出国郡名為名也〉。」

『扶桑略記』

「天慶元年、平仁以夢想告啓尊意和尚言（中略）相送白米・和布・味噌等、可問訊之。」

『延喜式』（内膳）

「供御月料（中略）未醤一斗五升。醤八斗三升。滓醤七升五合。」

57

調味料　鯛醤・宍醢

『和名類聚抄』

「醢　爾雅注云醢〈乎改反与海同。和名之々比之保〉。肉醤也。陶隠居本草注云肉醤・魚醤皆呼為醢。不入薬用。」

『日本三代実録』

「仁和元年十一月十日庚寅。定左右近衛・左右衛門・左右兵衛等府所送釈奠祭牲（中略）造醢之法、先乾其肉、百日即成。謂之干豆者、是取其義也。而今諸衛府、前祭一日之夕、送鮮兎、夜中造醢、豈合礼意。自今以後、潔浄燥曝、先祭三月、送大膳職、依例令造。」

『延喜式』（内膳）

「年料（中略）大宰府（中略）鯛醤四斗八升二缶。完醢二斗三升一缶。」

58

調味料　堅魚煎汁

『和名類聚抄』

「煎汁　本朝式云堅魚煎汁〈加豆乎以呂利〉。」

『貞観儀式』

「二月四日祈年祭儀（中略）鮨三両〈五位五両、加東鮑・烏賊・煮堅魚各二両〉。」

『延喜式』（民部）

「交易雑物（中略）伊豆国〈堅魚煎一石四斗六升〉。」

『延喜式』（主計）

「凡諸国輸調（中略）堅魚九斤〈西海道諸国十一斤十両〉（中略）煮堅魚六斤七両。」

『厨事類記』

「四種器。酢・酒・塩・醤。或止醤用色利。〈裏書〉色利煎汁。イロリトハ大豆ヲ煎タル汁也云々。或鰹ヲ煎タル汁也云々。」

60

調味料　煮堅魚・堅魚と鰹節

『養老令』（賦役令）

「凡調絹絁糸綿布。並随郷土所出（中略）雑鮨五斗。近江鮒五斗。煮塩年魚四斗。煮堅魚廿五斤。堅魚煎汁四升。」

『宇津保物語』（蔵開上）

「今二にはえび、丁子を鰹つきの削り物のやうにて入れたり」

『厨事類記』

「窪器物〈醤類也〉。海月ハ、或説云、酒ト塩トニテメデタクアラヒテ、方ニキリテ、鰹ヲ酒ニヒタシテ其汁ニテアフベシ。」

61

調味料　薬味　生姜・山椒

『和名類聚抄』

「薑　兼名苑云薑〈居良反〉一名繊〈音織。和名久礼乃波之加美〉。」

「蜀椒　蘇敬本草注云蜀椒〈音蕭。和名奈留波之加美。一云不佐波之加美〉。生蜀郡故以名之。」

『延喜式』（内膳）

「正月三節（中略）干薑一斤。」

「供奉雑菜（中略）生薑八房〈准二升。六七八月〉。蜀椒二合〈三四月稚葉。五六月子〉。」

『小右記』

「正暦四年五月廿四日、辛亥。昨日明杲已講示送云、日来有所労、生薑煎・呵梨勒丸等令合薬、可馳送者。仍生薑煎令作、今朝付廻下送也。」

62

調味料　薬味　蓼・山葵

蓼

『和名類聚抄』

「蓼　崔禹錫食経云青蓼〈力鳥反。和名多天〉。人家恒食之。又有紫蓼矣。」
『延喜式』（内膳）
「供奉雑菜（中略）蓼十把〈准二升。自四月迄九月〉。」
『延喜式』（大膳）
「七寺盂蘭盆供養料（中略）蓼・蘭各二把。」
『猪隈関白記』
「正治元年六月二十二日、天晴。是日有任大臣事（中略）次汁〈鶴羹、加鶏頭草、加輾蓼、次鮎焼物、加蚳〉、依大弁気色食之如前。」

山葵

『和名類聚抄』

「山葵 養生秘要云山葵〈和名和佐比。漢語抄用山薑二字。今案所出未詳〉。補益食也。」

『養老令』（賦役令）

「凡調（中略）山薑一升。」

『延喜式』（主計）

「凡中男一人輸作物（中略）山薑・芥子各二升。蜀椒子・椎子各一斗。」

「越前国（中略）中男作物（中略）山薑。」

『門室有職抄』

「四種ハ味曽・塩・酢・酒。近代ハ酒ヲ略シテ蓼ヲ用。タデナキ時ハワサビ・ハジカミ等也。味曽蓼ハ必酢ニ可解也。」

63 調味料　薬味　芥子・塩梅

芥子

『和名類聚抄』

「辛芥 方言云趙魏之間謂蕪菁為大芥、小者謂之辛芥〈音介。和名多加奈〉。」

「辛菜 崔禹錫食経云又有辛菜〈和名賀良之。俗用芥子〉。根細而甚辛薫好通口鼻之気。」

『延喜式』（内膳）

「供御月料（中略）芥子・豉各四升五合（中略）年料（中略）薄絁篩廿五口（中略）芥子料三口。」

『小右記』

「永祚元年七月十六日（中略）以叡増師、為小女児、始今日限七ケ日令修芥子。」

塩梅

『和名類聚抄』

「塩梅 尚書説命篇云若作和羹爾惟塩梅〈孔安国云塩鹹也。梅酢也〉。」

『九暦』

「天暦五年十月廿六日、甲寅。中宛初聞食魚類（中略）酒一瓶〈大〉并塩梅等、是大夫家所調也。」

『西宮記』

「九月九日宴（中略）若此間、可給氷魚〈有無不定也。采女一人持氷魚、一人執塩梅。度御前、就公卿座上、上臈一人下座受之。令内豎令下、各小拝、以在前器分取、以汁加上〉。」

『平記』

「天延元年五月十七日。有宇佐宮使餞事（中略）前奥州府君致忠、時人曰、付弁官土器・塩梅最末下臈。」

64 調味料　薬味　大蒜・薤

『和名類聚抄』

「蒜〈蒜顆附〉韻云蒜〈音筭。和名比流〉。葷菜也。楊氏漢語抄云蒜顆〈比流佐木。今案顆小頭也。音果見玉篇〉。」

「大蒜 草云葫〈音胡。和名於保比流〉。味辛温除風者也。兼名苑云葫一名䪥〈音煩〉。大蒜也。」

「薤 唐韻云薤〈胡介反与械同〉。葷菜也。本草云薤味辛苦無毒〈和名於保美良〉蘇敬注云是韮類也。」

『延喜式』（内膳）

「供奉雑菜（中略）蒜一百根〈准二升。正二三四十一十二月青進。五六七八九月干進〉。」

『殿暦』

「長治元年五月廿七日、己亥、天晴。依物忌不出行。今日依所労服蒜。」

「天仁元年九月三日、庚戌、天晴。今日御燈也。其儀如常。但余着束帯可参御前、而依蒜服不可参仕由、有院仰。仍候宿所、今日有御拝。」

「天仁元年九月八日、乙卯、天晴。今日候内。今日蒜服了、猶服薤。」

65 調味料　薬味　豉・納豆・楡

『和名類聚抄』
「豉 釈名云豉〈是義反。和名久木〉。五味調和者也。」
「楡 爾雅注云楡之皮色白名枌〈上音臾下音汾。和名夜仁礼〉。」
「葅 説文云葅〈側魚反。和名迩良木。楊氏漢語抄云楡末菜也〉。菜鮓也。」
『養老令』（職員令）
「大膳職（中略）主醬二人〈掌、造雑醬・豉・未醬等事〉。」
『延喜式』（民部）
「交易雑物（中略）相摸国豉二石五斗（中略）武蔵国（中略）豉六石五斗。」
「凡供御弁藕及雑菜・楡皮等。仰畿内令供進。」
『延喜式』（内膳）
「供御月料（中略）芥子・豉各四升五合。」
「楡皮一千枚〈別長一尺五寸、広四寸〉。搗得粉二石〈枚別二合〉。右楡皮年中雑御菜并羹等料。」
『延喜式』（大膳）
「造雑物法（中略）豉料。大豆一石六斗六升七合。海藻四斤八両。得一石。」

66 調味料　油　胡麻・荏胡麻・椿・櫁椒

『養老令』（賦役令）

「凡調（中略）胡麻油七夕、麻子油七夕、荏油一合、曼椒油一合、猪脂三合。」

『和名類聚抄』

「胡麻 陶隠居本草注云胡麻〈音五万。訛云宇古末〉。本出大宛故以名之。」

「荏 野王案云葉大而有毛其実白者曰荏〈而枕反。和名衣〉。野王案云葉細而香其実黒者曰蘇〈新抄本草云、和名乃良衣。一云奴加衣〉。此二物雖一類其状不同耳。」

「椿 唐韻云椿〈勅倫反。和名豆波木〉。木名也。楊氏漢語抄云海石榴〈和名上同本朝式等用之〉。」

「蔓椒 本草云蔓椒〈和名以多知波之加美。一云保曽木〉。」

『延喜式』（内膳）

「供御月料（中略）胡麻子・荏子各一斗一升二合五勺（中略）胡麻油一斗五升（中略）灯油六升〈盛所・進物所各三升〉。」

『小右記』

「長元五年十二月十六日（中略）今日季御読経結願（中略）中将侍造酒佑方賢令給小物等〈八木二石・塩・油等〉、恪勤之上、為師者也。」

67 調味料　油　油飯・麻油

『和名類聚抄』

「油飯 楊氏漢語抄云、膏味〈和名阿不良以比〉。麻油炊飯也。一云玄熟。」

「麻苧 説文云麻〈音磨。和名乎。一云阿佐〉。枲属也。爾雅注云枲〈司里反。和名介無之〉。属有子名也。周礼注云苧〈直呂反上声之重。和名加良無之〉。麻属白而細者也。」

『延喜式』（主殿）

「凡量収諸国進中男作物雑油。中男一人胡麻油七合・荏油五合・海柘榴油三合・麻子油三合・呉桃子油二合・櫁椒油五合・猪膏五合。」

68 主食　米　強飯と姫飯、饘と粥

『和名類聚抄』

「饘 唐韻云饘〈諸延反。和名加太賀由〉。厚粥也。四声字苑云周人呼粥也粥〈之叔反。和名之留加由〉。薄糜也。」

「強飯 史記云廉頗強飯斗酒食肉十斤〈飯音符万反亦作餅飦強飯。和名古八伊比〉。」

『小右記』

「寛弘五年九月十日（中略）帰来令侍車後、辰剋許相府羞強飯・粥等於卿相・殿上人等、卿相自暁更祇候贄子敷。」

「寛仁二年閏四月廿日（中略）御修法従去夜被始四壇（中略）侍者・雑色等饗饌大破子各朝夕弁備、粥・強飯同儲云々。」

『御堂関白記』

「寛弘元年九月十日、辛卯。早朝講作文（中略）人々宿所来、進粥等、着座上卿達智束帯著庁云々。」

『源氏物語』（東屋）

「御粥、強飯など参りてぞ、こなたより出でたまふ。」

『江家次第』

「六月。解齋事 次蔵人供御粥〈堅粥也。高盛之〉。」

69 主食　米　屯食・裹飯、椀飯・垸飯

『吏部王記』

「延長四年六月六日。東宮産養（中略）著東宮殿上侍坐、以台盤設饗。先是庭中列立飩食及粥〈未詳其数、若二三十具乎。粥以十盆盛、一中取在前〉。」

『西宮記』

「十二月。御仏名（中略）三夜、所垸飯粥後朝〈行事不知〉。」

『日本紀略』

「天徳元年四月廿二日己卯、女御安子於藤壺賀右大臣〈藤原師輔〉五十算。天皇渡御、右大臣以下諸卿有飲宴之礼賀算事（中略）以屯食給諸陣所々。」

『延喜式』（大炊）

「松尾祭料。米二石九斗二升八合。一石四斗二升八合〈机六前。折櫃卌五合、大笥卌三合。裹飯百廿口料。一石五斗百度料。飯椀五十一口。覆瓫柏卌五把。薪五荷。夫五人〉。」

『宇津保物語』（国譲下）

「かゝるほどに、源中納言殿より檜破子、たゞの破子、屯食などいと多う有り。御前どもに参り、人々にもたぶ。」

『小右記』

「天元五年四月十三日（中略）今夜一本被参内、差遣侍臣等（中略）大夫調備食物、亦檜破子等被奉中宮、如屯食・垸飯之物分賜所々陣云々。」

「寛弘二年三月廿七日乙亥。今上男一親王〈七歳〉御対面。女一親王著裳日也（中略）今日所々饗饌飩食等云々。先例飩食列立南殿前、又諸卿著宜陽殿饗。而無其事、至飩食於西方頒行所々云々。」

『権記』

「長徳四年十一月卅日（中略）賀茂臨時祭也。経通兵衛佐於宿所装束、依相公被示令儲垸飯。」

『平記』

「長暦元年十二月十九日、今日東宮始渡御一品宮御方（中略）有上達部・殿上人饗。又賜垸飯於殿上台盤所。」

70 主食　米　水飯・湯漬

『九暦』

「任饗設庇（中略）其太政大臣饗猶用様器〈故実、新任饗、随時節寒熱設湯漬水飯。不必仰録事事云々。而承平六年羞飯仰録事、其後加之〉。」

『小右記』

「治安元年七月十四日（中略）初任饗。古昔例、随寒熱有湯漬・水飯等設。」

『御堂関白記』

「長和元年五月廿日、丁亥。参皇太后宮并大内、渡御中宮御方、候大夫、殿上人等進水飯。」

『北山抄』

「新任饗（中略）暑日羞膳次第。三献〈汁膾、焼物〈小鳥〉。或水飯等交居〉。」

「大饗事（中略）天暦七年、左大臣家饗（中略）其太政大臣饗、猶用様器〈故実、新任饗、随時節寒暖、設湯漬水飯等。不必仰録事云々〉」

71 主食　糒

『和名類聚抄』

「糒 野王案糒〈平秘反与備同。和名保之以比〉。乾飯也。」

「餉 四声字苑云餉〈式亮反訓、加礼比於久留。俗云加礼比〉。以食遣人也。」

『養老令』（倉庫令）

「凡倉貯積者、稲穀粟支九年、雑種支二年、糒支廿年。」

『延喜式』（大膳）

「糒料。糯米一石。得八斗。用薪一百廿斤。」

『延喜式』（内膳）

「供御月料。糯米二斗四升七合五勺、粟三斗四升五合、糯糒一斗二升七合五勺、粟糒三升七合五勺、米三斗六升四合。」

『延喜式』（大膳）

「宴会雑給。親王以下一位已上并四位参議。人別餅料粳米・糯米各八合、糯糒二合（中略）四位五位并命婦。人別餅料粳米・糯米各四合。糯糒一合。」

『小右記』

「長和二年八月二日、辛酉。早朝最手常代他相撲人等参来。給熟瓜（中略）於随身所欲給御酒者、令賜酒・糒・肴物等、其後他相撲人等参来。」

『御堂関白記』

「寛仁二年八月二日（中略）左最手常時・腋衆則・自余者十人許参来。召泉下給瓜・糒等、洗泉、相撲等見泉感云々。」

「寛弘五年十月十六日（中略）其後着公卿座、盃酌数献、此間脱御装束給。如朝干飯奉供御膳。三位徳子、候宿上女方等供御膳。」

72 主食　餅

『和名類聚抄』

「餅　釈名云餅〈音屏。和名毛知比〉。令糯麵合并也。胡餅以麻著之〈今案麵麦粉也。俗云餅粉阿礼是也〉。四声字苑云餢〈孚乳反与撫同。今案訓賀布〉。食上生白也。」

『小右記』

「永祚元年十二月廿七日（中略）余兼宇治・中宇治・後宇治三陵使（中略）皆有饗。幣持衛仕等又有其儲。毎人菓子・搔敷・近江餅三枚、又毎人麻布二端、亥始向陵〈騎馬〉。」

「長和三年二月六日、壬戌。召陪従官人三人（中略）給信乃布二端〈加陪従禄法也〉。更賜近江餅、感悦頻舞。」

『御堂関白記』

「寛弘七年正月十五日、乙丑。犬宮御五十日、申時供餅。御渡御、陪膳橘三位、御奉含給。余調餅献之。御前物家奉仕。」

73
主食　三日夜餅
『吏部王記』

「天暦二年十二月卅日。徽子女王入内。仍重取案内供餅。不可過今夜之故也。即有勅答参。須臾余捧御餅到殿戸付典侍。四種餅盛以銀土器代。同箸一双安同器。納螺鈿筥一合。有頃御息所退。即餅筥付侍女。」

『小右記』

「天元元年四月十日。左大臣一女遵子入内。十二日、始参上。殿下同参。餅四種盛銀盤。同盤置同銀箸。餅上置心葉〈有組〉。納蒔絵筥〈置一口〉。」

『江家次第』

「執聟事〈近代例〉　聟君解装束掩衾（中略）次供餅、銀盤三枚〈有尻各盛小餅〉。加銀箸台、銀箸一双、木箸一双、件箸台多作鶴形。已上居紫壇地螺鈿筥蓋。件筥蔦螺鈿云。多令夫婦年久、子孫繁昌者作之。又令儲件餅、聟公食餅三枚〈不食切云々〉件陪膳。是男陪膳也。」

74
主食　粟
『和名類聚抄』

「粟　唐韻云粟〈相玉反字亦作㮚。和名阿波〉。禾子也。崔禹錫食経云禾〈音和〉。是穂名被含稃未成米也。」

『延喜式』（内膳）

「新嘗祭供御料（中略）米二斗、糯米二斗、糯・粟子等糒各二升、糯稲十束、小麦四升、大豆二升二合、小豆一升六合、胡麻子二升八合、荏子三升。」

「供御月料。糯米二斗四升七合五勺。粟三斗四升五合。糯糒一斗二升七合五勺。粟糒三升七合五勺。米三斗六升四合。」

『後鳥羽院宸記』

「一御飯ハ四坏也。而諸家記皆二坏云々。又乍二坏米御飯云々。実ハ米二坏粟二坏也。是秘事也。雖刀自采女存此旨。而他不知此旨。仍只於御飯者。不盛合由見諸次第等。御飯〈毛〉米〈與〉粟盛合歟。於此條猶可尋也。於四坏者無異論。帝料飯同二坏也。米粟飯也。」

75
主食　黍・稗
『和名類聚抄』

「丹黍　本草云丹黍、一名赤黍、一名黄黍〈音鼠。和名阿賀木々美〉。」

「稗　左伝注云稗〈音俾。和名比衣〉。草之似穀者也。」

『類聚三代格』

「応営陸田事。右検案内、去養老七年八月廿八日格偁、麦之為用在人尤切、救乏之要莫過於此（中略）播殖黍・稷・稗・麦・大小豆及胡麻等之類、是則所以富国贍民、支給凶年者也（中略）承和七年五月二日。」

『延喜式』（神祇）

「月料〈小月物別減廿分之一〉（中略）糯米・大豆・小豆・小麦・黍子・胡麻子・葟子各三斗。米二斗一升。」

『延喜式』（内膳）

「七月七日節。米・糯米各六升。糯糒八斗。粟糒三升。黍子・小麦各六升。」

「供御月料（中略）黍子三斗。」

『延喜式』（主水）

「正月十五日供御七種粥料〈中宮亦同〉。米一斗五升。粟・黍子・稗子・葟子・胡麻子・小豆各五升。塩四升。」

76
主食　大麦
『和名類聚抄』

「大麦　蘇敬本草注云大麦一名青科麦〈和名布土無岐。一云加知加太〉。」

『延喜式』（内膳）

「耕種園圃　営大麦一段。種子一斗五升。惣単功十四人半。耕地一遍。把犁一人。馭牛一人。牛一頭。」

『延喜式』（大炊）

「正月最勝王経斎会料（中略）同会終日。白米・黒米・糯米・黍・稗・胡麻・大麦・小麦・大豆・小豆各四斛。東西寺預請備供。」

『小右記』

「寛仁元年七月十四日（中略）今日盆供料米相違。明日可奉、伝聞、卿相盆今年多欠云々。或以麦代米云々。」

『執政所抄』

「五穀四斗五升〈各五斗〉　稲・大豆・小豆・大麦・小麦。已上政所出納備進之。」

77
主食　小麦
『和名類聚抄』
「小麦〈麩附〉　周礼注云九穀者、稷・黍・稲・粱・菽・麻・大豆・小豆・小麦〈和名古牟岐。一云末牟岐〉。説文云麩〈音与扶同字亦作麱。和名古無岐乃加須〉。小麦皮屑也。」
『延喜式』（神祇）
「凡諸国送納調庸并請受京庫雑物（中略）小麦十石、大麦一石。」
『延喜式』（内膳・抜粋）
「新嘗祭夜料　小麦四升。」
「供御月料　小麦一石四斗一升。」
『延喜式』（大膳）
「宴会雑給　親王以下三位已上并四位参議　人別餅料粳米、糯米各八合、糯糒三合、糖二合六勺、小麦四合、大豆二合、小豆二合。四位五位并命婦　人別餅料粳米、糯米各四合、糯糒一合、糖一合五勺、小麦二合、大豆・小豆各一合、胡麻子一合、油一合。」

78
主食　麺・餅、小麦粉から米粉へ
『和名類聚抄』

「麺　説文云麺〈莫甸反去声之軽。和名無岐古〉。麦粖也粖〈音末〉米麦細屑也。」

「餅　釈名云餅〈音屏。和名毛知比〉。令糯麺合并也。胡餅以麻著之〈今案麺麦粉也。俗云餅粉阿礼是也〉。四声字苑云餢〈孚乳反与撫同今案訓賀布〉食上生白也。」

「煎餅　楊氏漢語抄云、煎餅〈此間云如字〉。以油熬小麦麺之名也。」

『医心方』

「脚気所由第一。病源論云、凡脚気病、皆由感風毒所致也（中略）久立冷湿地、多飲酒食麺。」

79
主食　大豆・生大豆
『和名類聚抄』

「大豆〈萁附〉　本草云大豆〈徒闘反〉。一名菽〈音叔和名万米〉。野王案云萁〈音其字亦作萁和名万米加良〉。豆茎也。」

『延喜式』（内膳）

「供奉雑菜（中略）。生大豆・小豆各六把〈並六七八九月〉、生大角豆六把〈六七月〉。」

『延喜式』（大膳）

「七寺盂蘭盆供養料（中略）大豆五升、大角豆一升、小豆一升二合（中略）青大豆卅把、青大豆三束。」

「九月九日節料。生大豆〈五位已上二把〉。」

「熬大豆粉料。大豆一石、得一石七斗。薪六十斤。」

『小右記』

「長和五年五月十一日（中略）摂政命云。従去三月頻飲漿水。就中近日昼夜多飲。口乾無力。但食不減例、医師等云、熱気歟者。雖不服丹薬、年来豆汁・大豆煎・蘇蜜煎・呵梨勒丸等不断服之。」

80
主食　小豆・大角豆
『和名類聚抄』

「小豆〈腐婢附〉　本草云赤小豆〈和名阿加安豆木〉。崔禹錫食経云黒小豆・紫小豆・黄小豆・緑小豆皆同類也。蘇敬本草注云腐婢〈和名阿豆岐乃波奈〉。小豆花名也。」

「大角豆　崔禹錫食経云大角豆一名白角豆〈和名散々介〉。色如牙角故以名之其。一殻含数十粒離離結房〈離離読布佐奈流見文選〉。」

『淡路国天平十年正税帳』

「正月十四日読経二部〈金光明経四巻、最勝王経十巻〉（中略）大豆餅三拾二枚料米六升四合〈升別五枚〉、充稲一束二把八分。小豆餅三拾二枚料米六升四合〈升別五枚〉、充稲一束二把八分。」

『延喜式』（内膳）

「供奉雑菜（中略）。生大豆・小豆各六把〈並六七八九月〉、生大角豆六把〈六七月〉。」

『延喜式』（大膳）

「七月廿五日節料（中略）生大豆・大角豆〈五位已上二把〉。」

「炊小豆粉料。小豆一石、得二石。薪一百廿斤。」

『執政所抄』

「乞巧奠。供物（中略）大角豆〈乍枝盛之〉。」

81
食材　野菜・蔬菜　セリ・ミズアオイ
『和名類聚抄』

「芹　陸詞切韻云芹〈音勤。和名世里〉。菜生水中也。本草云水芹味甘平無毒。一名水英。」

「水葱　唐韻云蔛〈胡谷反〉水菜可食也。楊氏漢語抄云水葱〈奈木〉。一云蔛菜〈蔛音与蔛同今案蔛宜作蔛蔛者石蔛他。草名也〉。」

『延喜式』（内膳）

「供奉雑菜（中略）芹四把〈准四升。自正月迄六月〉。水葱四把〈准四升。五六七八月〉。」

『延喜式』（大膳）

「春日祭雑給料〈春冬並同〉（中略）芹三斗。」

『続日本後紀』

「天長十年十二月乙未《十三》。行幸芹川野栗隈山遊猟。賜扈従者禄各有差。」

「承和五年（八三八）七月丙辰朔。勅。如聞。諸家京中好営水田。自今以後一切禁断。但元来卑湿之地、聴殖水葱芹蓮之類。」

82
食材　野菜・蔬菜　ハハコグサ・ヨメナ
母子草
『和名類聚抄』

「菴蘆子　本草云菴蘆子〈上音淹。和名波々古〉」

「餻　考声切韻云餻〈古労反字亦作餻、久佐毛知比〉。蒸米屑為之。文徳実録云嘉祥三年訛言曰今玆三日不可造餻以無母子也。」

『延喜式』（内膳）

「供奉雑菜（中略）波々古五升〈二三月〉。」

『和泉式部集』

「石蔵より野老おこせたる手筥に草餅入れて奉る
花の里こころも知らず春の野に　いろいろつめる母子餅ぞ」
ヨメナ
『本草和名』

「薺蒿菜、一名莪蒿、一名稟蒿〈已上出七巻食経〉。一名稟蒿、一名薺頭茸〈已上出崔禹〉。和名於波岐。」

『和名類聚抄』

「薺蒿　七巻食經経、薺菜一名莪蒿〈莪音鵝、和名於八木〉。崔禹錫食經云、状似艾草而香、作羹食之。」

『延喜式』（内膳）

「漬年料雑菜。蕨二石〈料塩・斗〉。薺蒿一石五斗〈料塩六升〉。薊二石四斗〈料塩七升二合〉。」

83
食材　野菜・蔬菜　ダイコン・ナズナ
大根
『和名類聚抄』

「葍　爾雅集云葍〈音福、和名於保禰、俗用大根二字〉。根正白而可食之。兼名苑云萊菔〈上音来〉。本草云蘆菔〈音服〉。孟詵食経云蘿菔〈音羅。今案萊菔蘿菔、皆葍之通称也〉。」

『延喜式』（内膳）

「供奉雑菜（中略）蘿菔根四把〈准四升。正二十十一十二月〉。」

『蜻蛉日記』

「はたご所とおぼしきかたより切り大根、柚の汁してあへしらひてまづ出だしたり。」

『江家次第』

「正月供御薬（中略）或此間給肴於後取〈多給大根、元日人多精進之故歟、或給串刺〉。」
薺
『和名類聚抄』

「薺　崔禹錫食経云〈辞啓反上声之重。和名奈都那〉。蒸羹噉之。」

『延喜式』（内膳）

「供奉雑菜（中略）薺四升〈正二、十一十二月〉。」

『執政所抄』

「正月二日臨時客（中略）御料次第一献主人。二献居飯（中略）六献薺汁。」

「上午日宮咩奠事（中略）菜六坏。合盛。大根、菁蔓、芹、薺、蘩菜、芥子。」

84
食材　野菜・蔬菜　カブ・茎立

蕪

『和名類聚抄』

「蔓菁　蘇敬本草注云蕪菁〈武青二音〉北人名之蔓菁〈上音蛮。和名阿乎奈〉。揚雄方言陳宋之間蔓菁曰葑〈音封〉。」

「蔓菁根　毛詩云采葑采菲〈音斐〉無以下体〈和名加布良〉。注云下体根茎也。此二菜者蔓菁与葍之類也。」

『延喜式』（内膳）

「供奉雑菜（中略）蔓菁四把〈准四升。自正月迄十二月〉。」

『延喜式』（大膳）

「釈奠祭料（中略）蔓菁葅。」

「仁王経斎会供養料（中略）蔓菁根四根〈漬菜料〉。」

『西宮記』

「十月。旬（中略）内豎四人渡馳道就西階、自采女所受。糅堅魚・堅塩・干鯛若鮑・蔓菁等、還立王卿前、臣下一々分取加飯上。」

茎立

『和名類聚抄』

「薹　唐韻云薹〈音豊。和名久々太知。俗用茎立二字〉。蔓菁苗也。」

『延喜式』（内膳）

「供奉雑菜（中略）茎立四把〈准四升。二三月〉。」

「営蕓薹一段。種子一升。惣単功廿八人。耕地二遍。把犂一人。駆牛一人。牛一頭。料埋平和二人。畦上作二人。糞百卅二担。運功廿二人。下子半人〈三月、八月〉。」

『吏部王記』

「天慶八年正月五日。右大臣家饗。羞饌次第、汁物後茎立、次腹赤雉、次蘇甘栗。」

85

食材　野菜・蔬菜　ワラビ・ドクダミ

蕨

『和名類聚抄』

「薇蕨　爾雅注云薇蕨〈微厥二音。和名和良比〉。初生無葉而可食之。崔禹錫食経云白者曰虌〈音鼈〉。黒者曰蕨紫者曰綦〈音期〉。置熱湯中令熟然後可噉之。」

『延喜式』（内膳）

「漬年料雑菜。蕨二石〈料塩一斗〉（中略）右漬春菜料。」

『枕草子』

「五月の御精進のほど（中略）この下蕨は手づから摘みつるなどいへば」

ドクダミ

『本草和名』

「蕺〈楊玄操音葅立反〉一名葅草〈出蘇教注〉。一名出茄〈音加出兼名苑〉。和名之布岐。」

『和名類聚抄』

「蕺　唐韻云蕺〈祖立反。養生秘要云、之布岐〉。菜名也。」

86

食材　野菜・蔬菜　ギシギシ・フユアオイ

ギシギシ

『和名類聚抄』

「羊蹄菜　唐韻云蓳〈丑六反字亦作蓫。和名之布久佐。一云之〉。羊蹄菜也。」

『貞観儀式』

「践祚大当祭儀（中略）阿波国鹿布一端、木綿六斤、年魚十五缶、蒜英根合漬十五缶、乾羊蹄・蹲鴟・橘子各十五籠〈已上忌部所作〉。」

『延喜式』（内膳）

「新嘗祭供御料（中略）干羊蹄一籠（中略）右解斎料（中略）干羊蹄一籠（中略）右豊楽料（中略）干羊蹄一籠（中略）右同中宮豊楽料。」

「供奉雑菜（中略）羊蹄四把〈准二升。四五八九十月〉。」

フユアオイ

『和名類聚抄』

「葵　本草云葵〈音逵。和名阿布比〉。味甘寒無毒者也。」

『延喜式』（内膳）

「供奉雑菜（中略）葵四把〈准二升。五八九十月〉。」

「営葵一段。種子二升。惣単功卅一人半。」

87

食材　野菜・蔬菜　ハス（蓮根・蓮の実）

『和名類聚抄』

「藕　爾雅云其根藕〈音偶。和名波知須乃禰〉。」

「蓮子　爾雅云荷芙蕖其実蓮〈音連蓮子。和名波知須乃美〉。」

『延喜式』（内膳）

「新嘗祭供御料（中略）菱子・蓮子各二升（中略）右解斎料。」

「供御月料（中略）蓮子一斗五升七合五勺。」

『延喜式』（大膳）

「七月廿五日節料（中略）蓮子〈参議已上五房・五位已上二房〉。」

「諸国貢進菓子（中略）河内国〈蔔子一担・覆盆子一捧・楊梅子一担・椎子一担・花橘子一担・蓮根五百六十節・木蓮子〉。」

88

食材　野菜・蔬菜　オニバス・フキ

オニバス

『和名類聚抄』
「芡　爾雅注云芡〈音倹。和名三豆布々木〉。一名鶏頭草。其実似鳥頭故以名之。」
『延喜式』（神祇）
「凡諸国送納調庸并請受京庫雑物（中略）芡菜十圍〈尾張〉。」
『延喜式』（内膳）
「漬年料雑菜（中略）芡一石五斗〈料塩一斗五升、米七升五合〉（中略）右漬秋菜料。」
『宇津保物語』（祭の使）
「御前の池に網おろし、鵜下して鯉・鮒取らせ、よき菱子、大きなる芡とりいでさせ」

フキ

『北山抄』

「新任饗（中略）或六献後、鱗煎物・鶏頭草。」

『和名類聚抄』

「路　崔禹錫食経云蕗〈音路。和名布々木〉。葉似葵而円広。其茎煮可噉之。」

『延喜式』（内膳）

「供奉雑菜（中略）蕗二把〈准二升。五六七八月〉。」

89

食材　野菜・蔬菜　アカザ・アザミ

アカザ

『和名類聚抄』

「藜　野王案云藜〈音黎。和名阿加佐〉。蓬蒿之類也。」

「莧　本草云莧〈音現去声。和名比由〉。味甘寒無毒者也。」

『延喜式』（内膳）

「供奉雑菜（中略）莧四升〈五六七八月〉。」

『平記』

「康平三年七月十七日癸卯、酉刻節会（任大臣）（中略）次鶉羹〈副鶏頭草加藜〉。」

アザミ

『和名類聚抄』
「薊　本草云薊〈音計。和名阿佐美〉。味甘温令人肥健。陶隠居曰、大小薊葉並多刺。」
「大薊　蘇敬本草注云大薊〈和名夜万阿佐美〉。生山谷間者也。」
『延喜式』（内膳）
「供奉雑菜（中略）薊六把。准六升〈自二月迄九月〉。」
『延喜式』（大膳）
「仁王経斎会供養料（中略）薊四葉〈好物料〉。」

90

食材　野菜・蔬菜　チシャ・イタドリ

チシャ

『和名類聚抄』
「苣　孟詵食経云白苣〈其呂反上声之重。和名知散、漢語抄用萵苣二字。上烏禾反。今案萵字未詳〉。寒補筋力者也。」
『延喜式』（内膳）
「供奉雑菜（中略）萵苣四把〈准二升。三四五月〉。」
『延喜式』（大膳）
「仁王経斎会供養料（中略）萵苣半把六葉〈好物料六葉。生菜料半把〉。」

イタドリ

『和名類聚抄』
「虎杖　本草疏云虎杖。一名武杖〈和名伊太止里〉。」
『延喜式』（内膳）
「漬年料雑菜（中略）虎杖三斗〈料塩一升二合〉（中略）右漬春菜料。」

91

食材　野菜・蔬菜　ヒシ・トコロ

ヒシ

『和名類聚抄』
「菱子　説文云菱〈音陵〉秦謂之薢茩〈皆后二音〉。楚謂之茤〈音岐字亦作芰。和名比之〉。」
『延喜式』（内膳）
「正月三節（中略）菱子三升。」
「供御月料（中略）。擬橘子・菱子各二斗二升五合」
『延喜式』（大膳）
「九月九日節料（中略）菱子〈参議已上八合。五位已上六合〉。」

トコロ

『和名類聚抄』

「薢　崔禹錫食経云薢〈音解。和名土古呂。俗用萆字。漢語抄用野老二字。今案所出並未詳〉。味苦小甘無毒。焼蒸充粮。兼名苑注云黄薢其根黄白而味苦者也。」

『類聚雑要抄』

「五節殿上饗目録（中略）次酒盞　次菓子〈小餅、唐菓子、枝柿、小柑子、掻栗、野老、椿餅、甘栗〉」

92

食材　野菜・蔬菜　ヤマノイモ

『和名類聚抄』

「山芋　本草云署預一名山芋〈和名夜万都以毛。俗云山乃以毛〉。兼名苑云藷萸〈今案音与署預同〉。」

「零余子　拾遺本草云零余子〈和名沼加古〉。署預子也。」

『延喜式』（大膳）

「仁王経斎会供養料（中略）薯蕷三根半〈根長一尺、径一寸。菓餅料二根。好物料一根。生菜料半根〉。」

「諸国貢進菓子（中略）越前国〈甘葛煎一斗、署預二担、署預子二捧、椎子。」

『西宮記』

「十二月。御仏名（中略）六位等居突重王卿座〈内蔵寮可設也、肴若蕷巻等也〉。一献後居薯蕷巻。」

『小右記』

「治安二年正月八日（中略）僧等被羞菓子・薯蕷粥・薯蕷巻。」

93

食材　野菜・蔬菜　サトイモ

『和名類聚抄』
「芋〈蔬附〉　四声字苑云芋〈丁遇反。和名以閉都以毛〉。葉似荷其根可食之。唐韻云〓〈音耿。和名以毛加良。一云以毛之。俗用芋柄二字〉。芋茎也。」
『延喜式』（内膳）
「供奉雑菜（中略）芋茎二把〈六七八九月〉（中略）芋子四升〈正九十十一十二月〉（中略）東宮雑菜五升（中略）芋子各二升。」

94

食材　野菜・蔬菜　タケノコ・コウホネ

タケノコ

『和名類聚抄』

「笋　爾雅注云筍〈音隼字亦作笋。和名太加無奈〉。竹初生也。本草云竹筍味甘平無毒焼而服之。」

『醍醐天皇御記』

「延喜十七年二月十六日。此日参入六条院云々。院中参状。右命参西対云々。僧都如元供御菓。玄上朝臣賜菓。用折敷高土器。於御前地火爐焼筍調供。」

『延喜式』（内膳）

「供奉雑菜（中略）笋四把〈五六月〉（中略）中宮准此。東宮雑菜（中略）笋二把。」

『小右記』

「万寿四年八月廿日、丁亥。去夕納梨樏子今朝返奉之。（中略）又笋・栗等入同樏子加和歌被返送之。」

コウホネ

『和名類聚抄』

「骨蓬　崔禹錫食経云骨蓬〈和名加波保禰〉。味鹹大冷無毒根如腐骨。花黄色茎頭著葉者也。」

『執政所抄』

「正月十五日　粥御節供事。殿下御料十二本、栗栖野様器。同高坏。御粥七前〈白穀、小豆、大豆、粟、黍、栗、葟子〉盛飯塗彼色物折敷一枚居一坏。御菜二前、一折敷、海松、青苔、牛房、河骨。」

95

食材　野菜・蔬菜　ウリ・ナス

ウリ

『和名類聚抄』

「青瓜　兼名苑云竜蹄一名青登〈和名阿乎宇利〉。青瓞瓜也。唐韻云瓞〈直禁反与鴆同〉青皮瓜名也。」

『延喜式』（内膳）

「供奉雑菜（中略）生瓜卅顆〈准三升。自五月迄八月所進〉。」

『類聚雑要抄』

「供御　御薗固（中略）用度料（中略）奈良御薗〈瓜、茄子、蘿蔔〉。長江御薗〈同前〉。」

ナス

『和名類聚抄』

「茄子〈醶字附〉　釈氏切韻云茄子一名紫瓜子〈茄音荷。和名奈須比〉。崔禹錫食経云茄子味甘醶〈唐韻力減反醶味也。醶音初減反酢味也。俗語云恵久之〉。温有小毒蒸煮及以水醸之食為快菜。」

『延喜式』（内膳）

「供奉雑菜（中略）茄子卌顆〈准二升。六七八九月〉。」「漬年料雑菜（中略）茄子五石〈料塩三斗〉。醤茄子六斗〈料塩一斗二升、汁糟・味醤・滓醤各一斗八升〉。糟茄子六斗〈料塩一斗二升、汁糟一斗八升〉。」

『平記』

「長暦元年六月廿八日、亥。戌刻被奉御供於賢所（中略）四合菓子〈桃・熟瓜・唐菓子・大角豆〉・四合精進物〈苽・茄・和布・鶏頭草〉。」

96

食材　野菜・蔬菜　ネギ・ノビル

ネギ
『和名類聚抄』
「葱　唐韻云葱〈音聡〉葷菜也。本草云葱茎冷葉熱〈和名紀〉。蘇敬注云有数種山葱曰茖〈古百反〉。要抄云生葱不可合食鯉魚成病。」
『延喜式』（内膳）
「供奉雑菜（中略）葱二把〈准一升。正四五九十十一十二月〉。」
『延喜式』（大膳）
「園韓神祭雑給料（中略）葱二斗。」
「春日祭雑給料（中略）葱三斗。」
ノビル
『和名類聚抄』
「蘭蒚　養生秘要云蘭蒚〈音隔。和名阿良々木〉。」
『延喜式』（内膳）
「供奉雑菜（中略）蘭二把〈准一升。自正月迄十二月〉。」
「漬年料雑菜（中略）蘭葅三斗〈料塩二升四合、楡一升二合〉（中略）右漬秋菜料。」
『延喜式』（大膳）
「園韓神祭雑給料（中略）蘭十把。」
「春日祭雑給料（中略）蘭十把。」
「七寺盂蘭盆供養料（中略）蓼・蘭各二把。」
「仁王経斎会供養料（中略）干蘭・干蓼〈海菜料。各以一把充四口〉。」

97

食材　野菜・蔬菜　マコモ・キノコ

マコモ
『和名類聚抄』

「菰〈菰首附〉本草云菰一名蔣〈上音孤下音将。和名古毛〉。弁色立成云菱草〈菱音穀肴反一云菰蔣草〉。七巻食経云菰首、味甘冷〈和名古毛布豆呂。一云古毛豆乃〉。」

『爾雅翼』

「菰、蔣草也。江南呼為菱草。根久盤厚、即夏月生菌。菌即謂之菰菜。利五臓、雑鯉為羹。」

『延喜式』（内膳）

「供奉雑菜（中略）瓜菰八顆〈六七八月〉。」

『延喜式』（大膳）

「五月五日節料（中略）青蔣十一圍。」

キノコ
『和名類聚抄』

「菌茸　崔禹錫食経云菌茸〈而容反上渠殞反上声之重。爾雅注云菌有木菌・土菌・石菌。和名皆多介〉。食之温有小毒。状如人著笠者也。」

「菌〈蕈附〉爾雅注云菌〈音窘具見菜羹類〉。形似蓋者也。四声字苑云蕈〈音軟。和名木乃美々〉。木耳即木菌也。状似人耳而黒色。」

『小右記』

「寛弘二年四月八日（中略）左府被談云、興福寺雅敬日来在読経、而昨食茸今日酔死。弟子一人同食死者。」

98

食材　堅果　クリ・クルミ

クリ
『和名類聚抄』
「栗子　兼名苑云栗〈力質反〉。一名撰子〈和名久利〉。」
『延喜式』（宮内・抜粋）
「諸国例貢御贄。山城〈平栗子〉。丹波〈平栗子、搗栗子〉。但馬〈搗栗子〉。播磨〈搗栗子〉。美作〈搗栗子〉。」
『延喜式』（内膳）
「供御月料（中略）搗栗二斗九升三合五勺。干栗子七斗五升。生栗子二石二斗五升。」
「供奉雑菜（中略）栗子三升〈七八九月〉。」
『延喜式』（大膳）
「造雑物法（中略）平栗子料。生栗子一石。得一斗二升五合。」
クルミ
『和名類聚抄』
「胡桃　七巻食経云胡桃。味甘温食之有油甚美〈和名久流美〉。博物志云張騫使西域還時得之故曰胡桃也。」
『延喜式』（内膳）
「年料（中略）信濃国（中略）姫胡桃子（中略）其荷数者（中略）胡桃子一荷。納八籠、籠別一斗。」
「供御月料（中略）呉桃子一斗五升。」
『延喜式』（大膳）
「仁王経斎会供養料（中略）胡桃子卅一顆〈好物料廿顆、索餅料六顆、漬菜料三顆、汁物料二顆〉。」

99

食材　堅果　カヤ・シイ

カヤ
『和名類聚抄』

「榧子　本草云柏実〈柏音百〉。一名榧子〈榧音匪。和名加倍〉。」

「柏　兼名苑云柏一名椈〈百菊二音。和名加閉〉。」

「槲　本草云槲〈音斗斛之斛。和名加之波〉。唐韻云柏〈音帛和名上同〉。木名也。」

『小右記』

「寛仁三年十二月二十一日癸卯（中略）今夜子時依可移寝殿（中略）嘗五菓〈生栗・搗栗・柏・干棗・橘、当時美名物〉。宰相手長、余嘗了。」

シイ
『和名類聚抄』

「椎子　本草云椎子〈上音直追反。和名之比〉。」

『延喜式』（内膳）

「正月三節（中略）椎子六升。」

「供御月料（中略）椎子四斗五升。」

『延喜式』（大膳）

「宴会雑給。親王以下三位已上并四位参議（中略）搗栗子・椎子各四合（中略）四位五位并命婦（中略）搗栗子・椎子各二合。」

100

食材　堅果　ハシバミ・マツ

ハシバミ
『和名類聚抄』
「榛子　唐韻云榛〈秦之軽音字亦作樼食経。和名波之波美〉。榛栗也。」
『延喜式』（宮内）
「諸国例貢御贄（中略）大和国〈干鼈、榛子〉。」
『延喜式』（大膳）
「釈奠祭料（中略）榛人・菱人（中略）各二升。」
マツ
『和名類聚抄』
「松子　脚気論独活酒方云独活一斤五葉松五両〈合薬七種之内也。余不具載〉。楊氏漢語抄云五粒松〈五葉松子。和名万豆乃美〉。」
『二中歴』
「大饗（中略）五菓。柑、橘、栗、柿、梨〈一云李（東）、杏（西）、桃（南）、栗（北）、棗（中央）〉。一云松子、棗、石留、橘、栢〈近代用之〉。」

101

食材　果実　サルナシ・ウメ

サルナシ
『和名類聚抄』

「獼猴桃　七巻食経云獼猴桃〈和名之良久知。一云古久波〉。」

「木天蓼　那繁論云木天蓼〈和名和太々非〉。」

『北山抄』

「新任饗〈主人暫著親王座〉（中略）五献獼猴桃・枝柿。」

『二中歴』

「供膳。大饗。尊者（中略）木菓〈梨、棗、柑、獼猴桃〉。」

『延喜式』（内膳）

「漬年料雑菜（中略）和太太備二斗〈料塩二升〉（中略）右漬秋菜料。」

ウメ
『和名類聚抄』

「梅　爾雅注云梅〈莫杯反。和名宇女〉。似杏而酢者也。」

『九暦』

「天暦五年十月二十六日（憲平親王御魚味始）（中略）又同殿上侍物菓子五種（中略）飯一垸〈青瓷大垸〉・酒一瓶〈大〉并塩梅等、是大夫家所調也。」

102

食材　果実　ナツメ・タチバナ

ナツメ
『和名類聚抄』

「棗〈酸棗附〉本草云大棗一名美棗〈音早字亦作枣。和名奈豆女〉。蘇敬注云酸棗。一名樲棗〈上音弍和名佐祢布止〉。大棗之中味酸者也。」

『日本三代実録』

「仁和三年（八八七）二月九日癸丑。信濃国例貢梨子・大棗・呉桃子・雉腊、別貢梨子・大棗等、貢献之期、元不立制。太政官議定。例貢毎年十月、別貢十一月為期、立為恒例。」

『延喜式』（内膳）

「供御月料（中略）干棗子一斗四升二合五勺。」

「年料。信濃国。大棗一荷〈納八籠、籠別一斗。例貢十月進之〉（中略）大棗一荷、納八籠、籠別一斗。例貢十一月進之。」

「雑菓樹四百六十株〈続梨百株、桃百株、柑卌株、小柑卌株、柿百株、橘廿株、大棗卅株、郁卅株〉。」

『小右記』

「寛弘二年一月六日乙卯（中略）召使告今日叙位議由、信乃梨・棗・未煎・薯蕷給陣、御斎会畢日陣料也。」

タチバナ
『和名類聚抄』

「橘　兼名苑云橘〈居密反〉。一名金衣〈和名太知波奈〉。」

『日本書紀』

「垂仁天皇九十年二月庚子朔。天皇命田道間守。遣常世国。令求非時香菓〈香菓。此云箇倶能未〉。今謂橘是也。」

『延喜式』（宮内）

「諸国例貢御贄（中略）相摸〈柑子・橘子〉。」

『延喜式』（内膳）

「新嘗祭供御料　右夜料（中略）橘子廿四蔭。枠橘子十枝。」

『延喜式』（大膳）

「宴会雑給。親王以下三位已上并四位参議（中略）橘子十顆（中略）四位五位并命婦（中略）橘子五顆。」

103

食材　果実　イチゴ

『和名類聚抄』

「覆盆子　爾雅注云、蒛葐〈欠盆二音〉覆盆也。本草云覆盆子〈和名以知古。今案覆宜作葍芳福反見唐韻〉。」

『延喜式』（内膳）

「供奉雑菜（中略）覆瓫子二升〈五月〉。」

「雑菓樹四百六十株〈続梨百株。桃百株。柑卌株。小柑卌株。柿百株。橘廿株。大棗卅株。郁卅株〉。覆瓫子園二段。」

『延喜式』（大膳・抜粋）

「諸国貢進菓子　山城国〈覆瓫子一捧〉。河内国〈覆盆子一捧〉。摂津国〈覆盆子四担〉。」

『平記』

「康平五年四月廿二日（中略）今日有任大将〈師実〉（中略）次供菓子〈椿餅・栗・枝柿・覆盆子〉。」

104

食材　果実　マクワウリ

『和名類聚抄』

「熟瓜　広雅云虎掌羊骹小青大斑〈和名保曽知。俗用熟瓜二字。或説極熟蔕落之義也〉。皆熟瓜名也。」

『延喜式』（内膳）

「供奉雑菜　日別一斗。蘁料三升。生瓜卅顆。准三升〈自五月迄八月所進〉。」

「五月五日。山科園進早瓜一捧〈若不実者。献花根〉。」

『新儀式』

「行幸神泉苑観競馬事（中略）御馬競馳之間。仰大臣令参議王卿走馬番。又賭以蜜瓜。御馬馳了。勝方奏楽」

『小野宮年中行事』

「天慶六年七月廿八日。抜出云々。殿上中将等出自簾中給熟瓜如例。」

『延喜式』（大膳）

「七寺盂蘭盆供養料（中略）青大豆三束。熟瓜卅六顆。」

『小右記』

「正暦四年七月廿八日（中略）次左相撲人出列、御覧了帰入（中略）下賜甘瓜於公卿、黄昏事也。」

「長和二年八月二日、辛酉。早朝最手常代并他相撲人等参来。給熟瓜。」

『御堂関白記』

「寛弘八年八月十一日、壬子。此日御正日也（中略）女方絹二百如蜜瓜籠作籠入之。」

「長和五年七月廿二日（中略）左相撲十五人賜瓜、右四人又来、同賜之。」

105

食材　果実　カキ・アンズ

カキ
『和名類聚抄』
「柹　説文云柹〈音市。和名賀岐〉。赤実菓也。」
『延喜式』（内膳）
「新嘗祭供御料（中略）干柿子二連（中略）右解斎料〈中

略）干柿子二連（中略）右豊楽料。」

「正月三節（中略）干柿子六連。」

「供御月料（中略）干柿子廿九連。」

「供奉雑菜（中略）柿子二升〈九十十一月〉。」

『中右記』

「承徳二年十月十五日（中略）宿院司五人〈日者饗頭也〉、今夕進熟柿、是故実也。非別当下向之時不多進歟。」

アンズ
『和名類聚抄』

「杏子　本草云杏子〈上音荇。和名加良毛々〉。」

『延喜式』（民部）

「年料別貢雑物（中略）上野国〈筆一百管、零羊角六具、杏仁三斗、膠十二斤、樺皮四張〉。」

『平記』

「長暦元年六月廿八日、亥。戌刻被奉御供於賢所（中略）件物折櫃四十合（中略）四合菓子〈桃・熟瓜・唐桃・〈菓子〉桃子・大角豆〉、四合精進物〈芃・茄・和布・鶏頭草〉。」

106　食材　果実　モモ・スモモ
モモ
『和名類聚抄』

「桃子　漢武内伝云西王母桃三千年一生実〈西王母者仙人名也。桃音陶。和名毛々。楊氏漢語抄云錦桃〉。」

『延喜式』（内膳）

「供奉雑菜（中略）桃子二升。」

「漬年料雑菜（中略）桃子二石〈料塩一斗二升〉（中略）右漬秋菜料。」

「雑菓樹四百六十株〈続梨百株。桃百株。柑卌株。小柑卌株。柿百株。橘廿株。大棗卅株。郁卅株〉。覆瓫子園二段。」

スモモ
『和名類聚抄』
「李子　兼名苑云李〈音里〉。一名黄吉〈和名須毛々〉。」
『延喜式』（内膳）
「供奉雑菜（中略）李子二升〈五六月〉。」
『延喜式』（大膳）
「七寺盂蘭盆供養料（中略）李子・梨子・桃子各四升。」

107　食材　果実　ヤマモモ・ビワ
ヤマモモ
『和名類聚抄』

「楊梅　爾雅注云楊梅〈和名夜末毛々〉。状如苺子赤色味甜酸可食之。七巻食経云山桜桃有二種黒桜子〈和名上同〉。味甜美可食矣。」

『延喜式』（大膳・抜粋）

「諸国貢進菓子。山城国〈楊梅子三担〉。大和国〈楊梅子二担〉。河内国〈楊梅子一担〉。摂津国〈楊梅子四担〉」

『貞信公記』

「天慶十年六月二十一日。従朱雀院賜御前山桃、御使仲陳朝臣被物。」

ビワ
『和名類聚抄』
「枇杷　唐韻云枇杷〈琵琶二音。此間云味把〉。菓木冬花而夏実也。」
『延喜式』（内膳）
「供奉雑菜（中略）枇杷十房〈五六月〉。」
『延喜式』（大膳）
「五月五日節料（中略）枇杷〈参議已上二合、五位已上一合〉。」
「諸国貢進菓子（中略）河内国〈花橘子一担〉。摂津国〈花橘子二担〉。相摸国〈橘子十担〉。」

108　食材　果実　ナシ・イタビ
ナシ
『和名類聚抄』

「梨子　唐韻云梨〈力脂反。和名奈之〉。果名兼名苑云梨子。一名含消。」

『延喜式』（宮内・抜粋）

「諸国例貢御贄（中略）甲斐国〈青梨子〉。信濃国〈梨子〉。因幡国〈梨子〉。」

『延喜式』（内膳・抜粋）

「漬年料雑菜（中略）梨子六升〈料塩三升六合〉（中略）右漬秋菜料。」

『延喜式』（大膳）

「九月九日節料（中略）梨子〈参議已上七顆、五位已上五顆〉。」

「諸国貢進菓子（中略）甲斐国〈青梨子五担〉。因幡国〈梨子二担〉。」

『西宮記』

「内宴（中略）内蔵寮申請雑物〈甘葛煎四升・甘栗子六籠・梨二桶・棗一桶〉。」

『小右記』

「長元四年正月十五日（中略）頭弁来談雑事。中納言来云、去夕陣儲最好。就中今年所々饗無信乃梨、此梨尤優。又薯蕷粥美。」

イタビ
『和名類聚抄』

「木蓮子　崔禹錫食経云木蓮子〈和名以太比〉。本草云折傷木。」

『延喜式』（宮内）

「諸国例貢御贄（中略）河内国〈木蓮子〉（中略）大宰府〈木蓮子〉。」

『日本後紀』

「大同元年（八〇六）四月己卯《十六》（中略）是日。停諸国雑贄腹赤魚木蓮子等。以息民肩也。」

109　食材　果実　ムベ・アケビ
ムベ
『和名類聚抄』
「郁子　本草云郁子一名棣〈都計反。和名牟閉。今案郁宜作梛於六反見唐韻〉。」
『延喜式』（宮内）
「諸国例貢御贄（中略）近江国〈郁子〉。」
『延喜式』（大膳・抜粋）
「諸国貢進菓子。山城国〈郁子四担〉。近江国〈郁子二輿籠〉。」

アケビ
『和名類聚抄』

「蔔子　本草注云蔔藤〈上音福〉一名烏蘡〈音伏。和名阿介比〉。崔禹錫食経云附通子。」

『延喜式』（大膳・抜粋）

「諸国貢進菓子。山城国〈蔔子一担〉。大和国〈蔔子一担〉。河内国〈蔔子一担〉。摂津国〈蔔子二担〉。」

『堤中納言物語』

「侘しき事なれど、露の命絶えぬ限りは食物も用侍る（中略）みちくの島の郁子山女」

110　食材　海藻　ワカメ・コンブ
ワカメ
『和名類聚抄』
「海藻　本草云海藻味苦鹹寒無毒〈和名邇木米。俗用和布〉。」
『養老令』（賦役令）
「凡調絹絁糸綿布。並随郷土所出（中略）若輸雑物者（中略）紫菜四十八斤。雑海菜一百六十斤。海藻一百三十斤。滑海藻二百六十斤。海松一百三十斤。凝海菜一百廿斤。雑腊六斗。海藻根八斗。未滑海藻一石。」
『延喜式』（内膳）
「供御月料（中略）紫菜十二両、海松二斤四両、滑海藻十三斤八両、海藻廿二斤八両、大凝菜四斤八両、於期五斤四両、鹿角菜十二斤、伊祇須九斤。」
『延喜式』（大膳）
「雑給料。参議已上（中略）紫菜・海松各三分、海藻二両（中略）五位已上卅人（中略）紫菜・海松各二分、海藻二両（中略）六位已下二百六十人（中略）海藻二両。」
『小右記』
「治安三年七月十六日（中略）高田進年貢絹五十疋・米七十六石。牧司妙忠別進筥一合（中略）、糯・糒・魚・貝・海藻等。」

コンブ
『和名類聚抄』
「昆布　本草云昆布、味鹹寒無毒生東海〈和名比呂米。一名衣比須女〉、陶隠居注云黄黒色柔細可食。」
『延喜式』（内膳）
「年料（中略）陸奥国〈索昆布卅二斤。「調」細昆布一百廿斤。広昆布卅斤〉。」
『延喜式』（大膳）
「正月最勝王経斎会供養料（中略）細昆布〈以一巻、充廿口〉、索昆布二条、昆布〈以一帖、充廿口〉。」
「同月修太元帥法料（中略）細昆布六十斤（中略）索昆布三百九十条。」

111　食材　海藻　アラメ・モズク
アラメ
『和名類聚抄』
「滑海藻〈未附〉本朝令云滑海藻〈阿良女。俗用荒布〉。未滑海藻〈加知女。俗用搗布。搗者搗末之義也〉。」
『養老令』（賦役令）
「凡調（中略）紫菜四十八斤、雑海菜一百六十斤、海藻一百三十斤、滑海藻二百六十斤。」
『延喜式』（内膳）
「供御月料（中略）紫菜十二両、海松二斤四両、滑海藻十三斤八両、海藻廿二斤八両、大凝菜四斤八両、於期五斤四両、鹿角菜十二斤、伊祇須九斤。」

モズク
『和名類聚抄』

「水雲　漢語抄云水雲〈毛豆久。今案所出未詳〉。」

『延喜式』（宮内）

「諸国例貢御贄（中略）若狭国〈毛都久、於期、稞海藻〉。」

『年中行事秘抄』

「上子日、内蔵司供若菜事。内膳司同供之。十二種若菜。若菜、薊、苣、芹、蕨、薺、葵、芝、蓬、水蓼、水雲、松。」

112　食材　海藻　ミル・ヒジキ
ミル
『和名類聚抄』
「海松　崔禹錫食経云水松、状如松而無葉〈和名美流〉。楊氏漢語抄云海松〈和名上同。俗用之〉。」
『養老令』（賦役令）
「凡調（中略）紫菜四十八斤、雑海菜一百六十斤、海藻一百三十斤、滑海藻二百六十斤、海松一百三十斤、凝海菜一百廿斤。」
『延喜式』（内膳）
「六月神今食料（中略）海松・海藻各六斤十両。」
『延喜式』（内膳）
「供御月料（中略）紫菜十二両、海松二斤四両、滑海藻十三斤八両、海藻廿二斤八両、大凝菜四斤八両、於期五斤四両、鹿角菜十二斤、伊祇須九斤。」
『延喜式』（大膳）
「雑給料。参議已上（中略）紫菜・海松各三分（中略）五位已上卅人（中略）紫菜・海松各三分。」

ヒジキ
『和名類聚抄』

「鹿尾菜　弁色立成云六味菜〈比須木毛〉。楊氏漢語抄云鹿尾菜。」

『日本書紀』

「持統元年八月丙申《五》。嘗于殯宮此曰御青飯也。」

『令集解』（喪葬令）

「謂。葬具者。帷帳之属也。遊部者。終身勿事。故云遊部也（中略）円目王娶伊賀比自支和気之女為妻也。凡天皇崩時者。比自支和気等到殯所。而供奉其事。」

『日本書紀通証』

「青飯（ヒシキヲホノ）〈拠訓則雑鹿尾菜之飯歟。倭名鈔鹿尾菜、和名比須木毛。古者清供専用之〉。」

113　食材　海藻　ノリ・アオノリ
ノリ
『和名類聚抄』

「紫菜　兼名苑云紫菜一名石蓴〈和名無良佐木乃里。俗用紫苔〉。」

「神仙菜　崔禹錫食経云紫菜。状如紫帛凝生石上。是物有三四種。以紫色為勝。俗呼曰神仙菜〈漢語抄云。阿末乃里。俗用甘苔〉。」

『延喜式』（主計）

「凡諸国輸調（中略）海藻・海松各卅三斤〈但隠岐国卅二斤五両〉。紫菜・海藻根各十六斤、大凝菜・小凝菜・角俣菜各卌斤、滑海藻八十六斤十両、於期菜廿六斤十両、鹿俣菜卅二斤五両。」

『延喜式』（内膳）

「新嘗祭供御料（中略）紫菜十両二分四銖（中略）右解斎料。」

「正月三節（中略）紫菜一斤。」

「五月五日節（中略）紫菜五両。」

「七月七日（中略）紫菜四両。」

「九月九日節（中略）紫菜五両。」

「供御月料（中略）紫菜十二両。」

アオノリ
『和名類聚抄』
「陟釐　本草云陟釐〈音緋一本作厘。和名阿乎乃利。俗用青苔〉。」
『延喜式』（民部・抜粋）
「交易雑物（中略）伊勢国〈青苔五十斤〉。参河国〈青苔五十斤〉。出雲国〈青苔卅斤〉。石見国〈青苔卅斤〉。播磨国〈青苔卅斤〉。紀伊国〈青苔五十斤〉。阿波国〈青苔廿斤〉。」
『延喜式』（大膳）
「同月修太元師法料（中略）青苔五百八十条。」

114

食材　海藻　フノリ・トサカノリ・オゴノリ・ホンダワラ

『和名類聚抄』

「海蘿　崔禹錫食経云海蘿、味渋鹹大冷無毒。其性滑滑然主九竅〈和名不乃利。俗用布苔〉。」

「鹿角菜　崔禹錫食経云鹿茸、状似水松〈和名豆乃万太〉。文選江賦注云鹿角菜〈漢語抄云和名同上〉。」

「鶏冠菜　楊氏漢語抄云鶏冠菜〈土里佐加乃里。式文用鳥坂苔〉。」

「於期菜　本朝式云於期菜。」

「莫鳴菜　本朝式云莫鳴菜〈奈々里曽。漢語抄云神馬藻三字云奈乃里曽。今案本文未詳但神馬莫騎之義也〉。」

『延喜式』（内膳）

「供御月料（中略）紫菜十二両、海松二斤四両、滑海藻十三斤八両、海藻廿二斤八両、大凝菜四斤八両、於期五斤四両、鹿角菜十二斤、伊祇須九斤。」

「年料（中略）。若狭国〈稚海藻二籠十二斤、毛都久、於己〉。」

115

食材　魚介　アユ・コイ

アユ
『和名類聚抄』
「鮎　本草云鮧魚〈上音夷〉蘇敬注云、一名鮎魚〈上音奴兼反。和名安由。楊氏漢語抄云銀口魚又云細鱗魚〉。崔禹錫食経云、貌似鱒而小有白皮無鱗。春生夏長秋衰冬死故名年魚也。」
『養老令』（賦役令）
「凡調（中略）近江鮒五斗。煮塩年魚四斗。」
『延喜式』（内膳）
「年料（中略・抜粋）伊賀国〈鮨年魚二担四壺。塩塗年魚二担、入折櫃〉。伊勢国〈鮨年魚二担四壺二度〉。近江国〈煮塩年魚二石〉。美濃国〈火干年魚一担八籠、鮨年魚四担八壺〉。」
『小右記』
「永延元年二月廿三日、丙辰。参摂政殿。右大臣以下卿相数多被参入（中略）各提一種物今日有可参入之契者、左将軍銀鯉、其腹中入児鱠、不江己美、納折櫃。右大将鮨鮎一桶桶即銀鮎、是例鮎也。」
コイ
『和名類聚抄』
「鯉　七巻食経云鯉魚〈上音里。和名古比〉。野王案鮬〈胡闘反〉。説文云鰈〈胡瓦反上声之重〉爾雅云鱯〈音度〉。皆鯉魚也。」
『延喜式』（主計）
「美濃国（中略）中男作物（中略）。鯉、鮒鮨。」
『醍醐天皇御記』
「延喜十八年十月八日。幸朱雀院（中略）左衛門督藤原朝臣請捕魚。依請。左右衛門官人率門部令舁網参入。施網前池得鯉鮒十余喉。於御前調供。」

116

食材　魚介　フナ・イシブシ

フナ
『和名類聚抄』
「鮒　本草云鯽魚〈上音即〉。一名鮒魚〈上音附。和名布奈〉。四声字苑云鰿鯽鰿〈音積今案三字通用也〉。鮒也。」
『養老令』（賦役令）
「凡調（中略）近江国鮒五斗。」
『延喜式』（宮内）
「諸国例貢御贄（中略）近江国〈郁子、氷魚、鮒、鱒、阿米魚〉。」
『平記』
「長暦元年六月廿八日（賢所供神供物・中略）・四合生物〈鮎・鮨鮎・鯉・鮒〉。」
イシブシ
『和名類聚抄』
「鮖　崔禹錫食経云鮖〈音夷。和名伊師布之〉。性伏沈在石間者也。」
『宇津保物語』（国譲中）
「魚ども取らせつ。鮎一籠、鮠一籠に石斑魚・小鮒入れさせ、荒巻など添へさせて」

117

食材　魚介　ビワマス・スズキ

ビワマス
『和名類聚抄』
「鯇　爾雅集注云鯇〈胡本反上声之重字亦作鯶。和名阿米〉。似鱒者也。楊氏漢語抄云水鮏〈一云江鮏今案本文未詳〉。」
『延喜式』（主計）
「近江国（中略）中男作物（中略）醬鮒、阿米魚鮨、煮塩年魚。」
『延喜式』（宮内）
「諸国例貢御贄（中略）近江国〈郁子、氷魚、鮒、鱒、阿米魚〉。」
スズキ
『和名類聚抄』
「鱸　崔禹錫食経云鱸〈音盧和名須々木〉。貌似鯉而鰓大開者也。四声字苑云似鱖而大青色。」
『延喜式』（宮内）
「諸国例貢御贄。山城国〈平栗子、氷魚、鱸〉。」
『蜻蛉日記』
「川のあなたには按察使の大納言の領じ給ふところあける（中略）また鯉鱸などしきりにあめり。」

118

食材　魚介　アジ・イワシ

アジ
『和名類聚抄』
「鯵　崔禹錫食経云鯵〈蘇遭反与騒同。和名阿遅〉。味甘温無毒。貌似鰻而尾白刺相次者也。」
『延喜式』（宮内）
「諸国例貢御贄（中略）和泉国〈鯛、鯵〉。」
『延喜式』（内膳）
「六月神今食料〈十二月准此〉。淡路塩二升、東鰒七斤五両、薄鰒六斤十両、堅魚五斤、干鯛六隻、干鯵卅隻。」
『江家次第』
「忌火御飯。御菜四種〈薄蚫・干鯛・鰯・鯵〉。」
イワシ
『和名類聚抄』
「鰯　漢語抄云鰯〈以和之。今案本文未詳〉。」
『延喜式』（民部）
「交易雑物（中略）若狭国〈烏賊三百斤、小鰯醋一石一斗。」
（中略）丹後国〈小鰯醋十二籠〉。」
『延喜式』（主計）
「凡諸国輸調（中略）漬塩雑魚・乾鰯各卅六斤。」
「凡中男一人輸作物（中略）醬小鰯・阿米魚各六斤、周防国小鰯七斤、大鰯鮨十五斤。」

119

食材　魚介　サケ・タイ

サケ
『和名類聚抄』
「鮭　崔禹錫食経云鮭〈折青反。和名佐介。今案俗用鮭字非也。鮭音圭鯸鮧魚一名也〉。其子似苺〈音茂今案苺子即覆盆也。見唐韻〉。赤光一名年魚。春生年中死故名之。」
『延喜式』（主計）
「凡中男一人輸作物（中略）楚割鮭二斤八両、内子鮭一隻、鮭二隻小三隻。」
『延喜式』（宮内・抜粋）
「諸国例貢御贄（中略）信濃国〈楚割鮭〉。若狭国〈生鮭〉。越前国〈鮭子、氷頭、背腸〉。丹後国〈生鮭〉。但馬国〈生鮭〉。」
『延喜式』（内膳）
「供御月料（中略）鮭卌五隻。」
『延喜式』（大膳）
「雑給料。参議已上（中略）鮭二分隻之一（中略）五位已上卅人（中略）鮭二分隻之一。」
『小右記』
「長元三年八月十九日（中略）肥前守□範申赴任之由、塩曳鮭十隻給悲田、当月施行也。」
タイ
『和名類聚抄』
「鯛　崔禹錫食経云鯛〈都条反。和名太比〉。味甘冷無毒。貌似鯽而紅鰭者也。」
『延喜式』（主計）
「志摩国（中略）庸〈輸鮑、堅魚、鯛楚割〉。」
「参河国（中略）鯛脯一百斤、鯛楚割九十斤。」
「若狭国（中略）中男作物（中略）鯛楚割。」
「讃岐国（中略）中男作物（中略）鯛楚割。」
『延喜式』（宮内）
「諸国例貢御贄（中略）和泉国〈鯛、鯵〉。」
『延喜式』（内膳）
「六月神今食料〈十二月准此〉（中略）干鯛六隻（中略）甘塩鯛四隻。」
『御堂関白記』
「寛仁二年正月三日、丁酉。此日御元服（中略）摂政進取御前机肴物、進皇帝、皇帝受之。先祭後嚌〈干鯛〉。」

120

食材　魚介　サバ・カツオ

サバ
『和名類聚抄』
「鯖　崔禹錫食経云鯖〈音青。和名阿乎佐波〉。味鹹無毒。口尖背蒼者也。」
『延喜式』（内膳）
「供御月料（中略）。能登鯖一百卌二隻。」
『延喜式』（大膳）
「雑給料（中略）鯖三両二分。」
「春日祭雑給料〈春冬竝同〉（中略）鯖百廿斤。」
『中外抄』
「久安六年十一月十二日。朝候御前。物語次被仰云。鰯ハいみしき薬なれとも、不供公家。鯖ハ雖為苟物備供御也。後三条院ハ鯖頭ニ胡桃ヲぬりてあふりて聞食キト時範ハ語キ。」
カツオ
『和名類聚抄』
「鰹魚　唐韻云鰹〈音堅漢語抄云加豆乎。式文用堅魚二字〉。大鮦也。大曰鮦小曰鮵〈音奪〉野王案鮦〈音同〉。蠡魚也〈蠡魚見下文今案可為堅魚之義未詳〉。」
『養老令』（賦役令）
「凡調絹（中略）堅魚三十五斤（中略）煮堅魚廿五斤。堅魚煎汁四升。」
『延喜式』（主計）
「凡諸国輸調（中略）堅魚九斤〈西海道諸国十一斤十両〉（中略）煮堅魚六斤七両。」
『延喜式』（内膳）
「供御月料（中略）堅魚二百廿五斤、煮堅魚・熬海鼠各八斤四両（中略）堅魚煎・海鼠腸各四升五合。」

121

食材　魚介　イカ・タコ

イカ
『和名類聚抄』
「烏賊　南越志云烏賊〈今案烏賊並従魚作鰞鰂亦作鯽見玉篇。和名伊加〉。常自浮水上烏見以為死啄之乃巻取之故以名之。」
『延喜式』（内膳）
「供御月料（中略）蛸・烏賊各廿三斤四両。」
『延喜式』（大膳）
「雑給料。参議已上（中略）烏賊二両（中略）五位已上卅人（中略）烏賊二両。」
タコ
『和名類聚抄』
「海蛸子　本草云海蛸子〈今案蛸正作鮹所交反見唐韻。和名太古。俗用蛸字。所出未詳〉。貌似人裸而円頭者也。長丈余者謂之海肌子。」
『延喜式』（主計）
「凡諸国輸調（中略）乾鮹九斤十三両（中略）鮹醋四斤。」
『延喜式』（大膳）
「春日祭雑給料〈春冬竝同〉（中略）蛸廿五斤。」

122

食材　魚介　アワビ

『和名類聚抄』

「鰒（中略）本草云鮑、一名鰒〈鮑音抱。和名阿波比〉。崔禹錫食経云石決明〈和名上同〉。食之心目聡了亦附石生故以名之。」

『延喜式』（主計）

「凡諸国輸調（中略）御取鰒・著耳鰒各四斤、耽羅鰒六斤、鳥子鰒・都都伎鰒各二斤。放耳鰒三斤五両、長鰒・短鰒・凡鰒・串鰒・横串鰒・細割鰒・葛貫鰒・火焼鰒・羽割鰒・蔭鰒・薄鰒各六斤〈壱岐島三斤〉（中略）腐耳鰒十四斤、甘鮨鰒廿八斤、鮨鰒・貽貝・富耶交鮨各卅八斤。」

『延喜式』（内膳）

「供御月料（中略）東鰒卌五斤、薄鰒十一斤四両、隠岐鰒四十五斤、醬鰒廿一斤（中略）安房雑鰒廿三斤四両、腸漬鰒二斗三升二合五勺。」

「旬料（中略）志摩国御厨鮮鰒螺。起九月尽明年三月。月別上下旬各二担。味漬・腸漬・蒸鰒・玉貫・御取夏鰒等月別惣五担。」

『西宮記』

「行幸（中略）高橋〈執鰒汁〉、安曇〈執海藻汁漬〉、膳部五人〈一人執鰒羹坏、一人執海藻坏〉。」

『小右記』

「長元二年四月一日（中略・孟夏旬）次供蚫羹。次御飯。」

次居臣下飯・菜物・汁物等。」

『平記』

「天延二年十一月一日、旬事。当朔旦（中略）供索餅。次給王卿。次下御箸、臣下従之。次供鮑御羹。」

123
食材　魚介　ハマグリ・ニシ
ハマグリ
『和名類聚抄』
「蚌蛤　兼名苑云蚌蛤〈放甲二音蚌或作蜯。和名波万久理〉。一名含漿。」
「海蛤　本草云海蛤。一名魁蛤〈和名宇無木乃加比〉。蘇敬注云亦謂之狛耳蛤也。」
『日本書紀』
「景行天皇五十三年冬十月。至上総国。従海路渡淡水門。是時聞覚賀鳥之声。欲見其鳥形。尋而出海中、仍得白蛤。於是、膳臣遠祖、名磐鹿六鴈、以蒲為手繦、白蛤為膾而進之。故美六鴈臣之功。而賜膳大伴部。」
『今昔物語集』（品不賤人去妻後返棲語）
「持て来たらましかば、蛤は焼きて食ひてまし、海松は酢に入れて食ひてまし」
ニシ
『和名類聚抄』
「大辛螺　七巻食経云大辛螺〈和名阿木〉。楊氏漢語抄云蓼螺。一云赤口螺〈和名上同。弁色立成説亦同〉。」
「小辛螺　七巻食経云小辛螺〈和名仁之〉。楊氏漢語抄云蓼螺子。」
『養老令』（賦役令）
「凡調（中略）螺三十二斤（中略）辛螺頭打六斗（中略）海細螺一石。」
『延喜式』（内膳）
「旬料（中略）志摩国御厨鮮鰒螺。起九月尽明年三月。月別上下旬各二担。味漬・腸漬・蒸鰒・玉貫・御取夏鰒等月別惣五担。」

124
食材　魚介　カキ・ウチムラサキ・ナミガイ
カキ
『和名類聚抄』
「蠣　四声字苑云蠣〈力制反本草云蠣蛤。和名加木〉。相著虫殻似石也。」
『延喜式』（宮内）
「諸国例貢御贄（中略）伊勢〈椎子、蠣、礒蠣〉。」
『延喜式』（内膳）
「年料（中略）伊勢国〈（中略）蠣、礒蠣〉。」
「年料（中略）刀子七十七枚〈十枚剥蠣料〉。」
『吏部王記』
「延長八年正月四日。立作所進雉小焼荒蠣等。」
ウチムラサキ・ナミガイ
『和名類聚抄』
「白貝　唐韻云蛤〈古三反一音含。弁色立成云於富。本朝式文用白貝二字〉。爾雅云貝在水曰蛤也。」
『養老令』（賦役令）
「凡調（中略）白貝葅三斗。」
『二中歴』
「（供膳）大饗。尊者（中略）生物〈雉、鯉、鱒、鯛〉。貝物〈鮑、螺、白貝、甲蠃〉。」

125
食材　魚介　キサゴ・サザエ
キサゴ
『和名類聚抄』
「小蠃子　崔禹錫食経云小蠃子〈楊氏漢語抄云細螺、之太々美〉。貌似甲蠃而細小、口有白玉之蓋者也。」
『養老令』（賦役令）
「凡調（中略）海細螺一石。」
『延喜式』（神祇）
「践祚大嘗祭（中略）阿波国所献（中略）鰒冊五編、鰒鮨十五坩、細螺・棘甲蠃・石花等并廿坩〈已上那賀潜女十人所作〉。」
『二中歴』
「（供膳）大饗。尊者（中略）窪坏物八坏〈肫裹、海月、保夜、蟻、細螺、蠏蜷、石花、肝搔〉。」
サザエ
『和名類聚抄』
「栄螺子　崔禹錫食経云栄螺子〈和名佐左江〉。似蛤而円者也。」
「錦貝　弁色立成云錦貝〈夜久乃斑貝。今案本文未詳。但俗説西海有夜久島、彼島所出也〉。」
『貞観儀式』
「践祚人嘗祭儀（中略）夜久貝盞坏八口、朱漆窪手代二口〈通用二箇日〉。」

126
食材　魚介　イガイ・ウニ
イガイ
『和名類聚抄』
「貽貝　爾雅注云貽貝。一名黒貝〈貽音怡。和名伊加比〉。」
『養老令』（賦役令）
「凡調（中略）貽貝鮓三斗（中略）貽貝後折六斗。」
『延喜式』（主計）
「凡中男一人輸作物（中略）貽貝鮨四斤十両。」
「参河国（中略）調（中略）貽貝鮨三斛六斗。」
「若狭国（中略）調（中略）貽貝保夜交鮨。」
ウニ
『和名類聚抄』
「霊蠃子　本草云霊蠃子〈漢語抄云棘甲蠃、宇仁〉。貌似橘而円、其甲紫色生芒角者也。」
「甲蠃子　本草云甲蠃子〈今案即螺字也。音羅楊氏漢語抄海蠃、豆比〉。貌似辛螺而、中有角蓋者也。」
「石陰子　本草云石陰子〈漢語抄云甲蠃、加世〉。是物生海中陰精故以名之。」
『延喜式』（主計）
「凡諸国輸調（中略）棘甲蠃・甲蠃各六斗。」

127
食材　魚介　ナマコ・ホヤ
ナマコ
『和名類聚抄』
「海鼠　崔禹錫食経云海鼠〈和名古。本朝式加熬字、云伊里古〉。似蛭而大者也。」
『延喜式』（民部）
「交易雑物（中略）能登国〈海鼠腸一石〉。」
『延喜式』（主計）
「凡諸国輸調（中略）熬海鼠八斤十両（中略）海鼠腸十五斤十両。」
「志摩国（中略）調（中略）熬海鼠。」
『延喜式』（内膳）
「供御月料（中略）熬海鼠各八斤四両（中略）堅魚煎・海鼠腸各四升五合。」
『延喜式』（大膳）
「宴会雑給。親王以下三位已上并四位参議（中略）熬海鼠・縄貫鰒各二両二分（中略）四位五位并命婦（中略）東鰒・隠岐鰒・堅魚・烏賊・熬海鼠各一両。」
ホヤ
『和名類聚抄』
「老海鼠　漢語抄云老海鼠〈保夜。俗用此保夜二字〉。」
『延喜式』（主計）
「凡諸国輸調（中略）鮨鰒・貽貝富耶交鮨各卌六斤。」
『延喜式』（内膳）
「若狭国（中略）調（中略）貽貝保夜交鮨。」
「参河国、保夜一斛。」
『西宮記』
「正月、内宴（中略）保夜一缶。」

128
食材　魚介　エビ・ワタリガニ
エビ
『和名類聚抄』
「鰕　七巻食経云鰕〈音遐。和名衣比。俗用海老二字〉。味甘平無毒者也。」
『延喜式』（主計）
「凡中男一人輸作物（中略）海老一升。」
『延喜式』（内膳）
「年料（中略）尾張国〈蟹蜷二担四壺〉。」
ワタリガニ
『和名類聚抄』
「擁剣　本草云擁剣〈和名加散女〉。似蟹色黄其一螯偏長三寸者也。」
「寄居子　本草云寄居子〈和名加美奈。俗仮用蟹蜷二字〉。貌似蜘蛛者也。」
『類聚雑要抄』
「仁和寺殿競馬行幸御膳〈并〉御遊酒肴事。〈保延二年九月廿三日　伊与守忠隆奉行〉（中略）次御酒肴二種〈擁劔（カサメ）、生鮑〉。」

129
食材　魚介　カメノテ
『和名類聚抄』

「尨蹄子　崔禹錫食経云尨蹄子〈和名勢〉。貌似犬蹄而、附石生者也。兼名苑注云石花〈花或作華〉。二三月皆紫舒花附石而生故以名之。」

『貞観儀式』

「践祚大当祭儀（中略）鰒鮨十五坩、細螺・棘甲蠃・石華等并廿坩〈已上那賀潜女十人所作〉（中略）潜女十人五箇日食料并用度、以正税充之。」

『二中歴』

「（供膳）大饗。尊者（中略）窪坏物八坏〈肫裹、海月、保夜、蟻、細螺、蠏蜷、石花、肝搔〉。」

130
食材　魚介　ユムシ・クラゲ
ユムシ
『和名類聚抄』
「蝙蛞　七巻食経云蝙蛞〈偏若二音。和名為。俗用蝛蛦二字。本文未詳〉。其貌似蚓而大者也。」
『延喜式』（内膳）
「年料（中略）尾張国〈為伊二担廿壺〉。」
『類聚雑要抄』
「母屋大饗。永久四年正月廿三日（中略）同饗膳差図（中略）蝙蛞、老海鼠、海月。」
クラゲ
『和名類聚抄』
「海月　崔禹錫食経云海月。一名水母〈和名久良介〉。貌似月在海中故以名之。」
『延喜式』（宮内）
「諸国例貢御贄（中略）備前国〈甘葛煎、水母〉。」
『西宮記』
「正月。内宴（中略）内蔵寮申請雑物（中略）腸漬鮑一缶、鮨鮎。海月一口、千鳥二籠、保夜一缶。」
『平記』
「康平二年七月十七日（任大臣大饗・中略）生物二坏〈鯉・鱸〉、窪坏物二坏〈海月・鮎児膾〉。」

131
食材　牛乳・乳製品
牛乳
『和名類聚抄』

「乳牛　唐厩牧令云、乳牛犢十頭、給丁一人牧飼〈乳牛者牝牛有子之名也。和名知宇之〉。」

『延喜式』（典薬）

「凡味原牧為京牛牧。其生益牡牛便充耕作薬園。并為父牛。」

『侍中群要』

「日中行事　又同所（御厨子所）延喜十三年六月十九日、定乳分配文云。供御乳日別三升一合。但依宣旨散用云々者（中略）乳牛院進乳。」

『西宮記』

「諸院　乳牛院〈典薬別所、在左近馬場西、有別当乳師預等、納山城丹後蒭、大炊雑穀、送所立味原牛供三宮乳〉。」

『小右記』

「寛仁三年八月十九日（中略）日来看座主病悩昨日下（中略）其後内供消息云、昨今弥重発悩辛苦、大豆煎不変色出、似可被慎。雖然猶可被。又被服生乳如何者。呼遣忠明宿禰、問件事等。申云、大豆煎・生乳等能煎被服可良。生乳者半分煎可被服者。」

乳製品
『和名類聚抄』

「醍醐　本草注蘇敬曰醍醐〈啼胡二音此間音内五醐字或作酤餬見唐韻〉是酥之精液也。陶隠居曰一名斛酥、言酥一斛之中得三四升也。」

「酥　陶隠居本草注云酥〈音与蘇同。俗音曽〉。牛羊乳所為也。」

『大般涅槃経』

「従牛出乳、従乳出酪。従酪出生酥、従生酥熟酥。従熟酥出醍醐。醍醐最上。若有服者衆病皆除。所有諸薬悉入其中。」

『延喜式』（民部）

「凡諸国貢蘇。各依番次（中略）。其取得乳者、肥牛日大八合。痩牛減半。作蘇之法、乳大一斗煎、得蘇大一升。」

『政事要略』

「太政官符七道諸国司。蘇事。右自今以後納籠進。不須檜杉等櫃。今以状下符。養老六年閏四月十七日。」

『医心方』（巻十三）

「煎薬方云蘇蜜煎治諸渇及内補方。蘇一升、蜜一升、地黄煎一升、甘葛煎一升、大棗百枚、茯苓・人参・薯蕷各三両。右八種物、先蜜・蘇入合、攪拌後甘葛煎入洋棗膏以絶絞入。然後茯苓人参薯蕷芋散入合後、入地黄煎。微火煎不必手攪冷之（中略）或方如棗大服二丸日三。或如鶏子大服一丸日三。」

133
食材　禽獣　キジ
『和名類聚抄』

「雉　広雅云雉〈音智上声之重。和名木々須。一云木之〉。野鶏也。」

「雉脯　遊仙窟云西山鳳脯〈音甫師説、保之止利。俗用干鳥二字〉。」

『延喜式』（内膳）

「年料（中略）尾張国〈（中略）雉腊〈納十八籠、籠別六翼〉（中略）越中国〈楉海藻一輿五籠、雉腊一輿五籠〉（中略）大宰府〈（中略）雉腊二輿六十籠、別三翼〉。」

『新儀式』

「延長四年野行幸（中略）更還御軽幄、御厨子所供御酒。召侍臣堪事者、令調所献獲物雉等、供御膳。」

『九暦』

「天暦元年二月九日。払暁密々向大原、得雉一翼。」

『西宮記』

「大臣大饗時、蔵人奉仰令齎蘇甘栗等、向彼家賜之、或加鮮雉。」

134

食材　禽獣　シカ

『和名類聚抄』

「鹿〈麑附〉　陸詞切韻云鹿〈音禄。和名加〉。斑獣也。爾雅集注云牡鹿曰麚〈音家。日本紀私記云牡鹿、佐乎之加〉。牝鹿曰麀〈音憂。和名米加〉。其子曰麑〈音迷字亦作麛。和名加呉〉。」

「鹿脯　説文云脯〈音甫和名保之々〉。」

『延喜式』（内膳）

「正月三節（中略）鹿宍、猪宍（中略）右従元日至于三日供之。」

「節料（中略）参河国〈正月三節各三担〉（中略）右参河国進雉。余国雑鮮味物。但近江国元日副進猪・鹿。其旬料已下並収司家。随事供之。」

『延喜式』（大膳）

「釈奠祭料。石塩十顆、乾魚二升、鹿脯卅斤、鹿醢一升、魚醢一升、兎醢一升、豚胉一升、鹿五蔵一升（中略）三牲完各一頭、鹿一斗五升〈大羹料〉、鹿一斗〈醢料〉。」

『醍醐天皇御記』

「延喜廿年五月五日。定客徒可入京日。並蕃客入京之間、可聴著禁物。召仰瀧口右馬允藤原邦良等。見客在京之間、毎日可進鮮鹿二頭事。」

『西宮記』

「正月、供御薬事（中略）進物所例云、正月元日早朝、供奉屠蘇御膳事、猪宍二盤〈一鮮、一焼〉。」

【第三章　料理】

136

料理（おやつ）　唐菓子

『和名類聚抄』

「今案、俗説梅枝・桃枝・餲餬・桂心・黏臍・饆饠・鎚子・団喜、謂之八種唐菓子。」

『伊豆国正税帳』（天平十一年）

「胡麻油九合六勺〈煎餅・阿久良形・麦形等料〉価稲八束六把四分。」

『延喜式』（神祇）

「凡供神御雑物者。大膳職所備（中略）勾餅筥五合。末豆子筥五合。大豆餅筥十合。小豆餅筥十合。捻頭筥五合。」

『延喜式』（主税）

「凡出雲国四王寺春秋修法（中略）餅餉料各稲三把。煎餉料油一合八勺。雑菓子四升、灯油二合〉。」

『延喜式』（造酒）

「内膳司供御唐菓子齏甘醴料七斛六斗。」

『吏部王記』

「天暦四年八月五日、東宮供進百日餅。以尋常供膳大盤供。唐菓子・木菓子・餅・干物各八種盛様器花盤。」

『九暦』

「天暦四年八月五日、庚子。晴。此日儲宮降誕之後、当百日。依世俗例供餅御膳〈朱小御台六基、一基御匕筋乾荷葉四種、以上銀器。二基唐菓子八種、二基餅八種、一基等菓子四種、以上盛銀平盤〉。」

『村上天皇御記』

「応和三年二月廿八日、辛亥。（中略・皇太子元服）内膳弁御膳造酒置御酒器。主膳弁皇太子饌〈前台盤引冒甲不用敷物。先居朱馬頭盤銀箸匕。唐菓子・木菓子各四種盛朱器〉。」

138

料理（おやつ）　椿餅

『宇津保物語』（国譲上）

「かゝる程に、大殿の御方より檜破子、御酒、椿餅など奉り給へり。」

『小右記』

「寛弘二年三月廿二日、庚午。八幡臨時祭（中略）件僧八人、依今年可重慎。餺飥・椿餅・粽等送僧正房。」

『平記』

「康平五年四月廿二日（中略）今日有任大将〈師実〉（中略）次供菓子〈椿餅・栗・枝柿・覆盆子〉。」

『江家次第』

「元日宴会（中略）立朱台盤五脚弁備饗饌（中略）其菓加之縄〈一坏〉、餲餬・黏臍合〈一坏〉、大柑子〈一坏〉、栗〈一坏〉、干柿〈一坏〉、椿餅〈一坏〉。或依当時所在。」

139

料理（おやつ）　薯蕷粥

『和名類聚抄』

「署預粥　崔禹錫食経云千歳虆汁。状如薄蜜甘美、以署預為粉和汁作粥。食之補五蔵〈署預粥。和名以毛加由〉。」

『九暦』

「天暦七年正月五日（中略）王卿之中、或有気上之輩、仍招入親王公卿於北廊、勧酒及薯蕷粥等。」

『小右記』

「長和五年二月七日（中略・即位儀）今日公卿候東幔内〈摂政候所、羞湯漬・署預粥・菓子〉。」

『北山抄』

「十二月十九日御仏名事。廿一日同前（中略）僧侶退下、名対面後、賜酒肴薯蕷粥於王卿侍臣。」

『平記』

「康平五年正月二日、有臨時客事（中略）三献〈右京大夫雉羹、次召署預粥。」

『江家次第』

「任太政大臣事（中略）敷穏座、公卿以下下居〈羞肴物薯蕷粥〉。」

140

料理（おやつ）　削氷

『北山抄』

「新任饗（中略）暑日羞膳次第　三献〈汁膾　焼物〈小鳥或水飯等交居〉四献〈宇留賀煎〉五献〈以下或六献後、鱗煎物鶏頭草〉隠座〈勧削氷云々〉。」

『平記』

「康平三年七月十七日（中略・任大臣）大饗料理次第、納言以下（中略）穏座〈削氷、薯蕷粥代〉。」

141

料理（おやつ）　粉餅・雑餅・粢餅

『和名類聚抄』

「餅　釈名云餅〈音屏和名毛知比〉。令糯麺合并也。胡餅以麻著之〈今案麺麦粉也。俗云餅粉阿礼是也〉。四声字苑云殕〈孚乳反与撫同。今案訓賀布〉。食上生白也。」「粢餅　陸詞切韻云粢〈音姿又疾脂反〉。漢語鈔云粢〈之度岐〉。祭餅也。」

『内裏式』

「元正受群臣朝賀式（中略）先是所司預弁供皇帝・皇后御饌・皇太子饌〈謂菓子・雑餅等〉。」

『延喜式』（内膳）

「造雑餅料甘醴一升。右日料」

『厨事類記』

「粉餅。赤〈蘇芳〉、青〈花田〉、黄、白。或以縹用青色。以蘇芳用赤色。或濃薄色多種用之。近代以一色一折敷居之。」

142

料理（おやつ）　おこし米

『和名類聚抄』

「粔籹　文選注云粔籹〈巨女二音。和名於古之古女〉。以蜜和米煎作也。」

『三条中山口伝』

「調膳様事。菓子　高盛程成（中略）油物尤可有之。菊花之体ナル物、并枝等ニックルハ不盛之歟。興米。枌興米必可盛。切様共不知其本体。可有人心歟。」

143

料理（おやつ）　おこし米作り・青ざし

『枕草子』

「三条の宮におはします頃（中略）青ざしといふ物を持て来たるを、あをき薄様を艶なる硯の蓋に敷きて、『これ、ませ越しに候ふ』とて参らせたれば」

『嬉遊笑覧』

「芭蕉発句説叢。青ざしや草餅の穂に出つらん。句解云、青ざしは麦を煎て調したる菓子なり。上﨟もきこしめすにや。枕草子青ざしと云物を、人のもてくるを云々。」

144

145 **料理（おかず）　索餅**

『和名類聚抄』

「索餅　釈名云蝎餅・髄餅・金餅・索餅〈和名、無木奈波。大膳式云手束索餅、多都加〉。皆随形而名。」

『延喜式』（大膳）

「年料。索餅料小麦卅石〈御并中宮料各十五斛〉、粉米九斛〈同料各四斛五斗〉、紀伊塩二斛七斗（中略）刀子四枚、籠四口、乾索餅篭十六口〈長三尺、広二尺〉（中略）右従十一月一日迄来年十月卅日供御料。」

「手束索餅料。小麦十七斛七斗〈御并中宮各八石八斗五升〉、粉米五石三斗一升、紀伊塩八斗九升、醤・味醤各一斛四斗二升六合、酢七斗一升二合。薪日別卅斤〈請主計寮〉。右起三月一日尽八月卅日供御料。」

「造雑物法。索餅料。小麦粉一石五斗、米粉六斗、塩五升。得六百七十五藁。粉一升得四藁半。藁別縒得三合。手束索餅亦同。」

「仁王経斎会供養料（中略・抜粋）糖三合六勺〈索餅料三勺〉。黒大豆一合五勺〈汁物并索餅料各三勺〉。酢一合四勺〈索餅料一勺〉。醤三合〈索餅料二勺〉。塩九〈索餅料六顆〉。」

『延喜式』（主殿）

「諸司所請年料（中略）大膳職胡麻油一升二合〈供御并中宮御索餅糖料〉。」

『西宮記』

「九月。季御読経事（中略）〈就進物所受索餅、還分盛数盃。供索餅〈下器還過版之間供〉。」

『小右記』

「正暦四年十一月一日、甲寅。朔旦冬至（中略）内竪立殿上台盤、所司立南殿台盤、供索餅、下器度事如恒。」

146

料理（おかず）　粉熟

『和名類聚抄』

「粉熟　弁色立成云粉粥〈以米為之。今案、粉粥即粉熟也〉。」

『延喜式』（内膳）

「造粉熟料。白米四石、大角豆一石八斗、漉粉薄絹袋、水篩各二口〈袋各長六尺、篩各一尺五寸〉（中略）右起三月一日。尽八月卅日供之。」

『九暦』

「天暦四年十月八日（中略・菊花宴）内膳益供、群臣起座、供御粉熟献之後、良久不給臣下。」

『西宮記』

「（正月）御斎会（中略）二献、居粉熟・汁物。三献、内記奉宣命。」

『小右記』

「寛弘八年正月一日（中略）節会作法如恒、但内膳供御膳、次諸卿前居粉熟訖下御箸。」

『左経記』

「寛仁元年十二月四日、戊辰。大殿令任大政大臣給（中略）居物皆如先例。二献粉熟。三献飯・汁〈汁焼鳩〉。四献又汁〈焼物唐合〉。」

147

料理（おかず）　餛飩　餺飥

餛飩

『和名類聚抄』

「餛飩　四声字苑云餛飩〈渾屯二音上亦作餫。見唐韻〉。餅剉肉麺裹煮之。」

『吏部王記』

「延長八年正月四日。左大臣大饗云々（中略）一巡後、進垣下親王及主人肴〈二献後、且進餛飩後且進一世源氏肴〉云々。」

『西宮記』

「正月。節会（中略）供太子膳（中略）給臣下〈大膳大夫内豎等居餛飩。聞天皇御箸音、臣下嘗之〉。」

『小右記』

「寛弘二正月二日（中略）事了着青宮大饗、一巡後左府退出、未羞餛飩之前給禄、依及深更歟、」

餺飥

『和名類聚抄』

「餺飥〈衦字附〉　楊氏漢語抄云餺飥〈博託二音字亦作麱麧見玉篇〉。衦麺方切名也。四声字苑云衦〈古旱反上声之重〉摩展衣也。」

『小右記』

「永延元年三月卅日（中略・春日詣の帰路）是山階寺所儲也。雨脚甚。上下饗皆是寺家儲也。打餺飥女十人給禄。陪従取之。」

『中右記』

「嘉承元年十二月十七日（中略・関白春日詣）妓女十二人打餺飥〈楽屋発音楽〉。公卿座一献（中略）。汁物。二献。汁物。三献（中略）次第巡流、次職掌人行高以下持参餺飥。御寺所司〈寺主以下、〉付前階下持之参進（中略）賜禄於餺飥女。」

148
料理（おかず） 蒲鉾・寒汁
蒲鉾
『類聚雑要抄』
「永久三年（一一一五）七月廿一日、戊子。関白右大臣東三条移御前物台三本定。焼鮹、楚割、分坏、蒸鮑、干鳥。台三進。鱸鱠、鯛鱠、蒲鉾、鯛鱠、炒熟汁、鯛平焼、鯉鱠、寒汁鯉、汁鱠、零余子焼。」
寒汁
『和名類聚抄』
「寒　文選云寒鶬、蒸鸗〈師説寒読、古与之毛乃。此間云迩古与春〉。」
『延喜式』（内膳）
「諸国貢進御贄。旬料。大和国吉野御厨所進（中略）年魚鮨火干。従四月至八月。月別上下旬各三担。」
『厨事類記』
「又任大臣并大将之日。饗温汁之後又居。寒汁〈鯉味曾〉。汁実。今案。汁実盛于別坏可居加之。但供寒汁之時、汁実〈与利実〉、山葍〈夏蔘〉。板目塩都呂々〈薯蕷〉。橘葉等盛同盤居加之。」

149
料理（おかず） こころぶと
『和名類聚抄』
「大凝菜　心太　本朝式云凝海藻〈古留毛波。俗用心太二字、云古々呂布止〉。楊氏漢語抄云大凝菜。」
「海髪　崔禹錫食経云海髪。味鹹小冷。其色黒状如乱髪〈和名以木須。漢語抄云小凝菜〉。」
『延喜式』（主計）
「凡諸国輸調（中略）大凝菜・小凝菜・角俣菜各卌斤（中略）凡中男一人輸作物（中略）大凝菜・海藻各六斤〈相摸国一斤十一両〉、小凝菜・雑海菜各八斤。」
『延喜式』（内膳）
「供御月料（中略）大凝菜四斤八両。」
『延喜式』（大膳）
「称海菜雑盛一籠者。大小凝菜・鹿角菜各盛一斤。」

150
料理（おかず） 追物・雉の別足
追物
『御堂関白記』

「寛仁元年八月廿一日、丙戌（中略）此夜勧学院参摂政并大臣之御慶（中略）次羞飯汁。次々追物等。四巡右少弁資業・右衛門権佐章信。」

『小右記』

「治安二年九月十七日、参法成寺御八講（中略）関白已下着饗座。一献後居汁。次下箸。次追物等。次二献。了月花新出。即余先起座出。」

雉の別足
『北山抄』

「新任饗〈主人暫著親王座〉。雖非太政大臣、猶有様器。（中略）四献〈以下、公卿取之。雉別足〉。茎立、生蚫。五献、獮猴桃、枝柿。」

『厨事類記』

「追物〈焼物〉。雉足〈以薄様裹之〉。零余子焼〈同差物〉。鯛面向。」

「鳥足ハ。或説云。鳥ノ右ノ別足也。ヤキテフシヨリ切テ。薄様ニテツヽミテモルベシ。フシヨリ上ハ。ワリテキリカサネテ。ソバニモル。前ヲキウシロヲキトテヲク。故実云。晴ノ御膳ニハユデヽモリタルガヨキ也。或説ニハ。左足ヲモルベシト云々。」

151
料理（おかず） 亀足の折り方
『四条流料理書』

「亀足ノ事。蒲鉾ニテモヌカゴザシニテモ。組付ノ上下ニヨリテ亀足ノ巻様替ベシ。ケ様ノ事世ニ知人稀成ベシ。口伝。亀足ノカタチノ事ハ螺。蒲鉾ハ同前。ヌカゴザシ以下ノ物ナドハ同前ナルベシ。鳥ノ別足包時ハ又替ベシ。」

152
料理（おかず） 零余子焼
『平記』

「康平五年正月廿日。有大饗事（中略）殿上五位二人取折敷、相従供之。一枚〈蘇・甘栗・零余子焼〉。」

『江家次第』

「大臣家大饗（中略）一枚〈蘇、甘栗、零余子焼、或加腹赤〉。（中略）次一両巡〈納言執之、殿上侍臣取瓶子〉。羞零余子焼、芋粥等。」

『厨事類記』

「零余子焼。羞物。鯉ノ身ヲ皮ニ二分許付ケテ、剥キテ、ソレヲ広サ五分許ニ切天、串ニ刺ス。擂リ醬付ケテ炙ルベシ。」

153
料理（おかず） 焼物
焼物
『民経記』

「寛喜三年二月廿日（中略）一脚。平盤四口〈四角居之。号焼物〈前左鮑、同右雉、後左韮、同右蒜〉。」

鯛平焼
『九暦』

「天暦五年十月廿六日、甲寅。中宮初聞食魚類〈降誕之後、来月満廿ヶ月。世俗云、及廿月聞食魚云々。而故女一親王満廿月初勧魚、仍今月所供〉（中略）右兵衛佐兼家奉抱殿下、就昼御座。有相朝臣先共鯛、次供他魚鳥。」

『中右記』

「長治元年八月十一日（中略）今日依吉日東宮初聞食魚味（中略）東宮出御〈権亮実隆朝臣奉抱天奉居昼御座暫候。白御細長着御〉。大夫卿以御箸令聞食〈鯛鱖、令奉含〉。則入御。」

『厨事類記』

「鯛面向ハ。魚ノ右ノミヤキテマイラス。サラクケニ切ベシ。」

154
料理（おかず） 押年魚・煮塩年魚・火乾年魚
『延喜式』（内膳）
「供御月料。鳥醋・押年魚各十六斤八両。」
「年料（中略）土佐国〈押年魚一千隻、煮塩年魚五缶〉。」
『延喜式』（大膳）
「宴会雑給。親王以下三位已上并四位参議（中略）押年魚四両（中略）四位五位并命婦（中略）押年魚二両。」
『江家次第』
「（正月）供御薬。内膳白石青鎖門供御歯固具、盛青磁。（中略）押鮎一坏〈切盛置頭〉、煮塩鮎一坏〈同切置頭二串〉。」
煮塩年魚・火乾年魚
『和名類聚抄』
「炒熕　唐韻云炒熕〈早備二音漢語抄云炒熕魚、比保之乃以乎。俗云火旱〉。火乾也。」
『延喜式』（民部）
「交易雑物（中略）土佐国〈亀甲四枚、煮塩年魚五缶〉。」
『延喜式』（宮内）
「諸国例貢御贄（中略）但馬〈鮨年魚〉。美作〈鮨年魚〉。」
『延喜式』（内膳）
「旬料。大和国吉野御厨所進鳩、従九月至明年四月。年魚鮨・火干、従四月至八月。月別上下旬各三担。」

155
料理（おかず） 鮨
『和名類聚抄』

「鮨　爾雅注云鮨〈渠脂反与耆同。和名須之〉。鮓属也。野王案大魚曰鮺〈側下反。今案即鮓字也〉。小魚曰鯵〈音侵　音蹔〉。」

『延喜式』（内膳）

「供御月料（中略）雑鮨二斗三升二合五勺。」

「造雑魚鮨十石、味塩魚六斗、河内国江厨所進。」

「造醬鮒・鮨鮒各十石、味塩鮒三石四斗、近江国筑摩厨所進。」

「諸国貢進御贄〈中宮准此〉。旬料（中略）大和国吉野御厨所進鳩。従九月至明年四月。年魚鮨・火干。従四月至八月。月別上下旬各三担。」

『延喜式』（大膳）

「雑給料。参議已上（中略）鮨二斤四両、雑鮨十一両（中略）五位已上卅人（中略）鮨二斤四両（中略）六位已下二百六十人（中略）鮨二両。」

156
料理（おかず） 鱠
『和名類聚抄』

「鱠　唐韻云鱠〈音会。和名奈万須〉。細切肉也。」

『平記』

「長暦元年六月廿八日、亥。戌刻被奉御供於賢所（中略）四合干物〈鞭炮・干鯛・干鮭・堅魚〉、四合生物〈鮎・鮨鮎・鯉・鮒〉。」

『江家次第』

「大臣家大饗（中略）次居汁物〈汁鱠、魚別坏。雉焼有之〉。次四献。次汁物〈雉羹〉。」

157
料理（おかず） 羹・臛・汁物
『和名類聚抄』

「羹　楚辞注云有菜曰羹〈音庚。和名阿豆毛乃〉。無菜曰臛〈呼各反。和名上同。今案是以魚鳥肉為羹也〉。」

「臛　玉篇云臇〈音雖一音浅。和名以利毛乃〉。少汁臛也。」

『吏部王記』

「延長二年正月廿五日、甲子。天子四十御賀、父上皇被献之、於紫宸殿有其儀、采女調和若菜羹供進云々。」

『小右記』

「長元二年四月一日（中略・孟夏旬）執御贄、就版位奏。出日花門。次供蚫羹。次御飯。次居臣下飯・菜物・汁物等。」

158
料理（おかず） 裏焼・茎立
裏焼
『和名類聚抄』

「炰　礼記注云炰〈薄交反。和名豆々三夜木〉。裹焼也。」

『小右記』

「寛仁元年十二月四日、戊辰。今日前摂政太閤下被太政大臣（中略）又有汁物・追物等。其中有裏焼、蘇甘栗。是正月大饗事也。」

『御堂関白記』

「寛弘五年正月廿五日、丁亥。行大饗（中略）三献。勧飯・汁物。此間鷹渡。四献。茎立。五献。裏焼。六献。我勧奥座。」

茎立
『和名類聚抄』

「薹　唐韻云薹〈音豊。和名久々太知。俗用茎立二字〉。蔓菁苗也。」

『延喜式』（内膳）

「供奉雑菜（中略）蔓菁四把〈准四升。自正月迄十二月〉。茎立四把〈准四升。二三月〉。」

『西宮記』

「正月。二日、二宮大饗（中略）二献餛飩、三献飯汁、次楽舞〈各二曲〉。茎立・蘇甘栗、七八巡。宮司給禄。」

『御堂関白記』

「寛弘五年正月廿五日、丁亥。行大饗（中略）三献、勧飯・汁物。此間鷹渡。四献、茎立。五献、裏焼。」

159
料理（おかず） 楚割・焼鮹
楚割
『和名類聚抄』
「魚条　遊仙窟云東海鯔条〈魚条読、須波夜利。本朝式云楚割〉。」
『延喜式』（内膳）
「年料（中略）信濃国〈楚割鮭一荷。納九籠。籠別六隻。例貢十月進之〉。越後国〈楚割鮭八籠八十隻〉。」
『延喜式』（大膳）
「雑給料。参議已上（中略）雑魚楚割三両（中略）五位已上卅人（中略）雑魚楚割三両。」
『西宮記』
「正月。内宴（中略）楚割二口。」
焼鮹
『延喜式』（内膳）
「供御月料（中略）蛸・烏賊各廿三斤四両。」
『延喜式』（大膳）
「春日祭雑給料〈春冬並同〉（中略）蛸廿五斤。」

160
料理（おかず） さまざまな干物・脯・腊
『平記』

「康平三年七月十七日（任大臣大饗・中略）鴿羹〈副鶏頭草、加藜〉、次鮎焼物〈加蚯〉。」

『和名類聚抄』

「鱐　礼記注云鱐〈音周。保之以乎。見本朝式〉。乾魚也。」

「腊　唐韻云脼腊〈居昔二音。和名木多比〉。乾肉也。方言云鳥腊曰膴〈音無又音武〉。」

『延喜式』（主計）

「凡諸国輸調（中略）久恵鱐・鮫鱐各卅三斤五両、雑魚鮨廿六斤、鮹腊四斤、鯛醋・蠣醋各十六斤十両、雑魚鱐卅三斤。」

「凡中男一人輸作物（中略）鹿脯・猪脯・腸醋・雉醋・各　斤。久恵鱐・雑魚醋各二斤。」

『延喜式』（内膳）

「供御月料（中略）脯九斤、鳥醋・押年魚各十六斤八両。」

『延喜式』（大膳）

「宴会雑給。親王以下三位已上并四位参議（中略）雑魚鱐五両一分、雑醋二斤（中略）四位五位并命婦（中略）雑魚鱐三両一分、醋一斤。」

161
料理（おかず） 氷頭・背腸・鮭子・海鼠腸
『和名類聚抄』

「氷頭〈背腸附〉　本朝式云年魚氷頭背腸〈年魚者鮭魚也。氷頭者比乎也。背腸者美奈和太也。或説云謂背為皆訛也〉。」

『延喜式』（内膳）

「年料（中略）越前国〈生鮭三担十二隻三度、鮭児・氷頭・背腸〉。越後国〈楚割鮭八籠八十隻、鮭児・氷頭・背腸各四麻笥〉。丹後国〈生鮭三担十二隻三隻、、氷頭一壺、背腸一壺〉。」

162
料理（おかず）　蒸鰒・御贄
『延喜式』（宮内）
「諸国例貢御贄（中略）右諸国御贄。並依前件、省即検領、各付所司。例貢御贄、直進内裏。其甲斐・相摸・信濃・大宰等返抄。申官行下。納贄殿亦准此。自余諸国省与返抄。」

163
料理（おかず）　薄鰒・熨斗鰒
『延喜式』（内膳）
「供御月料（中略）薄鰒十一斤四両。」
「諸国貢進御贄〈中宮准此〉（中略）年料（中略）大宰府。御取鰒四百五十九斤五裹、短鰒五百十八斤十二裹、薄鰒八百五十五斤十五裹、陰鰒八十六斤三裹、羽割鰒卅九斤一裹、火焼鰒三百卅五斤四裹。」
『小右記』
「万寿元年十月三日（中略）右衛門尉高平進下総守如信朝臣貢馬〈鴾毛〉・蚫三百条等。」

164
料理（おかず）　漬物・菹
糟漬・醬漬
『延喜式』（内膳）
「正月三節（中略）蘿蔔味醬漬瓜、糟漬瓜（中略）右従元日至于三日供之。」
菹
『和名類聚抄』
「説文云菹〈側魚反。和名迩良木。楊氏漢語抄云、楡末菜也〉。菜鮓也。」
『奉写一切経所解』（宝亀二年）
「末楡七斗九升。一斗去季残。六斗九升買当季〈一百卅八把得春〉。用尽〈韲并菹料〉。」
『延喜式』（大学）
「凡籩実（中略）韮菹一升。菁菹一升。芹菹一升。笋菹一升。脯脾折菹五合。葵菹一升。」
『延喜式』（内膳）
「（抜粋）菘菹三石〈料塩二斗四升、楡一斗五升〉。蔓菁菹十石〈料塩八升、楡五升〉。蔓菁切菹一石四斗〈料塩二升四合。楡二升〉。龍葵菹六斗〈料塩六升。楡二升四合〉。蘭菹三斗〈料塩二升四合。楡一升二合〉。蓼菹四斗〈料塩四升、楡一升六合〉。」

165
料理（おかず）　荏裏・須々保利・搗・齏
荏裏
『和名類聚抄』
「荏　野王案云、葉大而有毛其実白者曰荏〈而枕反。和名衣〉。野王案云葉細而香其実黒者曰蘇〈新抄本草云、和名乃良衣。一云奴加衣〉。此二物雖一類其状不同耳。」
「香葇　楊氏漢語抄云香葇〈音柔。和名以沼衣〉。一云水蘇〈今案所出未詳〉。」
『延喜式』（内膳）
「漬年料雑菜（中略）荏裏二石六斗〈料瓜九斗、冬瓜七斗、茄子六斗、菁根四斗、塩一斗二升、醬・未醬・滓醬各一石〉。」
『延喜式』（大膳）
「仁王経斎会供養料（中略）茄子六顆半〈醬漬料二顆、糟漬料二顆、煮菁料一顆、荏裏料一顆、中子料半顆〉。」
「荏裏四百七十六顆（中略）右雑菜正月最勝王経斎会料。夏時造儲。其造法見内膳式。」
須々保利
『新撰字鏡』
「莤菹〈同側魚反、須保利〉。」
『経所食物下帳』（天平宝字六年）
「又下塩弐升青菜須々保理漬四圍漬料〈圍別五合〉。」
『延喜式』（内膳）
「蔓根須須保利六石〈料塩六升、大豆一斗五升〉。菁根須須保利一石〈料塩六升、米五升〉。」
搗・齏
『和名類聚抄』
「齏　四声字苑云齏〈即嵇反訓安不。一云阿倍毛乃〉。擣薑蒜以醋和之。」
「搗蒜　食療経云搗蒜齏〈比流豆木。蒜具見下葷菜類〉。」
『延喜式』（内膳）
「漬年料雑菜（中略）多多良比売花搗三斗〈料塩三斗〉（中略）韮搗四斗〈料塩四升〉。蔓菁黄菜五斗〈料塩三升、粟三升〉（中略）右漬春菜料（中略）菁根搗五斗〈料塩三升〉（中略）鬱萌草搗三斗〈料塩四升五合〉（中略）右漬秋菜料。」

166
料理（おかず）　醢（塩辛）・モムキコミ
醢（塩辛）
『和名類聚抄』
「醢　爾雅注云醢〈乎改反与海同。和名之々比之保〉。肉醬也。陶隠居本草注云肉醬・魚醬皆呼為醢。不入薬用。」
「鱐　唐韻云鱐〈蘇弔反与嘯同。今案、鹿鱐、俗云阿閉豆久利是也〉。切肉合糅也。」
『新儀式』
「天皇加元服事（中略）就中二前居御酒具、一前居八足小机、二前居御酒肴類、礼設脯醢、今代以乾鯛鯛醬。」
『延喜式』（内膳）
「諸国貢進御贄（中略）年料（中略）大宰府（中略）完醢二斗三升一缶。」
『延喜式』（大膳）
「釈奠祭料（中略）鹿醢一升、魚醢一升、兎醢一升（中略）三牲完各一頭。鹿一斗五升〈大羹料〉、鹿一斗〈醢料〉。」
モムキコミ
『和名類聚抄』
「肫　唐韻云肫〈章倫反与春同。漢語抄云、無々木〉。鳥蔵也。」
『二中歴』
「（供膳）大饗。尊者（中略）窪坏物八坏〈肫裹、海月、保夜、蟻、細螺、蝌蜷、石花、肝掻〉。」
『厨事類記』
「牟々鼓褁。雉ノモヽヲ醬ニシテ。ツクリテモルベシ。〈裏書〉モヽキコミナキ時。生イヲノアカミヲタヽキテモル。鳥ノクビノ皮ヲカヒジキノ様ニキリテ。三方モリ物ニヲシツク。黄皮ホソクキリ。ウチヽガヘテ。三方又上ニヲシツクベシ。」

【第四章　行事食】

168
年中行事食・儀礼食　腹赤・蘇甘栗
腹赤
『和名類聚抄』

「鮹魚　弁色立成云鮹魚〈波良可。音宣。今案所出未詳。本朝式用腹赤二字〉。」

『貞観儀式』

「大宰府進礼留腹赤御贄、長若干尺進〈良久乎〉申賜止申。」

『延喜式』（内膳）

「諸国貢進御贄（中略）年料（中略）大宰府〈（中略）腹赤魚、筑後・肥後両国所進出。其数随得。已上別貢〉。右諸国所貢、並依前件、仍収贄殿、以擬供御。但腹赤魚収司家。」

『小右記』

「天元五年正月一日（中略）七曜暦奏・氷様・腹赤等奏、依仰付内侍所〈其由仰内弁左府〉。」

蘇甘栗
『吏部王記』

「天慶八年正月五日。右大臣家饗。羞饌次第。汁物後茎立。次腹赤雉。次蘇甘栗。」

『西宮記』

「給蘇甘栗事（中略）蘇四壺〈大二、小二〉、平栗子十六籠〈上八、中八〉、已上盛甲折櫃一合、居高坏入外居一荷、使蔵人〈青色〉率小舎人一人。」

『小右記』

「永延二年正月二十一日。昨日夕従鎮西献蘇。今日賜蘇甘栗勅使左衛門尉兼隆。」

『侍中群要』

「蘇甘栗使事　大臣家大饗、内蔵人奉仰、召仰出納、令調蘇甘栗等、蘇四壺、栗十六籠、各入折櫃一合、置土高坏、小舎人一人、仕人二人相従之、蔵人束帯〈著麴塵袍〉（中略）蘇甘栗勅使　蘇甘栗等。」

169
年中行事食・儀礼食　歯固
『延喜式』（内膳）
「蘿蔔。味醬漬瓜。糟漬瓜。鹿宍。猪宍。押鮎。煮塩鮎（中略）右従元日至于三日供之。」
『西宮記』
「内膳供御歯固、大根、瓜串刺、押鮎、焼鳥等付進物所。進物所例云、正月元日早朝供奉屠蘇御膳事。猪宍二盤、〈一鮮一焼〉押鮎一盤〈切盛置頭二串〉、煮塩鮎一盤〈同切置頭二串〉。」

170
年中行事食・儀礼食　鏡餅
『江家次第』

「此外称腋御膳。自御厨子所供御歯固具。又供御薬酒等。以高坏六本献之。有餅鏡。〈用近江火切〉。」

『後二条師通記』

「寛治五年正月一日、辛酉。鶏鳴予装束矣、四方拝（中略）。畢今朝餅鏡事如常。次盥事如恒。」

『殿暦』

「康和四年正月一日（中略）辰剋許着冠見鏡。女房并姫君・威徳同之。次出南面てあらふ。」

171
年中行事食・儀礼食　若菜
『荊楚歳時記』

「正月七日為人日。以七種菜為羹（中略）亦載之頭鬢又造華勝相遺。登高賦詩。」

『醍醐天皇御記』

「延喜十三年正月廿一日、甲子。内宴也云々。三献了。女蔵人取若菜羹度御前簀子。給親王已下参議已上。」

『吏部王記』

「延長二年正月廿五日。甲子。天子四十御賀。父上皇被献之。於紫宸殿有其儀。釆女調和若菜羹供進云々。」

『北山抄』

「上子日、供若菜事。〈内蔵寮、内膳司、各供之〉」

172
年中行事食・儀礼食　七種粥・小豆粥
『宇多天皇御記』
「寛平二年二月卅日丙戌。仰善曰。正月十五日七種粥、三月三日桃花餅、五月五日五色粽、七月七日索麪、十月初亥餅等。俗間行来以為歳事。自今以後毎色弁調宜供奉之。于時善為後院別当。故有此仰。」
『延喜式』（主水）
「践祚大嘗会解斎七種御粥料。米、粟、黍子、稗子、葟子、胡麻子、小豆各二斗。塩二顆。」
「正月十五日供御七種粥料〈中宮亦同〉。米一斗五升、粟、黍子、稗子、葟子、胡麻子、小豆各五升。塩四升（中略）同日雑給粥料〈検薪諸司。及大舎人並内侍。内教坊女等料〉。米一石、小豆五斗、塩八升。柏廿把。薪三百六十斤。」
『西宮記』
「御粥　十五日、主水司献御粥事〈七種付女房供之。御器納所当日請之〉。」

173
年中行事食・儀礼食　餅餤
『和名類聚抄』

「餅餤　楊氏漢語抄云、裹餅中納煮合鵝鴨等子并雑菜、而方截。一名餅腅〈玉篇、腅、達濫反、肴也〉。」

列見定考
『西宮記』

「考定〈今日、官中定考也〉（中略）三献之後、居粉熟・飯〈近年、二献居粉熟、三献居飯。始自二三献、計庁失礼行罰、献盃者以下、弁少納言皆飲矣〉。数巡後居餅餤〈或依召置碁枰円座、左右各一面、円座二三枚、弁少納言能碁者応召、厨家調肴物、各以折敷調肴物、以高坏一基盛褁銭、弁少納言相分献盃、近代無之〉。」

餅餤・聡明
『侍中群要』

「餅饘事　列見定考後朝官厨家献餅饘〈入折櫃、居土高坏〉。是殿上料也。依為後懸歟。専非供御料。而不知案内之蔵人献大盤所。或奏事由云々。而今多宛供御、此事如何。可随末代之例歟。」

『御堂関白記』

「寛弘元年二月廿八日（中略）列見着上卿（中略）廿九日、癸未。木定。〈御物忌〉史為孝餅餤持来。」

『小右記』

「治安三年八月十三日、甲辰。一昨考定、今日進餅餤。」

「長元二年二月廿二日、辛巳。昨日列見（中略）、官厨進餅餤。」

『西宮記』

「八月。釈奠。（中略）掃部寮又立隠座〈敷筵立床子〉。本寮允以下居聡明、王卿以下〈以折敷高坏等調、酒正献盃、跪飲〉。」

『中右記』

「長治元年二月三日（中略）今日釈奠也。（中略）三道在論〈明経・明法・算等〉。事了退出。寮官居聡明〈高坏。或後可居之〉。」

174
年中行事食・儀礼食　草餅
『和名類聚抄』
「餻　考声切韻云餻〈古労反字亦作餻、久佐毛知比〉。蒸米屑為之。文徳実録云嘉祥三年訛言曰、今茲三日不可造餻以無母子也。」

『皇太神宮儀式帳』

「一年中行事并月記事 三月例　三日節、新草餅作奉〈弖〉太神并荒祭宮供奉。」

『掌中歴』

「三月三日草餅　周幽王淫乱、群臣愁苦。于時設河上曲水宴。向幽王、或人作草餅貢于王。王嘗其味為美、可献宗廟、周世大治、遂致太平。」

175
年中行事食・儀礼食　茶
『西宮記』

「季御読経事（中略）春夏蔵人所引茶〈初後日不引〉、御前殿上人引。」

『江家次第』

「季御読経事（中略）天喜四年、三ケ日毎夕座侍臣施煎茶、衆僧相加甘葛煎、亦厚朴・生薑等随要施之。」

『日本後紀』

「弘仁六年六月壬寅《三》。令畿内并近江・丹波・播磨等国殖茶。毎年献之。」

『西宮記』

「差造茶使事（中略）三月一日、差造茶使（中略）校書殿使摘茶進所、薬殿生以升量請、造法見例文也。」

『小右記』

「天元五年三月廿七日、己未。今日有論義事（中略）引茶之後御論義事。」

176
年中行事食・儀礼食　粽
『和名類聚抄』
「糉　風土記云糉〈作弄反字亦作粽。和名知万木〉。以菰葉裹米以灰汁煮之。令爛熟也。五月五日啖之。」
『延喜式』（内膳）
「粽料糯米二石〈日別二升五合〉。大角豆六斗〈日別六合六勺〉。苧大二斤、薪六十荷〈直〉、蔣六十束〈物〉。右従三月十日迄五月卅日供料。」
『延喜式』（大膳）
「五月五日節料。粽料。糯米〈参議已上別八合、五位已上別四合〉、大角豆〈五位已上二合〉、搗栗子〈参議已上四合、五位已上二合〉、甘葛汁〈五位已上一合〉、枇杷〈参議已上二合、五位已上一合〉、笋子五圍、箸竹・串竹合三圍、青蔣十一圍、生糸三両一銖。」

177
年中行事食・儀礼食　蓮葉飯
『続日本紀』
「天平五年七月庚午《六》。始令大膳職備盂蘭盆供養。」
『延喜式』（内膳）
「荷葉。稚葉七十五枚。波斐四把半〈並起五月中旬尽六月中旬〉。壮葉七十五枚、蓮子廿房、稚藕十五条〈起六月下旬。尽七月下旬〉。黄葉七十五枚、蓮子廿房、稚藕十五条〈起八月上旬。尽九月下旬〉。右河内国所進。各随月限隔一日供之。」
『延喜式』（大膳）
「七寺盂蘭盆供養料。寺別、餅菜料米一斗四合、糯米二斗、（中略）荷葉三百枚。」

178
年中行事食・儀礼食　菊酒
『風俗通義』

「南陽郡酈縣有甘谷、谷水甘美。云其山上有大菊落水、従山下流、得其滋液。谷中有三千余家、不復穿井、悉飲此水、上寿百二三十、其中年亦七八十。」

『小野宮年中行事』

「九日節会事。早朝。書司献菊花二瓶〈有台〉（中略）当日上卿奏諸王卿以下侍従以上可給菊酒之状。」

『北山抄』

「九日節会事。不出御者上卿奏請、侍従等可給菊酒之由、即於宜陽殿給之。如旬儀。」

『小右記』

「寛弘二年九月九日（中略）至九日平座（中略）仍内府以蔵人広業朝臣令奏聞。其詞云、菊水給者。未知其由、水字若酒歟。奇恠也。就中無可給菊酒於卿相・侍従之詞、足嘲咲也、左金吾有咲気。」

179
年中行事食・儀礼食　氷魚
『和名類聚抄』

「鮞　考聲切韻曰〈音小、今按俗云氷魚是也。初学記冬事対、雖有氷魚霜鶴之文、而尋其義非也〉。白小魚名也。似鮊魚長一二寸者也。」

『延喜式』（内膳）

「年料（中略）近江国〈煮塩年魚二石、鮒、鱒、阿米魚、氷魚〉（中略）山城国・近江国氷魚網代各一処、其氷魚始九月、迄十二月三十日貢之。」

『北山抄』

「旬事〈十月同之。他月近例不必出御〉（中略）十月賜氷魚。其儀、采女二人〈一人陪膳〉取氷魚指塩〈預盛片垸供之〉進来。坐貫主主人西頭。下座跪給之。置大盤上復座。目出居令召内豎。内豎二人参上。取氷魚等次第持列。各以匕一度搔取、指塩沃上〈延喜十一年五月、旧粽甘葛煎等。其儀同氷魚也〉。」

『侍中群要』

「巳一刻供日次御贄〈衛府随番、近江国、月次所、東西河。件河五月五日以後九月九日以前供御贄、宇治・田上御網代、自九月九日至于新嘗会供氷魚〉。」

180
年中行事食・儀礼食　亥子餅
『小右記』

「正暦元年十月廿一日、癸亥。依対御方消息、調火桶二口・箸等送之。鉢盛物〈松実餅等也〉。尚侍聊有家餅経営。依其事歟。」

『政事要略』

「蔵人式云、初亥日、内蔵寮進、殿上男・女房料餅〈各一折櫃〉。内蔵所進餅、已見人給料。但又大炊寮出渡糯米、内膳司備調供御、雖不載式文、寮司供来尚矣。群忌隆集云、十月亥日、食餅除万病。雑五行書云、十月亥日、食餅令人無病〈亥日之餅、本縁如此。愛敬之詞、未詳其説〉。」

【第五章　中世・近世の有職料理】

182
中世・近世の貴族社会の食　昆布鰒・菱花びら
昆布鰒
『御湯殿上日記』

「慶長三年正月六日、としこしの御盃一献、御こぶあわにてまいる。」

『後水尾院当時年中行事』

「正月（中略）若諸礼十五日已後なれば、已後は三さかなを用ひざれば、こぶあはびをすうる也。」

菱花びら
『後水尾院当時年中行事』

「はいせんの人ハ、ひさしに候す。二献参る〈初こんひし花平、二こんかへ〉。女中にもたふ。」

「四日。あしたの物同。七日をのぞきて十四日まで八、ひし花平を供す。」

183
中世・近世の貴族社会の食　おあさ団子
『禁裏御膳式目』

「御団子（上様斗寒サラシ餅粉金かん程に丸め小豆のこし粉なり）、御吸物（たひひれ）、重肴。」

『幕末の宮廷』

「まず『おあさ』を献上いたします（中略）普通の団子くらいの大きさで、外に餡がたくさん被せてあります。それも砂糖のない時分でございますによって、塩餡でございます。」

184
近世の貴族社会の食　鶴汁
『平記』

「康平三年七月十七日癸卯、酉刻節会（任大臣）（中略）次鶴羹〈副鶏頭草加藜〉。」

『愚昧記』

「文治五年七月十日（中略）次居熱汁〈鶴羹也〉。」

『御湯殿上日記』

「慶長十四年十一月十二日　前しやうくん（家康）よりたかのつるしん上あり」

『泰重卿記』

「晩於禁中舞御覧。鶴之庖丁ハ大隅〈信守〉、白鳥ハ高橋〈宗好〉庖丁也。」

『後水尾院当時年中行事』

「十七日舞御覧あり（中略）先鶴庖丁あり。小預是を奉仕す。」

185
近世の貴族社会の食　嘉祥・月見・生身玉
嘉祥・月見
『世諺問答』

「とふていわく、嘉定と申事は何のゆへぞや。答、この事はさらに本説ありがたきことにや。たゞかの銭の銘に、かぢやう通宝と侍れば、勝と云みやうぜんを、しやうくわんするよしをぞ承をよび侍りし。」

『後水尾院当時年中行事』

「六月十六日。兼日おのおの嘉定をたぶ（中略）何にても七種とりならべて、御前に供ず。（後略）」

生身玉
『親長卿記』

「文明八年七月十一日、参内、依召也。若宮御方已下有御祝之儀〈いきみたま云々〉。」

『親元日記』

「寛正六年七月十一日丙辰、新造御生御玉。」

『二水記』

「文亀四年七月七日乙未、今日参宮御方御目出事有之。十日戊戌、今日未刻宮宮御目出事御申沙汰有之。竹園御両御所宮御方、二宮御方（中略）新御所於小御所有之。月卿雲客已下候縁。悉円座。十一献参之。堂上歌有之、悉沈酔。」

186
近世の貴族社会の食　尾花粥・亥子餅・能勢餅
尾花粥
『公事根源』

「八朔風俗　この事はさらに本説なし（中略）円明寺太閤の文永の記に、此七八年よりこのかた、殊に天下に流布せるよしのせられたり、誠に建長のころよりの事成べきか。」

『康富記』

「文安五年八月一日乙卯、（中略）又今日尾花之粥事、其由来何事哉、自然見及歟之由令問之給。未見及、未知其子細之由返答了。」

『海人藻芥』

「八月朔日ニ、小花粥、内裏仙洞以下令用給、良薬ト云々。彼粥調法ハ、薄ヲ黒焼ニシテ粥ニ入合ス也。」

亥子餅・能勢餅
『後水尾院当時年中行事』

「ゐのこ、亥に当る日なり（中略）御げんでうのいろハ、公卿たるまでは黒白、品々殿上人ハ赤、五位殿上人以下は白、児ハ赤、地下ハ白、花そくの人は二度一度も「二度に一度」も赤は黒、白きハ赤を給はるなり。」

『禁中年中行事』

「のせもらといふ、丹波国野瀬の里より上ル、亥の日三ツあれば二度上ル、御所の仕丁とりに行也。」

187
近世の貴族社会の食　温糟粥・豆腐田楽
温糟粥
『二水記』

「永正十七年十二月八日、臘八之御盃如常。温臓於御末令食了、巳刻許退出了。」

『御湯殿上日記』

「慶長八年十二月八日、うんそう、御あしたの物に参る。」

『後水尾院当時年中行事』

「八日。あしたの物に、うむそうかゆを供す。夕方、うんそうかゆの御盃参る。」

煤払・豆腐田楽
『後水尾院当時年中行事』

「煤払。陰陽頭勘文に随ひて日時を定めらる丶。（中略）其所にて一献あり。初献かちん、二こんてんかく、供し終りて御前をしつす。」

『禁中恒例年中行事』

「御煤払〈十一月中撰吉日有之〉（中略）初献、コサシ数ノ子トウフ、櫃司調進。二献、索麺。三献、ヒシ鯣、菓物、ハカマコシ道喜調進、デンガク御清所ニテ調之、雑煮同、アツカベ、於貝橋車寄調之。」

188
近世の宮中の食器類
『維新前の宮廷生活』

「御所で食事を戴く時に、食器が茶碗であるか椀であるかによって、大変な懸隔があります。恐れながら御上は茶碗で召し上がります。摂家・親王・大臣以下六位以上の分は皆茶碗で食べ、七位以下または無位無官の分は皆椀で食べる。」

『禁裏御膳式目』

「御茶碗ハいまり焼也。尤御茶碗一ケ月限毎月朔日ニ替り申候」

193
近代の宮中の食器類
『太政官内達』（明治4年8月23日）
「西洋各国帝王等儀式并内宴ノ節相用候膳部ノ食器酒杯類其他共鮫島少弁務使へ注文代料ノ儀御申立ノ如ク則大蔵省ヘ相達候条為御心得此段申入候也。」
『太政官達』（明治5年10月22日）
「本野外務一等書記官へ達〈正院〉。別紙ノ品々御買入相成候ニ付、於彼地寺島特命全権公使協議ノ上、可然品見計買揚方可取計候也。
記。一倚子　三十六客　一揃。一食器　三十六　一揃。一馬車　最上ノ品　二輌。此外食場ニ陳列ノ器類一切御買揚ノ事。」

ひらもり　平盛　**19**, 34
ひる　蒜　7, 8, 11, 64, 96, 98
びわ（みわ）　枇杷　45, **107**
びわます（あめ、あめのいお）　鯇（阿米魚、水鮏）　7, **117**, 155
ひわりご　檜破子（檜破籠）　40, 180

ふ

ふかくさ　深草　32, **35**
ふき（ふぶき）　蕗　22, 87, **88**, 89
ふずく（ふんずく）　粉熟　32, 67, 78, 80, 146, 147
ぶと　餢飳　136, 137
ふな　鮒（鰿、鯽）　7, 8, 25, 56, 57, 115, **116**, 117, 156, 158
ふなのすし　鮒鮨　7, 10, **155**
ふのり　海蘿（布苔）　**114**
ふのり（つのまた）　鹿角菜　**114**

へ

へいじ（かめ）　瓶子　17, 36, **42**, 138
へいだん　餅餤　**173**
べっそく　別足　**150**, 153

ほ

ほうちょう　庖丁　12, **30**, 31, 133
ほしいい　糒（乾飯）　44, 70, **71**, 136, 138, 143
ほしいお　鱐　**160**
ほじし　脯　7, 10, 19, 22, 28, 57, 100, 119, 121, 124, 133, 134, 159, **160**, 173
ほぞち　熟瓜（蜜瓜、甘瓜）　27, 95, **104**
ほや　老海鼠（保夜）　16, 19, 23, 126, **127**, 166
ほんだわら（なのりそ、じんばそう）　莫鳴菜（神馬藻）　**114**

ま

まがり　糫餅　**136**, 137, 142
まこも（こも）　菰（蔣、茭）　95, **97**, 176
またたび（わたたび）　木天蓼　**101**
まつ　松　26, 94, 99, **100**, 180
まな　真菜（真魚）　**30**, 36, 184
まなづる　鶬　16, 62, 88, 89, 148, 153, 157, 184

み

みかよのもちい　三日夜餅　33, **73**, 141, 180
みくさのかす　三種糟　**48**, 49, 50
みぐすり　御薬　32, 33, 44, **51**, 101
みくりや　御厨　**116**, 122, 123, 148, 155, 162
みずうまや　水駅　**70**
みせん　味煎　139
みそ　未醤（味醤）　**56**, 169
みそづけ　未醤漬　169
みつ（みち）　蜜　**45**, 82, 131, 136, 141, 142, 143, 174, 175
みなわた　背腸（皆腸）　7, 10, 119, **161**
みみざら　耳皿　32
みょうが（めか）　蘘荷（蘘苴）　164
みる　海松（水松）　7, 8, 16, 31, 87, 94, 111, **112**, 114, 150

む

むかご（ぬかご）　零余子　91, **92**, 150, 152
むかごやき（ぬかごやき）　零余子焼　92, **152**
むぎかた　捻頭（麦子）　136, 137, 142
むしあわび　蒸鰒　122, **162**
むべ　郁子（棣）　26, **109**
むむき　肫　**166**
むらさきうに（うに）　霊蠃子（棘甲蠃）　8, **126**
むらさきのり　紫菜（紫苔）　8, 111, **113**

め

めかぶ（まなかし）　海藻根　7, 8, **110**, 114
めん（むぎこ）　麺　70, 77, **78**, 144, 145, 147, 187

も

もしお　藻塩　**53**
もずく（もづく）　水雲（海雲）　90, **111**, 114, 152
もちい　餅　18, 31, 33, 67, **72**, 73, 75, **78**, 80, 82, 91, 100, **141**, 146, 170, 173, 174, 180, 182, 183, 185, 186, 187
もちゐかがみ　餅鏡　**170**
もちごめ　糯米　9, 46, 54, 55, 67, 71, 72, 74, 78, 80, 141, 142, 176, 177
もちほしいい　糯糒　**71**
もむきこみ　牟々岐羮　166
もも　桃　7, 22, 26, 100, 105, 106
もやし（よねのもやし）　蘖　48, 52
もやのだいきょう　母屋大饗　**12**, 13, 19, 23, 29, 34, 35, 38, 41, 42, 101, 121, 127, 128, 129, 130, 133, 147, 150, 158, 166
もろみ　醪　48, 49

や

やきだこ　焼蛸　22, 23, **159**
やきもの　焼物　16, 119, 133, 148, 150, 152, **153**, 159
やくがい　夜久貝（錦貝）　**125**
やどかり（かみな）　蟹蜷（寄居子）　7, 19, **128**
やまのいも（やまついも）　薯蕷（山芋、暑預）　16, 44, **92**, 93, 131, **139**, 140, 147, 148, 150, 152, 172
やまもも　楊梅（山桜桃）　26, 107

ゆ

ゆかもの　由加物（斎甕物）　**86**, 123, 125, 129
ゆづけ　湯漬　16, **70**
ゆむし（い）　蝙蛞（蝛蛦）　**130**

よ

ようき　様器　34, **35**, 36, 38, 70
よめな（おはぎ）　嫁菜（薺蒿、莪蒿）　**82**

ら

らい（もたい）　罍　**40**
らいし　櫑子　**40**
らっきょう（おほみら）　薤　**64**

り

りょうり　料理　6, 18, 19, 23, 25, 28, **30**, 31, 38, 46, 54, 56, 67, 69, 72, 78, 83, 84, 85, 87, 89, 90, 94, 95, 98, 110, 114, 123, 133, 134, 135, 138, 139, 144, 145, 147, 148, 150, 153, 154, 156, 158, 162, 166, 167, 169, 170, 173, 177, 181, 182, 183, 184, 193
りんいん　廩院　9, 18
りんじかく　臨時客　**14**, 38, 39, 41, 83, 84, 94, 101, 111, 127, 133, 139, 150, 152, 157, 168

る

るり　瑠璃　**36**, 42

れ

れいしゅ（こさけ、ひとよざけ）　醴酒　18, 48, 49, **50**
れんこん（はちすのね）　蓮根（藕）　24, **87**, 94, 177

わ

わかな　若菜　82, 83, 90, 94, 111, 157, **171**, 172
わかめ（にぎめ）　海藻（和布）　6, 7, 8, 10, 11, 30, 65, 95, **110**, 111, 112, 114
わさび　山薑（山葵）　7, 23, **62**, 148
わらび　蕨　22, 82, **85**, 90, 111
わりご　破子（割籠、樏子）　**40**

127, 149, 154, 155, 159, 160, 161, 162, 163
ちょうし（さしなべ、さすなべ） 銚子 17, **41**

つ

ついがさね 衝重 38, **39**, 182, 183
ついし 餢子 **136**, 137
つき 搗 **165**
つきかす 擣糟 **48**, 49, 50
つきみ 月見 185
つくえ（き） 机 14, 15, **37**, 38, 39, 144
つちい 土居 **38**
つつみいい 裹飯 **69**
つつみやき 裹焼（包焼、炰） 14, 16, 150, **158**
つばいもちい 椿餅 26, 91, 103, **138**
つばき 椿（海石榴） 52, **66**, 138
つるのほうちょう 鶴庖丁 **184**

て

てんじょうのえんずい 殿上淵酔 **15**, 17
てんせい 黏臍 77, **78**, 136, 137, 145

と

とうし 桐枝（桃枝） **136**, 137
とうふでんがく 豆腐田楽 **187**
どくだみ（しぶき） 蕺（葅草、出茄） **85**
ところ 薢（野老） **91**, 92
ところてん（こころぶと） 心太 11, **149**
とさかのり 鶏冠菜（鳥坂苔） **114**
どしょうさん 度嶂散 **51**
とそ 屠蘇 **51**, 169
とりのこ 鳥の子 **29**, 122
とんじき 屯食 **69**
とんしゅ 頓酒 **48**

な

ないえん 内宴 **17**, 33, 35, 37, 108, 127, 130, 147, 171
ないぜんし（うちのかしわでのつかさ） 内膳司 6, **18**, 20, 33, 44, 73, 78, 90, 95, 104, 111, 113, 123, 136, 138, 145, 170, 184, 193
ながにし（にし） 小辛螺（蓼螺子） **123**
なき 水葱（蔛菜） 64, **81**, 164
なし 梨（含消） 7, 16, 22, 23, 26, 91, 100, 102, **108**, 138, 162
なす（なすび） 茄子（紫瓜子） 22, 50, 56, **95**, 164, 165, 169, 185
なずな 薺 **83**, 90, 111, 150, 171
なっとう 納豆 **65**
なつめ（さねぶと） 棗 7, 16, 22, 23, 26, 91, 99, 100, **102**, 106, 131, 146, 162
ななくさのかゆ 七種粥 75, 106, **172**
なまこ（こ） 海鼠 8, 19, 23, 25, **127**, 161
なます 鱠 16, 23, 25, 115, 117, 122, 148, 153, **156**, 161, 166
なまだいず 生大豆 **79**
なまもの 生物 16, **23**, 52, 117, 119, 127, 133, 150, 153, 156, 161

に

にかつお 煮堅魚 8, 58, **59**, **60**, 120
にぐうのだいきょう 二宮大饗 **14**, 17, 84, 108, 147
にくしょく 肉食 **28**, **29**, 134, 169, 193
にしおのあゆ 煮塩年魚 7, 8, 10, 115, 117, **154**
にしのいち 西市 **11**, 46, 53, 56, 110, 149
にら 韮 **64**, 96, 100, 165
にらぎ 菹 22, 62, 65, 84, 94, **164**
にれ（やにれ） 楡 22, 62, **65**, 84, 94, 128, 164
にわとり（とり） 鶏 **28**, **29**, 184
にんだいじん 任大臣 16, 34, 35, 37, 88, 89, 91, 101, 105, 117, 127, 130, 133, 139, 140, 147, 148, 153, 155, 156, 157, 159, 162, 184
にんにく（おおひる） 大蒜 **64**, 96

ね

ねぎ（き） 葱 64, 81, **96**
ねのひ 子の日 90, **171**

の

のしあわび 熨斗鰒 122, **163**
のせもち 能勢餅 **186**
のびる（あららぎ） 薗蒿（薗、野蒜） **96**, 164

は

ばいし 梅枝 36, 136, 137
はいりゅう 盃流（流杯） 15, 174
はがため 歯固 28, 29, 72, 83, 93, 95, 134, 154, **169**, 170, 182
はかまごし 袴腰 **187**
はくたく（はうたう） 餺飥 80, 92, **147**
はくまい（しらよね） 白米 **9**, 80, 136, 141, 146
はし 箸（扶提） 16, 30, **32**, 33, 34, 50, 68, 72, 73, 140, 147, 157, 183, 184, 185
はしだい 箸台 **32**, **33**, 73
はしばみ 榛（榿） **100**
はす（はちす） 蓮 24, 81, **87**, 93, 94, 177
はすのみ（はちすのみ） 蓮子 **87**, 177
はちすはのいい 蓮葉飯（荷葉飯） 87, **177**
ばっしゅ 罰酒 **17**
ばとうばん 馬頭盤 16, **33**
はなたちばな（ろきつ） 盧橘 **107**
ははこぐさ（ははこ） 母子草（菴蘆子） **82**, 141, **174**
ばふんうに（つひ） 甲蠃子（海蠃） 8, **126**
はまぐり（うむき） 蛤（含漿、蚌蛤） 25, **123**, 124
はらか 腹赤（鮠魚） 7, 25, 31, 84, 108, **168**

ひ

ひえ 稗（薭） **75**, 172
ひお 氷魚（鮞） 7, 63, 117, **179**
ひがしのいち 東市 **11**, 53, 54, 72, 76, 110, 149
ひきたれ 引垂 **153**
ひさげ 提子 **41**
ひさしのだいきょう 庇大饗（廂大饗） 12, 19, 23, 34, 35, 94, 121, 128, 130, 133, 139, 147, 148, 150, 155, 157, 158, 159
ひし 菱（芰、芰） 16, 23, 26, **91**, 100
ひしお（ししびしお） 醢 18, 28, **57**, 100, 166
ひしお 醬（豆醢） 18, **54**
ひしおだいず 醬大豆 10, 56
ひしおづけ 醬漬 169
ひじき（ひずきも） 鹿尾菜（六味菜） **112**
ひしはなびら 菱花びら **182**
ひそく 秘色 **36**
ひたれ（あぶらしり） 臎 **153**
ひちら 餺饠 77, 78, **136**, 137, 145
ひづ 氷頭 7, 10, 119, **161**
ひのためしのそう 氷様奏 **27**
びぶつ 美物 **25**, 28, 129
ひぼしのあゆ 火乾年魚 10, 115, **154**
ひむろ 氷室 18, **27**, 68, 140, 168
ひめ 糄糅 **68**
ひめいい（ひめいひ） 姫飯 **68**, 74, 157
ひもの（からもの） 干物 10, 16, **22**, **23**, 24, 25, 52, 58, 60, 87, 113, 118, 119, 120, 121, 124, 128, 133, 150, 153, 159, **160**
ひもろぎ 胙 28, **173**
びゃくさん 白散 51, 169
ひゆ 莧 88
ひらぐり 平栗 26, 98, 168
ひらで 平手 **19**

さけ　鮭（鮏、年魚）　7, 10, 19, 22, 23, 24, 58, 106, 115, 117, **119**, 155, 156, 159, 161
さけのこ　鮭子　10, 119, **161**
さけのこごもり　鮭内子　119, **161**
さざえ　栄螺（栄螺子）　123, **125**, 126
ささげ　大角豆（白角豆）　6, 10, 26, **80**, 146, 172, 176, 180
さじ（かい）　匙（匕）　16, **32**, 33, 34, 63, 68, 179, 185
さしさば　刺鯖　**185**
さといも（いえついも）　芋　86, 92, **93**, 97, 139, 182
さとう　砂糖（沙糖）　**44**, 46, 47, 138, 181, 183
さば（あおさば）　鯖　19, 118, **120**, 185
さるなし（しらくち、こくは）
　獼猴桃　101, 105, 150
さんしょう（なるはじかみ、ふさはじかみ）
　蜀椒（山椒）　22, 51, **61**, 66, 187
さんせい　三牲　**28**, 115, 166
さんぼう　三方　**39**, 166, 187

し

しい（しひ）　椎　26, **99**, 141
しいのわえ　志比乃和恵　**99**
しお（あわしお）　塩（白塩）　8, 11, 22, 23, 52, **53**, 54, 55, 56, 57, 58, 59, 61, 62, 63, 65, 81, 82, 84, 85, 87, 88, 89, 90, 100, 101, 105, 106, 108, 110, 123, 126, 128, 129, 130, 142, 144, 148, 154, 155, 159, 160, 161, 164, 165, 166, 172, 179, 184
しか（か）　鹿　22, 25, 28, 29, 57, 100, 128, **134**, 155, 160, 166, 173
しし　宍　**28**, 29, 169
ししびしお　宍醢　**57**
ししびしお　醢（肉醤）　**166**
しすのもの（よぐさもの）　四種物　**23**, 34, 49, 52, 54, 62
しとぎもちい　粢餅　**141**
しほう　四方　**39**, 152
しゅき　朱器　**34**, 35, 136, 147
しゅきだいばん　朱器台盤　12, **34**, 37
じゅくしゅ　熟酒　**48**
しゅすいし（もいとりのつかさ）
　主水司　**18**, 68, 172
じゅんりゅう　巡流　**17**, 35
しょういん　醤院　**18**, 54
しょうが（くれのはじかみ、あなはじかみ）
　生薑（生姜、稚薑）　23, **61**, 62, 64, 65, 144, 164, 175
しょうへい　唱平　**17**
しょうまい（つきしねつきよね）
　舂米　8, **9**, 18, 77
しょうゆ　醤油　54, 181, 185
しるなます　汁鱠　16, **148**, 156
しるもの　汁物　21, 22, 34, 61, 62, 83, 84, 85, 88, 89, 119, **157**, 158
しろき　白酒　**51**

す

す（からさけ）　酢（苦酒）　18, 23, 49, **52**, 56, 58, 60, 62, 64, 112, 123, 126, 130, 144, 145, 150, 156, 165
すいはん　水飯　16, 18, **70**, 87, 155
すごも　簀薦　**37**
すし　鮨（鮓）　7, 8, 10, 25, 28, 57, 115, 116, 119, 121, 122, 126, 127, 134, 154, **155**, 156
すずき　鱸　7, 16, 23, 25, 31, **117**, 156, 162
すずな　菘　**84**, 90, 164, 171
すすほり　須須保利（菹葅）　22, 84, **165**
すばく　寸白　**99**
すはやり　楚割（魚条）　7, 8, 10, 22, 23, 24, 60, 119, **159**, 161, 162
すもも　李（酢桃、黄吉）　26, 100, 105, **106**, 190
すりびしお　擂り醤　**152**

せ

せきてん　釈奠　16, 28, 40, 57, 61, 75, 86, 88, 94, 100, 115, 134, 160, 164, 165, **166**, 171, 173
せり　芹（水英）　22, **81**, 85, 90, 100, 111, 164, 171
せんべい　煎餅　**136**, 137

そ

そ　蘇（酥）　12, **131**, 132, 152, 168
そあまぐり　蘇甘栗　12, 14, 16, 84, 98, 152, **168**
ぞうしゅし（みきのつかさ）
　造酒司　6, 17, **18**, 48, 49, 50, 52
そうめい　聡明　**173**
ぞうもちい　雑餅　**141**
そみつせん　蘇蜜煎　105, 131, 175

た

たい（たひ）　鯛　7, 22, 23, 24, 25, 57, 58, 64, 115, 118, **119**, 120, 121, 133, 150, 152, 153, 156, 159, 160, 162, 169, 182
だいご　醍醐　**131**
だいこん（おおね）　大根（葍、蘿菔）　**83**, 156, 169, 182
だいず（まめ）　大豆（菽）　10, 22, 54, 55, 56, 65, 76, **79**, 80, 105, 142, 146, 164, 165, 172, 175, 180, 187
だいぜんしき（おおかしわでのつかさ）
　大膳職　6, **18**, 19, 54, 56, 57, 65, 142, 145, 166
たいのひらやき　鯛平焼　**153**
だいばん　台盤（大槃）　12, 14, 15, 17, 34, **37**, 42, 69, 77, 140
だいばんどころ　台盤所　**37**, 69
たかおりしき　高折敷　**39**
たかつき　高坏　16, 19, 36, **38**, 40, 100, 147, 173
たかつき　籩　**100**, 173
たかな　辛芥　**63**
たかのとり　鷹の鳥　**28**, **29**
たかもり　高盛　16, **19**, 26, 34, 68, 159
たけのこ（たかむな）　笋（筍）　40, **94**, 97, 100
たこ　鮹（蚸、蛸）　16, 19, 22, 23, 24, 25, **121**, 148, 155, 159, 160
たちつくりどころ　立作所　**12**, 30, 31, 42, 124, 133
たちばな　橘（金衣）　26, 62, 100, **102**, 105, 107, 130, 138, 154, 170
たづかさくべい（たづか）　手束索餅　**144**, **145**
たで　蓼　23, **62**, 65, 90, 111, 164
たてばし　立箸　**16**

ち

ちしゃ（ちさ）　萵苣（白苣）　**90**
ちそく　雉足　**150**, 151, 152
ちまき　粽（糭）　80, 97, 106, 136, 138, 146, **176**
ちゃ　茶　44, 85, 105, **175**, 182
ちゅうなんさくもつ　中男作物　7, **10**, 28, 58, 61, 62, 63, 66, 67, 98, 110, 111, 113, 115, 117, 118, 119, 120, 121, 124, 133, 134, 149, 154, 155, 159, 160, 161, 162, 163
ちょう　調　**8**, 10, 53, 58, 62, 66, 110, 111, 112, 113, 116, 120, 121, 122, 123, 125, 126,

かじめ　未滑海藻（搗布）　8, **111**
かじょう　嘉祥　**185**
かしわで　膳部　18, **19**, 31
かす　糟　48, 49, **50**, 84, 164
かすづけ　糟漬　50, 61, 81, 95, **164**, 169
かすびしお　滓醤　**54**, 55, 56, 84, 110, 164, 165
かせ　石陰子（甲蠃）　8, 125, **126**
かたかゆ　饘　18, **68**
かたくちのちょうし　片口銚子　**41**
かたしお（きたし）　堅塩（黒塩）　**53**, 100
かちぐり　搗栗　26, **98**, 146, 182
かつう　嘉通　**185**
かつお　鰹（堅魚、鮰）　6, 8, 10, 31, 58, 59, 60, 118, **120**, 130, 156, 159
かつおいろり　堅魚煎汁　8, 10, **58**, 59, 60, 120
かづきめ　潜女　123, 125, 129, 162
かっこ　餲餅（餲餬）　78, **136**, 137, 145
かにひしこ　蟹胥　**128**
かのしし　鹿宍　**28**, 169
かのほじし　鹿脯　28, 57, 100, 134, **160**, 173
かぶ（かぶら）　蔓菁、菁根（蕪、茎立）　**84**, 108, 158, 164, 165
かまぼこ　蒲鉾　24, **148**, 151
かめのて（せい）　尨蹄子（石花、石華）　**129**
かや（かへ）　榧（柏、栢）　26, 31, 69, **99**, 100, 177
かゆ（しるかゆ）　粥　18, 47, **68**, 74, 94, 101, 139, 146, 172, 186, 187
からがし（からくだもの）　唐菓子　26, 46, 67, 77, 78, 91, **136**, 137, 138, 142, 143, 145
からし　芥子　**63**, 158
かれいけ　餉笥　**40**
かわらけ　土器　32, **35**, 36, 53, 73, 183
かん　燗　12, 14, **41**, 50, 51, 190
かんきだん　歓喜団（団喜）　67, 136, **137**

き

きがし　木菓子　**26**, 105, 136
きくざけ　菊酒　**178**
きくらげ（きのみみ）　蕈（木耳）　**97**
きさご（しただみ）　小蠃子（細螺）　8, 123, **125**
きじ（きぎす）　雉　7, 10, 12, 16, 22, 23, 24, 25, 29, 84, 117, 124, **133**, 148, 150, 151, 152, 153, 156, 157, 159, 160, 166, 169, 182, 184
ぎしぎし（しぶくさ）　羊蹄菜　85, **86**
きそく　亀足　**151**
きたい　腊　6, 7, 22, 28, 128, **160**
きのこ（たけ）　菌茸　**97**
きび　黍　71, **75**, 172, 173, 176
ぎゅうにゅう（うしのち）　牛乳　**131**, 132, 136, 160
ぎょうしゅ　行酒　**17**, 18, 42
ぎんき　銀器　19, **34**, 35

く

くき　豉　**65**
くくたち　茎立（蕓）　14, 16, **84**, 150, 153, **158**
くごびしお　供御醤　**54**
くさもちい　餻（草餅）　82, 106, 143, **174**
くだもの（かし）　菓子　11, 15, 16, 18, 19, 22, 23, 24, **26**, 30, 31, 34, 40, 44, 66, 69, 91, 92, 98, 99, 100, 101, 102, 103, 104, 105, 107, 108, 109, 136, 138, 141, 142, 143, 145, 146, 147, 150, 176, 185, 187
くぼつき　窪坏　**19**, 23, 31, 34
くぼつきもの　窪坏物　16, **23**, 119, 127, 130, 150, 153, 161
くぼて　窪手　**19**
くらげ　海月（水母）　19, 23, 25, 60, **130**
くり　栗（撰子）　12, 16, 22, 23, 26, 72, 80, 91, 97, **98**, 99, 100, 101, 103, 105, 106, 108, 138, 146, 152, 168, 172, 173, 180, 182, 186, 187
くるすの　栗栖野　**35**
くるみ　胡桃（呉桃）　7, 60, 66, **98**, 120, 144, 152, 153, 158, 162
くろがきのつくえ　黒柿机　**37**
くろき　黒酒　**51**
くろよね　黒米（玄米）　**9**
くわえのちょうし　加えの銚子　**41**

け

けいしん　桂心　**77**, 78, 136, 137, 145
けいとうそう　鶏頭草　16, **88**, 89, 153, 158
けずりひ　削氷　16, 44, 139, **140**
けずりもの　削物　22, 60, 121, **159**
げんちょ　玄猪　**186**
けんぱい　勧盃　**17**, 42, 50

こ

こい（こひ）　鯉（鮜、鯶）　10, 12, 16, 23, 24, 25, 30, 31, 97, **115**, 116, 117, 133, 148, 152, 156, 169
ごいしゅ　御井酒　**48**, 49
こうえきぞうもつ　交易雑物　**10**, 40, 56, 58, 65, 66, 75, 76, 79, 80, 110, 112, 113, 114, 121, 127, 134, 149, 160, 161, 162
こうほね（かわほね）　河骨（骨蓬）　**94**
ごか　五菓（五果）　99, **100**, 102, 105, 106
こくびしお　穀醤　**54**
こころば　心葉　24, **38**
こしき　甑　**68**
ごしゅ　御酒　34, **48**, 49
こなもちい　粉餅　**141**
このわた　海鼠腸　127, **161**
こぶあわ　昆布鰒　122, **182**
こへい　胡瓶　**42**
ごま（うごま）　胡麻　10, **66**, 67, 75, 80, 136, 141, 145, 146, 165, 172, 180, 186
こむぎ（まむぎ）　小麦、小麦粉　10, 46, 47, 54, 55, 56, 76, **77**, 78, 80, 136, 142, 144, 145, 146, 147
こもふつろ（こもづの）　菰首（菰角）　**97**
ごようまつ　五葉松　**100**
こよしもののしる　寒汁　62, **148**, 156
こるもは　大凝菜　**149**
こわいい（こはいひ）　強飯　18, **68**, 74, 80, 157, 169, 180
こんとん　餛飩　14, 16, 77, 78, 80, 138, 144, 145, **147**
こんぶ（ひろめ、えびすめ）　昆布（広布、蝦夷布）　7, 87, 92, **110**, 122, 158, 162, 187
こんるり　紺瑠璃　**36**

さ

さかな（ふくしもの）　肴　23, **30**, 50, 70, 125, 126, 150, 169, 182
さかべどころ　酒部所　12, 14, 41, **50**
さくべい（むぎなわ）　索餅（麦縄）　11, 46, 56, 61, 77, 78, 136, **144**, **145**, 146, 147
さくべいあめ（むぎなわあめ）　索餅糖　145
さけ　酒　12, 13, 14, 15, 16, 17, 18, 23, 25, 30, 41, 42, **48**, **49**, **50**, **51**, 52, 54, 55, 56, 58, 62, 105, 106, 130, 150, 164, 165, 166, 178, 187, 190

索引

凡例 ・主要なページは太字で表記した
・古名は一般名のあとに（ ）で表記した
・漢字の別表記は（ ）で示した

あ

読み	漢字	ページ
あえもの	韲	165
あおい（あふひ）	葵	35, **86**, 88, 90, 111, 164, 173
あおざし	青ざし	143
あおじ	青瓷	36
あおだいず	青大豆	79
あおな	蔓菁	65, **84**, 158, 164, 165
あおのり	陟釐（青苔）	87, 94, **113**, 114
あかぎのつくえ	赤木机	37
あかざ	藜	88, 89
あかにし（あき）	大辛螺（蓼螺、赤口螺）	8, **123**, 126
あけび	蓄子（蓄藤、烏蓄）	26, **109**
あさ（お）	麻	7, 8, 49, 66, **67**, 74
あさげ（あさがれい）	朝餉	71, 169, 180
あざみ	薊（苐）	82, 89, 90, 111
あじ	鯵	7, 22, 25, **118**, 153, 162
あじろ	網代	18, 179
あずき（あかあずき）	小豆	74, 75, 76, 79, **80**, 141, 142, 144, 146, 147, 172, 180, 182, 183, 186
あずきがゆ	小豆粥	80, **172**
あつかべ	熱壁	187
あつもの	羹（臛）	16, 22, 62, 64, 82, 83, 85, 88, 89, 90, 97, 122, 133, 148, 152, 153, **157**, 169, 171, 172, 174, 184
あぶらいい	油飯	67
あまづら	甘葛煎（千歳蘂汁）	26, **44**, 46, 131, 138, 146, 175
あまのり	神仙菜（甘苔）	**113**
あめ	飴（糖）	11, **46**, 47, 52, 77, 136, 142, 143, 144, 145, 180
あゆ	鮎（年魚、鮧魚）	7, 8, 10, 16, 19, 22, 23, 25, 31, 62, 63, **115**, 116, 117, 127, 130, 148, 153, **154**, 155, 156, 159, 169, 170, 179, 182
あゆのすし	年魚鮨	155
あらかき	礒蠣	**124**
あらめ	滑海藻（荒布）	6, 8, 10, 30, 93, **111**
あわ	粟	19, 22, 71, **74**, 75, 76, 77, 84, 99, 142, 158, 165, 172
あわせがき	淡柿	16, **105**
あわび	鰒（鮑、蚫）	6, 7, 8, 16, 19, 22, 23, 24, 25, 31, 118, 120, **122**, 125, 126, 150, 152, 155, 157, 159, **162**, **163**, 166, 182
あんず（からもも）	杏	26, 63, 100, **105**, 106
あんばい	塩梅	58, **63**, 65, 101

い

読み	漢字	ページ
いか	烏賊（�、鯛）	8, 19, **121**
いがい	貽貝（黒貝）	8, **126**, 127, 155
いぎす	小凝菜（海髪）	149
いきみたま	生身玉	185
いしぶし	鮔（鮡）	116
いずし（いにすし）	貽鮨（貽貝鮨）	126
いただきもち	戴餅	72
いたどり	虎杖（武杖、酢菜）	22, **90**, 164
いちご	木蓮子（折傷木）	108
いちご	覆盆子（蕀苺）	26, **103**, 138
いっすもの	一種物	25, 29
いぬえ	香菜（水蘇）	165

い（右段）

読み	漢字	ページ
いぬざんしょう（いたちはじかみ、ほそぎ）	攗椒	66
いのこもちい	亥子餅	180, 186
いのしし	猪宍	28, 66, 169
いもがゆ	薯蕷粥（薯預粥）	16, 44, 92, **139**, 140, 150, 152
いもがら（いもじ）	芋茎（蕀）	93
いりこ	熬海鼠	8, **127**
いりもの	朧	157
いろり	煎汁	8, 10, **58**, 59, 60, 120, 148
いわし	鰯	118, 120, 153, 155, 160, 183
いんびのおんいい	忌火御飯	73, 118, 153

う

読み	漢字	ページ
うすあわび	薄鰒	7, 122, **163**
うっちょう	鬱悒	51
うめ	梅	63, **101**, 190
うり	瓜	16, 22, 27, 50, 56, 87, **95**, 97, 104, 164, 165, 169
うるちまい	粳米	9, 71
うんぞうがゆ	温糟粥（温臓粥、紅糟粥）	187

え

読み	漢字	ページ
えごま（え）	荏	66, 165
えづつみ	荏裹	95, **165**, 166
えび	鰕（海老）	24, 25, **128**, 129
えんのざ	宴座	16, 19, 152

お

読み	漢字	ページ
おあさのもの	御朝物	183
おいもの	追物	101, 119, 133, **150**, 152, 158
おうはん	椀飯（垸飯）	69
おうみもちい	近江餅	31, **72**, 170
おおいりょう（おおいのつかさ）	大炊寮	9, **18**, 68, 76, 110
おおむぎ（ふとむぎ、かちかた）	大麦	10, **76**, 77
おこしごめ（ふる）	粗粉（興米、籹糒）	136, 137, **142**
おごのり（おごな）	於期菜	114
おしあゆ	押年魚	7, 19, 115, **154**
おしき	折敷	31, 36, 38, **39**, 40, 140, 141, 147, 180, 182, 185, 186
おにえ	御贄	7, 98, 102, 108, 110, 111, 114, 117, 118, 119, 122, 124, 128, 130, 133, 148, 154, 155, 161, **162**, 163, 168
おにばす（みずふぶき）	芡（鶏頭草）	16, **88**, 89, 91, 153, 158
おばながゆ	尾花粥	186
おふ	白貝（蛤）	7, 8, 124
おりびつ	折櫃	7, **24**, 25, 39, 40, 69, 97, 103, 168, 173, 180
おんのざ	穏座	16, 140, 152

か

読み	漢字	ページ
かいしき	搔敷（懐敷）	31, 156, 166
かいもちい	搔餅	72
かがみもちい	鏡餅	141, 154, **170**
かき	柿（柹）	16, 22, 26, 91, 100, 101, 103, **105**, 108, 138, 146, 150, 158, 172, 180, 187
かき	蠣（蠣蛤）	25, **124**, 160
かきびたし	柿浸し	105
かくのあわ	結果	80, **136**, 137
かけばん	懸盤	38, **39**, 40

主要参考文献

『餅の博物誌』古川瑞昌（東京書房社・1972）
『絵で見る日本食物誌』小柳輝一（春秋社・1984）
『新版日本食物史 食生活の歴史』樋口清之（柴田書店・1987）
『和菓子の京都』川端道喜（岩波新書・1990）
『日本の食と酒 中世末の発酵技術を中心に』吉田元（人文書院・1991）
『日本食物史〈上〉古代から中世』桜井秀・足立勇（雄山閣・1994）
『漬物と日本人』小川敏夫（NHK出版・1996）
『野菜の日本史』青葉高（八坂書房・2000）
『食生活の歴史』瀬川清子（講談社学術文庫・2001）
『食卓の文化誌』石毛直道（岩波現代文庫・2004）
『歴史のなかの米と肉』原田信男（平凡社ライブラリー・2005）
『麺の文化史』石毛直道（講談社学術文庫・2006）
『日本料理の歴史』熊倉功夫（吉川弘文館・2007）
『日本食生活史』渡辺実（吉川弘文館・2007）
『日本食物史』江原絢子・石川尚子・東四柳祥子（吉川弘文館・2009）
『知っておきたい「食」の日本史』宮崎正勝（角川ソフィア文庫・2009）
『日本人はなにを食べてきたか』原田信男（角川ソフィア文庫・2010）
『日本の食文化史年表』江原絢子（編）・東四柳祥子（編）（吉川弘文館・2011）
『歴史の中の日本料理 日本料理のアイデンティティを知る』四條隆彦（振学出版・2013）
『日本の食文化史– 旧石器時代から現代まで』石毛直道（岩波書店・2015）
『和食の歴史』原田信男（思文閣出版・2016）
『「和の食」全史 縄文から現代まで 長寿国・日本の恵み』永山久夫（河出書房新社・2017）
『古代の食生活 食べる・働く・暮らす』吉野秋二（吉川弘文館・2020）
『食の歴史学　和食文化の展開と特質』原田信男（青土社・2021）
『古代の食を再現する—みえてきた食事と生活習慣病』三舟隆之（編）・馬場基（編）（吉川弘文館・2021）
『日本食の文化 原始から現代に至る食のあゆみ』江原絢子（アイ・ケイコーポレーション・2021）
『和食の文化史　各地に息づくさまざまな食』佐藤洋一郎（平凡社新書・2023）

〈協力〉
株式会社西陣魚新
天野酒・西條合資会社
京都府立京都学・歴彩館
国立国会図書館
国立文化財機構所蔵品統合検索システム（ColBase）
宮内庁正倉院事務所
賀茂御祖神社（下鴨神社）

撮影助手　大関友里恵
装幀・デザイン　髙橋克治（eats & crafts）
校閲　栗原 功
編集　竹内清乃

八條忠基（はちじょう ただもと）

綺陽装束研究所主宰
古典文献研究の研鑽だけでなく、「有職故実」の世界をひろく現代人の生活に活用するための活動を続けている。早稲田大学ほか大学・高校・図書館・神社庁、裏千家学園等での講演多数。主な著書は『有職装束大全』（平凡社・2018年）、『有職の色彩図鑑』（淡交社・2020年）、『詳解有職装束の世界』（KADOKAWA・2020年）、『有職故実から学ぶ年中行事百科』（淡交社・2022年）、『有職植物図鑑』（平凡社・2022年）、『詳解『源氏物語』文物図典』（平凡社・2024年）など。

有職食文化図鑑
儀礼・食材・料理・器

2024年11月28日　初版第1刷発行

著　者　八條忠基
発行者　下中順平
発行所　株式会社平凡社
〒101-0051
東京都千代田区神田神保町3-29
電話　03-3230-6573（営業）
印刷・製本　シナノ書籍印刷株式会社

ISBN978-4-582-12438-5